陕西省普通高等教育专升本统考教材
依据陕西省考试院最新考试大纲编写

U0661110

大学语文

主　编	唐艳华　刁炜卿　马晓燕	
副主编	姚　亮　李清戈　邵　宁	
参　编	刘洪中　孙春莉　李　娟	
	吴玉军　娄红岩　杨怡人	

真题动态更新

南京大学出版社

图书在版编目(CIP)数据

大学语文 / 唐艳华,刁炜卿,马晓燕主编.‒‒南京：
南京大学出版社,2024.8(2025.8 重印). — ISBN 978‒7‒305‒
28358‒1

Ⅰ. H193.9

中国国家版本馆 CIP 数据核字第 2024L5E564 号

出版发行　南京大学出版社
社　　址　南京市汉口路 22 号　　　邮　　编　210093
书　　名　**大学语文**
　　　　　DAXUE YUWEN
主　　编　唐艳华　刁炜卿　马晓燕
责任编辑　高　军

照　　排　南京开卷文化传媒有限公司
印　　刷　南京新世纪联盟印务有限公司
开　　本　787 mm×1092 mm　1/16　印张 17.75　字数 410 千
版　　次　2024 年 8 月第 1 版　2025 年 8 月第 2 次印刷
ISBN 978‒7‒305‒28358‒1
定　　价　59.00 元

网　　址：http://www.njupco.com
官方微博：http://weibo.com/njupco
官方微信号：njupress
销售咨询热线：(025)83594756

前　言

在陕西省专升本教育不断迈向高质量发展的新征程中,大学语文作为提升人文素养、夯实语言基础的重要学科,对于每一位渴望深造的学子而言,其重要性不言而喻。因此,我们精心编纂了这本适用于陕西省专升本考试的《大学语文》教材,旨在为广大考生提供一本权威、系统、实用的学习资料,助力大家在专升本考试的征途上乘风破浪,顺利实现自己的升学梦想。

本书严格遵循《陕西省普通高等教育专升本招生考试说明》的最新要求,紧密贴合考试大纲,精心挑选并组织了丰富多样的教学内容。全书共分为四大单元:议论文单元,旨在培养学生的逻辑思维与论辩能力;记叙文单元,通过生动的叙述,提升学生的情感表达与场景再现技巧;诗词曲赋单元,引领学生领略中华文化的博大精深,感受古典文学的魅力;小说单元,通过古典与现代作品的赏析,开阔学生的阅读视野,增强其对复杂人物性格与社会现象的理解力。每一单元均经过精心编排,力求覆盖全面,重点突出,帮助考生构建起坚实的语文知识体系。

在体例设计上,本书创新性地采用了"原文呈现、考点提示、课后习题"三大板块相结合的模式。原文部分,我们保留了原作的精华,确保学生能够接触到最真实、最纯粹的文学作品;考点提示环节,对每篇作品中的重要知识点、考点难点进行精练概括,帮助学生快速把握学习要点;课后习题部分,是本书的一大亮点,除了精心设计的练习题外,还特别加入了近三年专升本考试的真题,旨在让学生在实际操作中加深对考点的理解,熟悉考试题型,从而提高备考效率与应试能力。我们相信,通过这样的体例安排,能够全方位、多角度地提升考生的语文综合能力,为他们在专升本考试中取得优异成绩奠定坚实的基础。

本书由西安思源学院文学院汉语国际教育教研室主任唐艳华教授、西安思源学院副校长马晓燕教授、西安思源学院旅游与融媒学院院长刁炜卿教授担任主编,具体分工如下:第一单元、第二单元和第三单元由唐艳华教授编写;第四单元由马晓燕教授、刁炜卿教授编写;各副主编、参编人员编写其他部分内容;由马晓燕教授完成审稿、定稿工作。

总之,本书是我们对专升本教育深刻理解的结晶,是我们对考生诚挚关怀的体现。我们期待这本教材能够成为广大考生备考路上的良师益友,陪伴并助力每一位学子在求知的道路上勇往直前,最终抵达梦想的彼岸。

编　者

2024 年 6 月 10 日

目 录

议论文

记叙文

诗词曲赋

小 说

附 录

议 论 文

季氏将伐颛臾①

《论语》

《论语》是我国先秦时期一部语录体散文集,主要记载孔子及其弟子的言行,由孔子的弟子和再传弟子记录编纂而成。全书二十篇,四百九十二章。内容涉及哲学、政治、教育、伦理、文化等各方面,是后人研究儒家思想的一部主要著作。

孔子(前551—前479),名丘,字仲尼,鲁国陬邑(今山东曲阜)人。幼年丧父,生活贫困,曾做过委吏(掌会计)、乘田(掌畜牧)和司寇(掌司法)。孔子是我国春秋末期伟大的思想家和教育家,儒家学派的创始人,也是公认的世界文化名人之一。他的思想核心是"仁",提倡"仁者爱人""克己复礼";在教育方面主张"有教无类""因材施教"。他的政治思想和教育思想对后世产生了深远影响。

季氏将伐颛臾②。冉有、季路见于孔子曰③:"季氏将有事于颛臾④。"孔子曰:"求!无乃尔是过与⑤? 夫颛臾,昔者先王以为东蒙主⑥,且在邦域之中矣⑦,是社稷之臣也⑧。何以伐为⑨?"

☆ 阐明孔子反对季氏对颛臾发动战争的理由。

冉有曰:"夫子欲之⑩,吾二臣者皆不欲也。"孔子曰:"求! 周任有言曰⑪:'陈力就

---

① 本文选自《论语·季氏》篇。春秋时期,诸侯兼并,当时把持鲁国朝政的季康子想借维护鲁国利益之名,吞并颛臾,以扩大自己的势力范围,于是酝酿了季氏将伐颛臾这一事件。本文通过师生之间的对话,写孔子批评季氏的兼并行为,并从正面阐明了他的政治主张。

② 季氏:季孙氏,鲁国最有权势的贵族,这里指季康子,名肥。颛臾(zhuān yú),小国,是鲁国的属国,故城在今山东费县西北。

③ 冉有、季路:都是孔子的学生,当时为季康子的家臣。冉有,名求,字子有,也称冉有。季路,姓仲名由,字子路,又字季路。见:拜见。

④ 事:战事,指军事行动。

⑤ 无乃:这里有"恐怕要"的意思。是:代词,复指宾语"尔"。过:责备。

⑥ 先王:指已故的国君。东蒙主:主祭东蒙山神的人。东蒙,即蒙山,在鲁国国都曲阜的东面,故称东蒙。主,主持祭祀的人。

⑦ 在邦域之中:指在国境之内。

⑧ 是:代词,指颛臾。社稷:社,指土神;稷,指谷神。社稷是祭祀谷神和土神的祭坛。有国者必立社稷。国亡,社稷被覆盖起来废掉,故社稷为国家的象征。这里指国家。

⑨ 何以伐为:为什么要攻打它呢? 何以,为什么,介宾倒序。为,句尾语气词,可译为"呢"。

⑩ 夫子:指季康子。

⑪ 周任:古代史官。

列,不能者止①。'危而不持②,颠而不扶③,则将焉用彼相矣④? 且尔言过矣。虎兕出于柙⑤,龟玉毁于椟中⑥,是谁之过与?"

☆ 批评冉有、季路推卸责任的态度

冉有曰:"今夫颛臾,固而近于费⑦。今不取,后世必为子孙忧。"孔子曰:"求! 君子疾夫舍曰欲之而必为之辞⑧。丘也闻有国有家者⑨,不患寡而患不均,不患贫而患不安⑩。盖均无贫⑪,和无寡⑫,安无倾⑬。夫如是⑭,故远人不服,则修文德以来之⑮;既来之,则安之⑯。今由与求也,相夫子⑰,远人不服,而不能来也;邦分崩离析,而不能守也⑱,而谋动干戈于邦内⑲。吾恐季孙之忧,不在颛臾,而在萧墙之内也⑳。"

☆ 批评冉有、季路找借口的行为,正面阐述孔子的治国观点。

【译文】

季氏将要攻打颛臾,冉有、子路拜见孔子,说道:"季氏将对颛臾有战事。"孔子说:"冉求! 这恐怕要责备你们吧? 颛臾,从前先王任命他(的国君)主管祭祀东蒙山,而且它处在我们鲁国的疆域之中.这是鲁国的臣属,为什么要攻打它呢?"

冉有说:"季氏要这么干,我们两个做家臣的都不想这么做。"孔子说:"冉求! 周任有句话说:'能施展其才能,就担任其职位,不能这样做,就不要担任那职务。'盲人遇到危险却不去护持,跌倒了也不去挽扶,那何必要用扶盲人走路的人呢? 况且你的话错了,老虎犀牛从笼子里出来,龟甲玉器毁坏在匣子里,这是谁的过错呢?"

冉有说:"颛臾城郭坚固,而且离季孙的封地费县很近,现在不夺取它,日后一定会成为子孙的忧患。"孔子说:"冉求! 君子厌恶那种不说自己想去做却另找借口的态度。我听说过,无论是有封国的诸侯或者有采邑的大夫,不忧虑财富少,而忧虑分配不均匀,

---

① "陈力就列"二句:能施展自己的才能,就接受职位;如若不能,就应辞去职务。陈,陈列,施展。就,担任。列,位次,职位。止,辞职。
② 危:不稳,这里指站不稳。持:护持。
③ 颠:跌倒。扶:挽着。
④ 相(xiàng):扶盲人走路的人。这里是用比喻批评冉有等失职。
⑤ 兕(sì):独角犀。柙(xiá):关猛兽的笼子。
⑥ 龟玉:都是宝物。龟,龟甲,用来占卜。玉,用于祭祀的宝玉。椟(dú):匣子。
⑦ 固:指城郭坚固。费(古读bì):季氏的私邑,即今山东费(fèi)县。
⑧ "君子"句:君子厌恶那种想这样做却撇开不谈,而一定要为得到它寻找借口的行为。疾,痛根。夫,代词,那种。舍,舍弃,撇开。辞,托辞,借口。
⑨ 有国有家者:这里指诸侯、大夫。国,诸侯统治的区域。家,卿大夫统治的区域。
⑩ "不患寡"二句:当为"不患贫而患不均,不患寡而患不安"。寡,指人口少。
⑪ 均无贫:财富分配公平合理,上下各得其分,就没有贫穷。
⑫ 和无寡:上下和睦,人民都愿意归附,就没有人口少的现象。
⑬ 安无倾:国家安定,就没有倾覆的危险。
⑭ 夫:句首语气词。如是:像这样。
⑮ 故:假如,如果。文德:文教德化。来:使……归附。之:代词,他们。
⑯ 安:使……安定。
⑰ 相(xiàng):辅佐。
⑱ 邦分崩离析:国家四分五裂。
⑲ 干戈:指代军事,战争。干,盾牌。戈,长矛。
⑳ 萧墙:国君宫门内迎门的小墙,又叫照壁。因古时臣子朝见国君,到此必肃然起敬,故称"萧墙"。萧,古通"肃",肃敬的意思。这里借指宫廷。

不忧虑贫困,而忧虑不安定。若是财物分配平均,就无所谓贫穷;上下能和睦相处,就无所谓人口少;社会安定,国家就没有倾覆的危险。如果做到这样,远方的人还不归服,就倡导文德教化使他们归附;已经使他们来了,就得使他们安定下来。如今仲由和冉求你们两人辅佐季氏,远方的人不归服,却不能使他们来;国家四分五裂,却不能保全,反而想在国境以内谋划战争。我担心季孙的忧患不在颛臾,却在鲁国宫廷内部。"

【提示】

　　这是一篇记言散文,记录了孔子就季氏将对颛臾发动战争这件事所发表的三段谈话。第一段话说明他反对季氏对颛臾发动战争的理由;第二段话批评冉有、季路推卸责任的态度;第三段话正面阐述他的治国观点。全文主要体现了孔子治国以礼、为政以德的政治主张。

　　文章以对话形式展开驳论。冉有的三句话引出了孔子的三段议论。冉有的三句话,先是报告事实,继而推卸责任,最后则为季氏辩护,这就构成了孔子的三个驳论论点。孔子步步紧逼,层层推进,将驳论不断引向深入,从而充分展示了自己的政治观点。

　　本文主要是驳论,但破中有立,驳论中不乏立论。说明反对季氏对颛臾发动战争的理由,引用史官周任的名言,阐发文教德化的治国主张,这些立论,都使驳论有了坚实的理论基础。

　　孔子在论辩中采用了历史材料、现实事例、名人名言等多种类别的论据,使论点有了充分佐证,增强了论证的说服力。

　　本文语言犀利而含义隽永。比喻、排比、反诘、呼告等多种修辞手法的运用,丰富了文章意蕴,强化了论辩力和感染力。"既来之,则安之""分崩离析"和由本文引申出来的"祸起萧墙""开柙出虎""季孙之忧"等,已成为后世人们常用的成语。

思考与练习

一、本文表现了孔子怎样的治国主张?

二、根据孔子的第一段话,简要分析孔子反对季氏攻伐颛臾的理由。

三、孔子所说的三段话的驳论论点分别是什么?

四、找出孔子话中的立论部分,并分别说明这些立论在反驳中起的作用。

五、真题再现。

　　(一) 单项选择题

【2021 年】1.《论语》的体例是(　　)。

　　　　　A. 语录体　　　B. 编年体　　　C. 纪传体　　　D. 国别体

【2022 年】2.《季氏将伐颛臾》选自(　　)。

　　　　　A.《论语》　　　B.《国语》　　　C.《荀子》　　　D.《左传》

【2023年】3.含有"分崩离析"这一成语的文章是(　　)。

　　　　A.《季氏将伐颛臾》　　　　　　B.《秋水》

　　　　C.《谏逐客书》　　　　　　　　D.《赵威后问齐使》

【2024年】4.孔子思想的核心是(　　)。

　　　　A. 兼爱　　　　B. 仁　　　　C. 非攻　　　　D. 无为

(二) 词语解释题

【2022年】1.是社稷之臣也,何以伐为?　　　何以:

【2023年】2.盖均无贫,和无寡,安无倾。　　　倾:

(三) 判断题

【2024年】《季氏将伐颛臾》中"颛臾"是人名。　　　　　　　　　　(　　)

赵威后问齐使①

《战国策》

《战国策》一书,在汉成帝以前,有《国策》《国事》《事语》《短长》《修书》《长书》诸名,是一部战国时期分国记事的史料汇编,属国别体杂史,也是一部优秀的散文总集。全书分十二国策,共三十三篇。作者已无可查考,大约出自史官之手。现在流传的本子,是汉代文献学者刘向在各国史籍的基础上整理编订而成的,并由刘向定名为《战国策》。《战国策》记载了战国时期谋臣策士游说各国或互相辩难的言论和行动。所记颇多信史,保存了许多珍贵的史料,是研究战国历史的重要文献。但其中也有夸大虚构之处。

《战国策》不仅具有较高的史料价值,在文学史上也有重要的地位。文笔恣肆激越,语言犀利流畅,论事透辟周详,善用寓言故事和比喻来说明抽象的道理,描绘人物生动传神,富有浓厚的文学情趣,对后代史传文和政论文的发展有很大影响。

齐王使使问赵威后②。书未发③,威后问使者曰:"岁亦无恙耶④? 民亦无恙耶? 王亦无恙耶?"使者不说⑤,曰:"臣奉使使威后,今不问王,而先问岁与民,岂先贱而后尊贵者乎?"威后曰:"不然。苟无岁,何以有民? 苟无民,何以有君? 故有舍本而问末者耶⑥?"

☆ 赵威后批驳齐国使者"君贵民贱"的错误看法,表述"以民为本"的治国思想。

乃进而问之曰:"齐有处士曰钟离子无恙耶⑦? 是其为人也,有粮者亦食,无粮者亦食⑧;有衣者亦衣,无衣者亦衣⑨。是助王养其民也,何以至今不业也⑩? 叶阳子无恙耶⑪? 是其为人,哀鳏寡,恤孤独⑫,振困穷⑬,补不足。是助王息其民者也⑭,何以至今

---

① 本文选自《战国策·齐策》。赵威后:赵惠文王之妻。惠文王卒,太子孝成王立,因年尚幼,暂由威后执政。
② 齐王:田氏名建,齐襄王之子。使使:派遣使节,前一个"使"为动词。问:聘问。古代国与国之间遣使访问,是当时诸侯之间一种礼节性的交往。
③ 书未发:书信还未打开。书,指齐王给赵威后的信。发,启封。
④ 岁亦无恙耶:今年的收成好吗? 岁,指一年的收成。无恙,没有疾病。恙,疾病,忧患。
⑤ 说(yuè):通"悦",高兴,喜悦。
⑥ 故:通"胡",哪里,难道。
⑦ 处士:有德才而隐居不仕的人。钟离子:人名,钟离是复姓。
⑧ "有粮者"二句:有粮的人,钟离子让他饭吃;无粮的人,钟离子也给他饭吃。食(sì),同"饲",给与食物,作动词。
⑨ "有衣者"二句:有衣穿的人,钟离子给他衣穿;没有衣穿的人,钟离子也给他衣穿。衣,前为名词,后为使动用法。
⑩ 不业:不使他出仕以成就功业。业,用作动词。
⑪ 叶(shè)阳子:齐国的处士,叶阳为复姓。
⑫ "哀鳏寡"二句:怜悯鳏夫寡妇,抚恤孤儿和没有子女的老人。鳏(guān),鳏夫,老而无妻或妻子已去世者。孤,年少无父。独,年老无子。
⑬ 振:同"赈",救济。
⑭ 息:生息,繁殖。

不业也？北宫之女婴儿子无恙耶①？彻其环瑱②，至老不嫁，以养父母。是皆率民而出于孝情者也③，胡为至今不朝也④？此二士弗业，一女不朝，何以王齐国、子万民乎⑤？於陵子仲尚存乎⑥？是其为人也，上不臣于王⑦，下不治其家，中不索交诸侯⑧。此率民而出于无用者⑨，何为至今不杀乎？"

☆ 赵威后委婉批评齐国政治失当，劝告齐国扬善惩恶，表彰和重用"养民"、"息民"、孝敬父母的贤才。

【译文】

齐王派使者来聘问赵威后，齐王给威后的书信还没有打开，赵威后就问使者说："你们齐国今年的年成还好吗？老百姓还好吗？齐王还好吗？"使者听了不高兴，说："臣尊奉齐王的命令出使到赵威后您这里，现在您不先问候齐王，却先问年成和老百姓，这岂不是先卑贱而后尊贵吗？"赵威后说："不能这么说，如果没有收成，哪里会有百姓？如果没有百姓，哪里会有国君？难道有舍弃根本而先去问末节的吗？"

于是继续问齐国使者说："齐国有一个隐士钟离子还好吗？他这个人的为人，有粮食的人他给粮食吃，没有粮食的人他也给粮食吃；有衣服的人他给衣服穿，没有衣服的人，他也给衣服穿。这是帮助君王抚养百姓，为什么到现在还不任用他以成就功业呢？叶阳子还好吧？他这个人的为人，同情鳏夫寡妇，怜惜孤儿和没有子女的老人，救济生活穷困的人，贴补缺衣少食的人。这是帮助君主繁衍百姓，为什么到现在还不任用他以成就功业呢？北宫家的女儿婴儿子还好吧？她取掉耳环佩饰，到老不嫁，为的是奉养父母，这是引导百姓行孝的表率，为什么到现在还没有入朝受封？这二位贤士不能成就功业，一位孝女没有入朝受封，如何能治理齐国、做万民的父母官呢？於陵的子仲还活着吗？他这个人的为人，对上不向君王称臣，对下不治理其家事，中间不谋求与诸侯交好。这是给百姓做出无所作为的表率，为什么到现在还不杀掉他呢？"

【提示】

本文通过赵威后与齐使的问答，委婉批评了齐国政治失当，赞扬了赵威后"以民为本"的治国思想。赵威后认为，无岁则无民，无民则无君，轻视人民就是舍弃根本。因此，她严厉批驳了齐使君贵民贱的错误思想。她接着又劝告齐国表彰、重用"养民""息

---

① 北宫：复姓。婴儿子：名字。
② 彻其环瑱(tiàn)：除去她的饰物。意指不修饰自己。彻，通"撤"，除去。环，耳环或臂环。瑱，一种玉制的耳饰。
③ 率民：为民表率。孝情：孝敬父母之心。
④ 胡为：同"何为"，为什么。不朝：不上朝。古代妇女有封号方能入朝，这里婉转批评了齐君不表彰孝女。
⑤ 王(wàng)齐国：统治齐国。子万民：视万民如子女。
⑥ 於(wū)陵：齐国邑名，在今山东长山西南。子仲：人名，齐国的隐士。
⑦ 不臣于王：不向君王称臣。臣，名词作动词，称臣。
⑧ 不索交诸侯：不谋求同诸侯交往。
⑨ 无用：没有良好作用。指对统治者不但无益，而且有害。

民"、孝敬父母的贤人。这些言论,反映了她对人民地位的清醒认识和高度重视。

本文以问答方式展开议论,让赵威后在对齐使的连串反驳与诘问中阐明见解。作者采用了许多排比句来援事说理,不仅使赵威后的反诘显得言之凿凿,具有不容辩驳的气势,且绘声绘色,描摹出赵威后的声情语气,使这些关系国计民生的严肃政论,带上了饶有趣味的文学色彩。

思考与练习

一、本文反映了赵威后怎样的政治观点?

二、本文以什么方式展开议论?

三、以本文第二部分为例,谈谈赵威后是从哪些角度来批评齐国的政治失当的。
 她批评的依据是什么?

四、指出下列语句中的特殊语法现象:

 1. 有衣者亦衣

 2. 何以至今不业也

 3. 何以王齐国、子万民乎

 4. 有粮者亦食

 5. 何为至今不杀乎

 6. 上不臣于王

五、真题再现。

 (一)单项选择题

 【2021年】1.《赵威后问齐使》选自( )。

  A.《孟子》 B.《左传》 C.《战国策》 D.《国语》

 【2022年】2.《战国策》的编订者( )。

  A. 左丘明 B. 刘向 C. 屈原 D. 李斯

 (二)词语解释题

 【2021年】1. 苟无岁,何以有民?   苟:

 【2022年】2. 是助王息其民者也。   息:

 【2023年】3. 岁亦无恙耶?民亦无恙耶? 岁:

 【2024年】4. 何以王齐国、子万民乎? 王:

寡人之于国也①

孟 轲

孟子(约前372—前289),名轲,战国中期邹国人。他继承并发展了孔子的学说,是孔子之后儒家学派的主要代表。他主张施仁政,行王道,倡导"民为贵,社稷次之,君为轻"的民本思想,反对暴政虐民,反对掠夺战争,重视后天的教化和环境对人的影响。这些思想具有一定的历史进步性。

孟子散文善于采用"欲擒故纵,引君入彀"的论辩手法。他能运用多种多样具有独特风格的比喻,增强论辩的形象性和说服力。文章中有大量相当整齐对称的排偶句,富于感情色彩,使说理具有难以阻挡的气势。

《孟子》共七篇(各分上下),一般认为是孟子和他的学生万章等共同编著的。《孟子》一书对后代的文化思想和散文发展均有深远影响。

梁惠王曰②:"寡人之于国也,尽心焉耳矣③!河内凶,则移其民于河东,移其粟于河内④;河东凶亦然⑤。察邻国之政,无如寡人之用心者。邻国之民不加少,寡人之民不加多⑥,何也?"

☆ 梁惠王提出"民不加多"的疑问。

孟子对曰:"王好战⑦,请以战喻。填然鼓之⑧,兵刃既接⑨,弃甲曳兵而走⑩,或百步而后止,或五十步而后止。以五十步笑百步,则何如?"

曰:"不可;直不百步耳⑪,是亦走也⑫。"

曰:"王如知此,则无望民之多于邻国也。"

☆ 孟子分析"民不加多"的原因。

---

① 本篇选自《孟子·梁惠王上》。寡人:古代国君对自己的谦称,表示自己是寡德之人。
② 梁惠王(前400—前319):即魏惠王,名䓨。魏国原来的都城在安邑(今山西夏县西北),因受秦威胁,迁都大梁(今河南开封西北),所以又称梁惠王。
③ 焉:于是,作兼词用,兼有介词"于"和代词"是"的作用。耳:而已。矣:句末语气词。
④ "河内"三句:如果河内地区发生灾荒,就迁移河内的灾民到河东,搬运河东的粮食到河内。河内,魏国的黄河以北地区,今河南济源一带地方。粟,小米,这里泛指粮食。
⑤ 河东凶亦然:河东地区发生灾荒也这样办。意为河东发生灾荒,就迁移河东的灾民到河内,搬运河内的粮食到河东。
⑥ 加少:更少。加多:更多。
⑦ 好(hào):喜欢,爱好。
⑧ 填(tián)然鼓之:咚咚地敲起鼓来。填,摹声词,这里用来模拟鼓声。
⑨ 兵:兵器。刃:刀口,这里指锋利的兵器。接:接触,交锋。
⑩ 甲:铠甲。曳(yè)兵:拖着武器。走,跑,这里指逃跑。
⑪ 直:仅,只。
⑫ 是:与"此"字用法同。

"不违农时，谷不可胜食也①；数罟不入洿池②，鱼鳖不可胜食也③；斧斤以时入山林④，材木不可胜用也。谷与鱼鳖不可胜食，材木不可胜用，是使民养生丧死无憾也⑤。养生丧死无憾，王道之始也⑥。"

"五亩之宅，树之以桑，五十者可以衣帛矣⑦；鸡豚狗彘之畜⑧，无失其时，七十者可以食肉矣；百亩之田⑨，勿夺其时，数口之家可以无饥矣；谨庠序之教⑩，申之以孝悌之义⑪，颁白者不负戴于道路矣⑫。七十者衣帛食肉，黎民不饥不寒⑬，然而不王者⑭，未之有也⑮。"

"狗彘食人食而不知检⑯，涂有饿莩而不知发⑰；人死，则曰：'非我也，岁也。'是何异于刺人而杀之曰⑱：'非我也，兵也？'⑲王无罪岁⑳，斯天下之民至焉㉑。"

☆ 孟子阐述使"民加多"的初步措施、根本措施和应持的正确态度。

【译文】

梁惠王说："我对于治理梁国，可以说是费尽心力了！如果黄河以北遭了饥荒，我就把那里的百姓迁移到黄河以东，同时把河东的粮食运到河北。河东遭了饥荒也这样做。我考察邻国的政事，没有谁能像我这样尽心的。邻国的百姓并不更加减少，我的百姓并不更加增多，为什么呢？"

孟子回答说："大王喜欢战争，请让我用战争来比喻吧。咚咚地敲起战鼓，双方兵器开始交锋，有些人就丢弃盔甲拖着兵器逃跑了。有的人跑了一百步然后停了下来，有的人跑了五十步然后停了下来，那些跑了五十步的嘲笑跑了一百步的，可以吗？"

梁惠王说："不可以。只不过他们没有跑到一百步罢了，但这也是逃跑呀。"

孟子说："大王如果懂得了这个道理，那就不要指望你的老百姓比邻国多了。"

"不违背农业生产的时令季节，粮食就吃不完；细密的渔网不到池塘里捕捞，鱼鳖就

---

① 不可胜食：吃不完。胜（shēng），尽。
② 数（cù）：细密。罟（gǔ）：网。洿（wū）：低洼地，这里指池塘。
③ 鳖（biē）：甲鱼。
④ 斤：斧头的一种。以时：按照一定的时节。《礼记·王制》："草木零落，然后入山林。"
⑤ 养生：供养活着的人。丧死：为死者办丧事。
⑥ 王道：孟子主张用仁政来治理天下，称之为"王道"。
⑦ 五亩之宅：相传古代一个成年的农民可分得五亩住宅地，田野和村庄各占两亩半。衣：穿。帛（bó）：丝织品的总称，这里指丝绵衣服。
⑧ 豚（tún）：小猪。彘（zhì）：猪。畜（chù）：牲畜。
⑨ 百亩之田：相传古代一个成年的农民可以分得一百亩的田地。
⑩ 谨庠（xiáng）序之教：认真办好学校教育。谨，谨慎从事，认真办好。庠序，古代乡学的名称，殷代称"序"，周代称"庠"。
⑪ 申：重复，一再。这里有反复教导的意思。悌（tì）：敬爱兄长。
⑫ 颁（bān）白者：须发花白的人。颁，通"斑"。负：背上驮东西。戴：头上顶东西。
⑬ 黎民：指老百姓。
⑭ 然：这样。王（wàng）：王天下，指以仁政来统治天下。
⑮ 未之有也：未有之也，从来不曾有过的。
⑯ 检：约束，制止。
⑰ 涂：通"途"。莩（piǎo）：饿死的人。发：指开仓放粮以赈救饥民。
⑱ 是：这种情况。
⑲ 非我也，兵也：不是我杀人，是兵器杀人。
⑳ 无罪岁：不归罪于年成不好。
㉑ 斯天下之民至焉：这样，普天下的老百姓就都会投奔到您这儿来了。

吃不完;按照时节拿着斧头进入山林砍伐,木材就用不完。粮食和鱼鳖吃不完,木材用不尽,这就使老百姓供养活着的人、安葬死者没有什么遗憾了。百姓对生养死葬都没有遗憾了,这就是王道的开始。"

"五亩大小的宅园,把桑树种上,五十岁的人可以有丝绸衣服穿了。鸡、狗、猪等家畜,不要耽误繁殖的时机,七十岁的老人可以有肉吃了。百亩的耕地,只要不妨碍农时,几口人的家庭就可以免受饥饿。认真办好学校的教育,反复用孝敬父母、敬爱兄长的道理教导百姓,须发花白的老人也就不会背负或头顶着重物在路上劳作了。七十岁的人有丝织的衣服穿,有肉吃,老百姓不挨饿受冻,这样做了还不能以仁政统治天下,是从来没有过的事。"

"现在的梁国,猪和狗吃掉了百姓的食物却不加以约束制止;路上有饿死的人,却不知道打开粮仓救济。百姓死了,却说:'这不是我的错,是年成不好。'这和拿刀杀了人却说'这不是我杀的,而是刀杀的'有什么不同呢? 大王如果不归罪于年成,这样天下的百姓就会归附而来。"

【提示】

本文具体阐述了孟子的王道理想,并在一定程度上揭示了战国时代的社会不平和阶级对立。

文章围绕"民不加多"和如何使"民加多"的问题展开论述。全文可分三部分:第一部分提出"民不加多"的疑问,第二部分分析"民不加多"的原因,第三部分阐述使"民加多"的初步措施、根本措施和应持的正确态度。三部分末尾,分别用"寡人之民不加多""则无望民之多于邻国也""斯天下之民至焉"等语句收束,环环相扣,突出中心线索,使文章成为一个结构严谨的整体。

本文说理方法,具有抑扬兼施、循循善诱的特色。先批评梁惠王的治国方法,然后再提出实行王道的具体措施;先揭露统治者不顾人民死活的行径,然后再说只要君王不怪罪年成就可以使"民至焉":这都是先抑后扬。在打消梁惠王矜傲情绪的同时,又能抓住他渴望民众拥戴的潜在心理进行诱导;在阐述实行王道的具体措施时,采取先易后难、步步推进的程序:这都是循循善诱的体现。

孟子善用比喻。本文"以战喻",用逃跑者"以五十步笑百步"的比喻,来说明梁惠王的治国方法与邻国没有什么质的差别,用拿刀杀了人却说"不是我杀的,是刀杀的"作比喻,来揭露统治者把"涂有饿莩"归罪于年成不好的观点,都收到了把抽象的道理说得非常形象、生动而深刻的效果。排比句的运用,大大增强了文章的雄辩气势。

思考与练习

一、概括本文所体现的孟子王道政治的主要内容。

二、文章是以什么为线索展开论述的?

三、归纳文章的层次内容。

四、本文说理方法有何特色?

五、孟子用五十步笑百步的比喻来说明什么问题?

六、解释下列各句中"焉"字的意义或作用。

    1. 危而不持,颠而不扶,则将焉用彼相矣?(《季氏将伐颛臾》)

    2. 斯天下之民至焉。(《寡人之于国也》)

    3. 姜氏欲之,焉辟害?(《郑伯克段于鄢》)

    4. 虽几于成,其用于人也奚取焉?《答李翊书》

    5. 制,岩邑也,虢叔死焉。(《郑伯克段于鄢》)

七、真题再现。

(一) 单项选择题

【2021 年】1. "五十步笑百步"出自( )。

        A.《秋水》   B.《季氏将伐颛臾》

        C.《郑伯克段于鄢》   D.《寡人之于国也》

【2022 年】2. 下列著作体现儒家思想的是( )。

        A.《庄子》   B.《老子》   C.《韩非子》   D.《孟子》

【2023 年】3.《寡人之于国也》的"寡人"指的是( )。

        A. 秦王   B. 楚王   C. 梁惠王   D. 齐王

(二) 词语解释题

【2021 年】1. 斧斤以时入山林。   斤:

【2023 年】2. 不违农时,谷不可胜食也。   胜:

【2024 年】3. 五亩之宅,树之以桑。   树:

(三) 判断题

【2023 年】先秦诸子中,提出"民为贵,社稷次之,君为轻"的是孟子。   ( )

秋　　水(节选)①

庄　周

　　庄子(约前369—前286),名周,战国时宋国蒙(今河南商丘东北)人。当过蒙地的漆园吏。

　　庄子是老子之后道家的主要代表,后世把他和老子并称为"老庄"。主张顺应自然,提倡无为而无不为。他承认事物的相对性,但又否认客观事物的差别。他激烈批判"窃钩者诛,窃国者为诸侯;诸侯之门,而仁义存焉"的黑暗现实,在一定程度上揭露了剥削阶级的残暴和虚伪的本质。他蔑视富贵利禄,拒绝和统治者合作,一生过着清贫的生活。

　　庄子的文章想象丰富,汪洋恣肆,辞藻瑰丽,并多采用寓言形式,富有浪漫色彩,对后代文学有重大影响。

　　《庄子》一书,共三十三篇。其中"内篇"七,相传是庄周自著,"外篇"十五、"杂篇"十一是他的门人和后学所作。

　　秋水时至②,百川灌河③,泾流之大④,两涘渚崖之间⑤,不辩牛马⑥。于是焉河伯欣然自喜⑦,以天下之美为尽在己⑧。顺流而东行,至于北海,东面而视⑨,不见水端⑩。于是焉河伯始旋其面目⑪,望洋向若而叹曰⑫:"野语有之曰⑬:'闻道百,以为莫己若者⑭。'我之谓也⑮。且夫我尝闻少仲尼之闻而轻伯夷之义者⑯,始吾弗信;今我睹子之难穷也⑰,吾非至于子之门则殆矣⑱,吾长见笑于大方之家⑲。"

　　☆　描写河水与海景两种景象,比衬两种不同的认识境界。

----

① 本文节选自《庄子·外篇·秋水》。
② 时:按季节。
③ 灌:注入。河:黄河。
④ 泾(jīng)流:指水流。
⑤ 两涘(sì):河的两岸。涘,水边。渚(zhǔ)崖:水洲岸边。渚,水中洲岛。
⑥ 辩:通"辨"。
⑦ 焉:乎。河伯:黄河之神。
⑧ 以天下之美为尽在己:以为天下的美景全集中在自己这里。
⑨ 东面:脸朝东。
⑩ 端:边,尽头。
⑪ 旋其面目:改变他(欣然自喜)的面容。旋,转,转变。
⑫ 望洋:仰视的样子。也作"望羊""望阳"。若:即海若,海神。
⑬ 野语:俗语,谚语。之:代下文所引野语内容。
⑭ 莫己若:即莫若己(没有人比得上自己)。宾语位于动词前。
⑮ 我之谓也:即谓我也。宾语位于动词前。
⑯ 少仲尼之闻:小看孔子的学识(以孔子的学识为少)。闻,学识,学问。轻伯夷之义:轻视伯夷的义行(以伯夷的义举为轻)。伯夷,商代诸侯孤竹君的长子,因与弟叔齐互让君位,结果一起逃到周。武王伐纣时,伯夷叔齐叩马谏阻,认为以臣伐君是不义的。商亡后,他们不食周粟,饿死在首阳山。古代把他们当作义士的典型。
⑰ 睹:看。子:您。本指海神,这里借指海。难穷:难以穷尽。穷,尽。
⑱ 殆:危险。
⑲ 长:长久,永远。大方之家:明白大道理的人。大方,大道。

北海若曰:"井蛙不可以语于海者①,拘于虚也②;夏虫不可以语于冰者,笃于时也③;曲士不可以语于道者④,束于教也⑤。今尔出于崖涘⑥,观于大海,乃知尔丑⑦,尔将可与语大理矣⑧。天下之水,莫大于海。万川归之,不知何时止而不盈⑨;尾闾泄之⑩,不知何时已而不虚⑪;春秋不变,水旱不知。此其过江河之流⑫,不可为量数。而吾未尝以此自多者⑬,自以比形于天地而受气于阴阳⑭。吾在于天地之间,犹小石小木之在大山也,方存乎见少,又奚以自多⑮?计四海之在天地之间也,不似礨空之在大泽乎⑯?计中国之在海内⑰,不似稊米之在太仓乎⑱?号物之数谓之万⑲,人处一焉⑳,人卒九州㉑,谷食之所生,舟车之所通㉒,人处一焉㉓;此其比万物也㉔,不似豪末之在于马体乎㉕?五帝之所连㉖,三王之所争㉗,仁人之所忧,任士之所劳㉘,尽此矣㉙!伯夷辞之以为名,仲尼语之以为博㉚,此其自多也。不似尔向之自多于水乎㉛?"

☆ 借海若之口阐明观点,点明文章主旨。

【译文】

　　秋水按季节到来,上百条河流的水都注入黄河之中。水流之大,两岸之间的牛和马都难以分辨。于是乎河神欣然自喜,认为天下之美完全集中于自己。顺着流水向东而

----

① 以:与。
② 拘于虚也:眼界受狭小居处的局限。拘,拘束、局限。于,被。虚,同"墟",居住的地方。
③ 笃:固,拘限。时:时令。
④ 曲士:乡曲之士,指见识浅陋的人。
⑤ 束于教也:受所受教育的束缚。
⑥ 尔:你。崖涘:河岸。
⑦ 乃:才。丑:鄙陋。
⑧ 大理:大道理。
⑨ 盈:满。
⑩ 尾闾:神话中排泄海水的地方。
⑪ 已:停止。虚:虚空。
⑫ 此其过江河之流:海的容水量超过长江、黄河的水流。
⑬ 自多:自我夸耀。多,赞美,自负。
⑭ "自以"二句:我自以为列身于天地之间,禀受了阴阳之气。比,并列。形,身形。
⑮ "方存"二句:正存有"自己所见甚少"的想法,又怎么会自我夸耀呢?奚以,何以,怎么。
⑯ 礨(lěi)空:蚁穴,小孔穴。
⑰ 中国:这里指中原。
⑱ 稊(tí):一种形似稗的草,实如小米。太仓:储粮的大仓库。
⑲ 号物之数谓之万:称物的数量叫作"万"。号,称。
⑳ 人处一焉:人只是万物中的一类。处,居,占。焉,于此(于万物之中)。
㉑ 人卒九州:人尽九州,即九州都有人。一说,人卒即大众。卒,尽。九州,天下。
㉒ "谷食"二句:谷物生长的地方,车船所通达的地方。
㉓ 人处一焉:人只是天下人中的一个。这里是以个人对天下人而说的,上文的"人处一焉"是以人类对万物而言的。
㉔ 此其比万物也:指个人与万物相比。
㉕ 豪末:毫毛的末梢。豪,通"毫"。
㉖ 五帝:指黄帝、颛顼(zhuān xū)、帝喾(kù)、尧、舜。一说指伏羲、神农、黄帝、尧、舜。所连:所连续统治的。
㉗ 三王:夏启、商汤、周武王。所争:所争夺的。
㉘ 任士:指以天下为己任的贤能之士。
㉙ 尽此矣:全在这里了,意谓全是马体之毫末。尽此,尽于此。
㉚ "伯夷"二句:伯夷以辞让君位而取得名声,孔子以谈说天下而显示渊博。
㉛ "此其"二句:他们这样自我夸耀,不正像你刚才因河水上涨而自我夸耀一样吗?

行,到了北海,脸朝东望去,看不到海水的尽头。于是乎河伯改变了欣喜之色,仰望着对北海若感叹道:"俗话说:'听到了很多的道理,就以为没有谁能比得上自己。'这话说的就是我呀。况且我曾经听说有人小看孔子的学识,轻视伯夷的义行,开始我还不相信;现在我看见大海的无穷无尽,如果我不是来到您的门前就危险了。我会长久地被明白大道理的人所讥笑。"

北海若说:"井中之蛙不可同它谈论大海,是因为它被居住的空间限制;夏生秋死的昆虫不可同它谈论冰雪,是因为它被时节局限;寡闻陋见的人不可与他谈论大道理,是因为他被所受的教育束缚。如今你从河岸中走了出来,看到大海,才知道你的鄙陋,可以与你谈论大道理了。天下的水,没有比海更大的了,万条江河归向大海,不知道什么时候止息,但海水却不会满溢;尾闾(古代传说中的海水排放处)不断把海水泄走,不知什么时候停止,但海水却不会虚竭;春秋季节变化不会使它发生改变,水灾旱灾对它没有影响。它超过长江黄河的水流,不能用量器来计算。但是我未曾因此自夸,自以为寄形于天地之间,并汲取阴阳之气。我在天地之间,犹如小石头小树木在大山里一样;正认为自己见识太少,又怎么敢自夸呢?计算起来四海在天地之间,不就像蚁穴在大湖中吗?计算起来中原在四海(古代以九州之外为四海)之内,不就像一粒小米在大粮仓里吗?人们用'万'这个数目来称呼物类,人不过是万物中的一类;凡是有粮食生长的地方,有舟车通行的地方,都聚集着人群,个人只是人类中的一员;个人与万物相比,不就像马身上的毫毛的末梢吗?五帝所继承的,三王所争夺的,仁人所担忧的,贤士所操劳的,都是如此微不足道。伯夷辞让天下来取得名声,孔子谈论天下来显示渊博,他们这样自我夸耀,不就像你从前以为水多而自我夸耀一样吗?"

【提示】

这是一篇以对话方式展开说理的议论文。文章表明了这样一个道理:在无限广大的宇宙中,个人的认识和作为都要受到主客观条件的制约,因而是十分有限的。这一主旨在客观上给今人的启迪是,人们不能囿于个人有限的见闻而自满自足,应该努力学习,不断上进。

庄子善于将抽象的哲理化为具体的形象。首先,本文在整体构思上,虚构了一个河伯与海若对话的寓言故事,通过两个神话人物的对话来展开说理,阐明观点。其次,本文在说理部分之外,在文章开头设置了一段对河水和海景的描写,以具体景物的比照来陪衬河伯与海若两种不同的认识境界,又形象地渲染了文章主旨。再次,庄子还通过援譬设喻的手段,来表达深微玄奥的哲理,所用比喻往往连类而及,层见叠出,使抽象的结论蕴含于形象的比喻之中,引人联想,发人深思。

此外,本文在说理层次上,经过由小到大,再由大到小的层层推进,最后把结论自然地推到读者面前,令人信服。大量排比句和反诘句的配合运用,又造成文章滔滔莽莽的气势,增强了说理的力量,这体现了庄子散文在语言方面的特色。

思考与练习

一、本文的主旨是什么？在客观上有何思想意义？

二、试谈本篇中的景物描写对表现文章主旨所起的作用。

三、举例说明本文善于援譬设喻的特点。

四、指出下列语句中的前置宾语，并说明其语法条件。

　　1."闻道百,以为莫己若者。"我之谓也

　　2.然而不王者,未之有也

　　3.胡为至今不朝也

　　4.君何患焉

　　5.其是之谓乎

五、真题再现。

（一）单项选择题

【2023年】先秦诸子中,文笔以想象丰富、汪洋恣肆著称的是(　　　　)。

　　　　A.荀子　　　　　B.孔子　　　　　C.庄子　　　　　D.墨子

（二）词语解释题

【2021年】而吾未尝以此自多者。　　　　　　自多:

（三）简析题

【2024年】阅读《秋水》,回答问题:

　　而吾未尝以此自多者,自以比形于天地而受气于阴阳,吾在于天地之间,犹小石小木之在大山也。方存乎见少,又奚以自多?计四海之在天地之间也,不似礨空之在大泽乎?计中国之在海内,不似稊米之在太仓乎?号物之数谓之万,人处一焉,人卒九州,谷食之所生,舟车之所通,人处一焉。此其比万物也,不似豪末之在于马体乎?五帝之所连,三王之所争,仁人之所忧,任士之所劳,尽此矣!伯夷辞之以为名仲尼语之以为博,此其自多也。不似尔向之自多于水乎?"

请回答:

（1）这段文字中的"吾"和"尔"各指的是谁?（4分）

（2）这段文字中嘲讽了伯夷、仲尼等人的什么缺点?（2分）

（3）这段文字使用的论证方法是什么?（3分）

谏逐客书①

李　斯

　　李斯(? —前208年)，战国时楚国上蔡(今河南上蔡西南)人。秦代著名政治家。初为小郡吏，后跟儒学大师荀卿学"帝王之术"，与韩非同学。战国末入秦，为相国吕不韦舍人，后得秦王政的赏识，拜为客卿。秦统一六国后，官至丞相。秦始皇死，李斯为了谋身保位，曾被胁参与赵高矫诏谋杀太子的阴谋，后又为赵高所诬陷，被腰斩于咸阳，夷灭三族。

　　李斯在帮助秦王统一中国的事业中，起过重大作用。统一后，他又积极主张废除分封制，设立郡县，统一文字和度量衡，改革典章制度，对社会进行了一系列变革，为巩固新兴的中央集权制度作出了很多贡献。而他的收诗书愚百姓、严刑苛法、残酷剥削等主张，也为秦王朝带来了极不利的影响。

　　李斯是秦代散文作家中的代表人物。他的文章，说理透辟，论事周详，富有文采。除代表作《谏逐客书》之外，还有一些奏书。此外，《泰山刻石文》《琅琊台刻石文》等多种碑文，内容都是对秦朝功德的歌颂，对后代的碑志铭文颇有影响。

　　他的文章散见于《史记》及《古文苑》中。

　　臣闻吏议逐客，窃以为过矣②。

　　☆　开篇提出中心论点，指出逐客是错误的。

　　昔缪公求士③，西取由余于戎④，东得百里奚于宛⑤，迎蹇叔于宋⑥，来丕豹、公孙支于晋⑦。此五子者，不产于秦，而缪公用之，并国二十，遂霸西戎。孝公用商鞅之法⑧，移

---

　　① 本文选自《史记·李斯列传》。此文写于秦王政十年(前237)，当时由于秦国势力强大，外来客卿增多，影响了秦国宗室大臣的权势，他们就借韩人郑国为秦修筑渠道，消耗财力，使秦无暇东征的事例，提出"诸侯人来事秦者，大抵为其主游间于秦耳，请一切逐客"的建议。于是秦王下令逐客，李斯则上书劝谏。他针对秦王急于统一天下的心愿，陈述了逐客同统一天下的矛盾，用这种利害关系打动了秦王，使秦王撤销了逐客令。谏：规劝君王或尊长采纳意见或改正错误的用语。客：客卿，指客籍官员。书：上书，是古代臣子向君主陈述意见的一种文体。

　　② 窃：私下。自谦之辞。过：错误。

　　③ 缪(mù)公：秦穆公(前659—前621年在位)，名任好，春秋五霸之一。缪，通"穆"。

　　④ 由余：春秋时晋国人，流亡于戎。后奉戎王命出使秦国。秦穆公设计收他为谋臣，遂灭十二戎国，扩疆千里，称霸西戎。戎(róng)：古代对西部少数民族的统称。

　　⑤ 百里奚：楚国宛(今河南南阳)人，曾任虞国大夫。晋灭虞后，成为晋俘，又做晋献公女儿的陪嫁奴仆入秦，后逃回楚国宛地。穆公听说他贤能，设计用五张黑公羊皮赎回，任用为相。

　　⑥ 蹇(jiǎn)叔：岐山(今陕西境内)人，客居于宋，是百里奚的好友，经百里奚推荐，被穆公用厚礼接到秦国，聘为上大夫。

　　⑦ 来丕豹：来，使动用法，使……来。丕豹，晋大夫丕郑之子。因其父被杀逃到秦国。穆公任为大将，率兵攻晋，连下八城，生俘晋君。公孙支：字子桑，岐人，居于晋。穆公收为谋臣，任大夫。

　　⑧ 孝公：秦孝公(前361—前338年在位)，即嬴渠梁，任用商鞅为相，实行变法，使秦强盛。商鞅：战国时卫国人，姓公孙，名鞅，又称卫鞅，因封地在商，故名商鞅。任秦相十年，先后两次变法，改革制度，发展经济，奠定了秦统一六国的基础。

风易俗,民以殷盛,国以富强,百姓乐用①,诸侯亲服,获楚、魏之师②,举地千里③,至今治强④。惠王用张仪之计⑤,拔三川之地⑥,西并巴、蜀⑦,北收上郡⑧,南取汉中⑨,包九夷⑩,制鄢、郢⑪,东据成皋之险⑫,割膏腴之壤,遂散六国之从⑬,使之西面事秦,功施到今⑭。昭王得范雎⑮,废穰侯⑯,逐华阳⑰,强公室⑱,杜私门⑲,蚕食诸侯,使秦成帝业。此四君者,皆以客之功。由此观之,客何负于秦哉?向使四君却客而不内⑳,疏士而不用,是使国无富利之实,而秦无强大之名也。

☆ 以秦国历史上四位君主因用客卿而成帝业的事实为论据,说明客卿的功劳。

今陛下致昆山之玉㉑,有随、和之宝㉒,垂明月之珠㉓,服太阿之剑㉔,乘纤离之马㉕,建翠凤之旗㉖,树灵鼍之鼓㉗。此数宝者,秦不生一焉,而陛下说之,何也?必秦国之所生然后可,则是夜光之璧不饰朝廷㉘;犀、象之器不为玩好㉙;郑、卫之女不充后宫㉚;而骏

---

① 乐用:乐于为国效力。
② 获楚、魏之师:秦孝公二十二年(前340),商鞅用计大破魏军,虏魏公子卬,魏割河西之地(今陕西澄城以东一带)予秦。同年又南侵,战胜楚国。获,俘获,战胜。
③ 举:攻取土地。
④ 治强:安定强盛。
⑤ 惠王:秦惠王,也称惠文王(前337—前311年在位),孝公之子,名驷。张仪:魏国人,惠文王时为秦相,用连横的外交策略破坏六国合纵,以便秦国各个击破。
⑥ 拔:攻取。三川:指黄河、伊水、洛水。
⑦ 巴、蜀:当时的两个小国。巴在今重庆巴南区一带,蜀在今四川成都一带。秦惠文王更元九年(前316),司马错伐蜀。秦并吞巴、蜀后,设置巴郡、蜀郡。
⑧ 上郡:魏国地名,包括今陕西北部和宁夏、内蒙古的部分地方。惠文王十年(前328),派公子华与张仪攻魏,魏国屡败,割上郡十五县求和。
⑨ 汉中:楚地,在今陕西西南部。公元前312年,秦大破楚军于丹阳,斩首八万,攻占楚汉中六百里地,设置汉中郡。
⑩ 包:囊括,吞并。九夷:泛指当时楚国境内的少数民族。
⑪ 鄢(yān):楚地名,在今湖北宜城。郢(yǐng):当时楚国的国都,旧址在今湖北江陵北之纪南城。
⑫ 成皋:又名虎牢,今河南荥阳,为古代军事要地。
⑬ 散六国之从:解散、瓦解了韩、魏、燕、赵、齐、楚六国的联合阵线。从,通"纵",即合纵,指南北六国联合抗秦。
⑭ 施(yì):延续。
⑮ 昭王:秦昭襄王(前306—前251年在位),名则,又名稷,惠文王子,武王异母弟。范雎(jū):魏国人,后入秦任相,封应侯。他提出远交近攻的策略,使秦得以逐步征服邻国,扩大疆土。
⑯ 穰(ráng)侯:魏冉,秦昭王母宣太后的异父弟,封于穰(今河南邓州),故称穰侯。为秦相,擅权三十余年。
⑰ 华阳:宣太后的同父弟芈(mǐ)戎,封于华阳,故称华阳君。也因宣太后的关系,同穰侯一起在朝专权。昭王听从范雎的劝告,将穰侯、华阳君逐出关外。
⑱ 公室:王室。
⑲ 私门:指贵族豪门。
⑳ 向使:当初假如。却:拒绝。内:通"纳"。
㉑ 昆山之玉:昆山,即昆仑山,古时传说昆仑山北麓和田产美玉。
㉒ 随、和之宝:指随侯珠、和氏璧。随,周初小国,在今湖北境内。传说随侯用药敷治了一条受伤的大蛇,后来此蛇于夜间衔一珠来报恩,故称随侯珠。和,春秋时楚国人卞和。传说他曾于山中得一璞玉,献给楚王,琢成美玉。因称和氏之璧。
㉓ 明月之珠:夜间光如明月的宝珠。一说即指随侯之珠。
㉔ 服:佩带。太阿(ē):宝剑名,相传是春秋时吴国名匠干将和欧冶子所铸。
㉕ 纤离:古骏马名。
㉖ 建:树立。翠凤之旗:用翠羽编成凤鸟形状所装饰的旗帜。
㉗ 树:设置。灵鼍(tuó):鳄鱼类,俗称猪婆龙,皮可制鼓。
㉘ 夜光之璧:夜间能发出光亮的美玉。据《战国策·楚策》载,此乃楚王所献。
㉙ 犀:犀牛角。象:象牙。玩好:指玩赏、喜好之物。
㉚ 郑、卫之女:郑、卫均为东周时国名,郑、卫的女子以善于歌舞著称。

良驮骐不实外厩①；江南金锡不为用，西蜀丹青不为采②。所以饰后宫、充下陈③、娱心意、说耳目者，必出于秦然后可，则是宛珠之簪④、傅玑之珥⑤、阿缟之衣⑥、锦绣之饰不进于前⑦；而随俗雅化⑧、佳冶窈窕赵女不立于侧也⑨。夫击瓮叩缶⑩、弹筝搏髀⑪，而歌呼呜呜快耳者，真秦之声也。《郑》《卫》《桑间》《韶虞》《武象》者⑫，异国之乐也。今弃击瓮叩缶而就《郑》《卫》，退弹筝而取《韶虞》，若是者何也？快意当前，适观而已矣⑬。今取人则不然，不问可否，不论曲直⑭，非秦者去，为客者逐，然则是所重者，在乎色、乐、珠、玉，而所轻者，在乎人民也。此非所以跨海内、制诸侯之术也。

☆ 举出大量事实，说明重物轻人，绝非一代英主所应为。

臣闻地广者粟多，国大者人众，兵强则士勇。是以泰山不让土壤，故能成其大；河海不择细流，故能就其深；王者不却众庶，故能明其德。是以地无四方，民无异国，四时充美，鬼神降福。此五帝三王之所以无敌也⑮。今乃弃黔首以资敌国⑯，却宾客以业诸侯⑰，使天下之士退而不敢西向，裹足不入秦，此所谓"藉寇兵而赍盗粮"者也⑱。

☆ 从理论上进一步阐明纳客与逐客的利害关系。

夫物不产于秦，可宝者多；士不产于秦，而愿忠者众。今逐客以资敌国，损民以益仇，内自虚而外树怨于诸侯，求国无危，不可得也。

☆ 指出逐客必将造成秦国的危亡。总结全文，照应开头。

【译文】

我听说官吏们在商议驱逐客卿，私下认为这样做是错误的。

过去，秦穆公求访贤才，从西戎得到了由余，从东宛地得到百里奚，从宋国迎来蹇叔，从晋国招来丕豹、公孙支。这五位贤士，并不出生在秦国，可穆公重用他们，吞并了二十个小诸侯国，于是称霸西戎。秦孝公采用商鞅变法，改变了秦国落后的风俗，人民因此富裕，国家因此富强，百姓乐意为国效力，各诸侯国信任服从，打败楚、魏两国的

---

① 驮骐（jué tí）：骏马名。厩（jiù）：马棚。
② 丹青：丹砂和青雘。绘画的颜料。
③ 下陈：堂下。指宫女。
④ 宛珠：宛（今河南南阳）地出产的珠。
⑤ 傅玑之珥：附有玑珠的耳饰。傅，通"附"。玑，不圆的珠子。珥，耳饰。
⑥ 阿：齐国东阿（今山东阳谷东北阿城镇）。缟：白色的丝绸。
⑦ 锦：织锦。绣：刺绣。
⑧ 随俗雅化：随着时尚打扮得时髦漂亮。
⑨ 佳冶窈窕：美好艳丽，体态优美。赵女：赵国的女子。传说古代燕赵一带多美女。
⑩ 瓮、缶（fǒu）：都是瓦器，古时秦地作为打击乐器。
⑪ 筝：古秦地的一种弦乐器。搏：拍击。髀（bì）：大腿。
⑫ 《郑》《卫》：指郑、卫两国的乐曲。《桑间》：指卫国濮水之滨（今河南濮阳地区）的音乐。《韶虞》：相传是舜时的乐曲。《武象》：周武王时的乐舞曲。
⑬ 适观：适于观赏。
⑭ 曲直：邪正。
⑮ 五帝：指黄帝、颛顼（zhuān xū）、帝喾（kù）、尧、舜。一说指伏羲、神农、黄帝、尧、舜。三王：夏启、商汤、周武王。
⑯ 黔首：秦时对百姓的称呼。黔，黑色。
⑰ 业诸侯：使诸侯成就功业。业，使动用法。
⑱ 藉：借。赍（jī）：给予，赠送。

军队，攻取了千里土地，至今安定强盛。秦惠王采用张仪的连横之计，攻占了三川之地，向西吞并了巴蜀，向北收取了上郡，向南夺取了汉中，吞并了南方的少数民族地区，控制了鄢、郢两地，向东占据了险要的虎牢，割取了肥沃的土地。于是瓦解了六国的合纵联盟，迫使他们面向西事奉秦国，功业一直延续到现在。秦昭王任用范雎，废掉了穰侯，驱逐了华阳君，增强了王室的权力，限制了贵族豪门的势力，逐步吞并各诸侯国，使秦国成就帝业。这四位国君，都是凭借了客卿的功劳。由此看来，客卿有什么对不起秦国的呢？假使当初这四位国君拒绝客卿而不接纳他们，疏远贤士而不重用他们，秦国也就不会有今天富足的实力和强大的威名了。

现在陛下得到昆山的美玉，拥有随侯之珠、和氏之璧，垂挂着光如明月的宝珠，佩带着太阿宝剑，骑着名贵的纤离马，树起翠凤羽毛装饰的旗子，架起用灵鼍之皮制成的大鼓。这些宝贵之物，没有一种是秦国出产的，而陛下却喜欢它们，这是为什么呢？如果一定要是秦国出产的才可以用，那么，夜光之璧就不会成为朝廷的装饰，犀角、象牙雕成的器物也不会成为陛下玩赏喜好之物，郑、卫二地能歌善舞的女子也不会充满陛下的后宫，各种名骥良马也不会充满陛下的马房，江南的金锡也不会被使用，西蜀的颜料也不会被采用。用以装饰后宫的珠宝，站满堂下的美女，爽心快意、悦人耳目的所有这些东西，如果一定都要是秦国出产的才可以用，那么，镶嵌宛珠的簪子、附着玑珠的耳环、东阿出产的丝绸衣服、锦绣的装饰，就都不会进献到陛下的面前；那些追随时尚打扮得时髦漂亮、相貌美好体态苗条的赵国美女，也不会立于陛下的身旁。敲瓮击缶，弹着筝，拍着大腿打拍子，呜呜呀呀地唱着，快人耳目的，是真正的秦国音乐。《郑》《卫》《桑间》《韶虞》《武象》等乐曲，都是别国的音乐。如今陛下抛弃了秦国敲击瓦器而听取《郑》《卫》，不要秦筝而取用《韶虞》，这是为什么呢？因为可以在当前感到快意，适合欣赏罢了。现在陛下选择人才却不是这样，不问是否可用，不管是非曲直，凡不是秦国的就得离开，凡是客卿都要被驱逐。这样做，陛下所看重的只在美色、音乐、珍珠、宝玉方面，而所轻视的却是人民士众。这不是用来统一天下、制服诸侯的方法啊！

我听说，地域广，粮食就多；国家大，人口就多；军队强，兵士就勇敢。因此泰山不拒绝土壤，所以能成就它的高大；河海不挑剔细流，所以能成就它的深广；君王不拒绝民众，所以能彰显出他的美德。因此，地不分东西南北，民不论国籍，一年四季都富裕丰足，鬼神也会来降福，这正是五帝三王无敌的原因。现在陛下却抛弃百姓以帮助敌国，拒绝宾客使诸侯成就功业，使天下之士退出秦国而不敢往西，停下脚步不敢入秦，这正是所谓的"把武器借给敌人，把粮食送给盗贼啊"！

物品不出产于秦国，可当作宝物的很多；贤士不出生于秦国，愿意效忠的人很多。现在驱逐客卿而帮助敌国，减少本国人口而增强仇人的实力，对内使自己虚弱，对外又与各诸侯国结怨。想要求得国家没有危险，这是不可能的。

【提示】

这是李斯写给秦王的一篇奏章，目的是劝说秦王不要驱逐客卿。

全文分为五段。第一段开门见山地提出文章的中心论点：驱逐客卿是错误的。统领全篇。第二段列举了秦国历史上四位君王因重用客卿而取得巨大成就的史实，从而得出没有客卿的功劳就没有秦国今天的富庶和强大的结论。第三段首先揭示秦王特别喜好别国的珍宝、美色、音乐，与他在用人上排斥客卿相矛盾，然后指出这种"重物轻人"的做法是与秦王想统一天下的根本目的背道而驰的。第四段从理论上进一步阐明纳客与逐客的利害关系。第五段则总结全文，指出逐客必将造成秦国的危亡。显然，文章处处都是紧扣驱逐客卿是错误的这一中心论点展开论证的。

本文反复采用正反对比的论证方法。正面论述以强调纳客之利，反面推理以突出逐客之害。正反论证，利害并举，两相对照，是非明晰，因而使文章论辩有力。

文章采用极力铺陈的手法，大量列举事实作依据，产生了事实胜于雄辩、论据无可辩驳的说服力量。排比句接踵联翩，对偶句相间迭出，也大大增强了文章的气势和感染力。

思考与练习

一、识记本文的中心论点。

二、文章列举秦国四位君王"以客之功"的历史事实说明了什么？

三、文章铺陈秦王所喜爱的珍宝、美色、音乐是为了说明什么道理？

四、分析第四段的层次内容。

五、举例说明本文所采用的正反对比的说理方法。

六、找出文中的铺陈部分，并说明其表达作用。

七、真题再现。

（一）单项选择题

【2021年】1. 秦代作家的代表人物是（　　）。

　　　　A. 左丘明　　B. 李斯　　　　C. 屈原　　　　D. 刘向

【2021年】2. 下列句子中"其"作代词的是（　　）。

　　　　A. 其是之谓乎？　　　　　　B. 其谁曰不然？

　　　　C. 其李将军之谓也　　　　　D. 王者不却众庶，故能明其德

【2024年】3. 李斯《谏逐客书》中的"书"指的是（　　）。

　　　　A. 书籍　　　B. 书简　　　　C. 上书　　　　D. 书信

（二）词语解释题

【2021年】1. 臣闻吏议逐客，窃以为过矣。　　　　过：

【2022年】2. 孝公用商鞅之法，移风易俗。　　　　易：

【2023年】3. 垂明月之珠，服太阿之剑。　　　　　服：

【2024年】4. 向使四君却客而不内，疏士而不用。内：

（三）判断题

【2022年】李斯《谏逐客书》的中心论点是"臣闻吏议逐客，窃以为过矣"。　　（　　）

五代史伶官传序①

欧阳修

欧阳修(1007—1072),字永叔,号醉翁,晚年自称六一居士。北宋庐陵(今江西吉安)人。早年丧父,家境贫寒,母亲郑氏以芦荻代笔,泥沙代纸,教他读书写字。宋仁宗天圣八年进士。欧阳修支持范仲淹的"庆历革新",遭到守旧派的排挤和打击,屡遭贬谪。晚年官至枢密副使、参知政事。王安石执政后,辞官退隐,死后追赠为太师,谥文忠。

欧阳修是北宋诗文革新运动的领袖,反对宋初以来追求形式的靡丽文风,主张文章应"明道""致用""事信""言文"。在他的领导和奖掖之下,"三苏"、王安石和曾巩,此起彼应,形成了我国古文创作的又一全盛时期。他在散文、诗词等各方面都有很高的成就。散文具有说理畅达、抒情委婉的独特风格。有《欧阳文忠公集》《新五代史》和《新唐书》(与宋祁合作撰写)。

呜呼!盛衰之理,虽曰天命,岂非人事哉②!原庄宗之所以得天下③,与其所以失之者,可以知之矣④。

☆ 开篇点明中心论点,并指出主要论据。

世言晋王之将终也⑤,以三矢赐庄宗而告之曰:"梁,吾仇也⑥;燕王,吾所立⑦;契丹与吾约为兄弟,而皆背晋以归梁⑧。此三者,吾遗恨也。与尔三矢,尔其无忘乃父之志⑨!"庄宗受而藏之于庙⑩,其后用兵,则遣从事以一少牢告庙⑪,请其矢,盛以锦囊,负

---

① 本文选自《新五代史·伶官传》。后人为了将宋初薛居正所编《五代史》和欧阳修所编《五代史》区别开来,通称薛著为《旧五代史》,欧著为《新五代史》。五代:指唐朝崩溃后在中原更替的后梁、后唐、后晋、后汉、后周五个王朝。伶官:在宫廷有官职的伶人。伶,古时称演戏、歌舞、作乐的人。
② "虽曰"二句:虽然说是上天的意志,难道不是人为的吗?
③ 原:推本求原。庄宗:李存勖(xù),唐末西突厥沙陀部族的首领,消灭后梁称帝,建立后唐。
④ 之:指代"盛衰之理,虽曰天命,岂非人事哉"的道理。
⑤ 世言:世人说。晋王:指李存勖的父亲李克用,因出兵帮助唐王朝镇压黄巢起义有功,封陇西郡王,后又封为晋王。
⑥ 梁,吾仇也:朱温,原为黄巢将领,降唐后,改名朱全忠,受封为梁王。他曾企图杀害李克用。后来朱全忠篡夺唐王朝的政权,国号梁,都汴州。又迁都洛阳。
⑦ "燕王"二句:燕王,指刘仁恭。刘本为幽州将,李克用帮他夺得幽州,并保举他为卢龙节度使,故曰"吾所立"。不久,仁恭叛晋归梁。后来朱全忠封他的儿子刘守光为燕王。这里称刘仁恭为燕王,是笼统的说法。
⑧ "契丹"二句:唐末北方少数民族,这里指契丹族首领耶律阿保机。李克用曾与他结拜为兄弟,约定合力举兵灭梁。后来耶律阿保机背约,与梁通好。
⑨ 其:语气副词,表示期望、命令的语气。乃:你的。
⑩ 庙:太庙,帝王祭祀祖先的宗庙。
⑪ 从事:这里指负责具体事务的官员。一少牢:用猪、羊各一头作祭品(祭祀时,牛、猪、羊三牲齐备,称太牢)。牢,祭祀用的牲畜。告:祷告。

而前驱,及凯旋而纳之①。方其系燕父子以组②,函梁君臣之首③,入于太庙,还矢先王,而告以成功,其意气之盛,可谓壮哉! 及仇雠已灭④,天下已定,一夫夜呼,乱者四应,苍皇东出,未及见贼而士卒离散,君臣相顾,不知所归,至于誓天断发,泣下沾襟⑤,何其衰也⑥! 岂得之难而失之易欤? 抑本其成败之迹,而皆自于人欤⑦?

☆ 具体阐述庄宗之得天下与失天下的史实来证明中心论点。

《书》曰:"满招损,谦得益⑧。"忧劳可以兴国⑨,逸豫可以亡身⑩,自然之理也。故方其盛也,举天下之豪杰⑪,莫能与之争;及其衰也,数十伶人困之,而身死国灭,为天下笑⑫。夫祸患常积于忽微⑬,而智勇多困于所溺⑭,岂独伶人也哉⑮!

作《伶官传》。

☆ 总结经验教训,对中心论点阐发和印证。

【译文】

唉! 国家盛衰兴亡的道理,虽说是天意,难道不也是人为造成的吗? 推究后唐庄宗取得天下,与他失去天下的原因,就可以明白这个道理了。

世人传说晋王临死时,把三支箭赐给庄宗,并对他说:"梁王是我的仇敌;燕王是我推立起来的;契丹首领曾与我订立盟约结为兄弟,可是他们后来都背叛我去投靠了梁国。这三件事是我的遗恨。交给你三支箭,希望你不要忘记你父亲报仇的心愿。"庄宗接受了箭,并把它收藏在宗庙里。以后每次出兵打仗,就派下属用猪羊各一头作为祭品去祭告宗庙,请出那三支箭,装在锦囊里,背着向前冲锋。等打了胜仗回来,再把箭放回宗庙。当庄宗用绳子绑着燕王父子,用木匣装着梁国君臣的首级,献于太庙,把箭放还

---

① 及:等到。纳:放回。之:代词,指箭。

② 方:当……时。系燕父子以组:公元912年李存勖遣将攻破幽州,俘获刘仁恭,追捕了刘守光,押回太原,献于太庙。系(jì),捆绑。组,丝带,这里指绳索。

③ 函梁君臣之首:公元923年,李存勖攻破大梁。梁末皇帝朱友贞(朱温的儿子)命令部将皇甫麟将自己杀死,随即皇甫麟也刎颈自杀。函,木匣,这里意为用木匣装盛,名词作动词用。

④ 仇雠(chóu):仇敌。

⑤ "一夫"八句:公元926年,驻扎贝州(今河北清河)的军人皇甫晖因夜间聚赌不胜,发动兵变,攻入邺城(今河北临漳)。邢州(今河北邢台)和沧州(今河北沧州)的驻军相继兵变响应。庄宗派李嗣源(李克用养子)前往镇压,不料李嗣源被部下拥立为帝,联合邺城乱军向京都洛阳进击。庄宗慌慌张张率军东进,至万胜镇,闻李嗣源已占据大梁(开封),被迫引兵折回,至洛阳城东的石桥,置酒悲泣,部将元行钦等百余人,剪断头发,向天立誓,表示以死报国,君臣相顾哭泣。一夫,一个人,指皇甫晖。苍皇,匆促,慌张。

⑥ 何其衰也:多么衰败啊!

⑦ "岂得"三句:难道是因为得天下困难、失天下容易的缘故吗? 或者认真推究他成败的原委,其实都是出于人为的呢? 抑,或者,还是。本,推究本源,名词作动词用。自,出于。

⑧ 《书》:即《尚书》。"满招损,谦得益":见《尚书·大禹谟》,原文是"满招损,谦受益"。

⑨ 忧劳:忧患勤劳。

⑩ 逸豫:逍遥游乐,不能居安思危。

⑪ 举:全,所有的。

⑫ "数十伶人"三句:庄宗灭梁后,宠用伶人,纵情声色,朝政日非。继李嗣源兵变后,伶人出身的皇帝近卫军首领郭从谦乘机作乱,庄宗中流矢而死。国灭,庄宗死后,李嗣源即位,称为明宗,后唐并未灭亡。不过李嗣源是李克用的养子,并非嫡传,按照当时的传统观念来看,也可以说是"国灭"。

⑬ 积于忽微:从细微小事逐渐积累起来。

⑭ 所溺:沉溺迷恋的人或事物。

⑮ 岂独伶人也哉:难道仅仅是伶人吗!

先王的灵位之前,告诉他生前报仇的心愿已完成,他那神情气概,是多么豪壮啊!等到仇敌已经消灭,天下已经安定,一个人在夜里发难,作乱的人便四面响应,他匆忙出兵东进,还没见到乱贼,士兵却已纷纷逃散,君臣面面相觑,不知何去何从,以至于断发明志对天发誓,流下眼泪沾湿衣襟,又是何等衰败!难道是因为取得天下难,而失去天下容易吗?还是他成功失败的原因,都是出于人为呢?

《尚书》说:"自满会招来损害,谦虚能得到益处。"忧劳可以使国家兴盛,安逸享乐可以使自身灭亡,这是自然的道理。所以,当他兴盛时,全天下的豪杰没有谁能和他相争;等到他衰败时,数十个伶人围困他,身死国灭,被天下人耻笑。祸患常常是由细微小事积累起来,人的智慧勇气也大多会被过分沉迷的东西所消磨,难道只是伶人吗?

于是作《伶官传》。

【提示】

这是一篇著名的史论。文章开篇即提出中心论点:"盛衰之理,虽曰天命,岂非人事哉!"意为国家的盛衰、事业的成败,主要取决于人事。作者在论述过程中不断推出警戒性的断语,如"忧劳可以兴国,逸豫可以亡身""祸患常积于忽微,而智勇多困于所溺",并引用《尚书》中的名言"满招损,谦得益",都是对中心论点的阐发和印证。

本文阐明中心论点的主要论据,是五代后唐庄宗李存勖盛衰成败的历史事实。在写法上,欲抑而先扬,先极赞庄宗成功时意气之"壮",再叹其失败时形势之"衰",通过盛与衰、兴与亡、得与失、成与败的强烈对比,突出庄宗历史悲剧的根由所在,使"抑本其成败之迹,而皆自于人欤"的结论,令人信服,发人深省。

文章笔力雄健而有气势,行文跌宕顿挫,情见乎辞,虽然篇幅短小,却是一篇搏兔而用全力之作。

思考与练习

一、请谈谈本文的中心论点和有关警句对我们有什么启迪作用。

二、试以本文第三段为例,说明作者是如何运用对比手法进行论证的。

三、识别本文中运用的理论论据和事实论据。

四、指出下列语句中的特殊语法现象。

  1. 函梁君臣之首

  2. 抑本其成败之迹

  3. 忧劳可以兴国,逸豫可以亡身

  4. 而所轻者,在乎民人也

  5. 却宾客以业诸侯

五、真题再现。

（一）单项选择题

【2021年】1. 主张文章应"明道、致用、事信、言文"的文学家是（　　　）。

        A. 柳永　　　B. 欧阳修　　　C. 韩愈　　　D. 陆游

【2022年】2. 欧阳修的文集是（　　　）。

        A.《漱玉词》　　　　　　　B.《乐章集》

        C.《欧阳文忠公集》　　　　D.《东坡乐府》

【2023年】3. 北宋诗文革新运动的领袖是（　　　）。

        A. 苏洵　　　B. 欧阳修　　　C. 王安石　　　D. 陆游

（二）词语解释题

【2021年】1. 举天下之豪杰，莫能与之争。   举：

【2023年】2. 原庄宗之所以得天下，与其所以失之者，可以知之矣。   原：

【2024年】3. 方其系燕父子以组。   组：

（三）判断题

【2024年】欧阳修是北宋文学的领袖人物。   （　　　）

灯下漫笔①

鲁 迅

鲁迅(1881—1936),本名周樟寿,字豫山,后改名周树人,字豫才。浙江绍兴人。中国现代文学的奠基人。幼年受过诗书经传的传统教育。由于家道中衰,体验到世态的炎凉,社会的黑暗。又因常到农村祖母家居住,接触了农民的生活。1898 年考入南京江南水师学堂,后改入陆师学堂附设的矿务铁路学堂,开始接触西方科学,接受了达尔文的进化论学说。1902 年赴日本留学,初学医,后因决心改造国民的精神,弃医从文,积极参加民主革命活动。

1909 年 8 月回国,先后在杭州、绍兴任教。1912 年应蔡元培邀请,在南京临时政府任金事,5 月随临时政府迁居北京。1918 年 4 月,开始用“鲁迅”这一笔名,在《新青年》杂志上,发表了他的第一篇白话小说《狂人日记》。五四运动前后,他积极参加《新青年》杂志的工作,站在反帝反封建的新文化运动的最前列。1920 年起,先后在北京大学、北京女子师范大学等校兼课。在“女师大风潮”“五卅运动”“三一八惨案”等斗争中,引导和支持学生的进步活动。1926 年 8 月,被迫离开北京,到厦门大学任教。1927 年 1 月赴广州,在中山大学任教。为抗议国民党右派在广州发动“四一五”事变,愤而辞职。

1927 年 10 月,鲁迅到上海定居,开始了“左翼”十年的战斗生活。“四一二”反革命政变后,经过事实的深刻教育和学习马克思主义,他的思想终于由进化论发展到阶级论,他由革命民主主义者成为坚定的共产主义战士。1930 年后,鲁迅参加了中国自由运动大同盟、左翼作家联盟、中国民权保障同盟等进步团体。在党的领导下,向国民党反动派和旧社会一切邪恶势力进行了不懈的斗争,在粉碎反动派的文化围剿中,成为中国文化革命的伟人。1936 年 10 月 19 日,因积劳成疾,与世长辞。

鲁迅一生,创作近四百万字,翻译五百多万字,整理古籍近六十万字,对中国的文化事业作出了巨大的贡献。鲁迅的著作现已译成英、日、俄、法、德等五十多种文字,受到世界各国人民的热爱。1981 年出版了附有注释的《鲁迅全集》十六卷本。

一

有一时,就是民国二三年时候,北京的几个国家银行的钞票,信用日见其好了,真所谓蒸蒸日上。听说连一向执迷于现银的乡下人,也知道这既便当,又可靠,很乐意收受,行使了。至于稍明事理的人,则不必是“特殊知识阶级”,也早不将沉重累坠的银元装在怀中,来自讨无谓的苦吃。想来,除了多少对于银子有特别嗜好和爱情的人物之外,所有的怕大都是钞票了罢,而且多是本国的。但可惜后来忽然受了一个不小的打击。

---

① 本篇最初分两次发表于 1925 年 5 月 8 日、22 日《莽原》周刊第三期和第五期。后来收入杂文集《坟》。

就是袁世凯想做皇帝的那一年①,蔡松坡先生溜出北京②,到云南去起义。这边所受的影响之一,是中国和交通银行的停止兑现③。虽然停止兑现,政府勒令商民照旧行用的威力却还有的;商民也自有商民的老本领,不说不要,却道找不出零钱。假如拿几十几百的钞票去买东西,我不知道怎样,但倘使只要买一枝笔,一盒烟卷呢,难道就付给一元钞票么?不但不甘心,也没有这许多票。那么,换铜元,少换几个罢,又都说没有铜元。那么,到亲戚朋友那里借现钱去罢,怎么会有?于是降格以求,不讲爱国了,要外国银行的钞票。但外国银行的钞票这时就等于现银,他如果借给你这钞票,也就借给你真的银元了。

我还记得那时我怀中还有三四十元的中交票④,可是忽而变了一个穷人,几乎要绝食,很有些恐慌。俄国革命以后的藏着纸卢布的富翁的心情,恐怕也就这样的罢;至多,不过更深更大罢了。我只得探听,钞票可能折价换到现银呢?说是没有行市。幸而终于,暗暗地有了行市了:六折几。我非常高兴,赶紧去卖了一半。后来又涨到七折了,我更非常高兴,全去换了现银,沉垫垫地坠在怀中,似乎这就是我的性命的斤两。倘在平时,钱铺子如果少给我一个铜元,我是决不答应的。

但我当一包现银塞在怀中,沉垫垫地觉得安心,喜欢的时候,却突然起了另一思想,就是:我们极容易变成奴隶,而且变了之后,还万分喜欢。

☆ 漫谈今事,作者用钞票折价换银元的自身经历引出人民处于奴隶地位的论述。

假如有一种暴力,"将人不当人",不但不当人,还不及牛马,不算什么东西;待到人们羡慕牛马,发生"乱离人,不及太平犬"的叹息的时候,然后给与他略等于牛马的价格,有如元朝定律⑤,打死别人的奴隶,赔一头牛,则人们便要心悦诚服,恭颂太平的盛世。为什么呢?因为他虽不算人,究竟已等于牛马了。

我们不必恭读《钦定二十四史》⑥,或者入研究室,审察精神文明的高超。只要一翻孩子所读的《鉴略》⑦,——还嫌烦重,则看《历代纪元编》⑧,就知道"三千余年古国古"的中华⑨,历来所闹的就不过是这一个小玩艺。但在新近编纂的所谓"历史教科书"一流东西里,却不大看得明白了,只仿佛说:咱们向来就很好的。

但实际上,中国人向来就没有争到过"人"的价格,至多不过是奴隶,到现在还如此,然而下于奴隶的时候,却是数见不鲜的。中国的百姓是中立的,战时连自己也不知道属于那

---

① 袁世凯(1859—1916):河南项城人,北洋军阀的首领。由于他拥有反动武装,并且勾结帝国主义,又由于当时领导革命的资产阶级的妥协性,他在1911年的辛亥革命后窃夺了国家政权,于1912年3月就任中华民国临时大总统,后又于1913年10月雇用"公民团"包围议会,选举他为正式大总统。但他并不以此为满足,更于1915年12月宣布改次年为洪宪元年,准备即皇帝位。蔡锷等在云南起义反对帝制,得到各省响应,袁世凯被迫于1916年3月22日取消帝制,6月6日死于北京。
② 蔡松坡(1882—1916):名锷,字松坡,湖南邵阳人,辛亥革命时任云南都督,1913年被袁世凯调到北京,加以监视。1915年潜离北京,回到云南组织护国军,讨伐袁世凯。
③ 兑现:将发行的纸币兑换成现银。
④ 中交票:中国银行和交通银行发行的钞票。
⑤ 有如元朝定律:多桑《蒙古史》第二卷第二章中引有元太宗窝阔台的话,说:"成吉思汗法令,杀一回教徒者罚黄金四十巴里失。而杀一汉人者其偿价仅与一驴相等。"
⑥ 《钦定二十四史》:清乾隆时将从《史记》至《明史》等二十四部史书定为正史,故称《钦定二十四史》。
⑦ 《鉴略》:清王仕云著,是旧时学塾用的初级历史读物,上起盘古,下至明朝弘光,皆为四言韵语。
⑧ 《历代纪元编》:清朝李兆洛门人六承如编,是中国历史的干支年表。
⑨ 三千余年古国古:语出清朝黄遵宪《出军歌》。原为:"四千余岁古国古,是我完全土。"

一面,但又属于无论那一面。强盗来了,就属于官,当然该被杀掠;官兵既到,该是自家人了罢,但仍然要被杀掠,仿佛又属于强盗似的。这时候,百姓就希望有一个一定的主子,拿他们去做百姓,——不敢,是拿他们去做牛马,情愿自己寻草吃,只求他决定他们怎样跑。

假使真有谁能够替他们决定,定下什么奴隶规则来,自然就"皇恩浩荡"了。可惜的是往往暂时没有谁能定。举其大者,则如五胡十六国的时候①、黄巢的时候②、五代时候③、宋末元末时候,除了老例的服役纳粮以外,都还要受意外的灾殃。张献忠的脾气更古怪了④,不服役纳粮的要杀,服役纳粮的也要杀,敌他的要杀,降他的也要杀;将奴隶规则毁得粉碎。这时候,百姓就希望来一个另外的主子,较为顾及他们的奴隶规则的,无论仍旧,或者新颁,总之是有一种规则,使他们可上奴隶的轨道。

"时日曷丧,予及汝偕亡⑤!"愤言而已,决心实行的不多见。实际上大概是群盗如麻,纷乱至极之后,就有一个较强,或较聪明,或较狡猾,或是外族的人物出来,较有秩序地收拾了天下。厘定规则:怎样服役,怎样纳粮,怎样磕头,怎样颂圣。而且这规则是不像现在那样朝三暮四的。于是便"万姓胪欢"了⑥;用成语来说,就叫作"天下太平"。

任凭你爱排场的学者们怎样铺张,修史时候设些什么"汉族发祥时代""汉族发达时代""汉族中兴时代"的好题目,好意诚然是可感的,但措辞太绕湾子了。有更其直捷了当的说法在这里——

一、想做奴隶而不得的时代;

二、暂时做稳了奴隶的时代。

这一种循环,也就是"先儒"之所谓"一治一乱"⑦;那些作乱人物,从后日的"臣民"看来,是给"主子"清道辟路的,所以说:"为圣天子驱除云尔⑧。"

☆ 分析历史,通过人民心理的分析得出中国历史是两种时代的交替循环。

现在入了那一时代,我也不了然。但看国学家的崇奉国粹,文学家的赞叹固有文明,道学家的热心复古,可见于现状都已不满了。然而我们究竟正向着那一条路走呢?百姓是一遇到莫名其妙的战争,稍富的迁进租界,妇孺则避入教堂里去了,因为那些地方都比较的"稳",暂不至于想做奴隶而不得。总而言之,复古的,避难的,无智愚贤不肖,似乎都已神往于三百年前的太平盛世,就是"暂时做稳了奴隶的时代"了。

但我们也就都像古人一样,永久满足于"古已有之"的时代么?都像复古家一样,不满于现在,就神往于三百年前的太平盛世么?

---

① 五胡十六国:公元304年至439年间,我国匈奴、羯、鲜卑、氐、羌等五个少数民族先后在北方和西蜀立国,计有前赵、后赵、前燕、后燕、南燕、后凉、南凉、北凉、前秦、后秦、西秦、夏、成汉,加上汉族建立的前凉、西凉、北燕,共十六国,史称"五胡十六国"。

② 黄巢:唐末农民起义领袖。

③ 五代:唐王朝灭亡后,相继建立的梁、唐、晋、汉、周五个朝代。

④ 张献忠:明末农民起义领袖。

⑤ "时日曷丧"二句:这个太阳什么时候灭亡,我跟你一起死。语出《尚书·汤誓》。这句话表现了对暴君残酷统治的无比愤恨心情。时日,指夏桀。

⑥ 胪:陈述、传告。

⑦ 一治一乱:语出《孟子·滕文公下》:"天下之生久矣,一治一乱。"

⑧ 为圣天子驱除云尔:替圣明的天子驱赶扫除罢了。语出《汉书·王莽传赞》。

自然,也不满于现在的,但是,无须反顾,因为前面还有道路在。而创造这中国历史上未曾有过的第三样时代,则是现在的青年的使命!

☆ 观照现实,发出号召,鼓励青年创造前所未有的第三样时代。

二

但是赞颂中国固有文明的人们多起来了,加之以外国人。我常常想,凡有来到中国的,倘能疾首蹙额而憎恶中国,我敢诚意地捧献我的感谢,因为他一定是不愿意吃中国人的肉的!

鹤见祐辅氏在《北京的魅力》中①,记一个白人将到中国,预定的暂住时候是一年,但五年之后,还在北京,而且不想回去了。有一天,他们两人一同吃晚饭——

"在圆的桃花心木的食桌前坐定,川流不息地献着山海的珍味,谈话就从古董,画,政治这些开头。电灯上罩着支那式的灯罩,淡淡的光洋溢于古物罗列的屋子中。什么无产阶级呀,Proletariat 呀那些事②,就像不过在什么地方刮风。"

"我一面陶醉在支那生活的空气中,一面深思着对于外人有着'魅力'的这东西。元人也曾征服支那,而被征服于汉人种的生活美了;满人也征服支那,而被征服于汉人种的生活美了。现在西洋人也一样,嘴里虽然说着 Democracy 呀③,什么什么呀,而却被魅于支那人费六千年而建筑起来的生活的美。一经住过北京,就忘不掉那生活的味道。大风时候的万丈的沙尘,每三月一回的督军们的开战游戏,都不能抹去这支那生活的魅力。"

这些话我现在还无力否认他。我们的古圣先贤既给与我们保古守旧的格言,但同时也排好了用子女玉帛所做的奉献于征服者的大宴。中国人的耐劳,中国人的多子,都就是办酒的材料,到现在还为我们的爱国者所自诩的④。西洋人初入中国时,被称为蛮夷,自不免个个蹙额,但是,现在则时机已至,到了我们将曾经献于北魏,献于金,献于元,献于清的盛宴,来献给他们的时候了。出则汽车,行则保护;虽遇清道,然而通行自由;虽或被劫,然而必得赔偿;孙美瑶掳去他们站在军前⑤,还使官兵不敢开火。何况在华屋中享用盛宴呢?待到享受盛宴的时候,自然也就是赞颂中国固有文明的时候;但是我们的有些乐观的爱国者,也许反而欣然色喜,以为他们将要开始被中国同化了罢。古人曾以女人作苟安的城堡,美其名以自欺曰"和亲",今人还用子女玉帛为作奴的赞敬,又美其名曰"同化"。所以倘有外国的谁,到了已有赴宴的资格的现在,而还替我们诅咒中国的现状者,这才是真有良心的真可佩服的人!

☆ 引用文献典籍,说明外国人赞扬中国固有文明的含义。

但我们自己是早已布置妥帖了,有贵贱,有大小,有上下。自己被人凌虐,但也可以

---

① 鹤见祐辅(1885—1972):日本评论家。鲁迅曾选译过他的随笔集《思想·山水·人物》,《北京的魅力》即其中的一篇。

② Proletariat:英语,无产阶级。

③ Democracy:英语,民主。

④ 自诩(xǔ):自己说好。

⑤ 孙美瑶:当时占领山东抱犊崮的土匪头领。1923 年 5 月 6 日他在津浦铁路临城站劫车,掳去中外旅客二百多人,是当时轰动一时的事件。

凌虐别人；自己被人吃，但也可以吃别人。一级一级的制驭着，不能动弹，也不想动弹了。因为倘一动弹，虽或有利，然而也有弊。我们且看古人的良法美意罢——

"天有十日，人有十等。下所以事上，上所以共神也。故王臣公，公臣大夫，大夫臣士，士臣皂，皂臣舆，舆臣隶，隶臣僚，僚臣仆，仆臣台①。"(《左传》昭公七年)

但是"台"没有臣，不是太苦了么？无须担心的，有比他更卑的妻，更弱的子在。而且其子也很有希望，他日长大，升而为"台"，便又有更卑更弱的妻子，供他驱使了。如此连环，各得其所，有敢非议者，其罪名曰不安分！

虽然那是古事，昭公七年离现在也太辽远了，但"复古家"尽可不必悲观的。太平的景象还在：常有兵燹②，常有水旱，可有谁听到大叫唤么？打的打，革的革，可有处士来横议么？对国民如何专横，向外人如何柔媚，不犹是差等的遗风么③？中国固有的精神文明，其实并未为共和二字所埋没，只有满人已经退席，和先前稍不同。

☆ 揭示中国固有文明的核心是封建等级制度。

因此我们在目前，还可以亲见各式各样的筵宴，有烧烤，有翅席，有便饭，有西餐。但茅檐下也有淡饭，路傍也有残羹，野上也有饿莩；有吃烧烤的身价不资的阔人，也有饿得垂死的每斤八文的孩子④(见《现代评论》二十一期)。所谓中国的文明者，其实不过是安排给阔人享用的人肉的筵宴。所谓中国者，其实不过是安排这人肉的筵宴的厨房。不知道而赞颂者是可恕的，否则，此辈当得永远的诅咒！

外国人中，不知道而赞颂者，是可恕的；占了高位，养尊处优，因此受了蛊惑，昧却灵性而赞叹者，也还可恕。可是还有两种，其一是以中国人为劣种，只配悉照原来模样，因而故意称赞中国的旧物。其一是愿世间人各不相同以增自己旅行的兴趣，到中国看辫子，到日本看木屐，到高丽看笠子，倘若服饰一样，便索然无味了，因而来反对亚洲的欧化。这些都可憎恶。至于罗素在西湖见轿夫含笑⑤，便赞美中国人，则也许别有意思罢。但是，轿夫如果能对坐轿的人不含笑，中国也早不是现在似的中国了。

这文明，不但使外国人陶醉，也早使中国一切人们无不陶醉而且至于含笑。因为古代传来而至今还在的许多差别，使人们各各分离，遂不能再感到别人的痛苦；并且因为自己各有奴使别人，吃掉别人的希望，便也就忘却自己同有被奴使被吃掉的将来。于是大小无数的人肉的筵宴，即从有文明以来一直排到现在，人们就在这会场中吃人，被吃，以凶人的愚妄的欢呼，将悲惨的弱者的呼号遮掩，更不消说女人和小儿。

这人肉的筵宴现在还排着，有许多人还想一直排下去。扫荡这些食人者，掀掉这筵席，毁坏这厨房，则是现在的青年的使命！

---

① 王、公、大夫、士、皂、舆、隶、僚、仆、台：奴隶社会等级的名称。前四种是统治者的等级，后六种是被奴役者的等级。

② 兵燹(xiǎn)：战火。

③ 差等的遗风：封建等级制度遗留下来的作风。

④ 每斤八文的孩子：1925年5月2日《现代评论》第一卷第二十一期载有仲瑚的《一个四川人的通信》，叙述当时军阀统治下四川劳动人民的悲惨生活，其中说："男小孩只卖八枚铜子一斤，女小孩连这个价钱也卖不了。"

⑤ 罗素(B.Russell，1872—1970)：英国哲学家。1920年曾来中国讲学，并在各地游览。关于"轿夫含笑"事，见他所著《中国问题》一书："我记得一个大夏天，我们几个人坐轿过山。道路崎岖难行，轿夫非常的辛苦；我们到了山顶，停十分钟，让他们休息一会。立刻他们就并排的坐下来了，抽出他们的烟袋来，谈着笑着，好像一点忧虑都没有似的。"

☆ 揭示中国固有文明的实质并号召青年创造前所未有的第三样时代。

一九二五年四月二十九日

【提示】

本文是一篇以抨击中国旧社会、旧文明为宗旨的著名杂文,体现了鲁迅深刻的历史洞察力和强烈的批判精神。

本文由两个各自独立的部分组成。第一部分主要从民族心理的角度,对中国历史进行了深刻的反思和剖析,指出对广大人民来说,历史无非是"想做奴隶而不得的时代"与"暂时做稳了奴隶的时代"两者的交替循环。第二部分侧重于从民族文化的角度,对当时中国状况作了振聋发聩的揭露,指出"所谓中国的文明者,其实不过是安排给阔人享用的人肉的筵宴。所谓中国者,其实不过是安排这人肉的筵宴的厨房"。

这两个部分又是互相联系、对应统一的。民族心理与民族文化本来就密切关联、互为因果,这两部分都贯穿了鲁迅强烈的批判意识和否定精神。而且,只有扫荡这些食人者,掀掉这筵席,毁坏这厨房,才能创造奴隶当家作主的第三样时代,所以鲁迅在两部分的结尾都以现在青年的使命相号召,有意在文字上重叠反复。

在论证方法上,两个部分也具有共同特点:都从自身感受起笔,然后以大量日常生活事件、历史事实和文献典籍为论据,多方进行论证,最后推出文章结论。论证材料丰富多样,作者纵笔而谈,无所拘束,这正是"漫笔"的特色。但说理又层层进逼,环环相扣,始终不离文章宗旨,具有很强的逻辑性和说服力。

由于文中大量采用反语、暗示和讽刺的手法,本文的语言含蓄隐曲,意在言外,增强了批判效果。

思考与练习

一、指出本文的写作时间和时代背景。

二、文章第一部分和第二部分之间有什么内在联系?

三、分别说明三种时代的内涵。

四、试以文章第一部分为例,说明本文在论证方法上的特点。

五、本文哪些地方用了反语?有什么效果?

六、真题再现。

(一) 单项选择题

【2022 年】1. 鲁迅发表的第一篇白话小说是(　　　)。

　　　　A.《狂人日记》　B.《祝福》　　C.《说笑》　　　D.《风波》

【2024 年】2. 下列属于鲁迅杂文集的是(　　　)。

　　　　A.《呐喊》　　B.《故事新编》　C.《坟》　　　D.《彷徨》

(二) 判断题

【2022 年】《灯下漫笔》体现了鲁迅深刻的历史洞察力和强烈的讽刺批判精神。 (　　　)

《北京大学月刊》发刊词①

蔡元培

蔡元培(1868—1940),字鹤卿,号子民,浙江绍兴人,中国现代教育家,民主革命家。曾任绍兴中西学堂监督。1902年发起组织中国教育会,创办爱国学社和爱国女学,宣传民主革命思想。1904年与陶成章等组织光复会,被举为会长。次年参加同盟会,为上海分会会长。1907年赴德留学。1912年1月任南京临时政府教育总长。1917年任北京大学校长,提倡"思想自由",主张"兼容并包"。1919年五四运动爆发后被迫辞职。1927年任国民党政府大学院院长,后改任中央研究院院长。九一八事变后主张抗日,与宋庆龄、鲁迅等组织中国民权保障同盟。著作编为《蔡元培全集》等。

北京大学之设立,既二十年于兹,向者自规程而外,别无何等印刷品流布于人间。自去年有《日刊》,而全校同人始有联络感情、交换意见之机关,且亦借以报告吾校现状于全国教育界。顾《日刊》篇幅无多,且半为本校通告所占,不能载长篇学说,于是有《月刊》之计划。

☆ 简要介绍《月刊》创办的缘起。

以吾校设备之不完全,教员之忙于授课,而且或于授课以外,兼任别种机关之职务,则夫《月刊》取材之难,可以想见。然而吾校必发行《月刊》者,有三要点焉:

一曰尽吾校同人所能尽之责任。所谓大学者,非仅为多数学生按时授课,造成一毕业生之资格而已也,实以是为共同研究学术之机关。研究也者,非徒输入欧化,而必于欧化之中为更进之发明;非徒保存国粹,而必以科学方法,揭国粹之真相。虽曰吾校实验室、图书馆等,缺略不具;而外界学会、工场之属,无可取资,求有所新发明,其难固倍蓰②于欧美学者。然十六七世纪以前,欧洲学者,其所凭借,有以逾于吾人乎?即吾国周、秦学者,其所凭借,有以逾于吾人乎?苟吾人不以此自馁,利用此简单之设备、短少之时间,以从事于研究,要必有几许之新义,可以贡献于吾国之学者,若世界之学者。使无月刊以发表之,则将并此少许之贡献,而斩而不与,吾人之愧歉当何如耶?

二曰破学生专己守残之陋见。吾国学子,承举子、文人之旧习,虽有少数高才生知以科学为单纯之目的,而大多数或以学校为科举,但能教室听讲,年考及格,有取得毕业证书之资格,则他无所求;或以学校为书院,媆媆姝姝③,守一先生之言,而排斥其他。于是治文学者,恒蔑视科学,而不知近世文学,全以科学为基础;治一国文学者,恒不肯兼涉他国,不知文学之进步,亦有资于比较;治自然科学者,局守一门,而不肯稍涉哲学,

---

① 本文写于1918年,刊登于1919年1月出版的《北京大学月刊》第一卷第一号。
② 倍蓰(xǐ):数倍。蓰,五倍。
③ 媆(xuān)媆姝(shū)姝:沾沾自喜,洋洋自得。媆,同"暖"(xuān)。《庄子·徐无鬼》:"所谓暖姝者,学一先生之言,则暖暖姝姝,而私自说也,自以为足矣。"

而不知哲学即科学之归宿，其中如自然哲学一部，尤为科学家所需要；治哲学者，以能读古书为足用，不耐烦于科学之实验，而不知哲学之基础不外科学，即最超然之玄学，亦不能与科学全无关系。有《月刊》以网罗各方面之学说，庶学者读之，而于专精之余，旁涉种种有关系之学理，庶有以祛其褊狭之意见，而且对于同校之教员及学生，皆有交换知识之机会，而不至于隔阂矣。

三曰释校外学者之怀疑。大学者，"囊括大典，网罗众家"之学府也。《礼记·中庸》曰："万物并育而不相害，道并行而不相悖。"足以形容之。如人身然，官体之有左右也，呼吸之有出入也，骨肉之有刚柔也，若相反而实相成。各国大学，哲学之唯心论与唯物论，文学、美术之理想派与写实派，计学①之干涉论与放任论，伦理学之动机论与功利论，宇宙论之乐天观与厌世观，常樊然并峙于其中②，此思想自由之通则，而大学之所以为大也。吾国承数千年学术专制之积习，常好以见闻所及，持一孔之论。闻吾校有近世文学一科，兼治宋、元以后之小说、曲本，则以为排斥旧文学，而不知周、秦、两汉文学，六朝文学，唐、宋文学，其讲座固在也；闻吾校之伦理学用欧、美学说，则以为废弃国粹，而不知哲学门中，于周、秦诸子，宋、元道学，固亦为专精之研究也；闻吾校延聘讲师，讲佛学相宗，则以为提倡佛教，而不知此不过印度哲学之一支，借以资心理学、论理学之印证，而初无与于宗教，并不破思想自由之原则也。论者知其一而不知其二，则深以为怪。今有《月刊》以宣布各方面之意见，则校外读者，当亦能知吾校兼容并收之主义，而不至以一道同风之旧见相绳矣。

☆ 阐述创办《月刊》的必要性和近代大学的要义。

以上三者，皆吾校所以发行《月刊》之本意也。至《月刊》之内容，是否能副此希望，则在吾校同人之自勉，而静俟读者之批判而已。

☆ 总结全文。

【提示】

这篇发刊词不但说明了《北京大学月刊》创办的宗旨、意义，而且阐发了作者对大学的看法和他的办学原则，是反映蔡元培先生教育思想的重要文献。北京大学的创办始自1898年设立的京师大学堂，后屡经波折，发展缓慢，弊病很多。蔡元培于1917年1月出任北大校长后，进行了全面的根本性的改革，使其面貌一新。蔡元培的办学方针，在这篇文章中得到了较集中的阐释。

本文开头简略交代了《月刊》创办的缘起，跟着分三个方面谈办刊的必要性，同时也论及近代大学的三项要义。第一，大学为研究学术之机关，应有贡献于学术；这种研究，既不是单单输入欧化，也不是一味保存国粹，而是要用科学方法揭示传统学术的真相，在近代学术的基础上作进一步发明。第二，大学学生不应以获取毕业证书为目的，而对学问无所求，也不应固守己之所学，排斥其他学问；而应于专精之余，旁涉各种有关系的

---

① 计学：今称经济学。
② 樊然：纷杂的样子。并峙：对立。

学理,成为一定意义上的通才。第三,大学是包容古今中外不同学术派别、典籍、思想,广泛延揽各家各派学者的研治学术的机关,应循思想自由通则,行兼容并收主义。这正是作者在北京大学实行革新的指导思想,也是蔡元培大学理念的精义。概括地说,即治学之途,宜中外汇通;学生之责,当文理兼修;办学之道,行兼容并包。这些主张,在今天仍具有普遍意义。

本文以一校之长的身份,阐论如此重要的观点,采取的却是平和恳挚的态度,毫无剑拔弩张、咄咄逼人之气;行文朴实,措辞严谨,层次清晰,表意明确。这种文风是作者一贯的宽厚、从容、坚定的人格精神的表现。

思考与练习

一、什么是"学生专己守残之陋见"? 结合自己的学习情况进行反思。

二、研读这篇文章后,你对"大学"的内涵有了哪些理解?

三、真题再现。

判断题

【2021 年】蔡元培在《〈北京大学月刊〉发刊词》中提出了"兼容并收"的文学主张。

( )

咬文嚼字①

朱光潜

朱光潜(1897—1986)，安徽桐城人，我国现当代著名美学家和文艺理论家。

青年时期曾赴欧洲留学，致力于文学、心理学与哲学的研究。这些领域的广博知识，不仅为他的美学研究提供了良好的基础，而且促成了他后来将三者熔为一炉的美学思想的重要特色。1933年回国后，历任北京大学、四川大学、武汉大学教授。1946年后，他一直在北京大学任教，讲授美学与西方文学。

他的代表作有《悲剧心理学》《文艺心理学》《诗论》《西方美学史》；译作有黑格尔的《美学》、克罗齐的《美学》、莱辛的《拉奥孔》、柏拉图的《文艺对话录》、艾克曼的《歌德谈话录》等。他还写有《谈文学》和《谈美书简》等理论读物，深入浅出，内容切实，文笔流畅，深受读者喜爱。

郭沫若先生的剧本《屈原》里婵娟骂宋玉说："你是没有骨气的文人！"上演时他自己在台下听，嫌这话不够味，想在"没有骨气的"下面加"无耻的"三个字。一位演员提醒他把"是"改为"这"，"你这没有骨气的文人！"就够味了。他觉得这字改得很恰当。他研究这两种语法的强弱不同，以为"你是什么"只是单纯的叙述语，没有更多的意义，有时或许竟会"不是"；"你这什么"便是坚决的判断，而且附带语省略去了。根据这种见解，他把另一文里"你有革命家的风度"一句话改为"你这革命家的风度"（参见《文学创作》第四期郭沫若札记四则）。

这是炼字的好例。我们不妨借此把炼字的道理研究一番。那位演员把"是"改为"这"，确实改得好，不过郭先生如果记得《水浒》，就会明白一般民众骂人，都用"你这什么"式的语法。石秀骂梁中书说②："你这与奴才做奴才的奴才！"杨雄醉骂潘巧云说③："你这贱人！你这淫妇！你这你这大虫口里流涎！你这你这……"一口气就骂了六个"你这"。看看这些实例，"你这什么"倒不仅是"坚决的判断"，而是带有极端憎恶的惊叹语，表现着强烈的情感。"你是什么"便只是不带情感的判断。纵有情感也不能在文字本身上见出。不过它也不一定就是"单纯的叙述语，没有更多的含义"。《红楼梦》里茗

---

① 本文写于抗日战争后期，后收入1946年出版的《谈文学》论文集。

② 石秀骂梁中书：见于《水浒传》第六十二回。石秀，绰号"拼命三郎"，是梁山一百单八将之一，劫法场救卢俊义被梁中书捉住。梁中书是北京大名府留守司的留守，"上马管军，下马管民，最有权势"，是"当朝太师蔡京的女婿"。因为他是朝廷奸臣的忠实走狗，所以石秀骂他是替奴才做奴才的奴才，话中的"你这"表现出极大的愤怒和蔑视。

③ 杨雄醉骂潘巧云：见于《水浒传》第四十四回。故事说的是梁山一百单八将之一"病关索"杨雄上梁山之前的一个情节。杨雄的妻子潘巧云跟和尚裴如海通奸被石秀发现，石秀把此事告诉了杨雄，杨雄在酒醉的情况下骂了潘巧云，一连说了六个"你这"，发泄了难以忍受的怒气。

烟骂金荣说①：“你是个好小子，出来动一动你茗大爷！”这里“你是”含有假定语气，也带“你不是”一点讥刺的意味。如果改成“你这好小子！”神情就完全不对了。从此可知“你这”式语法并非在任何情形之下都比“你是”式语法都来得更有力。其次，郭先生援例把“你有革命家的风度”改为“你这革命家的风度”，似乎改得并不很妥。一、“你这”式语法大半表示深恶痛疾，在赞美时便不适宜。二、“是”在逻辑上是连接词(Copula)，相当于等号；“有”的性质完全不同。在“你有革命家的风度”一句中“风度”是动词的宾词；在“你这革命家的风度”中，风度便变成主词和“你(的)”平行，根本不成一句话。

　　☆ 从修改一句台词的具体实例出发，引出“炼字”的话题，并就此例表明了自己的意见和理由。

　　这番话不免啰嗦，但是我们原在咬文嚼字，非这样锱铢必较不可②。咬文嚼字有时是一个坏习惯，所以这个成语的含义通常不很好。但是在文学，无论阅读或写作，我们必须有一字不肯放松的谨严。文学借文字表现思想情感，文字上面有含糊，就显得思想还没有透彻，情感还没有凝炼。咬文嚼字，在表面上像只是斟酌文字的分量③，在实际上就是调整思想和情感。从来没有一句话换一个说法而意味仍完全不变。例如《史记》李广射虎一段：“李广见草中石，以为虎而射之，中石没镞，视之，石也。因更复射，终不能复入石矣。”这本是一段好文章，王若虚在《史记辨惑》里说它“凡多三石字”④，当改为“以为虎而射之，没镞，既知其为石，因更复射，终不能入”。或改为“尝见草中有虎，射之，没镞，视之，石也”。在表面上改的似乎简洁些，却实在远不如原文，“见草中石，以为虎”并非“见草中有虎”。原文“视之，石也”，有发现错误而惊讶的意味，改为“既知其为石”便失去这意味。原文“终不能复入石矣”有失望而放弃得很斩截的意味，改为“终不能入”便觉索然无味。这种分别，稍有文字敏感的人细心玩索一番，自会明白。

　　一般人根本不了解文字和思想情感的密切关系，以为更改一两个字不过是要文字顺畅些或是漂亮些。其实更动了文字，就同时更动了思想情感，内容和形式是相随而变的。姑举一个人人皆知的实例。韩愈在月夜里听见贾岛吟诗⑤，有“鸟宿池边树，僧推月下门”两句，劝他把“推”字改为“敲”字。这段文字因缘古今传为美谈，于今人要把咬文嚼字的意思说得好听一点，都说“推敲”。古今人也都赞赏“敲”字比“推”字下得好，其实这不仅是文字上的分别，同时也是意境上的分别。“推”固然显得鲁莽一点，但是它表示孤僧步月归寺，门原来是他自己掩的，于今他推。他须自掩自推，足见寺里只有他孤零零的一个和尚。在这冷寂的场合，他有兴致出来步月，兴尽而返，独往独来，自在无碍。他也自有一副胸襟气度。“敲”就显得他拘礼些，也就显得寺里有人应门。他仿佛

───────────────

　　① 茗烟骂金荣：见于《红楼梦》第九回。茗烟是贾宝玉的书童，陪侍宝玉在家塾中读书。金荣是与贾府沾亲的一个孩子，也在这个家塾中读书。金荣依仗贾瑞等人做靠山，欺负了宝玉的好友秦钟。茗烟仗着主子在贾府的地位，大闹学堂，骂了金荣，公然叫阵：“你是个好小子，出来动一动你茗大爷！”

　　② 锱铢必较：比喻在很少的钱或是很小的事上面也一定要计较。锱和铢都是我国古代的重量单位，一锱为四分之一两，六铢为一锱。锱铢放在一起极言数量之小。文中用来表示咬文嚼字要达到极细微的程度。

　　③ 斟酌：原意是斟酒以供饮用，也用来喻指商讨或考虑以决定取舍。文中指考虑文字运用是否恰当。

　　④ 王若虚(1174—1243)：金代文学家。

　　⑤ 贾岛(779—843)：中唐诗人。

是乘月夜访友,他自己不甘寂寞,那寺里如果不是热闹场合,至少也有一些温暖的人情。比较起来,"敲"的空气没有"推"的那么冷寂。就上句"鸟宿池边树"看来,"推"似乎比"敲"要调和些。"推"可以无声,"敲"就不免剥啄有声。惊起了宿鸟,打破了岑寂,也似乎频添了搅扰。所以我很怀疑韩愈的修改是否真如古今所称赏的那么妥当。究竟哪一种意境是贾岛当时在心里玩索而要表现的,只有他自己知道。如果他想到"推"而下"敲"字,或是想到"敲"而下"推"字,我认为那是不可能的事。所以问题不在"推"字和"敲"字哪一个比较恰当,而在哪一种境界是他当时所要说的而且与全诗调和的。在文字上"推敲",骨子里实在是在思想情感上"推敲"。

　　无论是阅读或是写作,字的难处在意义的确定与控制。字有直指的意义,有联想的意义。比如说"烟",它的直指的意义见过燃烧体冒烟的人都会明白。只是它的联想的意义迷离不易捉摸,它可以联想到燃烧弹,鸦片烟榻,庙里焚香,"一川烟水""杨柳万条烟""烟光凝而暮山紫""蓝田日暖玉生烟"……种种境界。直指的意义载在字典,有如月轮,明显而确实;联想的意义是文字在历史过程上所累积的种种关系,有如轮外圆晕,晕外霞光。其浓淡大小随人随时随地而各各不同,变化莫测。科学的文字愈限于直指的意义就愈精确,文学的文字有时却必须顾到联想的意义,尤其是在诗方面。直指的意义易用,联想的意义却难用,因为前者是固定的,后者是游离的;前者偏于类型,后者偏于个性。既是游离的,个别的,它就不易控制。而且它可以使意蕴丰富,也可以使意思含糊甚至于支离。比如说苏东坡的《惠山烹小龙团》诗里三四两句"独携天上小团月,来试人间第二泉","天上小团月"是由"小龙团"茶联想起来的,如果你不知道这个关联,原文就简直不通。如果你不了解明月照着泉水和清茶泡在泉水里那一点共同的清沁肺腑的意味,也就失去原文的妙处。这两句诗的妙处就在不即不离若隐若现之中。它比用"惠山泉水泡小龙团茶"一句话来得较丰富,也来得较含混有蕴藉。难处就在于含混中显得丰富。由"独携小龙团,来试惠山泉"变成"独携天上小团月,来试人间第二泉",这是点铁成金,文学之所以为文学就在这一点生发上面。

　　这是一个善用联想意义的例子。联想意义也最易误用而生流弊。联想起于习惯,习惯老是喜欢走熟路。熟路抵抗力最低,引诱性最大,一人走过,人人就都跟着走,愈走就愈平滑俗滥,没有一点新奇的意味。字被人用得太滥也是如此。从前作诗文的人都依靠《文料触机》《幼学琼林》《事类统编》之类书籍,要找词藻典故,都到那里去乞灵。美人都是"柳腰桃面""王嫱西施",才子都是"学富五车,才高八斗",谈风景必是"春花秋月",叙离别不外"柳岸灞桥",做买卖都有"端木遗风",到现在用铅字排印书籍还是"付梓""杀青"。像这样例子举不胜举。它们是从前人所谓"套语",我们所谓"滥调"。一件事物发生时立即使你联想到一些套语滥调,而你也就安于套语滥调,毫不斟酌地使用它们,并且自鸣得意。这就是近代文艺心理学家所说的"套板反应"(stock response)。一个人的心理习惯如果老是倾向于套板反应,他就根本与文艺无缘。因为就作者说,"套板反应"和创造的动机是仇敌;就读者说,它引不起新鲜而真切的情趣。一个作者在用字用词上离不掉"套板反应",在运思布局上面,甚至在整个人生态度方面也就难免如此。不过习惯力量的深广非我们意料所及。沿着习惯去做,总比新创较省力,人生来有惰性,常使我们不知不觉地一滑就滑到"套板反应"里去。你如果随便在报章杂志或是尺牍宣言里面挑一段文章来分析,你就会发现那里面的思想情感和语言大半都由"套板反应"起来的。韩愈谈他自己作古文,"惟陈言之务去"①。这是一句最紧要的教训。语言跟着思想情感走,你不肯用俗滥的语言,自然也就不肯用俗滥的思想情感;你遇事就会朝深一层去想,你的文章也就真正是"作"出来的,不致落入下乘。

☆ 提出全文的中心论点,从三个不同的方面展开论述。

以上只是随便举几个实例,说明咬文嚼字的道理。例子举不尽,道理也说不完。我希望读者从这粗枝大叶的讨论中,可以领略运用文字所应有的谨严精神。本着这个精神,他随处留心玩索,无论是阅读或写作,就会逐渐养成创作和欣赏都必需的好习惯。他不能懒,不能粗心,不能受一时兴会所生的幻觉迷惑而轻易自满。文学是艰苦的事,只有刻苦自勉,推陈翻新,时时求思想情感与语文的精炼与吻合,他才会逐渐达到艺术的完美。

☆ 从运用文字的严谨精神进而提出文学创作的普遍道理。

【提示】

这是一篇文艺专论。

本文论述文学写作与阅读中讲究文字运用的道理,提倡"咬文嚼字"的谨严精神。

全文分三个部分。第一部分从修改一句台词的具体实例出发,引出"炼字"的话题,并就此例表明了自己的意见和理由。第二部分,作者为通常被视为贬义的"咬文嚼字"一词翻案,提出本文的中心论点:"但是在文学,无论阅读或写作,我们必须有一字不肯放松的谨严。"作者从两个方面展开论述。先讲斟酌文字与表达思想情感的关系。指出文学借文字表现思想情感,没有一句话换一个说法而意味仍完全不变的;文字的推敲其实是思想情感上的推敲,并不仅仅是为了语句的通畅或漂亮。再阐述文字的直指意义与联想意义的关系、运用文字的习惯性与创造性的关系。指出科学的文字限于直指意义,文学的文字则必须照顾到联想意义;语言的习惯性联想造成套语滥调,"惟陈言之务去"才是创造的态度。第三部分从运用文字的谨严精神进一步提出文学创作的普遍道理:"文学是艰苦的事,只有刻苦自勉,推陈翻新,时时求思想情感与语文的精炼与吻合,他才会逐渐达到艺术的完美。"

在阐述论点时,本文多用归纳论证方法,往往先说结论,再广征博引,列举小说、诗歌、戏剧等方面的大量实例,凿凿有据,且能将抽象的概念或陌生的道理讲得有如日常生活经验那般浅显易懂,读来生动隽永。作者还注意从心理学的角度解释文艺现象,探及事物的内因和本原,使文章显得有一定的理论深度。

---

① 惟陈言之务去:这句话见于韩愈的《答李翊书》一文。意思是一定要把那些陈旧的话、许多人都已经说过的话去掉,力求创新。

思考与练习

一、本文的中心论点是什么？作者从哪几个方面来论述这一中心论点？

二、本文主要采用了什么论证方法？

三、真题再现。

（一）单项选择题

【2023年】《咬文嚼字》一文的中心论点是（　　　）。

　　　　A. 文学作品应该充满想象。

　　　　B. 阅读和写作必须有一字不肯放松的谨严。

　　　　C. 语言和思想情感密切相关。

　　　　D. 推敲文字是为了语句通顺。

（二）简析题

【2022年】阅读《咬文嚼字》中的文字：

　　　　联想起于习惯，习惯老是喜欢走熟路。熟路抵抗力最低，引诱性最大，一人走过，人人就都跟着走，愈走就愈平滑俗滥，没有一点新奇的意味。字被人用得太滥也是如此。从前作诗文的人都依靠《文料触机》《幼学琼林》《事类统编》之类书籍，要找词藻典故，都到那里去乞灵。美人都是"柳腰桃面""王嫱西施"，才子都是"学富五车，才高八斗"，谈风景必是"春花秋月"，叙离别不外"柳岸灞桥"，做买卖都有"端木遗风"，到现在用铅字排印书籍还是"付梓""杀青"。像这样例子举不胜举。它们是从前人所谓"套语"，我们所谓"滥调"。一件事物发生时立即使你联想到一些套语滥调，而你也就安于套语滥调，毫不斟酌地使用它们，并且自鸣得意。这就是近代文艺心理学家所说的"套板反应"（stock response）。一个人的心理习惯如果老是倾向于套板反应，他就根本与文艺无缘。因为就作者说，"套板反应"和创造的动机是仇敌；就读者说，它引不起新鲜而真切的情趣。

请回答：

(1) 这段文字中的论点是什么？（3分）

(2) 这段文字主要使用了什么论证方法？（3分）

(3) "套板反应"对写作有何危害？（3分）

说　笑①

钱锺书

钱锺书(1910—1998),字默存,号槐聚,曾用笔名中书君。江苏无锡人。中国现代著名学者、小说家。1933年清华大学外文系毕业。1935年与作家、翻译家杨绛结婚,然后同赴英国留学。在牛津大学英国语文系攻读两年,又到法国巴黎大学进修法国文学一年,于1938年归国。先后担任过西南联大外文系教授、湖南蓝田师范学院英语系主任、上海暨南大学外语系教授、中央图书馆英文总纂、清华大学外文系教授等。1953年起,任中国科学院文学研究所研究员,1982年任中国社会科学院副院长。著有长篇小说《围城》,短篇小说集《人·兽·鬼》,散文集《写在人生边上》,学术著作《谈艺录》《管锥编》等。他的小说和散文都具有机智隽永的独特风格,其学术论著在国内外学术界享有很高声誉。

自从幽默文学提倡以来,卖笑变成了文人的职业。幽默当然用笑来发泄,但是笑未必就表示着幽默。刘继庄②《广阳杂记》云:"驴鸣似哭,马嘶如笑。"而马并不以幽默名家,大约因为脸太长的缘故。老实说,一大部分人的笑,也只等于马鸣萧萧,充不得什么幽默。

把幽默来分别人兽,好像亚里士多德是第一个。他在《动物学》里说:"人是惟一能笑的动物。"近代奇人白伦脱(W.S.Blunt)有《笑与死》的一首十四行诗,略谓自然界如飞禽走兽之类,喜怒爱惧,无不发为适当的声音,只缺乏表示幽默的笑声。不过,笑若为表现幽默而设,笑只能算是废物或奢侈品,因为人类并不都需要笑。禽兽的鸣叫,尽够来表达一般人的情感,怒则狮吼,悲则猿啼,争则蛙噪,遇冤家则如犬之吠影,见爱人则如鸠之呼妇(cooing)。请问多少人真有幽默,需要笑来表现呢?然而造物者已经把笑的能力公平地分给了整个人类,脸上能做出笑容,嗓子里能发出笑声;有了这种本领而不使用,未免可惜。所以,一般人并非因有幽默而笑,是会笑而借笑来掩饰他们的没有幽默。笑的本意,逐渐丧失;本来是幽默丰富的流露,慢慢地变成了幽默贫乏的遮盖。于是你看见傻子的呆笑,瞎子的趁淘笑③——还有风行一时的幽默文学。

☆ 指出笑与幽默的区别。

笑是最流动、最迅速的表情,从眼睛里泛到口角边。东方朔④《神异经·东荒经》载东王公投壶不中,"天为之笑",张华注说天笑即是闪电,真是绝顶聪明的想象。据荷兰

---

① 本文选自散文集《写在人生边上》。
② 刘继庄:名献廷(1648—1695),字君贤,一字继庄,别号广阳子。先世江苏吴县人,父官太医,遂家居顺天府大兴(今北京市)。清初地理学家。刘献廷善于接受新思想新学说,具有强烈的民主思想。著作大多散佚,仅存《广阳杂记》五卷。
③ 瞎子的趁淘笑:苏州话"趁淘"是"跟着别人"的意思。瞎子看不见外面的事物,不知道人为什么笑,也跟着一起笑,叫"瞎子趁淘笑"。
④ 东方朔(前154—前93):字曼倩,西汉辞赋家。汉武帝时为郎,后任常侍郎、太中大夫等职。他性格诙谐,言词敏捷,滑稽多智,常在武帝前谈笑取乐,"然时观察颜色,直言切谏"。

夫人(Lady Holland)的《追忆录》，薛德尼·斯密史(Sidney Smith)也曾说："电光是天的诙谐(wit)。"笑的确可以说是人面上的电光，眼睛忽然增添了明亮，唇吻间闪烁着牙齿的光芒。我们不能扣留住闪电来代替高悬普照的太阳和月亮，所以我们也不能把笑变为一个固定的、集体的表情。经提倡而产生的幽默，一定是矫揉造作的幽默。这种机械化的笑容，只像骷髅的露齿，算不得活人灵动的姿态。柏格森《笑论》(Le Rire)说①，一切可笑都起于灵活的事物变成呆板，生动的举止化作机械式(Le mécanique plaque sur le vivant)。所以，复出单调的言动，无不惹笑，像口吃，像口头习惯语，像小孩子的有意模仿大人。老头子常比少年人可笑，就因为老头子不如少年人灵变活动，只是一串僵化的习惯。幽默不能提倡，也是为此。一经提倡，自然流露的弄成模仿的，变化不拘的弄成刻板的。这种幽默本身就是幽默的资料，这种笑本身就可笑。一个真有幽默的人别有会心，欣然独笑，冷然微笑，替沉闷的人生透一口气。也许要在几百年后、几万里外，才有另一个人和他隔着时间空间的河岸，莫逆于心，相视而笑。假如一大批人，嘻开了嘴，放宽了嗓子，约齐了时刻，成群结党大笑，那只能算下等游艺场里的滑稽大会串。国货提倡尚且增添了冒牌，何况幽默是不能大批出产的东西。所以，幽默提倡以后，并不产生幽默家，只添了无数弄笔墨的小花脸。挂了幽默的招牌，小花脸当然身价大增，脱离戏场而混进文场；反过来说，为小花脸冒牌以后，幽默品格降低，一大半文艺只能算是"游艺"。小花脸也使我们笑，不错！但是他跟真有幽默者绝然不同。真有幽默的人能笑，我们跟着他笑；假充幽默的小花脸可笑，我们对着他笑。小花脸使我们笑，并非因为他有幽默，正因为我们自己有幽默。

☆ 阐述笑不能被提倡，以此说明幽默不能被提倡。

所以，幽默至多是一种脾气，决不能标为主张，更不能当作职业。我们不要忘掉幽默(humour)的拉丁文原意是液体；换句话说，好像贾宝玉心目中的女性，幽默是水做的。把幽默当为一贯的主义或一生的衣食饭碗，那便是液体凝为固体，生物制成标本。就是真有幽默的人，若要卖笑为生，作品便不甚看得，例如马克·吐温(Mark Twain)②。自十八世纪末叶以来，德国人好讲幽默，然而愈讲愈不相干，就因为德国人是做香肠的民族，错认幽默也像肉末似的，可以包扎得停停当当，作为现成的精神食料。幽默减少人生的严重性，决不把自己看得严重。真正的幽默是能反躬自笑的，它不但对于人生是幽默的看法，它对于幽默本身也是幽默的看法。提倡幽默作一个口号、一种标准，正是缺乏幽默的举动；这不是幽默，这是一本正经的宣传幽默，板了面孔的劝笑。我们又联想到马鸣萧萧了！听来声音倒是笑，只是马脸全无笑容，还是拉得长长的，像追悼会上后死的朋友，又像讲学台上的先进的大师。

☆ 阐明作者的幽默观。

大凡假充一桩事物，总有两个动机。或出于尊敬，例如俗物尊敬艺术，就收集骨董，附庸风雅。或出于利用，例如坏蛋有所企图，就利用宗教道德，假充正人君子。幽默被

---

① 亨利·柏格森(Henri Bergson，1859—1941)：法国哲学家、文学家。1927 年获诺贝尔文学奖。

② 马克·吐温(Mark Twain，1835—1910)：原名萨缪尔·兰亨·克莱门斯 (Samuel Langhorn Clemens)，美国著名小说家、幽默大师，代表作《百万英镑》。

假借,想来不出这两个缘故。然而假货毕竟充不得真。西洋成语称笑声清扬者为"银笑",假幽默像掺了铅的伪币,发出重浊呆木的声音,只能算铅笑。不过,"银笑"也许是卖笑得利,笑中有银之意,好比说"书中有黄金屋";姑备一说,供给辞典学者的参考。

☆ 指出假充幽默的动机不过是为了卖笑得利,照应开头。

【提示】

二十世纪三十年代,以林语堂、周作人为代表的作家大力提倡幽默。他们认为中国人缺乏幽默,不懂幽默。于是就身体力行,创办一些专门发表幽默文章的刊物。一时间一些专写幽默的小品文盛行,追风潮的作家也努力去撰写离现实比较远、追求刻意闲适轻松的文学作品,形成了当时特有的幽默文学。针对这种现象,鲁迅指出当时中国是一个"皇帝不肯笑,奴隶不准笑"的时代,是一个"风沙扑面、虎狼成群"的时代。这些浅薄的小品文,一方面点缀太平盛世,另一方面掩盖穷人的呼号和血泪。到头来"将屠户的凶残,使大家化为一笑,收场大吉"。鲁迅不是反对幽默,而是认为我们的人民身处这样一个时代是很难幽默起来的,而有人却在这个时候提倡幽默,显然不合时宜。

以幽默著称的钱锺书在《说笑》这篇文章里,语言辛辣,嬉笑怒骂,对笑与幽默的问题做了更为深入透彻的分析。

文章第一段指出幽默不是卖笑,笑不等于幽默。第二段论述一般人并非因有幽默而笑,而是会笑而借笑来掩饰他们的没有幽默。第三段阐述"幽默不能提倡":提倡的"笑",是群体的、僵化的、刻板的;提倡的"幽默"就变成了滑稽的小花脸表演。第四段得出结论:幽默"决不能标为主张,更不能当作职业",因为"真正的幽默是能反躬自笑的,它不但对于人生是幽默的看法,它对于幽默本身也是幽默的看法"。第五段指出假充幽默的动机不过是卖笑得利,照应开头。

本文结构缜密,层层推进,具有严密的逻辑性;旁征博引,信手拈来,具有丰富的知识性;文笔幽默,妙趣横生,具有浓厚的趣味性;见解高超,说理透辟,具有"学者散文"的鲜明特征和机智隽永的独特风格。

思考与练习

一、笑与幽默的区别是什么?

二、简析本文的论证特点。

三、本文具有怎样的风格特色?

四、真题再现。

简析题

【2021年】阅读下面一段文字,回答问题。

老头子常比少年人可笑,就因为老头子不如少年人灵变活动,只是一串僵化的习惯。幽默不能提倡,也是为此。一经提倡,自然流露的弄成模仿的,变化不拘的弄成刻板的。这种幽默本身就是幽默的资料,这种笑本身就可笑。一个真有幽默的人别有会心,欣然独笑,冷然微笑,替沉闷的人生透一口气。也许要在几百年后、几万里外,才有另一个人和他隔着时间空间的河岸,莫逆于心,相视而笑。假如一大批人,嘻开了嘴,放宽了嗓子,约齐了时刻,成群结党大笑,那只能算下等游艺场里的滑稽大会串。

请回答:

(1) 这段文字的论点是什么?(2分)

(2) 作者认为真有幽默的人有何特点?(3分)

(3) 这段文字中使用了哪些修辞手法?(4分)

废墟①

余秋雨

余秋雨(1946—),浙江余姚人,当代著名艺术理论家、中国文化史学者、散文家。主要著作有《戏剧理论史稿》《戏剧审美心理学》《文化苦旅》《山居笔记》等。

(一)

我诅咒废墟,我又寄情废墟。

废墟吞没了我的企盼,我的记忆。片片瓦砾散落在荒草之间,断残的石柱在夕阳下站立,书中的记载,童年的幻想,全在废墟中毁灭。昔日的光荣成了嘲弄,创业的祖辈在寒风中声声咆哮。夜临了,什么没有见过的明月苦笑一下,躲进云层,投给废墟一片阴影。

但是,代代层累并不是历史。废墟是毁灭,是葬送,是诀别,是选择。时间的力量,理应在大地上留下痕迹;岁月的巨轮,理应在车道间碾碎凹凸。没有废墟就无所谓昨天,没有昨天就无所谓今天和明天。废墟是课本,让我们把一门地理读成历史;废墟是过程,人生就是从旧的废墟出发,走向新的废墟。营造之初就想到它今后的凋零,因此废墟是归宿;更新的营造以废墟为基地,因此废墟是起点。废墟是进化的长链。

一位朋友告诉我,一次,他走进一个著名的废墟,才一抬头,已是满目眼泪。这眼泪的成分非常复杂。是憎恨,是失落,又不完全是。废墟表现出固执,活像一个残疾了的悲剧英雄。废墟昭示着沧桑,让人偷窥到民族步履的蹒跚②。废墟是垂死老人发出的指令,使你不能不动容。

废墟有一种形式美,把剥离大地的美转化为皈附大地的美③。再过多少年,它还会化为泥土,完全融入大地。将融未融的阶段,便是废墟。母亲微笑着忖思过儿子们的创造,又微笑着收纳了这种创造。母亲怕儿子们过于劳累,怕世界上过于拥塞。看到过秋天的飘飘黄叶吗?母亲怕它们冷,收入怀抱。没有黄叶就没有秋天,废墟就是建筑的黄叶。

人们说,黄叶的意义在于哺育春天。我说,黄叶本身也是美。

两位朋友在我面前争论。一位说,他最喜欢在疏星残月的夜间,在废墟间独行,或吟诗,或高唱,直到东方泛白;另一位说,有了对晨曦的期待,这种夜游便失之于矫揉。他的习惯,是趁着残月的微光,找一条小路悄然走回。

我呢,我比他们年长,已没有如许豪情和精力。我只怕,人们把所有的废墟都统统刷新、修缮和重建。

☆ 表现废墟的理性意义和审美价值。

---

① 本文选自作者的散文集《文化苦旅》。
② 蹒跚:走路腿脚不稳。
③ 皈(guī)附:归附,归依。

（二）

不能设想,古罗马的角斗场需要重建,庞贝古城需要重建,柬埔寨的吴哥窟需要重建,玛雅文化遗址需要重建。

这就像不能设想,远年的古铜器需要抛光,出土的断戟需要镀镍,宋版图书需要上塑,马王堆的汉代老太需要植皮丰胸、重施浓妆。

只要历史不阻断,时间不倒退,一切都会衰老。老就老了吧,安详地交给世界一副慈祥美。假饰天真是最残酷的自我糟践。没有皱纹的祖母是可怕的,没有白发的老者是让人遗憾的。没有废墟的人生太累了,没有废墟的大地太挤了,掩盖废墟的举动太伪诈了。

还历史以真实,还生命以过程。

——这就是人类的大明智。

当然,并非所有的废墟都值得留存。否则地球将会伤痕斑斑。废墟是古代派往现代的使节,经过历史君王的挑剔和筛选。废墟是祖辈曾经发动过的壮举,会聚着当时当地的力量和精粹。碎成齑粉的遗址也不是废墟①,废墟中应有历史最强劲的韧带。废墟能提供破读的可能,废墟散发着让人留恋盘桓的磁力②。是的,废墟是一个磁场,一极古代,一极现代,心灵的罗盘在这里感应强烈。失去了磁力就失去了废墟的生命,它很快就会被人们淘汰。

并非所有的修缮都属于荒唐。小心翼翼地清理,不露痕迹地加固,再苦心设计,让它既保持原貌又便于观看。这种劳作,是对废墟的恩惠,全部劳作的终点,是使它更成为一个名副其实的废墟,一个人人都愿意凭吊的废墟③。修缮,总意味着一定程度的损失。把损坏降到最低度,是一切真正的废墟修缮家的夙愿④。也并非所有的重建都需要否定。如果连废墟也没有了,重建一个来实现现代人吞古纳今的宏志,那又何妨。但是,那只是现代建筑家的古典风格,沿用一个古名,出于幽默。黄鹤楼重建了,可以装电梯;阿房宫若重建,可以作宾馆;滕王阁若重建,可以辟商场。这与历史,干系不大。如果既有废墟,又要重建,那么,我建议,千万保留废墟,傍邻重建。在废墟上开推土机,让人心痛。

不管是修缮还是重建,对废墟来说,要义在于保存。圆明园废墟是北京城最有历史感的文化遗迹之一,如果把它完全铲平,造一座崭新的圆明园,多么得不偿失。大清王朝不见了,熊熊火光不见了,民族的郁忿不见了,历史的感悟不见了,抹去了昨夜的故事,去收拾前夜的残梦。但是,收拾来的又不是前夜残梦,只是今日的游戏。

☆ 阐述保存和修缮废墟的正确态度。

---

① 齑(jī)粉:粉末,碎末。
② 盘桓:徘徊,逗留。
③ 凭吊:面对遗址、坟墓等怀念古人旧事。
④ 夙(sù)愿:一向怀有的愿望。

（三）

中国历来缺少废墟文化。废墟二字，在中文中让人心惊肉跳。

或者是冬烘气十足地怀古①，或者是实用主义地趋时。怀古者只想以古代今，趋时者只想以今灭古。结果，两相杀伐，两败俱伤，既斫伤了历史，又砍折了现代。鲜血淋淋，伤痕累累，偌大一个民族，前不见古人，后不见来者，念天地之悠悠，独怆然而涕下。

在中国人心中留下一些空隙吧！让古代留几个脚印在现代，让现代心平气和地逼视着古代。废墟不值得羞愧，废墟不必要遮盖，我们太擅长遮盖。

中国历史充满了悲剧，但中国人怕看真正的悲剧。最终都有一个大团圆，以博得情绪的安慰，心理的满足。唯有屈原不想大团圆，杜甫不想大团圆，曹雪芹不想大团圆，孔尚任不想大团圆，鲁迅不想大团圆，白先勇不想大团圆。他们保存了废墟，净化了悲剧，于是也就出现了一种真正深沉的文学。

没有悲剧就没有悲壮，没有悲壮就没有崇高。雪峰是伟大的，因为满坡掩埋着登山者的遗体；大海是伟大的，因为处处漂浮着船楫的残骸；登月是伟大的，因为有"挑战者号"的陨落；人生是伟大的，因为有白发，有诀别，有无可奈何的失落。古希腊傍海而居，无数向往彼岸的勇士在狂波间前仆后继，于是有了光耀百世的希腊悲剧。

诚恳坦然地承认奋斗后的失败，成功后的失落，我们只会更沉着。中国人若要变得大气，不能再把所有的废墟驱逐。

☆ 由废墟引出对民族文化心理的剖析。

（四）

废墟的留存，是现代人文明的象征。

废墟，辉映着现代人的自信。

废墟不会阻遏街市，妨碍前进。现代人目光深邃，知道自己站在历史的第几级台阶。他不会妄想自己脚下是一个拔地而起的高台。因此，他乐于看看身前身后的所有台阶。

是现代的历史哲学点化了废墟，而历史哲学也需要寻找素材。只有在现代的喧嚣中，废墟的宁静才有力度；只有在现代人的沉思中，废墟才能上升为寓言。

因此，古代的废墟，实在是一种现代构建。

现代，不仅仅是一截时间。现代是宽容，现代是气度，现代是辽阔，现代是浩瀚。

我们，挟带着废墟走向现代。

☆ 点明废墟的存在意义。

【提示】

本文是一篇情理交融的散文。作者从独特的视角看废墟，赋予了废墟深刻的象征意义，引发读者对历史文化的深入思考，体现了"文化散文"的特征。

---

① 冬烘：迂腐浅陋。

"文化散文"不同于一般的游记或议论文,其主要特征是:立足于新的时代高度,用现代目光重新观照和审视历史人物、历史事件,挖掘其中的文化内涵,进行思辨与评说,得出富于启迪性的结论。

文中的废墟是指包蕴着特定文化内涵的古代遗迹,象征着沧桑的历史。废墟是古代的文化使者,是沟通古今文明的桥梁,是我们开启未来的钥匙。

揭示废墟的丰富内涵,启发人们正视废墟,从它所昭示的民族悲剧中奋起,在历史发展的长链中增强历史使命感,是本文的主旨。

文章开篇用"我诅咒废墟,我又寄情废墟"一句话引出话题,以"诅咒"作铺垫,以"寄情"为宗旨,引发对废墟的种种思考。第一部分侧重表现废墟的理性意义和审美价值;第二部分阐述保存和修缮废墟的正确态度;第三部分由废墟引出对民族文化心理的剖析;第四部分归结全文,直接点明废墟存在的意义。

本文立意新颖,联想丰富,议论深刻,语言优美,熔叙事、抒情、议论于一炉,堪称文化散文中的精品。

思考与练习

一、文化散文的特点是什么?

二、文中废墟的象征意蕴是什么?

三、废墟在古代和现代的关系中起什么作用?

四、真题再现。

(一)单项选择题

【2021年】《废墟》的作者是(   )。

    A. 朱光潜   B. 余秋雨   C. 钱锺书   D. 艾青

(二)简析题

【2023年】阅读《废墟》中的文字:

    废墟是毁灭,是葬送,是诀别,是选择。时间的力量,理应在大地上留下痕迹;岁月的巨轮,理应在车道间碾碎凹凸。没有废墟就无所谓昨天,没有昨天就无所谓今天和明天。废墟是课本,让我们把一门地理读成历史;废墟是过程,人生就是从旧的废墟出发,走向新的废墟。营造之初就想到它今后的凋零,因此废墟是归宿;更新的营造以废墟为基地,因此废墟是起点。废墟是进化的长链。

请回答:

(1)这段文字的中心论点是哪句话?(3分)

(2)这段文字主要使用了哪些修辞手法?(3分)

(3)为什么说废墟是起点?(3分)

论　学　问①

培　根

　　弗兰西斯·培根(1561—1626)，英国唯物主义哲学家。出身于贵族家庭，父亲是英国女王伊丽莎白的掌玺大臣，男爵。培根十三岁入剑桥大学三一学院读书，十五岁进葛莱律师公会为高级生，二十一岁时被认可为律师。直到詹姆斯王朝时，培根受封为男爵，1607 年任法部次官，1617 年升为掌玺大臣，1618 年再升为英格兰大法官，被封为浮如阑(地名)男爵，1621 年受封为圣奥本斯子爵。同年因受贿被弹劾，判处四万镑罚金，并终身监禁。后来为詹姆斯王所释放并退还罚金。1626 年春，为了试验冷藏是否可以保存肉类持久不腐，在大风雪中受冻，患重感冒逝世。

　　马克思称培根为"英国唯物主义和整个现代实验科学的真正始祖"。培根反对经院哲学和唯心主义，他认为"人是自然的仆人和解释者"，提出"为了控制自然必须服从自然"的原则。培根是近代归纳法的创始人，他想把经验与理性统一起来，提出了经验—理论—经验的公式。他强调发展自然科学的重要性，重视知识对人生对社会的作用，提出"知识就是力量"。他的学说也有不足之处，存在着"神学的不彻底性"。培根还是一位散文作家。他的《论说文集》是一本世界性的名著。

　　读书为学底用途是娱乐、装饰和增长才识。在娱乐上学问底主要的用处是幽居养静；在装饰上学问底用处是辞令；在长才上学问底用处是对于事务的判断和处理。因为富于经验的人善于实行，也许能够对个别的事情一件一件地加以判断；但是最好的有关大体的议论和对事务的计划与布置，乃是从有学问的人来的。在学问上费时过多是偷懒；把学问过于用作装饰是虚假；完全依学问上的规则而断事是书生底怪癖。学问锻炼天性，而其本身又受经验底锻炼；盖人底天赋有如野生的花草，他们需要学问底修剪；而学问底本身，若不受经验底限制，则其所指示的未免过于笼统。多诈的人渺视学问，愚鲁的人羡慕学问，聪明的人运用学问；因为学问底本身并不教人如何用它们；这种运用之道乃是学问以外、学问以上的一种智能，是由观察体会才能得到的。不要为了辩驳而读书；也不要为了信仰与盲从；也不要为了言谈与议论；要以能权衡轻重、审察事理为目的。

　　有些书可供一尝，有些书可以吞下，有不多的几部书则应当咀嚼消化；这就是说，有些书只要读读他们底一部分就够了，有些书可以全读，但是不必过于细心地读；还有不多的几部书则应当全读，勤读，而且用心地读。有些书也可以请代表去读，并且由别人替我作出节要来，但是这种办法只适于次要的议论和次要的书籍，否则录要的书就和蒸馏的水一样，都是无味的东西。阅读使人充实，会谈使人敏捷，写作与笔记使人精确。

---

　　① 本文选自《培根论说文集》，水天同译，商务印书馆 1983 年版。

因此,如果一个人写得很少,那么他就必须有很好的记性;如果他很少与人会谈,那么他就必须有很敏捷的机智;并且假如他读书读得很少的话,那么他就必须要有很大的狡黠之才,才可以强不知以为知。史鉴使人明智;诗歌使人巧慧;数学使人精细;博物使人深沉;伦理之学使人庄重;逻辑与修辞使人善辩。"学问变化气质。"不特如此,精神上的缺陷没有一种是不能由相当的学问来补救的:就如同肉体上各种的病患都有适当的运动来治疗似的。"地球"有益于结石和肾脏①;射箭有益于胸肺;缓步有益于胃;骑马有益于头脑;诸如此类。同此,如果一个人心志不专,他顶好研究数学,因为在数学底证理之中,如果他底精神稍有不专,他就非从头再做不可。如果他底精神不善于辨别异同,那么他最好研究经院学派底著作,因为这一派的学者是条分缕析的人;如果他不善于推此知彼,旁征博引,他顶好研究律师们底案卷。如此看来,精神上各种的缺陷都可以有一种专门的补救之方了。

【提示】

本文论述了学问的用途和读书治学的目的、方法。作者认为,读书为学有三方面的用途,即娱乐(幽居养静)、装饰(熟习辞令)和增长才识。而治学的目的则是"能权衡轻重,审察事理"。在治学方法方面,他主张对不同的书应采取选读、全读、勤读、精读的不同读法,以取得最高效益。而且,读书应与会谈、写作、笔记结合起来,与弥补自身"精神上的缺陷"结合起来。以"学问变化气质"。这些观点,在一定程度上反映了培根的唯物主义思想和重视实验科学的态度,至今仍有认识意义和参考价值。

文章论述简要明达,选词用语洗练精当,以简洁的语言形式表述深刻的思想内容。文中"阅读使人充实""史鉴使人明智"等语句,堪称警句格言。而多用比喻及排比句式,则使文章显得说理生动,富有气势。

思考与练习

一、怎样理解"学问锻炼天性,而其本身又受经验底锻炼"?

二、文章主要论述了哪几个问题?

三、本文选词用语有何特点?这对文章思想内容表达有何作用?

四、本文主要运用了哪些修辞手法?

五、真题再现。

单项选择题

【2024年】《论学问》中认为读书的用途不应是为了(　　　　)。

　　　A. 辩驳　　　　　B. 娱乐　　　　　C. 增长才识　　　D. 装饰

---

① 地球:这里指一种体育运动。

议论文的特点与写作

议论文是一种以议论为主要表达方式的文体。

议论就要摆事实、讲道理，通过事实材料和逻辑推理，阐发某种观点，表明赞成什么，反对什么。

一篇议论文，应包含论题、论点、论据、论证四个因素。

一、论题

论题是议论文所要讨论的对象，它规定和限制议论的范围和重点，决定议论展开的方向和途径，是贯穿全文内容的中心线索。我们通常说的"跑题"或"偏题"，就是指论题把握不准。

二、论点

论点是作者对论题的观点见解，是一篇议论文的灵魂。议论文提出论点的方式有多种：或用标题昭示论点，或在文章开头提出论点，或在行文中间及结尾提出论点。阅读一篇议论文，首要的任务就是寻找、提取、理解作者所表达的论点。由于作者提出论点的方式是多种多样的，因此文章的论点可以安排在开头，也可以安排在中间或结尾。如《谏逐客书》一文的主要论点"臣闻吏议逐客，窃以为过矣"，就在全文的起始处；而《寡人之于国也》一文的论点"王无罪岁，斯天下之民至焉"，则在全文的结尾。一篇议论文中作者可以提出一个论点，也可以提出不止一个论点。一篇复杂的议论文，往往作者还可以提出一连串的论点，而这一连串的论点有时也并不是平行并列的，其中有的论点可以成为另一个论点的推论基础或前提。如《灯下漫笔》的第一部分，鲁迅先生甚至一连提出了三个论点："我们极容易变成奴隶，而且变了之后，还万分喜欢""有更其直捷了当的说法在这里——一、想做奴隶而不得的时代；二、暂时做稳了奴隶的时代""而创造这中国历史上未曾有过的第三样时代，则是现在的青年的使命"。作者是由第一个论点引出了第二个论点，在第二个论点的基础上又得出了第三个论点，也就是全文的中心论点。有的文章的论点并没有用明确的语句直接表述出来，阅读这样的文章，就需读者自己去提取、概括。例如《赵威后问齐使》一文，作者只是记叙了赵威后向齐使提出的问题，而没有直接表达赵威后的观点，读者就需要依据上下文意提取、概括出赵威后以民为本的论点。

写作议论文时，论点的提出和确立要注意两个问题：首先，要提出正确鲜明的论点，必须有事实或理论作基础，而且必须明确要提出什么问题，要解决什么问题。其次，确定论点必须有正确鲜明的立场、合乎科学的态度，要是非分明、爱憎分明。

三、论据

论据是用来证明论点的事实或理论依据。阅读议论文，在找出和理解了作者所提出的论点后,接着应该寻找作者为确立其论点,使用了哪些论据。论据可以是事实上的材料,也可以是理论上的材料。作为论据的事实材料,可以是具体的事例,也可以是概括的事实,还可以是统计数字之类。例如《五代史伶官传序》一文,作者使用后唐庄宗李存勖兴国与覆灭的史实,就是以具体的事例作为论据。《论毅力》一文中,作者所述人生历史必有顺逆,对待顺逆有各种不同的态度等,都是以一种概括的事实来做论据。作为论据的理论材料,可以是前贤今人经过实践证明了的至理名言、精辟论断,也可以是科学上的公理、规律等。

在论据的使用上,既有事实的材料,又有理论的材料,就可使论据显得更充足有力。

写议论文,论点不正确的情况较少,差别往往只是"立意"的高下,而论据的选用则容易出现诸多问题:或论据不实,或论据不确,或论据不足,或论据不新,导致文章说理空洞、浮泛或平庸无力。

选用论据,一要"真实",无论列举事实还是引述道理,都必须准确无误;二要"确切",注意材料和观点的统一,不能选用似是而非、牵强附会的材料;三要"典型",选用的论据要能代表事物发展的趋势,反映事物的本质,不能以偏概全,或只图数量,不论质量;四要"充分",论据要足够充实地证明论点,显示其必然性,令人信服;五要"新鲜",选用材料要注意联系社会现实,使文章有鲜明的时代烙印,显示出作者对社会现实的敏锐观察和认识。

四、论证

论证,就是用论据来证明论点的方法和过程。论证的目的在于揭示出论点和论据之间的内在逻辑关系,阅读议论文,在明白了文章的论点与论据之后,还应该了解作者是怎样论证的。

论证一般可分为立论与驳论两大类型。立论是以充足的论据正面证明作者自己论点正确的论证方式;驳论是以有力的论据反驳别人错误论点的论证方式。立论与驳论都是一种证明,只不过立论是正面的证明,驳论是反面的证明。由于立论与驳论都是证明,因此它们可以使用许多共同的论证方法。基本的论证方法如下:

1. 归纳法

归纳论证是一种由个别到一般的论证方法。它通过许多个别的事例,归纳出它们所共有的特性,从而得出一个一般性的结论。例如《谏逐客书》一文,作者列举了缪公用由余、百里奚,孝公用商鞅,惠王用张仪,昭王得范雎等实例,从而归纳出"此四君者以客之功"的共同特点,进而得出"由此观之,客何负于秦哉"的结论。归纳论证在实际运用上也可以有所变化,比如先说结论,再举事例,因而有人就把这种情况称为"例证法"。

2. 演绎法

演绎论证是一种由一般到个别的论证方法。它由一般原理推导出关于个别情况的结论。如《史记·货殖列传序》中,"天下熙熙,皆为利来;天下攘攘,皆为利往",这是一般性的原理,由此出发,推导出"匹夫编户之民"亦会"患贫"的结论。

3. 比较法

比较论证是一种由个别到个别的论证方法,通过把性质特点相同相近的事物或性质特点相反相对的事物放在一起加以比较,从而证明论点。前者可称为类比法,后者可称为对比法。例如《寡人之于国也》一文中,孟子用战争中不能以五十步笑百步的比喻来论证梁惠王与邻国国君在治国上并无差别,就是用的类比法。《谏逐客书》中指出秦王享用各国的宝物声色,却不用客卿,而得出"此非所以跨海内、制诸侯之术也"的结论,用的就是对比法。

以上所说的是几种常用论证方法,在一篇议论文中可以只侧重使用其中的一种方法,也可以同时使用几种方法。选用什么方法,要根据论证的实际需要来决定。

关于驳论,还有一个问题需要说明,这就是反驳的着眼点,即反驳的靶标问题。因为议论是由论点、论据、论证三部分组成,所以反驳时,可以选中任何一个部分作为靶标,可以反驳论点,可以反驳论据,也可以反驳论证。

反驳论点,即直接反驳对方论点本身的片面、虚假或谬误。这是驳论中最常用的方法。例如《答司马谏议书》,王安石针对司马光对新法的指责,概括其要点为侵官、生事、征利、拒谏、致怨,然后逐点驳斥,针锋相对,气盛理足,很有说服力。

反驳论据,是因为错误的论点常常是建立在错误的论据之上,揭示对方论据的错误,也就可以驳倒对方的论点。例如《季氏将伐颛臾》一文,冉有以"今夫颛臾,固而近于费,今不取,后世必为子孙忧"为理由,为季氏将伐颛臾一事进行辩护。孔子指出:"吾恐季孙之忧不在颛臾,而在萧墙之内也。"就是针对冉有的论据来进行驳斥的。

反驳论证,即揭露对方在论证过程中逻辑上的错误,如大前提、小前提与结论的矛盾,对方各论点之间的矛盾,论点与论据之间的矛盾等,都可以驳倒对方的论点。例如著名的矛与盾的故事:"楚人有鬻盾与矛者,誉之曰:'吾盾之坚,物莫能陷也。'又誉其矛曰:'吾矛之利,于物无不陷也。'或曰:'以子之矛,陷子之盾,何如?'其人弗能应也。"卖盾与矛的人之所以错误,就是因为他的两个论点——"吾盾之坚"和"吾矛之利"是不能并存的。这一点恰恰被责难者抓到,就把对方驳倒了。

思考与练习

真题再现。

单项选择题

【2021年】1. 证明论据与论点之间逻辑关系的过程和推理方式称为( )。

    A. 论点   B. 论证   C. 论题   D. 论据

【2023年】2. 由一般原理推导出关于个别情况的结论,这一论证方法是( )。

    A. 类比法   B. 归纳法   C. 演绎法   D. 对比法

记 叙 文

郑伯克段于鄢①

《左传》

《左传》，又称《春秋左氏传》或《左氏春秋》，是我国早期的一部编年体历史著作，同时也是具有文学价值的散文名著。相传为春秋末年鲁国史官左丘明撰写，但也有人认为非他所作。

这部著作记叙了春秋时期自鲁隐公元年（前722）至鲁悼公四年（前464）二百五十多年间各诸侯国的政治、军事、经济、外交等方面的历史事实，着重记叙当时诸侯列国之间的矛盾和争夺，内容相当丰富。记叙线索分明，详略得当，尤其擅长描写战争，作者将许多重大战役的起因、过程、双方的谋划、战场内外的斗争和战役的结果叙写得异常清楚，笔法又多变化。在叙事过程中，作者对人物的言行及内心活动，往往有比较生动的描述。这些对后来《史记》等书的写作有很大的影响。

初②，郑武公娶于申③，曰武姜④，生庄公及共叔段。庄公寤生⑤，惊姜氏，故名曰寤生，遂恶之。爱共叔段，欲立之，亟请于武公⑥，公弗许。

☆ 交代郑庄公母子、兄弟不和的起因。

及庄公即位，为之请制⑦。公曰："制，岩邑也⑧，虢叔死焉，佗邑唯命⑨。"请京⑩，使

---

① 本篇选自《左传·隐公元年》。"郑伯克段于鄢"本来是《春秋》里的一句话，意思是郑庄公在鄢地打败了共叔段。郑伯：指郑庄公。春秋时周天子下有公、侯、伯、子、男五等爵。郑国是伯爵级的诸侯国，姬姓，在今河南新郑一带，所以称它的国君为郑伯。鄢（yān）：地名，在今河南鄢陵。

② 初：当初。追述往事时常用此词。这里是由鲁隐公元年发生的事追述当初的起因。

③ 郑武公娶于申：郑武公娶了申国国君的女儿为妻。郑武公，姓姬，名掘突，"武"是死后谥号。申，姜姓，是侯爵的诸侯国，在今河南南阳一带。

④ 武姜：郑武公妻姜氏。当时妇女出嫁后系母家的姓，以表示她是从哪家来的，所以后人追称郑武公的妻子为武姜。

⑤ 寤（wù）生：逆生，指胎儿出生时脚先出，即难产。

⑥ 亟（qì）：屡次。

⑦ 为之请制：（姜氏）为段请求封给制这个地方。制，地名，又名虎牢，在今河南荥阳汜水镇西。

⑧ 岩邑：险要的城邑。

⑨ "虢（guó）叔"二句：东虢国君（即虢叔）曾仗恃地势险要，不修德政，后为郑武公所灭，死在制这个地方。郑庄公怕段占据险地不好对付，不肯将制邑给他，表示要给其他地方都可唯命是从。

⑩ 京：地名，在今河南荥阳东南，距郑国都城新郑较近。

居之,谓之京城大叔①。祭仲曰②:"都城过百雉③,国之害也。先王之制,大都不过参国之一④;中,五之一;小,九之一。今京不度⑤,非制也,君将不堪⑥。"公曰:"姜氏欲之,焉辟害⑦?"对曰:"姜氏何厌之有⑧? 不如早为之所⑨,无使滋蔓。蔓,难图也⑩。"蔓草犹不可除,况君之宠弟乎?"公曰:"多行不义必自毙⑪,子姑待之⑫。"

既而大叔命西鄙、北鄙贰于己⑬。公子吕曰⑭:"国不堪贰⑮,君将若之何⑯? 欲与大叔,臣请事之⑰。若弗与,则请除之,无生民心⑱。"公曰:"无庸⑲,将自及⑳。"大叔又收贰以为己邑,至于廪延㉑。子封曰:"可矣,厚将得众㉒。"公曰:"不义不昵㉓,厚将崩。"

☆ 写共叔段不断扩张,露出野心,而郑庄公虚伪应对,实怀杀机。

大叔完聚㉔,缮甲兵㉕,具卒乘㉖,将袭郑。夫人将启之㉗。公闻其期㉘,曰:"可矣!"命子封帅车二百乘以伐京㉙。京叛大叔段㉚,段入于鄢㉛。公伐诸鄢㉜。五月辛丑㉝,大叔出奔共㉞。

☆ 写郑伯克段于鄢的经过。

---

① 大叔:太叔,是对段的尊称。大,同"太"。
② 祭(zhài)仲:字足,郑国大夫。
③ 雉(zhì):古代度量单位,长三丈高一丈为一雉。当时制度规定,侯伯一级的国都只能方五里,径三百雉,它下面所属的城市,大的不能超过它的三分之一,就是不能超过一百雉,中的不能超过它的五分之一,小的不能超过它的九分之一。
④ 参国之一:国都的三分之一。参,同"三"。
⑤ 今京不度:现在京邑(指它的城墙)不合制度,超过规定的高度、面积。
⑥ 不堪:受不了,控制不住的意思。
⑦ 焉辟害:怎么能够避免这个祸害呢? 焉,怎能,疑问词。辟,通"避"。
⑧ 何厌之有:等于说"有何厌"。厌,同"餍",满足。
⑨ 早为之所:早点给他安排一个地方。所,处所。
⑩ 难图:难以对付。图,图谋,谋划。
⑪ 自毙:自取灭亡。毙,原意是因病或身体受伤倒下去。
⑫ 子姑待之:您姑且等着这个结果吧(指自毙事)。子,古代对男子的尊称。姑,暂且。
⑬ 既而:不久。鄙:边邑。贰于己:指本来只属于庄公,现在又同时属于共叔段自己。
⑭ 公子吕:字子封,郑国大夫。
⑮ 国不堪贰:一个国家受不了两个人的统治。
⑯ 若之何:对它怎么办?
⑰ 臣请事之:我请求去臣事他(指共叔段)。意思是让我去做段的臣子侍奉他。
⑱ 无生民心:不要使郑国人民生二心。无,通"毋"。生民心,使民生二心。
⑲ 无庸:不用。指用不到这样做。庸,同"用"。
⑳ 将自及:将会自己遭殃的意思。
㉑ 廪(lǐn)延:郑国的邑名,在今河南延津北。
㉒ 厚:指土地扩大。众:民众。
㉓ 不义不昵:对君不义,对兄不亲。昵,亲近。
㉔ 完聚:修治城郭,聚集民众。完,修治。
㉕ 缮(shàn)甲兵:修整盔甲武器。缮,修理整治。
㉖ 具卒乘:准备好步兵及战车。
㉗ 夫人将启之:指郑武公的夫人(武姜)将要为共叔段打开城门做内应。
㉘ 其期:指共叔段准备袭郑的日期。
㉙ 帅:同"率"。乘:辆。古时一车四马叫作乘。车上站士兵三人,车后跟着步卒七十二人。
㉚ 京叛大叔段:京地人民背叛共叔段。
㉛ 入于鄢:逃到鄢这个地方。
㉜ 伐诸鄢:到鄢地讨伐他。诸,"之于"的合音。
㉝ 五月辛丑:古人用天干地支纪日,五月辛丑,是隐公元年五月二十三日。
㉞ 出奔共:逃奔到共国(在今河南辉县)避难。

遂置姜氏于城颍①,而誓之曰②:"不及黄泉,无相见也③。"既而悔之。颍考叔为颍谷封人④,闻之,有献于公⑤。公赐之食,食舍肉⑥。公问之,对曰:"小人有母,皆尝小人之食矣,未尝君之羹⑦,请以遗之⑧。"公曰:"尔有母遗,繄我独无⑨!"颍考叔曰:"敢问何谓也⑩?"公语之故,且告之悔。对曰:"君何患焉? 若阙地及泉⑪,隧而相见⑫,其谁曰不然⑬?"公从之。公入而赋⑭:"大隧之中,其乐也融融⑮!"姜出而赋:"大隧之外,其乐也泄泄⑯!"遂为母子如初。君子曰⑰:"颍考叔,纯孝也⑱,爱其母,施及庄公⑲。《诗》曰⑳:'孝子不匮,永锡尔类㉑。'其是之谓乎㉒?"

☆ 写庄公幽禁姜氏及母子和好的经过。

【译文】

当初,郑武公从申国娶妻,名叫武姜。武姜生下庄公和共叔段。生庄公时难产,武姜受到惊吓,因此给他取名叫"寤生",于是很厌恶他。偏爱共叔段,想立他为太子,屡次向武公请求,武公都没有答应。

等到庄公登上君位,姜氏为共叔段请求制这个地方作为封邑。庄公说:"制,是个险要的城邑,虢叔就死在那里。其他的城邑我唯命是从。"姜氏又请求封给京邑,让共叔段住在那里,人们称他为京城太叔。祭仲说:"都邑的城墙超过三百丈,是国家的祸害。先王的制度规定,大都邑(王侯子弟的封邑)不能超过国都的三分之一,中都邑(上大夫的封邑)不得超过国都的五分之一,小都邑(下大夫的封邑)不能超过国都的九分之一。现在,京邑的城墙不合法度,不是先王规定的制度,您将会受不了的。"庄公说:"姜氏想要这么做,我又怎么能避除祸害呢?"祭仲回答说:"姜氏哪有满足的时候? 不如早点给他安排一个地方,不

---

① 置:安置,这里有幽禁的意思。颍:郑国邑名,故城在今河南临颍西北。
② 誓之:向她发誓。
③ "不及黄泉"二句:不到死后,决不相见。黄泉,古人以为天玄地黄,泉在地下,人死葬入地下墓穴,因此称人死亡为赴黄泉。
④ 颍考叔:郑国大夫。颍谷:地名,在今河南登封西南。封人:官名,管理疆界的官。
⑤ 有献于公:指献给庄公一些土产。
⑥ 食舍肉:吃的时候把肉放在一边。
⑦ 羹(gēng):带汁的肉。
⑧ 遗(wèi)之:赠送给她(指颍考叔的母亲)。
⑨ 繄(yī):语气助词,无义。
⑩ 敢:表示谦敬的副词,有"斗胆""冒昧"的意思。何谓:即"谓何",说的是什么意思。
⑪ 阙:通"掘",挖。
⑫ 隧:地道。这里用作动词,挖地道的意思。
⑬ 其谁曰不然:那又有谁能说这样做不对呢? 其,用在句首,加强反问语气。然,这样。
⑭ 赋:赋诗。
⑮ 融融:和乐自得的样子。
⑯ 泄泄(yì):舒畅快乐的样子。
⑰ 君子曰:这是作者假托"君子"发表议论。
⑱ 纯孝:笃孝。指孝心真诚、纯笃。
⑲ 施(yì):延续,推及。
⑳ 《诗》:指《诗经》。
㉑ "孝子"二句:这是《诗经·大雅·既醉》篇中的诗句,意思是说:孝子的孝道没有穷尽,永久地把它赐给你同类的人。匮(kuì),竭尽。锡,通"赐"。类,指同类的人。
㉒ "其是"句:大概就是说的这种事吧?

要使他的势力滋长蔓延开来,蔓延开了就难以对付了。蔓生的野草尚且不能铲除干净,何况您尊宠的弟弟呢?"庄公说:"多做不合道义的事情,必定会自取灭亡,您姑且等着吧!"

不久,共叔段命令西部和北部边境上的城邑在接受国家管辖时也接受自己的管辖。公子吕说:"国家受不了两属的情况,您打算怎么办呢? 如果打算把国家交给共叔段,那么我请求去侍奉他。如果不给,那么就除掉他,不要使百姓产生二心。"庄公说:"不用,他将会自己遭殃。"共叔段又把原先分属于自己的地方占为己有,其势力范围一直到了廪延。公子吕说:"可以动手了! 领土扩大,他将获得更多的民众。"庄公说:"对君不义,对兄不亲,土地虽然扩大,也会崩溃灭亡。"

共叔段修治城郭,聚集民众,修缮武器,准备好步兵和战车,将要偷袭郑庄公。姜氏为他开城门做内应。庄公得到了共叔段袭郑的日期,说:"可以出击了。"命令子封率领二百辆战车来讨伐京邑。京邑的士民反叛共叔段。共叔段逃到鄢邑,庄公到鄢城讨伐共叔段。五月辛丑日,共叔段逃亡到共国。

于是郑庄公囚禁武姜于城颍,并且对她发誓说:"不到黄泉,就不要再见了!"不久,庄公后悔了。颍考叔在颍谷做管理疆界的官,听说了这件事,说有东西献给郑庄公。庄公赏赐给他食物,他吃饭时把肉食留下。庄公问他缘故,他回答说:"我有老母亲,我的食物她都尝过,只是没有尝过大王赏赐的带汁的肉,请允许我带回去给她吃。"庄公说:"你有母亲可以孝敬,唯独我偏偏没有!"颍考叔说:"冒昧地问一下您说的是什么意思?"庄公告诉他缘故,并且说了自己的后悔。颍考叔说:"您忧虑什么呢? 如果挖掘一条隧道直到见到泉水,在隧道中和您母亲相见,那又有谁能说这样做不对呢?"庄公听从了他的话。庄公进入隧道赋诗:"大隧之中相见,那是多么快乐啊!"母亲姜氏走出隧道赋诗:"大隧之外相见,那是多么畅快啊!"于是作为母子还像当初一样。君子说:"颍考叔是个笃厚的孝子啊。爱他的母亲,并把这份孝心也延及庄公。《诗经》说:'孝子的孝心没有穷尽,长久地赐给你的同类。'大概说的就是这种事吧。"

【提示】

本文记叙了春秋初期郑国王室内部的一场斗争,通过郑庄公与其弟共叔段为争权夺利而钩心斗角,以至兵戎相见的历史事件,揭露了当时统治阶级的残酷无情和虚伪卑鄙。

本文刻画人物性格颇为成功。作者围绕郑庄公与共叔段争权这一中心,将各色人物置于尖锐复杂的矛盾冲突之中进行描写,通过人物的不同言行刻画其不同的性格。诸如庄公的阴险狠毒、工于心计,共叔段的贪婪狂妄、愚昧无知,姜氏的偏狭昏聩、以私情干政,祭仲的老成持重,公子吕的直率急躁,颍考叔的聪慧机敏,都表现得鲜明生动。在刻画人物时,作者以郑庄公为主,以共叔段、姜氏为映衬,以祭仲、公子吕、颍考叔等为衬托,使人物性格在相互映衬比照中显得更为突出。

本文还体现了《左传》善于剪裁史料的特点。作者略写庄公"克段于鄢"的战争经过,详写这场战争的起因及矛盾不断激化的过程,以集中笔墨刻画人物,揭示其内心世界,从而突出文章的主题。此外,作者还择取了"庄公寤生"、颍考叔"食舍肉"、姜氏和庄公"隧而相见"等生活细节,将其与重大的政治斗争结合起来描写,对表现人物性格、深化主题,起到了重要作用。

思考与练习

一、本文表现的主题是什么?

二、概括庄公、姜氏、共叔段、颍考叔的性格特征。

三、举例说明细节描写在本文中对刻画人物性格的作用。

四、作者为何要在末段花费笔墨描写颍考叔的"纯孝"?

五、解释下列各句中的有关词语。

兵:1. 弃甲曳兵而走。(《寡人之于国也》)

　　2. 大叔完聚,缮甲兵,具卒乘,将袭郑。(《郑伯克段于鄢》)

　　3. 今幸从大将军出接单于兵。(《李将军列传》)

及:1. 及凯旋而纳之。(《五代史伶官传序》)

　　2. 生庄公及共叔段。(《郑伯克段于鄢》)

　　3. 无庸,将自及。(《郑伯克段于鄢》)

　　4. 不及黄泉,无相见也。(《郑伯克段于鄢》)

　　5. 虽其子孙他人学者,莫能及广。(《李将军列传》)

六、真题再现。

（一）单项选择题

【2022年】1. 表现颍考叔纯孝的细节（　　）。

　　　　　　　A. 中石没镞　　　B. 隧而相见　　　C. 食舍肉　　　D. 庄公寤生

【2022年】2. 下列句子属于判断句的是（　　）。

　　　　　　　A. 清风徐来,水波不兴　　　　　B. 客何负于秦哉?

　　　　　　　C. 岂独伶人也哉!　　　　　　　D. 制,岩邑也。

【2023年】3. 下列"之"字做代词的是（　　）

　　　　　　　A. 大将军不知广所之　　　　　B. 邻国之民不加少

　　　　　　　C. 顷之,家居数岁　　　　　　　D. 为之请制

（二）词语解释题

【2022年】1. 不如早为之所,无使滋蔓。　　　所:

【2023年】2. 多行不义必自毙,子姑待之。　　　子:

【2023年】3. 未尝君之羹,请以遗之。　　　遗:

【2024年】4. 缮甲兵,具卒乘。　　　兵:

（三）判断题

【2023年】《郑伯克段于鄢》叙述的是郑庄公与共叔段两位君王之间相互残杀的事件。

　　　　　　　　　　　　　　　　　　　　　　　　　　　　　　　　（　　）

李将军列传

司马迁

司马迁(约前 145—?),字子长,夏阳(今陕西韩城南)人。幼年好学,二十岁以后曾屡次出外游历,观察民情风俗,足迹遍及南北各地。三十岁为郎中,常随汉武帝到各地巡游。元封三年(前 108),继其父司马谈任太史令,有机会读到大量政府藏书。他继承其父想编写一部史书的遗志,于太初元年(前 104)开始着手编写《史记》。天汉二年(前 99),由于替投降匈奴的李陵辩解,得罪下狱,被处宫刑。太始元年(前 96),被赦出狱,任中书令。当时的中书令大都由宦官充任,因此他感到这是一种耻辱。但为了完成《史记》的写作,他含垢忍辱,发愤著书,终于在征和初年(前 92)左右基本写成。不久即去世。

《史记》是我国第一部纪传体通史,记叙了上自传说中的黄帝下至汉武帝太初年间共三千多年的历史。全书一百三十篇,其中"本纪"十二篇,"表"十篇,"书"八篇,"世家"三十篇,"列传"七十篇。

司马迁写作《史记》,不仅取材于前代的历史文献,还从亲身游历中积累了大量现实生活的资料。书中对当时不合理的社会现实和统治阶级争权夺利、尔虞我诈的丑恶面貌进行了揭露和批判,对社会中下层被压迫者和反抗者则寄予一定的同情。由于他在记叙历史人物时注入了自己的深厚感情,再加上精练生动的语言表达,书中的人物往往写得栩栩如生,具有强烈的艺术感染力量。

《史记》是一部伟大的历史著作,它所使用的纪传体形式对后代史书写作产生了巨大的影响;同时它也是一部伟大的传记文学作品,被后世奉为典范。

李将军广者,陇西成纪人也。其先曰李信,秦时为将,逐得燕太子丹者也[1]。故槐里,徙成纪。广家世世受射[2]。孝文帝十四年,匈奴大入萧关,而广以良家子从军击胡[3],用善骑射[4],杀首虏多[5],为汉中郎。广从弟李蔡亦为郎[6],皆为武骑常侍,秩八百石[7]。尝从行,有所冲陷折关及格猛兽[8],而文帝曰:"惜乎,子不遇时! 如令子当高帝

---

[1] 李信逐得燕太子丹事,见《史记》卷八十六《刺客列传》。
[2] 受:通"授",传授。
[3] 良家子:家世清白人家的子弟。根据汉朝的制度,医、巫、商贾、百工都不能列入良家。
[4] 用:由于,因为。
[5] 杀首:斩杀敌人首级。虏:俘虏。
[6] 从弟:堂弟。
[7] 秩:官吏的俸禄。
[8] 冲陷:冲锋陷阵。折关:抵御、拦阻。指抵挡敌人。

时,万户侯岂足道哉①!"及孝景初立,广为陇西都尉,徙为骑郎将②。吴楚军时③,广为骁骑都尉,从太尉亚夫击吴楚军④,取旗,显功名昌邑下。以梁王授广将军印,还,赏不行⑤。徙为上谷太守,匈奴日以合战。典属国公孙昆邪为上泣曰:"李广才气,天下无双,自负其能,数与虏敌战,恐亡之。"于是乃徙为上郡太守。后广转为边郡太守,徙上郡⑥。尝为陇西、北地、雁门、代郡、云中太守,皆以力战为名。

☆ 叙述李广家世并介绍其骁勇善战和善于骑射的特长。通过公孙昆邪"李广才气,天下无双"的评语和文帝所说的"子不遇时"这句话,揭示了全篇的主旨,为以后叙述李广一生的不得志埋下伏笔,起到了提纲挈领的作用。

【译文】

李广将军是陇西郡成纪县人。他的先祖叫李信,秦朝时任将军,就是追捕抓获燕太子丹的人。他的家原来在槐里县,后来迁到成纪。李广家世代传习射箭之术。文帝十四年,匈奴人大举入侵萧关,李广以良家子弟的身份参军抗击匈奴,因为他善于骑马射箭,斩杀敌人首级和抓获俘虏多,做了汉朝的中郎。李广的堂弟李蔡也任中郎。两人都任武骑常侍,俸禄八百石。李广曾随从皇帝出行,有过冲锋陷阵、攻破关隘和搏杀猛兽的事,文帝说:"可惜啊! 你没遇到好时候,如果让你处在高祖平定天下的时候,封个万户侯岂在话下啊!"到景帝即位,李广任陇西都尉,又调任骑郎将。吴楚叛乱时,李广任骁骑都尉,跟从太尉周亚夫讨伐吴楚叛军,夺取了敌人的军旗,在昌邑城下立功扬名。但因为梁王私自把将军印授给李广,回朝后,朝廷没有对他进行封赏。后又调他为上谷太守,每天与匈奴交战。典属国公孙昆邪对皇上哭着说:"李广的才气,天下无双,他依恃有才能,屡次和匈奴人交战,恐怕会失去他。"于是又调他为上郡太守,以后李广辗转出任边境各郡太守,又迁调到上郡。他曾任陇西、北地、雁门、代郡、云中等地太守,都以奋力作战而出名。

匈奴大入上郡,天子使中贵人从广勒习兵击匈奴⑦。中贵人将骑数十纵⑧,见匈奴三人,与战。三人还射,伤中贵人,杀其骑且尽。中贵人走广。广曰:"是必射雕者也⑨。"广乃遂从百骑往驰三人。三人亡马步行⑩,行数十里。广令其骑张左右翼,而广身自射彼三人者,杀其二人,生得一人,果匈奴射雕者也。已缚之上马,望匈奴有数千

---

① 万户侯:有万户封邑的侯爵。
② 徙:调任。
③ 吴楚军时:指景帝三年吴楚等七国起兵叛乱。
④ 亚夫:即周亚夫。
⑤ "以梁王"至"赏不行":李广作战立功之地在梁国境内,所以梁王封他为将军并授给将军印。这种做法违反汉朝廷的法令,因而李广还朝后,朝廷认为他功不抵过,不予封赏。
⑥ 这里的"徙上郡"与上文"徙为上郡太守"重复,文字可能有误。对此,各家说法不同,不详述。
⑦ 中贵人:宫中受宠的人,指太监。勒:约束、指挥。
⑧ 将:率领。骑:骑兵。纵:放马驰骋。
⑨ 射雕者:射雕的能手。雕,猛禽,飞翔力极强而且迅猛,能射雕的人必有很高的射箭本领。
⑩ 亡:失去。

骑，见广，以为诱骑①，皆惊，上山陈②。广之百骑皆大恐，欲驰还走。广曰："吾去大军数十里，今如此以百骑走，匈奴追射我立尽。今我留，匈奴必以我为大军诱之，必不敢击我。"广令诸骑曰："前！"前，未到匈奴陈二里所③，止，令曰："皆下马解鞍！"其骑曰："虏多且近，即有急，奈何？"广曰："彼虏以我为走，今皆解鞍以示不走，用坚其意。"于是胡骑遂不敢击。有白马将出护其兵④，李广上马与十余骑奔射杀胡白马将，而复还至其骑中，解鞍，令士皆纵马卧⑤。是时会暮，胡兵终怪之，不敢击。夜半时，胡兵亦以为汉有伏军于旁，欲夜取之，胡皆引兵而去。平旦⑥，李广乃归其大军。大军不知广所之，故弗从。

☆ 写上郡遭遇战中，李广在以百骑对匈奴千骑这一敌我力量对比悬殊的危急情况下，从容镇定，临危不惧，终于转危为安，平安返回军中，表现了李广机智勇敢、指挥若定的大将风度。

【译文】

匈奴大举入侵上郡，天子派了一名宫中贵人跟随李广约束训练军队，抗击匈奴。宫中贵人带领几十名骑兵纵马驰骋，遇到三个匈奴人，跟他们交战，三个匈奴人回身放箭，射伤了宫中贵人，把他带的那些骑兵几乎杀光。宫中贵人逃回到李广那里，李广说："这一定是匈奴的射雕手。"李广于是带领一百名骑兵前往追赶那三个匈奴人，那三个人丢失了战马，徒步前行。走了几十里，李广命令他的骑兵从左右两边包抄。他亲自去射那三个人，射死了两个，活捉了一个，果然是匈奴射雕手。李广把他捆绑上马之后，远远望见几千名匈奴骑兵。匈奴人看到李广，以为是诱敌的骑兵，都很惊恐，急忙上山布阵。李广的百名骑兵也都大为惊慌，想赶马往回跑。李广说："我们距离大部队几十里，现在凭这百余名骑兵往回跑，匈奴追射我们的话，会立刻被杀光。如今我们停留不走，匈奴人一定以为我们是来诱敌的，必定不敢攻击我们。"于是李广命令骑兵说："前进！"前进，到距离匈奴阵地大约二里的地方，停下来，说："全都下马，解下马鞍！"骑兵们说："敌人众多，并且又离得近，假如有了紧急情况，怎么办？"李广说："那些匈奴人原以为我们会逃跑，现在我们都解下马鞍表示不逃，以此来坚定他们以为我们是诱敌之兵的想法。"于是匈奴骑兵终于不敢来攻击。有一名骑白马的匈奴将领出阵来监护他的士兵，李广立即上马和十几名骑兵一起冲过去，射死了那骑白马的匈奴将领，之后又回到自己的骑兵队里，解下马鞍，让士兵们都放开马，随便躺卧。这时正值日暮，匈奴军队始终觉得奇怪，不敢进攻。到了半夜，匈奴兵又以为汉朝有伏兵在附近，想趁夜里偷袭他们，因而匈奴就领兵撤离了。第二天早晨，李广才回到他的大军中，大军不知道李广的去向，所以无法跟从。

---

① 诱骑：诱敌的骑兵。
② 陈：同"阵"。这里指布置阵地。
③ 所：表示大约的数目。"二里所"即二里左右。
④ 护：监护。
⑤ 纵马卧：把马放开，随意躺下。
⑥ 平旦：清晨，天刚亮。

居久之,孝景崩,武帝立。左右以为广名将也,于是广以上郡太守为未央卫尉①,而程不识亦为长乐卫尉②。程不识故与李广俱以边太守将军屯③。及出击胡,而广行无部伍行陈④,就善水草屯,舍止,人人自便,不击刁斗以自卫⑤,莫府省约文书籍事⑥,然亦远斥候⑦,未尝遇害。程不识正部曲行伍营陈⑧,击刁斗,士吏治军簿至明⑨,军不得休息,然亦未尝遇害。不识曰:"李广军极简易,然虏卒犯之⑩,无以禁也;而其士卒亦佚乐⑪,咸乐为之死。我军虽烦扰,然虏亦不得犯我。"是时汉边郡李广、程不识皆为名将,然匈奴畏李广之略,士卒亦多乐从李广而苦程不识。程不识孝景时以数直谏为太中大夫⑫。为人廉,谨于文法⑬。

☆ 通过与程不识治军方法的对比,写出李广治军的特点和得到士卒拥戴的原因。

【译文】

过了很久,景帝去世,武帝即位。左右近臣都认为李广是名将,于是李广由上郡太守调任未央宫卫尉,程不识为长乐宫卫尉。程不识和李广从前都以边郡太守的身份率领部队驻防。到出兵攻打匈奴的时候,李广行军没有严格的队列和阵势,靠近水草好的地方驻扎军队,停宿休息时,人人自便,晚上也不打更自卫,幕府简化各种文书簿册,但他远远地布置了侦察敌情的哨兵,所以不曾遭到过侵害。程不识严格按照队伍的编制行军布阵,夜里打更自卫,军吏处理公文簿册直到天亮,军队得不到休息,但也不曾遇到侵害。程不识说:"李广治军简便易行,然而敌人如果突然进犯,也无法困住他。他的士卒安逸快乐,全都乐意为他拼死。我治理军队虽然军务繁细,但是敌人也不敢侵犯我。"这时汉朝边郡的李广、程不识都是名将,但是匈奴人害怕李广的谋略,士兵也大多乐意跟随李广而以跟随程不识为苦。程不识在景帝时由于屡次直言进谏被任命为太中大夫。他为人清廉,谨守朝廷文书法令。

后,汉以马邑城诱单于,使大军伏马邑旁谷,而广为骁骑将军,领属护军将军⑭。是

---

① 未央:未央宫,西汉宫殿名,当时为皇帝所居。
② 长乐:长乐宫,西汉宫殿名,当时为太后所居。
③ 将军屯:带领军队驻防。
④ 部伍:指军队的编制。行陈:行列、阵势。
⑤ 刁斗:铜制的军用锅,白天用它做饭,夜里敲它巡更。
⑥ 莫府:幕府。莫,通"幕"。古代军队出征驻屯时,将帅的办公机构设在大帐幕中,称为"幕府"。省约:简化。籍:考勤或记载功过之类的簿册。
⑦ 斥候:侦察瞭望的士兵。"远斥候",远远地布置侦察哨兵。
⑧ 部曲:古代军队编制,将军率领的军队,下有部,部下有曲,曲下有屯。行伍:古代军队的基层编制,五人为伍,二十五人为行。营陈:即"营阵",营地和军阵。
⑨ 治:办理,处理。至明:直到天明。
⑩ 卒:通"猝",突然。
⑪ 佚:通"逸",安逸,安闲。
⑫ 数:屡次。
⑬ 文法:朝廷制定的条文法令。
⑭ 领属:隶属于。护军将军:韩安国。

时单于觉之，去，汉军皆无功①。其后四岁，广以卫尉为将军，出雁门击匈奴。匈奴兵多，破败广军，生得广。单于素闻广贤，令曰："得李广必生致之②。"胡骑得广，广时伤病，置广两马间，络而盛卧广③。行十余里，广佯死④，睨其旁有一胡儿骑善马⑤，广暂腾而上胡儿马⑥，因推堕儿，取其弓，鞭马南驰数十里，复得其余军，因引而入塞。匈奴捕者骑数百追之，广行取胡儿弓，射杀追骑，以故得脱。于是至汉，汉下广吏⑦。吏当广所失亡多⑧，为虏所生得，当斩，赎为庶人⑨。

☆ 通过雁门出击战中李广兵败被俘、伺机脱险的描写，表现了李广善于应变的能力，又以"单于素闻广贤""得李广必生致之"的叙述，从另一侧面突出他在匈奴人心目中的威望。

【译文】

后来，汉朝用马邑城引诱单于，派大军埋伏在马邑城旁边的山谷中，李广任骁骑将军，隶属于护军将军韩安国。当时单于发觉了汉军的计谋，率军离去，汉军都没有战功。四年以后，李广由卫尉做了将军，出雁门关进攻匈奴。匈奴兵多，打败了李广的军队，活捉了李广。单于平时听说李广很有才能，下令说："俘获李广一定要活着送来。"匈奴骑兵俘获了李广，李广当时受伤很重，匈奴人就把李广放在两匹马中间，结了个大网兜，让李广躺在里面。行了十多里，李广假装昏死，斜眼看到旁边的一个匈奴青年骑着一匹好马，李广突然纵身跳上匈奴青年的马，趁势把那青年推下去，夺了他的弓箭，打马向南奔驰数十里，又遇到他的残部，于是带领他们进入关塞。匈奴出动追捕的骑兵数百名来追赶他，李广一边逃，一边拿出匈奴青年的弓射杀追来的骑兵，因此得以逃脱。于是回到汉朝，朝廷把李广交给执法官吏审理，执法官判决李广损失伤亡太多，自己又被敌人活捉，判处死刑，李广交纳赎金，成为平民。

顷之，家居数岁。广家与故颍阴侯孙屏野居蓝田南山中射猎⑩。尝夜从一骑出，从人田间饮。还至霸陵亭，霸陵尉醉，呵止广⑪。广骑曰："故李将军。"尉曰："今将军尚不得夜行，何乃故也！"止广宿亭下。居无何⑫，匈奴入，杀辽西太守，败韩将军⑬，韩将军后

---

① 汉军皆无功：韩安国率军埋伏在马邑附近，设计诱骗单于，但被单于发觉，匈奴兵退去，所以汉军无功。
② 致：送。
③ 络：用绳子编结的网兜。盛：放，装。
④ 佯：假装。
⑤ 睨：斜视。
⑥ 暂：骤然。
⑦ 下：交付。吏：指执法的官吏。
⑧ 当：判断，判决。
⑨ 赎：古代罪犯交纳财物可减免刑罚，称为"赎罪"或"赎刑"。庶人：平民。
⑩ 颍阴侯孙：指颍阴侯灌婴之孙灌强。屏野：退隐田野。屏，隐居。
⑪ 呵：大声呵斥。
⑫ 居无何：过了不久。
⑬ 败韩将军：韩将军（安国）兵败事，详见《史记》卷一百八《韩长孺列传》。

徙右北平。于是天子乃召拜广为右北平太守。广即请霸陵尉与俱①，至军而斩之。广居右北平，匈奴闻之，号曰"汉之飞将军"，避之数岁，不敢入右北平。

广出猎，见草中石，以为虎而射之，中石没镞②，视之石也。因复更射之，终不能复入石矣。广所居郡闻有虎，尝自射之。及居右北平，射虎，虎腾伤广，广亦竟射杀之。

广廉，得赏赐辄分其麾下③，饮食与士共之。终广之身，为二千石四十余年④，家无余财，终不言家产事。广为人长，猿臂⑤，其善射亦天性也，虽其子孙他人学者，莫能及广。广讷口少言⑥，与人居则画地为军陈，射阔狭以饮⑦。专以射为戏，竟死。广之将兵，乏绝之处⑧，见水，士卒不尽饮，广不近水，士卒不尽食，广不尝食。宽缓不苛，士以此爱乐为用。其射，见敌急⑨，非在数十步之内，度不中不发，发即应弦而倒。用此⑩，其将兵数困辱，其射猛兽亦为所伤云。

☆ 通过杀霸陵尉、射石没镞、家无余财、射阔狭以饮、待士卒宽缓不苛等细节描写，表现了李广负能使气、爱射善射、轻财爱士等性格特征。

【译文】

不久，李广在家已闲居数年，李广家和已故颍阴侯的孙子一起隐居在蓝田，常到南山中打猎。曾在夜里带着一名骑马随从，跟别人在农家饮酒。回来时走到霸陵亭，霸陵尉喝醉了，大声呵斥，禁止李广通行。李广的随从说："这位是前任李将军。"亭尉说："现任将军尚且不能夜间通行，何况是前任呢！"便扣留了李广，让他停宿在霸陵亭下。过了没多久，匈奴入侵，杀死了辽西太守，打败了韩安国将军，韩将军迁调右北平。于是天子就召见李广，任他为右北平太守。李广随即请求派霸陵尉一起赴任，到了军中就把霸陵尉杀了。李广驻守右北平，匈奴听说后，称他为"汉朝的飞将军"，躲避他好几年，不敢入侵右北平。

李广外出打猎，看见草里的一块石头，以为是老虎就向它射去，射中了石头，整个箭头深深地陷入石头中，过去一看，原来是块石头。于是重新再射，终究不能再射进石头了。李广在所驻守的郡里，听说有老虎，常常亲自去射杀。到驻守右北平时，一次射虎，老虎跳起来伤了李广，李广也终于射死了老虎。

李广清廉，得到赏赐就分给他的部下，饮食总与士兵在一起。李广一生到死，做二千石俸禄的官职共四十多年，家中没有多余的财物，他始终也不谈及家产方面的事。李

---

① "广即"句：李广就请求朝廷派那个霸陵尉跟他一起去右北平。
② 镞：箭头。
③ 辄：总是，就。麾下：部下。
④ 为二千石：做年俸二千石这一级的官。汉代的郡守、郎中令等都属于这个等级。
⑤ 猿臂：传说有一种通臂猿，左右两臂在肩部相通，可自由伸缩。这里是形容李广的两臂像猿那样长而且灵活。
⑥ 讷口：说话迟钝，口才笨拙。
⑦ "射阔"句：比赛射军阵图，射中窄的行列为胜，射中宽的行列及不中都为负，负者罚酒。阔狭，指上句所说在地上画的军阵图中，有的行列宽，有的行列窄。
⑧ 乏绝：指缺水断粮。
⑨ 急：迫近。
⑩ 用此：因此。

广身材高大,两臂如猿,他善于射箭也是天赋,即便是他的子孙或者其他向他学习的人,也没人能赶上他。李广口拙,话不多,与人闲居无事时,就在地上画军阵,按射中密集的行列或宽疏的行列来定罚谁喝酒。他专门以射箭为游戏,一直到死。李广带兵,遇到缺粮断水的地方,见到水,士兵还没有喝完,李广不会去靠近水源;士兵没有吃完,李广一口饭也不尝。李广对士兵宽厚不苛刻,士兵因此爱戴他,乐于为他所用。李广射箭,看见敌人逼近,如果不在数十步之内,估计射不中就不发射。只要一发射,敌人立即随弓弦之声倒地。因此,他领兵有几次被困受辱,射猛兽也曾被猛兽所伤。

居顷之,石建卒①,于是上召广代建为郎中令。元朔六年②,广复为后将军,从大将军军出定襄,击匈奴。诸将多中首虏率③,以功为侯者,而广军无功。

后二岁,广以郎中令将四千骑出右北平,博望侯张骞将万骑与广俱,异道④。行可数百里,匈奴左贤王将四万骑围广。广军士皆恐,广乃使其子敢往驰之。敢独与数十骑驰,直贯胡骑,出其左右而还,告广曰:"胡虏易与耳⑤。"军士乃安。广为圜陈外向⑥,胡急击之,矢下如雨。汉兵死者过半,汉矢且尽。广乃令士持满毋发⑦,而广身自以大黄射其裨将⑧,杀数人,胡虏益解⑨。会日暮,吏士皆无人色,而广意气自如,益治军。军中自是服其勇也。明日,复力战,而博望侯军亦至,匈奴军乃解去。汉军罢⑩,弗能追。

是时广军几没,罢归。汉法,博望侯留迟后期,当死,赎为庶人。广军功自如⑪,无赏。

☆ 写右北平之战。表现了李广沉着、机智、胆识过人,经过奋勇力战,终于得到大军的增援,解除了危急。

【译文】

过了不久,石建去世,于是皇上召来李广接替石建任郎中令。元朔六年,李广又担任后将军,跟随大将军卫青的军队从定襄出塞,征伐匈奴。许多将领因斩杀敌人的首级抓获俘虏的数量符合朝廷封赏的标准,凭着战功得以封侯,而李广的军队却没有战功。

过了两年,李广以郎中令的身份率领四千骑兵从右北平出塞,博望侯张骞率领一万骑兵与李广一同出征,分路行军。走了大约几百里,匈奴左贤王率领四万骑兵包围了李广,李广的士兵都很害怕,李广就派他的儿子李敢骑马前往冲击匈奴军阵。李敢独自和

---

① 石建:当时任郎中令。
② 元朔:汉武帝的第三个年号,共六年(前128—前123)。
③ 首虏率:斩杀敌人首级和俘获敌人的数量规定。汉朝制度,凡达到规定数量的即可封侯。
④ 异道:不同的道路。
⑤ 易与:容易对付。与,对付。
⑥ 圜陈:圆形的兵阵。圜,通"圆"。
⑦ 持满:把弓拉满。
⑧ 大黄:弩弓名,用兽角制成,色黄,体大,是当时射程最远的武器。裨将:副将。
⑨ 益:逐渐。解:通"懈",松懈。
⑩ 罢:通"疲"。疲惫。
⑪ 军功自如:指功过相当。

几十名骑兵直穿匈奴阵地,又从左右两翼冲出而返回,向李广报告说:"匈奴敌兵很容易对付啊!"士兵们这才安心。李广布成圆形兵阵,面向外,匈奴猛烈攻击汉军,箭如雨下。汉兵死伤大半,箭也快用光了。李广于是命令士兵拉满弓,不要放箭,而李广亲自用大黄弩弓射匈奴的副将,杀死了几个人,匈奴军的攻势才渐渐松懈。这时适逢天黑,军吏士兵都面无人色,李广却神态自然,更加注意整顿军队。军中从此都佩服他的勇敢。第二天,又奋力作战,博望侯的军队也赶到了,匈奴军才解围退去。汉军非常疲惫,所以也不能去追击。

这时李广的部队几乎全军覆没,只好收兵回朝。按汉朝法律,博望侯行军迟缓,延误限期,判处死刑,他用钱赎罪,降为平民。李广功过相抵,没有封赏。

初,广之从弟李蔡与广俱事孝文帝。景帝时,蔡积功劳至二千石。孝武帝时,至代相。以元朔五年为轻车将军①,从大将军击右贤王②,有功中率③,封为乐安侯。元狩二年中④,代公孙弘为丞相。蔡为人在下中,名声出广下甚远,然广不得爵邑,官不过九卿,而蔡为列侯,位至三公。诸广之军吏及士卒或取封侯。广尝与望气王朔燕语曰⑤:"自汉击匈奴,而广未尝不在其中,而诸部校尉以下,才能不及中人,然以击胡军功取侯者数十人,而广不为后人,然无尺寸之功以得封邑者,何也?岂吾相不当侯邪?且固命也?"朔曰:"将军自念,岂尝有所恨乎⑥?"广曰:"吾尝为陇西守,羌尝反⑦,吾诱而降,降者八百余人,吾诈而同日杀之。至今大恨独此耳。"朔曰:"祸莫大于杀已降,此乃将军所以不得侯者也。"

☆ 以李广与"为人在下中,名声出广下甚远"的李蔡相比,突出李广所受到的不公平待遇。

【译文】

当初,李广的堂弟李蔡和李广一起侍奉文帝。到景帝时,李蔡累积功劳已得到俸禄二千石的官位。武帝时,做了代地的相。在元朔五年担任轻车将军,跟随大将军卫青攻打匈奴右贤王,立有军功,达到斩杀敌人首级的规定,封为乐安侯。元狩二年,代替公孙弘任丞相。李蔡的人品才干在下等的中间,声名比李广差得很远,然而李广得不到爵位和封地,官位没超过九卿,可是李蔡却被封为列侯,官位达到三公。李广属下的军官和士兵们,也有人得以封侯。李广曾和星象家王朔私下闲谈说:"自从汉朝攻打匈奴以来,我没有一次不参加。可是部队校尉以下的军官,才能还不如中等人,然而由于攻打匈奴立有军功被封侯的有几十人。我李广不比别人差,但是没有一点功劳用来得到封地,这

---

① 元朔五年:前124年。
② 大将军:指卫青。
③ 率:即上文的"首房率"。
④ 元狩:汉武帝的第四个年号,共六年(前122—前117)。
⑤ 望气:古代通过观察星象或气象来占卜吉凶的迷信活动。
⑥ 恨:悔恨。
⑦ 羌:古代居住在陇西的少数民族之一。

是什么原因呢？难道是我的面相就不该封侯吗？还是本来就命该如此呢？"王朔说："将军自己回想一下，难道曾经有过值得悔恨的事吗？"李广说："我曾当过陇西太守，羌人有一次反叛，我诱骗他们投降，投降的有八百多人，我用欺诈手段在同一天把他们都杀了。直到今天我最大的悔恨只有这件事。"王朔说："能使人遭祸的事，没有比杀死已投降的人更大的了，这也就是将军不能封侯的原因。"

后二岁，大将军、骠骑将军大出击匈奴[1]，广数自请行，天子以为老，弗许；良久乃许之，以为前将军。是岁，元狩四年也。

广既从大将军青击匈奴，既出塞，青捕虏知单于所居，乃自以精兵走之[2]，而令广并于右将军军[3]，出东道。东道少回远[4]，而大军行，水草少，其势不屯行[5]。广自请曰："臣部为前将军，今大将军乃徙令臣出东道；且臣结发而与匈奴战[6]，今乃一得当单于[7]，臣愿居前，先死单于[8]。"大将军青亦阴受上诫，以为李广老，数奇[9]，毋令当单于，恐不得所欲。而是时公孙敖新失侯[10]，为中将军，从大将军，大将军亦欲使敖与俱当单于，故徙前将军广。广时知之，固自辞于大将军。大将军不听，令长史封书与广之莫府[11]，曰："急诣部[12]，如书。"广不谢大将军而起行[13]，意甚愠怒而就部[14]，引兵与右将军食其合军出东道[15]。军亡导[16]，或失道，后大将军。大将军与单于接战，单于遁走，弗能得而还。南绝幕[17]，遇前将军、右将军。广已见大将军，还入军。大将军使长史持糒醪遗广[18]，因问广、食其失道状，青欲上书报天子军曲折[19]。广未对，大将军使长史急责广之幕府对簿[20]。广曰："诸校尉无罪，乃我自失道。吾今自上簿。"至莫府，广谓其麾下曰："广结发与匈奴大小七十余战，今幸从大将军出接单于兵，而大将军又徙广部，行回远，而又迷失道，岂非天哉！且广年六十余矣，终不能复对刀笔之吏。"遂引刀自刭[21]。广军士大夫一军

---

① 骠骑将军：霍去病。
② 走：追逐。
③ 右将军：名赵食其。
④ 少：稍微。回：迂回路远。
⑤ 屯行：并队行进。屯，聚集。
⑥ 结发：束发。指成年时。
⑦ 当：面对，对敌。
⑧ 死：死战。
⑨ 数奇：命运不好。数，命运；奇，单数。古代占卜以得偶为吉，奇为不吉。
⑩ 公孙敖：原为合骑侯，后因罪当斩，赎为庶人，所以说"新失侯"。他曾救过卫青的性命，所以卫青想给他立功的机会而排挤李广。
⑪ 长史：官名，这里指大将军府中属官。封书：写好公文加封。
⑫ 诣：往。
⑬ 谢：辞别。
⑭ 愠：怨恨。
⑮ 食其(yì jī)：即赵食其。
⑯ 导：向导。
⑰ 绝：横渡。幕：通"漠"，沙漠。
⑱ 糒(bèi)：干粮。醪(láo)：酒。
⑲ 曲折：军情的曲折经过。
⑳ 对簿：按簿册上的记载对质，即受审。
㉑ 引刀：拔刀。自刭：自刎。

皆哭①。百姓闻之,知与不知,无老壮皆为垂涕。而右将军独下吏,当死,赎为庶人。

☆ 写随大将军卫青出击匈奴,由于卫青的偏心和由此造成的李广军的失道误期,终于迫使一代名将悲愤自杀。军士、百姓得知李广死讯后的哀悼,反映出群众对他的爱戴和同情,同时也反衬出统治者对他的刻薄寡恩。

【译文】

两年后,大将军卫青、骠骑将军霍去病率军大举出征匈奴,李广几次亲自请求随行。皇上认为李广年纪大了,没有答应;好久才准许他,让他任前将军。这一年是元狩四年。

李广不久随大将军卫青出征匈奴,已经出了边塞,卫青捉到一个匈奴兵得知单于的住处,就亲自带领精兵去追逐单于,命令李广和右将军的队伍合并,从东路出击。东路有些迂回绕远,而且大部队行军,水草缺少,势必不能合并行进。李广就亲自请求说:"我的职务是前将军,如今大将军却改令我从东路出兵,况且我成年就与匈奴作战,今天才得到一次与单于对敌的机会,我愿打前锋,先和单于决一死战。"大将军卫青曾暗中受到皇上的告诫,认为李广年老,命数不好,不要让他与单于对阵,恐怕不能得到所期望的胜利。那时公孙敖刚刚丢了侯爵,任中将军,随从大将军出征,大将军也想让公孙敖跟自己一起与单于对敌,故意把前将军李广调开。李广当时知道内情,所以坚决拒绝大将军改令。大将军不答应他的请求,命令长史写文书发到李广的幕府,说:"紧急并入右将军部队,照文书执行。"李广不向大将军告辞就起身走了,心情非常恼怒地回到军部,领兵与右将军赵食其合兵从东路出发。军队没有向导,迷失了道路,结果落在大将军之后。大将军与单于交战,单于逃跑了,没有抓到单于而返回。大将军向南横渡沙漠,遇到了前将军和右将军。李广谒见大将军之后,回到自己军中。大将军派长史带着干粮和酒送给李广,顺便向李广询问赵食其迷失道路的情况,卫青要给天子上书报告军事行动的详细情况。李广没有回答。大将军派长史急切责令李广幕府的人员前去受审对质。李广说:"校尉们没有罪,是我自己迷失道路,我现在亲自去受审对质。"到了大将军幕府,李广对他的部下说:"我从成年起与匈奴打过大小七十多仗,如今有幸跟随大将军出征同单于军队交战,可是大将军又迁调我的部队,走迂回绕远的路,偏又迷失道路,难道不是天意吗!况且我已六十多岁了,终究不能再受那些执法官吏的侮辱。"于是拔刀自刎。李广军中的所有将士都为之痛哭。老百姓听到这个消息,无论认识不认识,也不论老年壮年,都为李广落泪。右将军赵食其单独交给执法官吏,判为死罪,交纳赎金,降为平民。

太史公曰:《传》曰"其身正,不令而行;其身不正,虽令不从"②。其李将军之谓也?余睹李将军,悛悛如鄙人③,口不能道辞。及死之日,天下知与不知,皆为尽哀。彼其忠

---

① 士大夫:这里指军中的将士。

② 传:汉朝人称《诗》《书》《易》《礼》《春秋》为经,解说经书的著作都称为"传"。这里的传是指《论语》。因《论语》是孔子弟子及再传弟子所记,不是孔子亲笔著述,所以也称为传。

③ 悛悛:拘谨诚恳的样子。

实心诚信于士大夫也。谚曰:"桃李不言,下自成蹊①。"此言虽小,可以谕大也②。

☆ 作者对李广表示了由衷的赞美,称赞他虽不善辞令,却以自己的实际行动博得了人们的景仰和怀念。

【译文】

司马迁说:《论语》中说"自身行为端正,不下命令别人也会遵行;自身行为不正,即使发下命令也没人听从"。这大概就是说的李将军吧!我看李将军,老实厚道的像个乡下人,嘴巴不善讲话,等到他死的那天,天下人不论认识他的还是不认识他的,都为他的死感到哀痛。他那忠实诚信的品格确实被士大夫们所信任。谚语说:"桃树李树虽不会讲话,(但因花实并茂,)树下自然被人踩出一条小路。"这话虽然是俗语,但可以用来比喻大道理。

【提 示】

这篇人物传记,记叙了西汉名将李广的战斗生涯,赞扬了他抗击匈奴的卓越功绩。作者以具体生动的事例,描述了李广骁勇善战、临危不惧、处变不惊的英雄本色和廉洁轻财、爱护士卒、忠实诚信、口讷少言、负能使性等品性,塑造出了血肉丰满的"飞将军"形象。同时,作者也记叙了李广长期遭受压抑,最终被迫自杀的不幸遭遇,揭露了朝廷赏罚不公、刻薄寡恩、黑暗无道。整篇文章,记叙时虽不着一句议论,但字里行间却渗透着作者的思想感情,体现出他对李广才略、人品的钦佩和对李广遭遇、结局的同情。而末段的评语,更可见他对李广的由衷敬仰。

文章围绕写作意图,选择了"上郡遭遇战"等四个典型战例,来凸显李广胆艺过人、屡立奇功而遭遇坎坷、屡蒙委屈的矛盾,展示其人其事的不同寻常,并以"中石没镞""画地为军陈,射阔狭以饮"等富有特色的细节,刻画李广的独特个性。此外,文中多处运用对比手法,以射雕者、程不识、李蔡等人来映衬烘托李广,使这一人物形象展示出独特的风采。

思考与练习

一、概括李广这一人物形象的性格特征。

二、司马迁为何为李广立传?在这篇传记中,他倾注了怎样的思想感情?

三、结合课文实际,分析"上郡遭遇战""雁门出击战""右北平之战""从卫青击匈奴"四个战例对表现李广才能、功勋、遭遇各有什么作用。

四、什么原因使李广一生未得封侯?

———————————

① 蹊:小路。
② 谕:通"喻",比喻。

五、本文的细节描写对表现人物性格有何作用？

六、具体领会本文以对比手法映衬烘托李广形象的特点。

七、指出下列语句的特殊语法现象。

1. 其李将军之谓也

2. 岂吾相不当侯邪

3. 尝夜从一骑出

4. 今皆解鞍以示不走，用坚其意

5. 胡兵终怪之，不敢击

八、真题再现。

（一）单项选择题

【2021年】1. 我国第一部纪传体通史是（　　）。

　　　　　　A.《汉书》　　　　B.《史记》　　　　C.《左传》　　　　D.《春秋》

【2022年】2. "桃李不言，下自成蹊"出自（　　）。

　　　　　　A.《赵威后问齐使》　　　　　　　B.《马伶传》

　　　　　　C.《文与可画筼筜谷偃竹记》　　　D.《李将军列传》

【2024年】3.《李将军列传》选自（　　）。

　　　　　　A.《国语》　　　　B.《左传》　　　　C.《战国策》　　　D.《史记》

（二）词语解释题

【2021年】1. 以为虎而射之，中石没镞。　　　　　没：

【2022年】2. 专以射为戏，竟死。　　　　　　　竟：

【2023年】3. 广时知之，固自辞于大将军。　　　固：

【2024年】4. 广数自请行，天子以为老，弗许。　数：

（三）判断题

【2023年】《史记》共130篇，其中人物列传有30篇。　　　　　　　　　　（　　）

祭十二郎文①

韩 愈

韩愈(768—824),字退之,河内河阳(今河南孟州)人,唐朝文学家。韩愈三岁丧父,其兄韩会及嫂抚养之。韩会能文章,对韩愈有影响。韩愈早年流离困顿,有读书经世之志,虽孤贫却刻苦好学。贞元二年(786),19岁的韩愈赴长安参加进士考试,三试不第,直到贞元八年(792)第四次应考,才考中进士。此后又连续三次应吏部博学鸿词科考试,皆不中。直到29岁才在汴州董晋幕府中谋得一个观察推官的微小官职,后回京任四门博士。36岁时,任监察御史,不久因上书论天旱人饥状,请减免赋税,而被贬为阳山县令。宪宗时北归,为国子博士,累官至太子右庶子,但不得志。此后直到50岁,官职一直浮沉不定。元和十二年,因参与平定淮西吴元济之役表现出处理军国大事的才能,迁为刑部侍郎,进入朝廷上层统治集团。但两年后,他却因上表谏迎佛骨而触怒宪宗,险些被宪宗处死,幸得裴度等大臣挽救,被贬为潮州(在今广东)刺史。在潮州八个月,宦官杀宪宗,立穆宗,韩愈被召回朝,后历官国子祭酒、兵部侍郎、吏部侍郎、京兆尹等职,政治上较有作为。长庆四年病逝于长安,终年57岁。

韩愈是唐代古文运动的倡导者和领袖。他推崇儒学,排斥佛老;反对六朝以来的骈俪文风,提倡继承发扬先秦、两汉散文的优长;主张"辞必已出",强调"务去陈言"。他的文章说理透辟,气势充沛,结构严谨,语言精练,对当时和后世的散文创作都有重大影响,因此被尊为"唐宋八大家"之首。他和柳宗元政见不和,但并未影响他们共同携手倡导古文运动。在散文创作上,"韩柳"并称。

韩愈也是唐代著名诗人,其诗力求险怪新奇,雄浑而重气势。他善于用强健有力的笔触,驱使纵横磅礴的气势,夹杂着恢奇诡谲的情趣,给诗思渲染上一层浓郁瑰丽的色彩,造成奔雷掣电的壮观。另外韩诗在艺术上有"以文为诗"的特点,对后世尤其是宋诗有很大影响。著有《韩昌黎集》四十卷。

年月日②,季父愈闻汝丧之七日③,乃能衔哀致诚④,使建中远具时羞之奠⑤,告汝十二郎之灵:

☆ 交代祭奠的时间及对象。

---

① 十二郎:韩愈的侄子韩老成,韩愈兄韩介的次子,后过继给长兄韩会。韩愈幼年丧父,由长兄韩会夫妇抚养成人,与侄儿韩老成自幼相伴,名为叔侄,情同兄弟。
② 年月日:此为拟稿时原样。
③ 季父:父辈中排行最小的叔父。
④ 衔哀:心中含着悲哀。致诚:表达真诚的心意。
⑤ 建中:人名,当为韩愈家中仆人。时羞:应时的鲜美佳肴。羞,同"馐"。

呜呼！吾少孤①，及长，不省所怙②，惟兄嫂是依。中年兄殁南方③，吾与汝俱幼，从嫂归葬河阳④，既又与汝就食江南⑤，零丁孤苦，未尝一日相离也。吾上有三兄⑥，皆不幸早世。承先人后者⑦，在孙惟汝，在子惟吾，两世一身⑧，形单影只。嫂常抚汝指吾而言曰："韩氏两世，惟此而已。"汝时尤小，当不复记忆；吾时虽能记忆，亦未知其言之悲也。

吾年十九，始来京城。其后四年，而归视汝⑨。又四年，吾往河阳省坟墓⑩，遇汝从嫂丧来葬⑪。又二年，吾佐董丞相于汴州⑫，汝来省吾；止一岁⑬，请归取其孥⑭；明年，丞相薨⑮，吾去汴州，汝不果来⑯。是年，吾佐戎徐州⑰，使取汝者始行⑱，吾又罢去⑲，汝又不果来。吾念汝从于东⑳，东亦客也，不可以久；图久远者，莫如西归，将成家而致汝。呜呼！孰谓汝遽去吾而殁乎㉑！吾与汝俱少年，以为虽暂相别，终当久相与处，故舍汝而旅食京师，以求斗斛之禄㉒；诚知其如此，虽万乘之公相㉓，吾不以一日辍汝而就也㉔！

☆ 总写两个人之间的深厚情意。

去年孟东野往㉕，吾书与汝曰："吾年未四十，而视茫茫，而发苍苍，而齿牙动摇。念

---

① 孤：幼年丧父称"孤"。韩愈之父韩云卿死于代宗大历五年(770)，时韩愈仅三岁。
② 怙(hù)：《诗·小雅·蓼莪》："无父何怙，无母何恃。"后世因用"怙"代父，"恃"代母。失父曰失怙，失母曰失恃。
③ 中年兄殁南方：代宗大历十二年(777)，韩会由起居舍人贬为韶州(今广东韶关)刺史，次年死于任所，年四十二。时韩愈十一岁，随兄在韶州。
④ 河阳：今河南孟州市西，是韩氏祖宗坟墓所在地。
⑤ 就食江南：唐德宗建中二年(781)，北方藩镇李希烈反叛，中原局势动荡。韩氏随嫂迁家避居宣州(今安徽宣城)。因韩氏在宣州置有田宅财业。韩愈《复志赋》："值中原之有事兮，将就食于江之南。"《祭郑夫人文》："既克返葬，遭时艰难。百口偕行，避地江濆。"均指此。
⑥ 吾上有三兄：三兄指韩会、韩介，还有一位死时尚幼，未及命名。
⑦ 先人：指已去世的父亲韩云卿。
⑧ 两世一身：子辈和孙辈均只剩一个男丁。
⑨ 视：古时探亲，上对下曰视，下对上曰省。贞元二年(786)，韩愈十九岁，由宣州至长安应进士举，至贞元八年春始及第，其间曾回宣州一次。但据韩愈《答崔立之书》与《欧阳生哀辞》均称二十岁至京都举进士，与本篇所记相差一年。
⑩ 省(xǐng)：探望，此引申为凭吊。
⑪ "遇汝"句：韩愈嫂子郑氏卒于贞元九年(793)，韩愈有《祭郑夫人文》。贞元十一年，韩愈往河阳祖坟扫墓，与奉其母郑氏灵柩来河阳安葬的十二郎相遇。
⑫ 董丞相：指董晋。贞元十二年(796)，董晋以检校尚书左仆射，同中书门下平章事任宣武军节度使，汴、宋、亳、颍等州观察使。时韩愈在董晋幕中任节度推官。汴州：治所在今河南开封市。
⑬ 止：住，居。
⑭ 取其孥(nú)：把家眷接来。孥，妻和子的统称。
⑮ 薨(hōng)：古时诸侯或二品以上大官死曰薨。贞元十五年(799)二月，董晋死于汴州任所，韩愈随葬西行。去后第四天，汴州即发生兵变。
⑯ 不果：没能够实现。果，实现。
⑰ 佐戎徐州：当年秋，韩愈入徐、泗、濠节度使张建封幕任节度推官。节度使府在徐州。佐戎，辅助军务。
⑱ 取：迎接。
⑲ 罢去：贞元十六年五月，张建封卒，韩愈离开徐州赴洛阳。
⑳ 东：指故乡河阳之东的汴州和徐州。
㉑ 孰谓：谁料到。遽(jù)：骤然，突然。
㉒ 斗斛(hú)：唐时十斗为一斛。斗斛之禄，指微薄的俸禄。韩愈离开徐州后，于贞元十七年(801)来长安选官，调四门博士，贞元十九年，迁监察御史。
㉓ 万乘(shèng)：指高官厚禄。古代兵车一乘，有马四匹。封国大小以兵赋计算，凡地方千里的大国，称为万乘之国。
㉔ 辍(chuò)汝：和"舍汝"义同。辍，停止。就：就职。
㉕ 去年：指贞元十八年(802)。孟东野：韩愈的诗友孟郊。是年出任溧阳(今属江苏)尉，溧阳去宣州不远，故韩愈托他捎信给宣州的十二郎。

诸父与诸兄,皆康强而早世,如吾之衰者,其能久存乎! 吾不可去,汝不肯来,恐旦暮死,而汝抱无涯之戚也①。"孰谓少者殁而长者存,强者夭而病者全乎!

呜呼! 其信然邪? 其梦邪? 其传之非其真邪? 信也,吾兄之盛德而夭其嗣乎? 汝之纯明而不克蒙其泽乎②? 少者强者而夭殁,长者衰者而存全乎? 未可以为信也。梦也,传之非其真也? 东野之书,耿兰之报③,何为而在吾侧也? 呜呼! 其信然矣! 吾兄之盛德而夭其嗣矣! 汝之纯明宜业其家者④,不克蒙其泽矣! 所谓天者诚难测,而神者诚难明矣! 所谓理者不可推,而寿者不可知矣!

虽然,吾自今年来,苍苍者或化而为白矣,动摇者或脱而落矣⑤。毛血日益衰⑥,志气日益微⑦,几何不从汝而死也! 死而有知,其几何离⑧;其无知,悲不几时,而不悲者无穷期矣。

汝之子始十岁⑨,吾之子始五岁⑩,少而强者不可保,如此孩提者⑪,又可冀其成立耶? 呜呼哀哉? 呜呼哀哉!

汝去年书云:"比得软脚病⑫,往往而剧。"吾曰:"是疾也,江南之人,常常有之。"未始以为忧也。呜呼! 其竟以此而殒其生乎! 抑别有疾而至斯极乎?

汝之书,六月十七日也。东野云:汝殁以六月二日。耿兰之报无月日。盖东野之使者,不知问家人以月日;如耿兰之报,不知当言月日。东野与吾书,乃问使者,使者妄称以应之耳。其然乎? 其不然乎?

☆ 写十二郎之死及作者对十二郎之死的悲痛之情。

今吾使建中祭汝,吊汝之孤与汝之乳母⑬,彼有食可守以待终丧⑭,则待终丧而取以来⑮;如不能守以终丧,则遂取以来。其余奴婢,并令守汝丧。吾力能改葬⑯,终葬汝于先人之兆⑰,然后惟其所愿⑱。

呜呼! 汝病吾不知时,汝殁吾不知日。生不能相养以共居,殁不得抚汝以尽哀⑲。

---

① 无涯之戚:无边的悲伤。
② 纯明:纯正贤明。不克:不能。蒙:承受。
③ 耿兰:生平不详,当时宣州韩氏别业的管家人。十二郎死后,孟郊在溧阳写信告诉韩愈,时耿兰也有丧报。
④ 业:用如动词,继承之意。
⑤ 动摇者或脱而落矣:时年韩愈有《落齿》诗云:"去年落一牙,今年落一齿。俄然落六七,落势殊未已。"
⑥ 毛血:指体质。
⑦ 志气:指精神。
⑧ 其几何离:分离会有多久呢? 意谓死后仍可相会。
⑨ 汝之子:十二郎有二子,长韩湘,次韩滂。韩愈出嗣十二郎的哥哥韩百川为子,见韩愈《韩滂墓志铭》。始十岁:当指长子韩湘。十岁,一本作"一岁",则当指韩滂,滂生于贞元十八年(802)。
⑩ 吾之子始五岁:指韩愈长子韩昶,生于贞元十五年(799)。
⑪ 孩提:本指二三岁的幼儿。此为年纪尚小之意。
⑫ 比(bì):近来。软脚病:脚气病。
⑬ 吊:此指慰问。孤:指十二郎的儿子。
⑭ 终丧:守满三年丧期。《孟子·滕文公上》:"三年之丧……自天子达于庶人,三代共之。"
⑮ 取以来:指把十二郎的儿子和乳母接来。
⑯ 力能改葬:假设之意。即先暂时就地埋葬。
⑰ 兆:葬域,墓地。
⑱ 惟其所愿:奴婢去留任其所愿。
⑲ 抚汝以尽哀:指抚尸恸哭。

敛不凭其棺①,窆不临其穴②。吾行负神明,而使汝夭,不孝不慈,而不得与汝相养以生,相守以死。一在天之涯,一在地之角,生而影不与吾形相依,死而魂不与吾梦相接。吾实为之,其又何尤③。彼苍者天,曷其有极④!

自今已往,吾其无意于人世矣。当求数顷之田,于伊、颍之上⑤,以待余年,教吾子与汝子,幸其成⑥;长吾女与汝女⑦,待其嫁,如此而已。

呜呼!言有穷而情不可终,汝其知也邪?其不知也邪?呜呼哀哉!尚飨⑧。

☆ 写对十二郎及其遗孤的吊慰,交代迁葬及教养遗孤等事。

【译文】

某年、某月、某日,叔父韩愈在听说你去世后的第七天,才含着哀痛向你表达诚挚的心意,并让建中在远方备办了时鲜美味的食品作为祭品,告慰你十二郎的魂灵:

唉,我幼年丧父,等到长大成人,不知道父亲是所依靠的人,只有依靠哥嫂抚养。哥哥中年时死在南方,我和你都还小,跟随嫂嫂把哥哥灵柩送回河阳安葬。随后又和你到江南谋生,孤苦伶仃,一天也没有分开过。我上面本来有三个哥哥,都不幸早死。继承祖先后嗣的,在孙子辈里只有你,在儿子辈里只有我。子孙两代各剩下一人,孤孤单单。嫂嫂曾经一手抚摸着你一手指着我说:"韩氏两代,就只有你们两个了!"那时你还小,当然记不得了;我当时虽然能够记事,但也不能体会她话中的悲凉啊!

我十九岁时,初次来到京城。四年后,我回去看你。又过了四年,我去河阳扫坟,碰上你护送嫂嫂的灵柩前来安葬。又过了两年,我在汴州辅佐董丞相,你来看望我,只住了一年,你请求回去接妻子儿女。第二年,董丞相去世,我离开汴州,你没能来成。这一年,我在徐州辅佐军务,派去接你的人刚刚动身,我就罢职离开,你又没来成。我想,就算你跟我到东边的汴州、徐州,也是客居他乡,终究不可能长久居住;图谋一个长远打算,还不如回到西边的老家,等我把家安置好再接你来。唉!谁能料到你竟突然离我而死呢?我和你都还年轻,总以为虽然暂时分别,终究会长久在一起的。所以离开你而旅居长安,以求微薄的俸禄。假如真的知道会是这样,即使公卿宰相的高位等着我,我也不愿离开你一天而去赴任啊!

去年,孟东野到你那里去时,我写信给你说:"我年纪还不到四十岁,但视力模糊,头发花白,牙齿松动。想起我的诸位父兄,都身体健康却早早去世,像我这样衰弱的人,难道还能长久地活在世上吗?我不能离开职守,你又不肯来,我担心我早晚一死,让你忍受无穷无尽的忧伤。"谁能料到年轻的先死了,而年老的反而还活着,强壮的早早死去,

① 敛:同"殓"。为死者更衣称小殓,尸体入棺材称大殓。
② 窆(biǎn):下棺入土。
③ 何尤:怨恨谁?
④ "彼苍者天"二句:苍天啊,我的痛苦哪有尽头啊。语本《诗经·唐风·鸨羽》:"悠悠苍天,曷其有极。"
⑤ 伊、颍(yǐng):伊水和颍水,均在今河南省境。此指故乡。
⑥ 幸其成:希望他们成才。韩昶后中穆宗长庆四年进士。韩湘中长庆三年进士。
⑦ 长:用如动词,养育之意。
⑧ 尚飨:古代祭文结语用词,意为希望死者享用祭品。

而衰弱的反而还活在人间呢？

　　唉！这是真的呢？还是在做梦呢？还是传来的消息不可靠呢？如果是真的，我哥哥有那么多美好的品德反而早早地绝后了呢？你那么纯正聪明却不能蒙受祖先的恩泽呢？年轻强壮的反而早早死去，年老衰弱的却还保全着？实在不敢把它当作真的啊！如果是做梦，如果传来的噩耗不是真的，可是孟郊的来信，耿兰的讣报，为什么又放在我的身边？唉！这大概是真的了！我哥哥有那么多美好的品德竟然早早地失去后代了！你纯正聪明，本来应该继承祖先家业，现在却不能蒙受先人的恩泽了！看来，天意确实难以揣测，神灵实在难以明白！道理实在不可推论，而人的寿命也无法预知啊！

　　虽然如此，我从今年以来，花白的头发有的全变白了，松动的牙齿有的脱落了，身体越来越衰弱，精神也越来越衰退，过不了多久就会随你而死。如果死后有知，那么我们又能分离多久呢？如果死后无知，那么我也悲痛不了多少时间了，而不悲痛的时间却是无穷无尽的。

　　你的儿子才十岁，我的儿子才五岁，年轻强壮的尚且不能保全，像这么大的孩子又怎么能希望他们长大成人立业呢？唉，悲痛啊！唉，真是悲痛啊！

　　你去年写信说："近来得了软脚病，时常加重。"我说："这种病，江南人常常患有。"没有当作值得忧虑的事。唉，难道竟然会因此而丧了命吗？还是别的病导致了这样极端的境地呢？

　　你的信是六月十七日写的。孟郊说你是六月二日死的，耿兰报丧时没有说日期。大概是孟郊的信使不知道向你的家人问明日期，而耿兰报丧竟不知道应该告诉日期，孟郊给我写信时，才去问信使，信使胡乱说了个日期应付罢了。是这样呢？还是不是这样呢？

　　现在我派建中来祭奠你，慰问你的孩子和你的乳母。他们如果有吃的能够守丧到丧期终了，那就等到丧期结束再把他们接来；如果不能守到丧期终了，我马上把他们接来。剩下的奴婢，叫他们一起为你守丧。如果我有能力迁葬，一定把你安葬在祖坟里，这样才算了却我的心愿。

　　唉，你患病时我不知道时间，你去世时我不知道日子，活着的时候不能住在一起互相照顾，死的时候我又没有抚摸着你痛哭，入殓时没在棺前守灵，下葬时又没有亲临你的墓穴。我的行为辜负了神明，才使你这么早死去，我对上不孝，对下不慈，既不能与你相互照顾着生活，又不能和你一起死去。一个在天涯，一个在地角。你活着的时候不能和我形影相依，死后魂灵也不在我的梦中显现，这都是我造成的，又能抱怨谁呢？苍天啊，我的悲痛什么时候是个尽头呢？

　　从今以后，我对人世也没有什么想法了。还是在老家的伊水、颍水岸边，置办几顷地，度过剩余的岁月。教养我的儿子和你的儿子，希望他们成才；抚养我的女儿和你的女儿，等到她们出嫁，我的心愿如此而已。

　　唉！话有说完的时候，而哀痛之情却不能终止；你是知道呢？还是不知道呢？唉，悲哀啊！请享用祭品吧！

【提示】

韩愈三岁丧父,随长兄韩会夫妇生活,与侄儿韩老成自幼相伴,名为叔侄,情同兄弟。不久,韩会夫妇亦相继去世,家门多难,叔侄俩更是相依为命。韩老成英年早逝,韩愈悲痛欲绝,写下这篇祭文。

本文情意真挚深切,感人至深,无论是追忆"未尝一日相离"的童年旧事,还是历数成年后几度离合的因由衷曲;无论是坦陈"生不能相养以共居"的歉疚悔恨,还是直抒"呜呼哀哉"的深切悲痛,字字句句都是从肺腑中流出而浸透着骨肉亲情。尤其是"死而有知,其几何离;其无知,悲不几时,而不悲者无穷期矣"几句,悲痛至极,已如痴如愚。

本文体现了作者在祭文这一文体上的革新。古代祭文,内容多歌颂死者功德而形式习用四言韵语。本文则不拘常套,多有新变。

本文选材内容多为家常琐事,不避细碎,从寻常事中见出不寻常之情。行文始终关合叔侄双方,显示了叔侄俩枝叶同根、唇齿相依的深厚亲情,又表明了作者愿与侄儿"相养以生,相守以死"的心迹,为文中抒发的深悲剧痛构筑了坚实的情理基础。

这篇祭文采用散文笔法和对话形式,变千里遥祭为当面凭吊,话语朴实,自然真切,增强了文章的抒情性和感染力。

思考与练习

一、韩愈祭十二郎的原因是什么?

二、简析本文所用的追叙手法及其作用。

三、分析本文抒情、叙事与议论并重的写作特点。

四、真题再现。

(一)单项选择题

【2022年】1. 韩愈与十二郎的关系是(　　)。

      A. 兄弟　　　　　B. 父子　　　　　C. 叔侄　　　　　D. 朋友

【2024年】2. 主张文学创作"惟陈言之务去"的作家是(　　)。

      A. 韩愈　　　　　B. 白居易　　　　C. 苏轼　　　　　D. 张若虚

(二)词语解释题

【2022年】其后四年,而归视汝。　　　　　　　　　　视:

(三)简析题

【2021年】阅读《祭十二郎文》中的文字:

吾年十九,始来京城。其后四年,而归视汝。又四年,吾往河阳省坟墓,遇汝从嫂丧来葬。又二年,吾佐董丞相于汴州,汝来省吾;止一岁,请归取其孥;明年,丞相薨,吾去汴州,汝不果来。是年,吾佐戎徐州,使取汝者始行,吾又罢去,汝又不果来。吾念汝从于东,东亦客也,不可以久;图久远者,莫如西归,将成家而致汝。呜呼！孰谓汝遽去吾而殁乎！吾与汝俱少年,以为虽暂相别,终当久相与处,故舍汝而旅食京师,以求斗斛之禄;诚知其如此,虽万乘之公相,吾不以一日辍汝而就也!

请回答:

(1) 这段文字中"吾""汝"分别指谁?(3分)

(2) 这段文字主要按什么顺序叙事?(3分)

(3) 这段文字表达了作者什么样的感情?(3分)

段太尉逸事状①

柳宗元

　　柳宗元(773—819),字子厚。祖籍河东(今山西运城),世称柳河东。柳宗元少有才名,早有大志。唐德宗贞元九年(793)中进士,十四年登博学鸿词科,授集贤殿正字。一度为蓝田尉,后入朝为官,积极参与王叔文集团政治革新。顺宗时,迁礼部员外郎。永贞革新失败后,柳宗元贬永州(今湖南零陵)司马。元和十年(815)春回京师,又出为柳州刺史,政绩卓著。唐宪宗元和十四年(819)逝于任所,因又称柳柳州。

　　柳宗元与韩愈共同倡导唐代古文运动,并称"韩柳"。其散文成就大于诗。论说文笔锋犀利,说理透辟,富于战斗性;山水游记写景状物,多所寄托,情景交融;人物传记生动传神;寓言篇幅短小而寓意深刻,讽刺辛辣。柳宗元的作品由唐代刘禹锡保存下来,并编成集。有《柳河东集》。

　　太尉始为泾州刺史时,汾阳王以副元帅居蒲②。王子晞为尚书③,领行营节度使④,寓军邠州⑤,纵士卒无赖⑥。邠人偷嗜暴恶者,率以货窜名军伍中⑦,则肆志,吏不得问。日群行丐取于市,不嗛⑧,辄奋击折人手足,椎釜鬲瓮盎盈道上⑨,袒臂徐去,至撞杀孕妇人。邠宁节度使白孝德以王故⑩,戚不敢言。

　　太尉自州以状白府⑪,愿计事。至则曰:"天子以生人付公理⑫,公见人被暴害,因恬然。且大乱,若何?"孝德曰:"愿奉教。"太尉曰:"某为泾州,甚适,少事;今不忍人无寇暴死,以乱天子边事。公诚以都虞候命某者⑬,能为公已乱,使公之人不得害。"孝德曰:"幸甚!"如太尉请。

---

　　① 本文作于元和九年(813),是作者给当时在史馆任职的韩愈修史时作参考的。段太尉(719—783):名秀实,字成公,汧阳人。官至泾州刺史兼泾原郑颍节度使。唐德宗建中四年(783),朱泚作乱称帝,段秀实斥之狂贼,以朝笏击朱之面额,被害,追赠太尉。
　　② "太尉"二句:唐代宗广德二年(764),因邠宁节度使白孝德的推荐,段秀实任泾州(治所在今甘肃省泾川县北)刺史。这里以段秀实死后追赠的官名称呼他,以示尊敬。汾阳王,即郭子仪。郭子仪平定安史之乱有功,于肃宗宝应元年(762)进封汾阳王。唐肃宗至德二载四月,郭子仪兼任关内、河东副元帅,河中节度、观察使,出镇河中。蒲,州名,唐为河中府(治所在今山西省永济市)。
　　③ "王子晞"句:郭晞,汾阳王郭子仪第三子,随父征伐,屡建战功。代宗广德二年(764),吐蕃侵边,郭晞奉命率朔方军支援邠州,时任御史中丞、转御史大夫,后于大历中追赠兵部尚书。
　　④ 领:兼任。节度使:总揽一区军民财政的地方长官。
　　⑤ 寓军:在辖区之外驻军。邠(bīn)州:治所在今陕西省彬州市。
　　⑥ 无赖:横行不法。
　　⑦ 货:财物,这里指贿赂。
　　⑧ 嗛(qiè):通"慊",满足。
　　⑨ 椎:指用棍棒击打。釜:锅。鬲(lì):三脚烹任器。瓮(wèng):盛酒的陶器。盎:腹大口小的瓦盆。
　　⑩ 白孝德:安西(治所在今新疆库车市)人,李广弼部将,广德二年任邠宁节度使。
　　⑪ 状:一种陈述事实的文书。白:禀告。
　　⑫ 生人:生民,百姓。理:治。唐代为避李世民、李治讳而改。
　　⑬ 都虞候:军队中的执法官。

既署一月，晞军士十七人入市取酒，又以刃刺酒翁，坏酿器，酒流沟中。太尉列卒取十七人，皆断头注槊上，植市门外。晞一营大噪，尽甲。孝德震恐，召太尉曰："将奈何？"太尉曰："无伤也！请辞于军。"孝德使数十人从太尉，太尉尽辞去。解佩刀，选老躄者一人持马[1]，至晞门下。甲者出，太尉笑且入曰："杀一老卒，何甲也？吾戴吾头来矣！"甲者愕。因谕曰："尚书固负若属耶？副元帅固负若属耶？奈何欲以乱败郭氏？为白尚书，出听我言。"

晞出见太尉。太尉曰："副元帅勋塞天地，当务始终。今尚书恣卒为暴，暴且乱，乱天子边，欲谁归罪？罪且及副元帅。今邠人恶子弟以货窜名军籍中，杀害人，如是不止，几日不大乱？大乱由尚书出，人皆曰尚书倚副元帅，不戢士[2]。然则郭氏功名，其与存者几何？"言未毕，晞再拜曰："公幸教晞以道，恩甚大，愿奉军以从。"顾叱左右曰："皆解甲散还火伍中，敢哗者死！"太尉曰："吾未晡食[3]，请假设草具。"既食，曰："吾疾作，愿留宿门下。"命持马者去，旦日来。遂卧军中。晞不解衣，戒候卒击柝卫太尉[4]。旦，俱至孝德所，谢不能，请改过。邠州由是无祸。

☆ 详叙段太尉的第一件逸事——勇服郭晞。

先是，太尉在泾州为营田官[5]。泾大将焦令谌取人田，自占数十顷，给与农，曰："且熟，归我半。"是岁大旱，野无草，农以告谌。谌曰："我知入数而已，不知旱也。"督责益急，农且饥死，无以偿，即告太尉。

太尉判状辞甚巽[6]，使人求谕谌。谌盛怒，召农者曰："我畏段某耶？何敢言我！"取判铺背上，以大杖击二十，垂死，舁来庭中。太尉大泣曰："乃我困汝！"即自取水洗去血，裂裳衣疮，手注善药，旦夕自哺农者，然后食。取骑马卖，市谷代偿，使勿知。

淮西寓军帅尹少荣[7]，刚直士也。入见谌，大骂曰："汝诚人耶？泾州野如赭[8]，人且饥死；而必得谷，又用大杖击无罪者。段公，仁信大人也，而汝不知敬。今段公唯一马，贱卖市谷入汝，汝又取不耻。凡为人傲天灾、犯大人、击无罪者，又取仁者谷，使主人出无马，汝将何以视天地，尚不愧奴隶耶？"谌虽暴抗，然闻言则大愧流汗，不能食，曰："吾终不可以见段公！"一夕，自恨死。

☆ 叙述第二件逸事——仁愧焦令谌。

及太尉自泾州以司农征[9]，戒其族："过岐[10]，朱泚幸致货币[11]，慎勿纳。"及过，泚固致

---

① 躄（bì）：跛脚。
② 戢（jí）：管束。
③ 晡（bū）食：晚餐。晡，申时，下午三时至五时。
④ 柝（tuò）：古代巡夜打更用的梆子。
⑤ 为营田官：白孝德初任邠宁节度使时，以段秀实署置营田副使。唐制，诸军万人以上置营田副使一人，掌管军队屯垦。
⑥ 巽（xùn）：通"逊"，委婉。
⑦ 淮西：今河南省许昌、信阳一带。
⑧ 赭（zhě）：赤色。
⑨ "及太尉"句：德宗建中元年（780）二月，段秀实自泾原节度使被召为司农卿。司农卿，为司农寺长官，掌国家储粮用粮之事。
⑩ 岐：州名，治所在今陕西省宝鸡市凤翔区南。
⑪ 朱泚（cǐ）：昌平（今北京市昌平区）人。时为凤翔府尹。货币：物品和钱币。

大绫三百匹。太尉婿韦晤坚拒，不得命。至都，太尉怒曰："果不用吾言！"晤谢曰："处贱无以拒也。"太尉曰："然终不以在吾第。"以如司农治事堂，栖之梁木上。泚反，太尉终，吏以告泚，泚取视，其故封识具存①。

太尉逸事如右②。

☆ 叙述第三件逸事——节显治事堂。

元和九年月日③，永州司马员外置同正员柳宗元谨上史馆④。今之称太尉大节者出入⑤，以为武人一时奋不虑死，以取名天下，不知太尉之所立如是。宗元尝出入岐周邠斄间⑥，过真定⑦，北上马岭⑧，历亭障堡戍，窃好问老校退卒⑨，能言其事。太尉为人姁姁⑩，常低首拱手行步，言气卑弱，未尝以色待物⑪；人视之，儒者也。遇不可，必达其志，决非偶然者。会州刺史崔公来，言信行直，备得太尉遗事，覆校无疑，或恐尚逸坠，未集太史氏，敢以状私于执事⑫。谨状。

☆ 交代本文的写作意图。

【译文】

太尉刚任泾州刺史时，汾阳王郭子仪以副元帅的身份驻扎在蒲州。郭子仪的儿子郭晞任尚书，兼任行营节度使。驻军邠州，放纵士卒胡作非为。邠地那些懒惰、贪婪、凶残、邪恶之人，大都用行贿的手段把自己的名字混进军队的编制里，这样就可以为所欲为，官吏不敢干涉。他们每天成群结队在市场上强索财物，稍不满足，就奋力打断人家的手和脚，砸碎锅、鬲、坛子、瓦盆，碎片丢满路上，然后袒露臂膀扬长而去，甚至撞死孕妇。邠宁节度使白孝德因为汾阳王郭子仪的缘故，心中忧虑而不敢明说。

太尉从泾州用文书禀告邠宁节度使衙门，希望能商议此事。到了节度使衙门就对白孝德说："皇上把老百姓交给您治理，您看见老百姓被侵害，依然安闲自在。如果引起大乱，怎么办？"白孝德说："愿听从您的指教。"太尉说："我任泾州刺史之职，很清闲，事不多。现在不忍心老百姓没有敌寇侵扰而惨遭杀害，以致扰乱天子的边地事务。您若任命我担任都虞候，我能替您制止祸乱，使您的百姓不再受到侵害。"白孝德说："很好。"就按太尉的请求任命他为都虞候。

太尉暂任都虞候一个月，郭晞手下的士兵十七人入城拿酒，又用刀刺伤了酿酒的老

---

① 识(zhì)：标记。
② "太尉"句：这是表示正文结束的话。
③ 元和九年：公元814年。元和是唐宪宗李纯年号(806—820)。
④ "永州"句：当时柳宗元任永州(治所在今湖南零陵县)司马，这里是他官职地位的全称。史馆，国家修史机构。
⑤ 出入：不一致。
⑥ "宗元"句：柳宗元于贞元十年(794)曾游历邠州一带。周，在岐山下，今陕西省眉县一带。斄(tái)，同"邰"，在今陕西省武功县西。
⑦ 真定：不可考，或是"真宁"之误。真宁即今甘肃省正宁县。
⑧ 马岭：山名，在今甘肃省庆阳市西北。
⑨ 校：中下级军官。
⑩ 姁(xǔ)姁：温和的样子。
⑪ 色：脸色。物：此指众人。
⑫ 执事：指专管某方面事务的官吏。这里指史官韩愈。

翁，打坏了酿酒的器皿，酒流入水沟中。太尉布置士兵逮捕了这十七人，把他们的头砍下来挂在长矛上，树立在城门外。郭晞全营士兵大肆鼓噪，全部披上铠甲。白孝德大为震惊恐慌，召见太尉说："你打算怎么办？"太尉回答说："无妨，请让我到郭晞军营中去说理。"白孝德派了几十个人跟随太尉，太尉把他们全部辞退了。解下佩刀，挑了一个年老而跛脚的人牵马，来到郭晞军门前，全副武装的士兵冲了出来，太尉笑着走了进去，说："杀一个老兵，何必全副武装？我顶着我的脑袋来了。"全副武装的士兵十分惊愕。太尉趁机晓谕这些士兵说："郭尚书难道亏待你们了吗？副元帅难道亏待你们了吗？为什么要以变乱来败坏郭家的名声？替我禀告郭尚书，请他出来听我解释。"

郭晞出来见太尉，太尉说："副元帅功勋充满天地之间，应当力求善始善终。现在您放纵士兵干暴戾不法之事，暴乱将要发生，扰乱了天子的边境事务，这罪要归于谁？这罪将连累副元帅。现在邠地邪恶之人用行贿的手段，把自己的名字混进军籍中，杀害老百姓，像这样不加以制止，还能有几天不引起大乱？大乱从您军中产生，人们都会说您倚仗副元帅，不管束士兵，这样一来，郭家的功业名节还能保存多少呢？"话没说完，郭晞拜了两拜说："承蒙您用大道理来教导我，恩情很大，我愿意带领全军听从您的命令。"回头呵斥手下的士兵："都解下铠甲解散回到队伍中去，敢再喧哗就处死！"太尉说："我还没吃晚饭，请代为备办一些粗茶淡饭。"已经吃完了，说："我的老毛病又犯了，想在您军营留宿一晚。"叫牵马的人回去，明天再来。于是就睡在军营中。郭晞没有脱衣，告诫负责警卫的卫兵打更以保护段太尉。第二天一大早，两人同到白孝德住所，郭晞为自己无能道歉，请求改正错误。邠州从此没有发生祸乱。

在这之前，太尉在泾州担任营田官。泾州大将焦令谌夺取民田，占为己有多达几十顷，租给农夫耕种，说："庄稼将要成熟时，一半归我。"这一年泾州大旱，田野里寸草不生。农民将旱情告诉焦令谌。焦令谌说："我只知道收租的数目罢了，不知道旱灾。"催逼得更加急迫。农民都要饿死了，无法偿还，就求告段太尉。

段太尉的判决书文辞很是委婉，派人劝告焦令谌。焦令谌大怒，召来告状的农民说："我难道害怕段某吗？怎么敢说我的坏话！"拿判决书铺在农民背上，用大杖打了二十杖，农夫快要死了，让人抬到段太尉府上。太尉大哭，说："是我害苦了你！"当即亲自取水洗去农夫身上的污血，撕破自己的衣裳，包扎农夫的伤口，亲手敷上良药，早晚亲自给农夫喂食，然后自己才吃。将自己的马卖掉，买来粮食代农夫偿租，不让那农夫知道。

淮西军统帅尹少荣，是一个刚强正直之士。入见焦令谌，大骂说："你真的是人吗？泾州的田野如同赤土一样干旱，人都快饿死了；而你却一定要得到谷物，又用大杖打无罪的人。段公是一个讲仁义守信用的君子，而你却不知道加以敬重。现在段公仅有的一匹马，低价卖了买来谷物送给你，你又不知羞耻地收下了。大凡为人，傲视天灾、冒犯长者、击打无罪者，又收取仁义之人的粮食，使段太尉出行没有马骑，你将何以面对天地，还不愧对卑贱的奴隶吗？"焦令谌虽然凶暴高傲，然而，听了尹少荣的话却也深感惭愧，汗流浃背，吃不下东西，说："我终究不能再见段公了！"一天傍晚，悔恨而死。

等到太尉自泾原节度使被征召为司农卿时,告诫他的家人说:"经过岐州时,朱泚可能会赠送财物,切切接受。"过岐州之时,朱泚坚持要赠送大绫三百匹。太尉女婿韦晤坚持不要,却推辞不掉。到了京都,太尉发怒说:"你们果真没有听我的话!"韦晤道歉说:"居于卑下的地位,没有办法拒绝。"太尉说:"终究不能将这些东西放在我们家里。"就把这三百匹大绫送到司农卿官府治事大堂,安放在梁木上面。朱泚谋反,太尉被害,官吏将这件事告诉了朱泚,朱泚叫人将大绫取下来一看,那原来封条上的标志都还保存着。

以上就是太尉的逸事。

元和九年的一天,永州司马员外置同正员柳宗元郑重地将此文呈上史馆。现今评价段太尉品德的说法不一致,有人认为武夫一时逞强,不顾生死,以此扬名天下,不知道太尉的为人是这样。我曾往来于岐、周、邠、鄠之间,经过真定,北上马岭,经历亭岗堡垒哨所等,私下里喜欢询问年老的军官和退役的士卒,他们都能说一些当时的事情。太尉为人和颜悦色,经常低头拱手走路,说话的语气谦卑温和,未曾以不好的脸色待人。人们看他,是个儒雅的君子。遇到不能赞同之事,一定要实现自己的主张,绝不是偶然的。适逢永州刺史崔公前来,这个人说话信实,行事正直,详备地搜罗了太尉的遗事,反复核对没有什么疑问。我还担心有的事实恐怕还有散失遗漏,未能集中到史官手里,冒昧地将这篇逸事状私下送呈您。郑重地写下这篇逸事状。

【提示】

这是一篇优秀的记人散文。全文通过段秀实的三件逸事,多侧面地塑造了这位封建时代正直官吏的形象。第一至四段详叙段秀实的第一件逸事:"勇服郭晞"。开篇写悍卒肆志,介绍事情的起因,为下文刻画秀实做好铺垫。继而通过自荐平乱、诣营陈词、请留宿营,记叙事件的发展、高潮与结局,把人物置于尖锐的矛盾冲突之中,着力描写人物语言与行动,细腻地刻画出段秀实刚勇无畏和柔中见刚、勇毅见于平易的个性。第五至七段叙写第二件逸事:"仁愧焦令谌"。通过对段秀实一系列外在行动的细致描写,展示了其性格中仁信爱民的侧面。第八段写第三件逸事:"节显治事堂"。笔墨简练,突出颂扬了段秀实清正廉洁的高风亮节。第十段交代本文写作的时间、原因和材料来源,以说明逸事状的内容真实可信。

围绕中心人物,作者还描写了白孝德之怯弱、焦令谌之暴横、朱泚之奸诈和尹少荣之仗义斥贼、慷慨陈词,以形成鲜明的对比与映衬,从而使段秀实勇、仁、廉的性格更显光彩。文章写人叙事,纯用客观写实手法:一是不着议论,寓理于事,用事实说服读者;二是对比映衬,褒贬自见,寓评价于叙事之中;三是描写逼真,形象感人,通过人物富于特征性的动作和语言刻画其性格。

本文结构也颇具匠心。按时间顺序,"仁愧焦令谌"之事应在"勇服郭晞"之前,作者却将"勇服郭晞"提到前面来写,突出强调段秀实"遇不可,必达其志,决非偶然"的刚勇本质,同时以剑拔弩张的气氛一开始就造成强烈的印象。这种先后倒叙的手法,既有利于反击"武人一时奋不虑死,以取名天下"的流言,又符合读者的阅读欣赏心理。

思考与练习

一、简要分析段秀实的性格特征。

二、认真体会本文围绕中心人物,运用对比映衬手法,突出主要形象的艺术效果。

三、指出下列语句中的特殊语法现象。

1. 惟兄嫂是依

2. 长吾女与汝女

3. 又以刃刺酒翁,坏酿器

4. 晞一营大噪,尽甲

5. 裂裳衣疮,手注善药

四、解释下列语句中的被动表示法。

1. 吾长见笑于大方之家

2. 井蛙不可以语于海者,拘于虚也

3. 江南金锡不为用

4. 而身死国灭,为天下笑

5. 为虏所生得,当斩

6. 其射猛兽亦为所伤云

7. 彼其忠实心诚信于士大夫也

五、真题再现。

(一) 单项选择题

【2023年】1.《段太尉逸事状》的作者是(　　)

　　　　　　A. 王维　　　B. 柳宗元　　　C. 李商隐　　　D. 高适

【2024年】2.《段太尉逸事状》中表现段秀实勇敢坚毅品质的细节是(　　)。

　　　　　　A. 节显治事堂　　　　　B. 仁愧焦令谌

　　　　　　C. 不忍人无寇暴死　　　D. 勇服郭晞

(二) 词语解释题

【2021年】1. 天子以生人付公理。　　　生人:

【2022年】2. 无伤也,请辞于军。　　　无伤:

【2023年】3. 为白尚书,出听我言。　　　白:

【2024年】4. 取骑马卖,市谷代偿。　　　市:

(三) 判断题

【2022年】《段太尉逸事状》是韩愈的一篇人物传记。　　　　　　　　　　(　　)

文与可画筼筜谷偃竹记①

苏　轼

　　苏轼(1037—1101),字子瞻,号东坡居士。眉州(今四川眉山)人。他与父亲苏洵、弟弟苏辙,都是北宋著名文学家,被后人列入"唐宋八大家",并称"三苏"。宋仁宗嘉祐二年(1057)进士。神宗熙宁年间,因与主张新法的王安石政见不合,出任杭州、密州、徐州、湖州等地地方官。元丰二年(1079),以作诗"谤讪朝廷"罪被捕入狱。后贬黄州(今湖北黄冈)为团练副使。宋哲宗即位,旧党司马光执政,苏轼被召回京,任中书舍人、翰林学士等职。当旧党欲将新法完全废除时,苏轼却主张对新法"参用所长",因而复受排挤。绍圣元年(1094),新党再度执政,苏轼重被贬到惠州、儋州。直到1100年宋徽宗即位时,才被赦北还,次年卒于常州,后追谥"文忠"。

　　苏轼是北宋文艺创作成就最为全面的一位作家。他的散文汪洋恣肆,明白畅达。诗歌清新豪健,自成一家。词开豪放一派,对后世有巨大影响。在书法、绘画等方面也有很高的造诣。有《东坡七集》和《东坡乐府》等。

　　竹之始生,一寸之萌耳②,而节叶具焉。自蜩腹蛇蚹③,以至于剑拔十寻者④,生而有之也。今画者乃节节而为之,叶叶而累⑤,岂复有竹乎⑥? 故画竹必先得成竹于胸中⑦,执笔熟视,乃见其所欲画者,急起从之,振笔直遂⑧,以追其所见,如兔起鹘落⑨,少纵则逝矣⑩。与可之教予如此。予不能然也,而心识其所以然⑪。夫既心识其所以然,而不能然者,内外不一,心手不相应,不学之过也。故凡有见于中,而操之不熟者,平居自视了然,而临事忽焉丧之⑫,岂独竹乎?

　　☆ 总结文与可的绘画理论,陈述自己的体会和主张。

---

　　① 文与可(1018—1079):名同,字与可,四川梓潼人。北宋著名画家,擅长画竹。他与苏轼是表兄弟,曾任洋州(今陕西洋县)知州。著有《丹渊集》。筼筜(yún dāng)谷:地名,在陕西洋州西北,谷中多产竿粗节长的竹子,叫筼筜竹,故名。偃竹:仰斜的竹子。
　　② 萌:萌芽,这里指初生的竹笋。
　　③ "自蜩腹蛇蚹"句:是以蝉壳、蛇鳞形容竹子初生时的形状。蜩腹(tiáo fù),蝉壳。蛇蚹(fù),蛇腹下的横鳞。
　　④ 剑拔:剑从鞘中拔出。这里用来形容修长的竹子,如剑出鞘,挺拔有力。寻:古代八尺为一寻。
　　⑤ 累:加,积。
　　⑥ 岂复有竹乎:怎么还会有(完整而有生气的)竹子呢?
　　⑦ "故画竹"句:指画竹前心里先有完整的竹子形象。成,完整的。
　　⑧ 振笔直遂:动笔作画,一气呵成。直,径直。遂,完成。
　　⑨ 兔起鹘落:兔子跃起奔跑,鹘鸟从空中俯冲而下搏击追赶。这句话形容挥笔迅速。鹘(hú),一种猛禽,又名隼(sǔn)。
　　⑩ 少纵则逝:稍一放松,时机就消失了。少,稍微。
　　⑪ "予不能"二句:我虽不能做到这样,但心里明白这样做的道理。然,这样。
　　⑫ 忽焉丧之:忽然不见了,忘记了。丧,丧失。

子由为《墨竹赋》①,以遗与可,曰:"庖丁,解牛者也,而养生者取之②;轮扁,斫轮者也,而读书者与之③。今夫夫子之托于斯竹也,而予以为有道者,则非耶④?"子由未尝画也,故得其意而已。若予者,岂独得其意,并得其法。

☆ 借子由的话进一步赞赏文与可的绘画技巧,指出艺与道的密切联系。

与可画竹,初不自贵重。四方之人,持缣素而请者⑤,足相蹑于其门⑥。与可厌之,投诸地而骂曰:"吾将以为袜。"士大夫传之,以为口实⑦。及与可自洋州还,而余为徐州⑧。与可以书遗余曰:"近语士大夫:'吾墨竹一派,近在彭城⑨,可往求之。'袜材当萃于子矣⑩。"书尾复写一诗,其略曰:"拟将一段鹅溪绢⑪,扫取寒梢万尺长⑫。"予谓与可:"竹长万尺,当用绢二百五十匹。知公倦于笔砚,愿得此绢而已。"与可无以答,则曰:"吾言妄矣,世岂有万尺竹哉?"余因而实之⑬,答其诗曰:"世间亦有千寻竹,月落庭空影许长⑭。"与可笑曰:"苏子辩矣。然二百五十匹绢,吾将买田而归老焉⑮。"因以所画筼筜谷偃竹遗予,曰:"此竹数尺耳,而有万尺之势。"筼筜谷在洋州,与可尝令予作《洋州三十咏》,《筼筜谷》其一也。予诗云:"汉川修竹贱如蓬⑯,斤斧何曾赦箨龙⑰。料得清贫馋太守,渭滨千亩在胸中⑱。"与可是日与其妻游谷中,烧笋晚食,发函得诗,失笑喷饭满案。

☆ 介绍文与可画竹逸事与平易而不从俗的品德,回忆和与可相交的情趣。

元丰二年正月二十日,与可没于陈州⑲。是岁七月七日,予在湖州曝书画⑳,见此

---

① 子由:苏辙,字子由,苏轼的弟弟。
② "庖丁"三句:语出《庄子·养生主》。意思是:庖丁是宰割牛的,而讲求养生之道的人可以从中悟出养生的道理。庖丁,掌厨的人叫"庖",名丁,这里指宰牛的人。取,取法。
③ "轮扁"三句:轮扁是斫轮的,(他所讲的道理),读书的人也赞成。语出《庄子·天道》。轮扁,斫轮的工匠,名扁。斫(zhuó),砍,削。
④ "今夫夫子"二句:现从您在所画的竹上托寓的意蕴来看,我认为您是深知事理的人,难道不是吗?夫子,指文与可。托,寄托。
⑤ 缣(jiān)素:古人用来作画的白绢。
⑥ 足相蹑(niè):脚相互踩碰,形容来求文与可作画的人很多。
⑦ 口实:话柄。
⑧ 余为徐州:我任徐州知州。苏轼于熙宁十年(1077)至元丰二年(1079)任徐州知州。
⑨ "吾墨竹"二句:我们画墨竹这一流派的人,(已传到)近在徐州的苏轼。彭城,即今江苏徐州。文与可是湖州墨竹派的宗师。
⑩ "袜材"句:做袜子的材料(指画绢)将要聚集到您那里去了。萃(cuì),聚集。
⑪ 鹅溪:地名,在四川盐亭西北,以产绢著名。唐时用它做贡品,宋人绘画以它为上品。
⑫ 扫:指用笔作画。寒梢:指竹,因竹耐寒,故名。
⑬ 实:证实。
⑭ 影许长:影子有这么长。许,这样。
⑮ 归老:归家养老。
⑯ 汉川:汉水。修竹:长竹。蓬:蓬草。
⑰ 斤:斧头。箨(tuò)龙:竹笋的别名。
⑱ "渭滨千亩"句:这句话字面的意思是苏轼戏言文与可吃了渭水岸边的千亩竹林,实指他胸中装着丰富的竹子形象。渭滨,渭水之滨。渭水河边以产竹闻名。千亩,千亩竹林。《史记·货殖列传》有赞语称"渭川千亩竹"。
⑲ 没:通"殁",死亡。陈州:今河南淮阳。文与可于元丰元年十月调任湖州知州,从开封赴任,走到陈州的宛丘驿病逝,年六十一岁。
⑳ 曝(pù):晒。

竹,废卷而哭失声①。昔曹孟德祭桥公文,有车过腹痛之语②,而予亦载与可畴昔戏笑之言者③,以见与可于予亲厚无间如此也。

☆ 说明写作此文的缘由。

【译文】

竹子开始生出时,只是一寸的萌芽而已,但节叶都已具备了。从蝉壳蛇鳞一样的幼笋,长到如剑出鞘高达八丈的竹子,生来就是完整的。如今画竹的人却一节一节地画,一叶一叶地累积,这样哪里还会有完整、有生气的竹子呢?所以画竹一定要心里先有完整的竹子形象,拿起笔来凝神细想,头脑中一出现所要画的竹子形象,急速捕捉它,执笔作画,一气呵成,追摹所画的竹子形象,就要像兔子奔跑、鹘鸟俯冲那样迅速,稍一放松,构思好的竹子形象就消失了。文与可是这样教导我的。我不能做到这样,但心里明白这样做的道理。既然心里明白这样做的道理,却做不到,这是由于内外不一致,心手不相应,是没有反复练习的过错。所以凡是在心中有了构思,但是做起来不熟练的,平常自己认为很清楚,可事到临头忽然又忘记了,难道仅仅是画竹吗?

子由写了《墨竹赋》,把它送给文与可,说:"庖丁是杀牛的厨师,但讲求养生的人从中悟出了道理;轮扁是造车的工匠,读书人却赞成他讲的道理。如今从您寄托意蕴在这幅竹画上,我认为您是深知事理的,难道不是吗?"子由没有作过画,所以只得到了他的意蕴。像我这样的人,哪里仅仅是得到了他的意蕴,也得到了他的方法。

文与可画竹,起初并不自以为贵。四方的人们,都拿着白绢请他作画,脚与脚互相碰踩着来到他家门前。文与可讨厌他们,把白绢丢在地上骂道:"我将用这些白绢做袜子!"文人们相互传告,作为话柄。等文与可从洋州回来,我正任徐州太守。文与可写信给我说:"近来告诉文人士大夫说:'我们墨竹一派,已传到近在徐州的苏轼那里,你们可去求他作画。'做袜子的材料会聚集到您那里去了。"信末又写了一首诗,大概意思说:"打算用一段鹅溪名绢,画出万尺长的竹子。"我对文与可说:"画万尺长的竹子,需要用二百五十匹白绢。我知道您倦于画画,只是想得到这些白绢罢了。"文与可无话可答,就说:"我只是随便说说,世上哪有万尺长的竹子呢?"我于是证实它,我在答他的诗中说:"世上也有八千尺长的竹子,月光洒落空庭照出的竹影就有这么长。"文与可笑着说:"您真是巧言善辩啊!我要是有二百五十匹绢,我早用它买田归家养老了。"即把所画的筼筜谷偃竹图送给我,说:"这竹子只有几尺高,却有万尺的气势。"筼筜谷在洋州,文与可让我作《洋州三十咏》,《筼筜谷》即是其中之一。我在

---

① 废卷:放下画卷。
② "昔曹孟德"句:据《三国志·魏书·武帝纪》裴松之的注文记载,曹操年轻时,桥玄很赏识他。桥玄死后,曹操路过故乡谯郡,用太牢的隆重仪式祭祀桥玄,并作《祀故太尉桥玄文》,文中写道:"又承从容约誓之言:'殂逝之后,路有经由,不以斗酒只鸡过沃酹,车过三步,腹痛勿怪。'虽临时戏笑之言,非至亲之笃好,胡肯为此辞乎?"本篇引此典故,说明曹操与桥玄之间亲密的关系,从而表明自己和文与可之间亲密的关系。
③ 畴(chóu)昔:昔日;从前。

答他的诗中说:"汉水一带高大的竹子贱如蓬草,连斧头都不曾放过对竹笋的砍伐。想必你这个清贫馋嘴的太守,已经把渭水岸边的千亩竹林都吃进了肚里。"文与可当天与他的妻子在筼筜谷游玩,烧笋吃晚饭,打开信看到诗,忍不住笑了起来,喷饭满桌。

元丰二年正月二十日,文与可在陈州去世。这年七月七日,我在湖州晾晒书画,看到这幅竹画,放下画卷痛哭失声。从前曹孟德祭桥玄文,有车过腹痛的话语,我也记载了跟文与可昔日戏笑的话,以显现文与可与我如此亲密无间的情谊。

【提示】

这是苏轼为好友文与可《筼筜谷偃竹》画卷所写的一篇题画记。我们既可把它看成一篇很有见地的文艺随笔,又可视为悼念性的记人散文。

作为文艺随笔,本文阐发了"胸有成竹"和"心手相应"两方面的创作思想,前者是说,对客观事物必须反复观察,凝神结想,一旦构想成熟、灵感突发,就应不失时机地加以捕捉,一气呵成地创造出完整而有生气的艺术形象;后者是说,从艺术构思的完成,到艺术形象的诞生,必须掌握熟练的艺术技巧,将心中意象化成笔底造型,而技巧的掌握只有通过学习和实践,别无他法。把两者结合起来,则展示了从观察到构思再到表达这一艺术创作的主要环节和基本过程。

作为记人散文,作者叙述了文与可的轶事和两人之间的交往,如把求画的缣素视为袜材,关于"万尺竹"的辩论,以诗画互赠引起的笑谈,这些都表现了文与可平易脱俗、豁达爽朗的个性和两人之间亲厚无间的情谊。作者睹画思人,忆旧伤怀,悼念之情十分感人。

全文以文与可论画竹开篇,中间写两人关于画竹的交往,以曝晒文与可所画之竹作结,"画竹"一线贯穿始终。文章熔叙事、议论、抒情于一炉,文笔如行云流水,舒卷自如。

思考与练习

一、作者在这篇文章中主要阐发了哪两方面的艺术创作思想?

二、作者记叙了文与可哪些轶事? 表现了他怎样的个性?

三、本文是怎样以"画竹"为线索贯穿全篇的?

四、译出下列各句中"所"字结构的意义:

    1. 必秦国之所生然后可。(《谏逐客书》)

    2. 所以饰后宫、充下陈、娱心意、悦耳目者,必出于秦然后可。(同上)

    3. 此非所以跨海内、制诸侯之术也。(同上)

    4. 燕王,吾所立。(《五代史伶官传序》)

    5. 君臣相顾,不知所归。(同上)

五、真题再现。

（一）单项选择题

【2024年】含有"胸有成竹"这个成语的文章是(   )。

        A.《文与可画筼筜谷偃竹记》

        B.《寡人之于国也》

        C.《赵威后问齐使》

        D.《五代史伶官传序》

（二）词语解释题

【2022年】1. 庖丁,解牛者也,而养生者取之。   取:

【2023年】2. 予不能然也,而心识其所以然。   然:

马 伶 传①

侯方域

侯方域（1618—1655），字朝宗，号雪苑，河南商丘人，明末清初著名诗文作家。明末参加复社，与陈贞慧、吴应箕等人一起，与权奸魏忠贤及其依附者阮大铖之流进行过斗争。清兵入关后，应河南乡试，中榜。不久病逝。他能诗善文，部分作品反映了明末清初的现实生活。有《壮悔堂文集》和《四忆堂诗集》。

马伶者，金陵梨园部也②。金陵为明之留都③，社稷百官皆在④，而又当太平盛时⑤，人易为乐。其士女之问桃叶渡、游雨花台者⑥，趾相错也⑦。梨园以技鸣者⑧，无虑数十辈⑨，而其最著者二：曰兴化部，曰华林部。

☆ 简介马伶的身份，展示他活动的社会背景。

一日，新安贾合两部为大会⑩，遍征金陵之贵客文人⑪，与夫妖姬静女⑫，莫不毕集。列兴化于东肆⑬，华林于西肆，两肆皆奏《鸣凤》⑭，所谓椒山先生者⑮。迨半奏⑯，引商刻羽⑰，抗坠疾徐⑱，并称善也。当两相国论河套⑲，而西肆之为严嵩相国者曰李伶⑳，东

---

① 马伶：姓马的演员。伶，古时称演戏、歌舞、作乐的人。
② 金陵：今江苏南京。梨园部：戏班，剧团。梨园，本是唐玄宗命乐工教授宫女乐曲的地方，后世因称戏班为梨园。部，行业的组织。
③ 留都：明朝开国时，建都南京。明成祖时迁都北京，南京仍保存京城的建制，称留都。
④ 社稷：社指土神，稷指谷神。后来用作国家的代称。
⑤ 盛时：国家兴隆的时期。
⑥ 问：探访。桃叶渡：南京名胜之一，是秦淮河的古渡口，相传东晋王献之送其妾桃叶在此渡江，因而得名。雨花台：在南京中华门外。三国时称石子岗，又称聚宝山。相传梁武帝时，云光法师在此讲经，落花如雨，故名。
⑦ 趾相错：脚趾互相错杂，形容人多。
⑧ 以技鸣：因技艺高而出名。
⑨ 无虑：大约。辈：同一等级、同一类别的人。引申为"群""队"，这里指"部"。
⑩ 新安贾（gǔ）：新安人。新安，徽州的别名，今江西婺源一带。会：堂会。
⑪ 征：招请。
⑫ 妖姬静女：艳丽的妇人和娴静的女子。
⑬ 肆：店铺。这里指演戏的场所。
⑭ 《鸣凤》：指明传奇《鸣凤记》，相传为王世贞作，写明嘉靖年间杨继盛等人与严嵩的政治斗争，杨继盛等人均受迫害，最后以严嵩父子的罪行被揭发并受到制裁结束。
⑮ 椒山先生：杨继盛，字仲芳，号椒山，官至南京兵部右侍郎，因弹劾严嵩被害致死。
⑯ 迨（dài）：等到。半奏：演唱到一半。
⑰ 引商刻羽：演唱符合节拍，讲究声律。商、羽都是我国音乐五声之一。
⑱ 抗坠疾徐：指音调高低快慢，变化很多。抗坠，高低。疾徐，快慢。
⑲ 两相国论河套：《鸣凤记》第六出的情节，明世宗的宰相夏言（主战派）和严嵩（投降派）争论是否收复河套事。河套，黄河从宁夏横城流经内蒙古，到陕西府谷一带，形成一"几"字形的大弯曲，所以习惯上把那一带的黄河两岸称作河套地区。当时河套地区为俺答占据。
⑳ 严嵩：字惟中，分宜（今属江西）人，弘治年间中进士，明世宗很信任他。他弄权纳贿，结党营私，陷害忠良，是著名的奸臣。

肆则马伶。坐客乃西顾而叹①，或大呼命酒②，或移坐更进之，首不复东。未几更进③，则东肆不复能终曲。询其故，盖马伶耻出李伶下，已易衣遁矣④。马伶者，金陵之善歌者也。既去，而兴化部又不肯辄易之，乃竟辍其技不奏⑤，而华林部独著。

☆ 叙述马伶和李伶的第一次技艺较量及马伶大败的景象。

去后且三年而马伶归⑥，遍告其故侣⑦，请于新安贾曰："今日幸为开宴⑧，招前日宾客，愿与华林部更奏《鸣凤》，奉一日欢⑨。"既奏，已而论河套⑩，马伶复为严嵩相国以出。李伶忽失声⑪，匍匐前称弟子⑫。兴化部是日遂凌出华林部远甚⑬。

☆ 叙述他们的第二次技艺较量，结果马伶大胜。

其夜，华林部过马伶曰⑭："子，天下之善技也，然无以易李伶，李伶之为严相国至矣⑮，子又安从授之而掩其上哉⑯？"马伶曰："固然，天下无以易李伶，李伶即又不肯授我⑰。我闻今相国昆山顾秉谦者⑱，严相国俦也⑲。我走京师⑳，求为其门卒三年㉑，日侍昆山相国于朝房㉒，察其举止，聆其语言㉓，久而得之，此吾之所为师也。"华林部相与罗拜而去。

☆ 通过马伶的答话，阐明其取胜的原因。

马伶，名锦，字云将，其先西域人㉔，当时犹称马回回云㉕。

☆ 简写马伶身世，结束正文。

侯方域曰：异哉！马伶之自得师也。夫其以李伶为绝技，无所干求㉖，乃走事昆山，

---

① 叹：赞叹。
② 命酒：叫人拿酒来。
③ 未几：没有多久。更进：继续进行。
④ 易衣：换衣裳，指脱下戏装，换上便服。遁(dùn)：逃走，逃避。
⑤ 辍其技不奏：停止演唱。
⑥ 且：将近。
⑦ 故侣：旧日伴侣，这里指同戏班的人。
⑧ 幸：希望。
⑨ 奉：敬献。
⑩ 已而：不久之后。
⑪ 失声：控制不住，不觉出声。
⑫ 匍匐(pú fú)：伏在地上。
⑬ 凌出：超过。
⑭ 过：往访。
⑮ 至矣：好到极点。
⑯ 安从授之：从哪里学来的？掩其上：盖过他，超过他。
⑰ 即：通"则"。
⑱ 昆山顾秉谦：明代昆山(今属江苏)人，曾依附魏忠贤，残害过左光斗等忠臣。
⑲ 俦(chóu)：同类。
⑳ 走：跑到。
㉑ 门卒：门下的差役。
㉒ 朝房：百官上朝前休息的地方。
㉓ 聆(líng)：倾耳细听。
㉔ 西域：指今甘肃西部、新疆维吾尔自治区和中亚细亚一部分地区。
㉕ 回回：旧时对回族及伊斯兰教徒的称呼。
㉖ 无所干(gān)求：干求无所。干，求取。

见昆山犹之见分宜也①,以分宜教分宜,安得不工哉②? 呜呼! 耻其技之不若③,而去数千里,为卒三年。倘三年犹不得,即犹不归尔④。其志如此,技之工又须问耶?

☆ 借马伶自得师而成其艺的事实表明了自己的赞赏态度。

【译文】

马伶是金陵戏班里的演员。金陵是明朝的留都,朝廷文武百官的建制都在,而又正值太平盛世,人们容易寻欢作乐。那些男男女女探访桃叶渡、游览雨花台的,脚步相互交错。戏班因技艺高超而出名的,大约有几十个,其中最著名的有两个:一个叫兴化班,一个叫华林班。

一天,新安的商人会合这两个戏班举行大堂会,广泛邀请了金陵城里的贵客文人,和那些艳丽的妇人、娴静的才女,全都会集在一起。兴化班安排在东面的戏台,华林班安排在西面的戏台。两个戏台同时演出《鸣凤记》,即椒山先生的故事。等演到一半时,音律曲调,高低快慢,都称得上很好。当演到两位相国争论是否收复河套时,西面戏台扮严嵩相国的是李伶,东面戏台则是马伶。坐中的客人就面向西赞叹着,有人还大声呼喊叫人拿酒来,有的人移动座位更加靠前,头不再转向东面。演出继续进行没有多久,东面的戏台已不能再演下去了。询问其中的缘故,原来马伶因自己的演技比不上李伶而感到耻辱,已经换衣服逃走了。马伶是金陵城里善于演唱的演员。他走了以后,兴化班又不肯立即替换他,最终就停止了演出,只有华林班独自著名。

走后将近三年,马伶回来了,广泛告知昔日的伙伴,并向新安商人请求说:“希望今天能为我举办堂会,仍然招来上次的宾客,我希望与华林班再演出一次《鸣凤记》,给大家敬献一日的欢乐。”演出开始后不久,又演到两相国争论是否收复河套,马伶再次扮严嵩相国出场。李伶忽然失声惊叫,匍匐上前,对着马伶自称弟子。这一天,兴化班的名声远远地超过了华林班。

当天晚上,华林班的人来拜访马伶说:“您是当今优秀的演员,可本来是不可能超过李伶的。李伶扮演的严相国已经好到了极点,您又从哪里学来演技而超过李伶了呢?”马伶说:“的确是这样,天下没有人能超过李伶,而李伶又不肯把演技传授给我。我听说当今的相国顾秉谦和严相国是同类。我跑到京城,请求在他门下做了三年差役,每天在朝房里侍奉他,观察他的行为举止,仔细倾听他的讲话,时间长了就掌握了他的特点,这就是我拜师的方法。”华林班的人一起向马伶罗列拜别离去。

马伶,名锦,字云将,他的祖先是西城人,当时人们还称他为马回回。

侯方城说:真是不寻常啊,马伶自己找到了老师。他认为李伶的演出已是绝技,无处求取,竟然跑去侍奉顾秉谦,见到顾秉谦就犹如见到了严嵩,让像严嵩的人来教扮演严嵩的人,怎么能不精妙呢?唉! 耻于自己的技艺不如人家,就远走几千里,做了三年

---

① “见昆山”句:见到顾秉谦就好像见到了严嵩(意谓这两个人几乎是一样的)。
② 工:巧妙,精致。
③ 技之不若:技艺不如人家。
④ 尔:句末语气词,相当于“耳”。

差役。倘若三年还不能学成,就仍然不回来。他的意志如此坚定,技艺的精湛又何须再问呢?

【提示】

这是一篇人物传记,着重记叙了马伶与李伶的两次技艺较量,赞扬了马伶的从艺精神。马伶的经验说明:文艺创作要获得成功,必须了解和熟悉生活,到生活中去学习;而一个人要想在事业上有所成就,就必须有吃苦耐劳、潜心钻研、精益求精的精神。

侯方域是复社成员,对明末阉党深为痛恨,他写本文,意图还在于借此讥刺朝中权奸。马伶扮演奸相严嵩,却由仿效当朝宰相顾秉谦而一举成功,这就有力地揭示了严、顾二人是一丘之貉。

文章详略有度,剪裁得体。作者采用倒叙方式,将第二次较量移至马伶到京师学艺之前叙述,既使得两次较量的胜负结果显示出富于戏剧性的起落变化,吸引读者探究原委;又以事实为铺垫,使对马伶获胜原因的揭示显得坚实、充分,令人信服。

思考与练习

一、作者写作本文的主观动机是什么?

二、以今日而言,马伶的成功经验有何启示?

三、作者为什么先写马伶与李伶的第二次技艺较量,再倒叙其取胜的原因?

四、指出下列句子中充当状语的名词。

1. 顺流而东行,至于北海,东面而视,不见水端。(《秋水》)

2. 昭王得范雎,废穰侯,逐华阳,强公室,杜私门,蚕食诸侯,使秦成帝业。(《谏逐客书》)

3. 及仇雠已灭,天下已定,一夫夜呼,乱者四应,苍皇东出,未及见贼而士卒离散,君臣相顾,不知所归。(《五代史伶官传序》)

4. 夜半时,胡兵亦以为汉有伏军于旁,欲夜取之。(《李将军列传》)

五、真题再现。

(一) 词语解释题

【2021 年】1. 安得不工哉? 　　　　　　　　　　工:

【2022 年】2. 梨园以技鸣者,无虑数十辈。 　　　鸣:

【2024 年】3. 其士女之问桃叶渡、游雨花台者,趾相错也。 　错:

(二) 判断题

【2023 年】《马伶传》一文采用了倒叙的方式。 　　　　　　(　　)

故都的秋①

郁达夫

郁达夫(1896—1945),原名郁文,浙江富阳人。1913年留学日本,1922年毕业于东京帝国大学经济科。在十月革命影响下,留日期间,曾和郭沫若、成仿吾等组织以抗日为宗旨的夏社,后又组织了创造社,先后主编过《创造季刊》《创造周报》《创造日》《创造月刊》和《洪水》等。1928年与鲁迅合编《奔流》。1930年参加中国左翼作家联盟。1932年参加中国民权保障同盟。抗日战争爆发后,在香港、南洋群岛一带从事抗日宣传工作。1941年12月,太平洋战争爆发,任新加坡华侨抗敌动员委员会执行委员兼文化界抗日联合会主席。新加坡沦陷后,流亡苏门答腊,坚持抗日斗争。1945年9月17日,被日本宪兵秘密杀害。

郁达夫是"五四"以来很有影响的一位作家。他的小说,多采用"自叙传"的方式和第一人称的写法,对封建道德大胆地进行挑战,部分作品还表现出爱国主义思想。代表作有《沉沦》《春风沉醉的晚上》《她是一个弱女子》《出奔》等。他的散文感情真挚,格调清丽,以游记和感怀身世为主。作品编为《达夫散文集》《屐痕处处》《闲书》三种。

秋天,无论在什么地方的秋天,总是好的;可是啊,北国的秋,却特别地来得清,来得静,来得悲凉。我的不远千里,要从杭州赶上青岛,更要从青岛赶上北平来的理由,也不过想饱尝一尝这"秋",这故都的秋味。

☆ 交代游踪,抒发对北京秋天的思念和喜爱之情。

江南,秋当然也是有的;但草木凋得慢,空气来得润,天的颜色显得淡,并且又时常多雨而少风;一个人夹在苏州上海杭州,或厦门香港广州的市民中间,浑浑沌沌地过去,只能感到一点点清凉,秋的味,秋的色,秋的意境与姿态,总看不饱,尝不透,赏玩不到十足。秋并不是名花,也并不是美酒,那一种半开、半醉的状态,在领略秋的过程上,是不合式的。

☆ 写南国之秋的色淡、味浅。

不逢北国之秋,已将近十余年了。在南方每年到了秋天,总要想起陶然亭的芦花,钓鱼台的柳影,西山的虫唱,玉泉的夜月,潭柘寺的钟声②。在北平即使不出门去罢,就是在皇城人海之中③,租人家一椽破屋来住着④,早晨起来,泡一碗浓茶,向院子一坐,你

---

① 本文选自郁达夫的最后一本散文集《闲书》。1934年8月,作者北游故都北平,写了这篇散文,发表于天津《当代文学》月刊1卷3期。

② 陶然亭、钓鱼台、西山、玉泉、潭柘寺都是北京的游览胜地。

③ 皇城:明清两代在北京城内以故宫为中心的内城。

④ 一椽破屋:一间破屋。椽(chuán),椽子,安在梁上支架屋面和瓦片的木条。此处作房屋间数的代称。

也能看得到很高很高的碧绿的天色,听得到青天下驯鸽的飞声。从槐树叶底,朝东细数着一丝一丝漏下来的日光,或在破壁腰中,静对着像喇叭似的牵牛花(朝荣)的蓝朵,自然而然地也能够感觉到十分的秋意。说到了牵牛花,我以为以蓝色或白色者为佳,紫黑色次之,淡红色最下。最好,还要在牵牛花底,教长着几根疏疏落落的尖细且长的秋草,使作陪衬。

北国的槐树,也是一种能使人联想起秋来的点缀。像花而又不是花的那一种落蕊,早晨起来,会铺得满地。脚踏上去,声音也没有,气味也没有,只能感出一点点极微细极柔软的触觉。扫街的在树影下一阵扫后,灰土上留下来的一条条扫帚的丝纹,看起来既觉得细腻,又觉得清闲,潜意识下并且还觉得有点儿落寞,古人所说的梧桐一叶而天下知秋的遥想①,大约也就在这些深沉的地方。

秋蝉的衰弱的残声,更是北国的特产;因为北平处处全长着树,屋子又低,所以无论在什么地方,都听得见它们的啼唱。在南方是非要上郊外或山上去才听得到的。这秋蝉的嘶叫,在北平可和蟋蟀耗子一样,简直像是家家户户都养在家里的家虫。

还有秋雨哩,北方的秋雨,也似乎比南方的下得奇,下得有味,下得更像样。

在灰沉沉的天底下,忽而来一阵凉风,便息列索落地下起雨来了。一层雨过,云渐渐地卷向了西去,天又青了,太阳又露出脸来了,着着很厚的青布单衣或夹袄的都市闲人,咬着烟管,在雨后的斜桥影里,上桥头树底去一立,遇见熟人,便会用了缓慢悠闲的声调,微叹着互答着的说:

“唉,天可真凉了——”(这“了”字念得很高,拖得很长。)

“可不是么?一层秋雨一层凉啦!”

北方人念阵字,总老像是层字,平平仄仄起来,这念错的歧韵,倒来得正好②。

北方的果树,到秋来,也是一种奇景。第一是枣子树;屋角,墙头,茅房边上,灶房门口,它会一株株地长大起来。像橄榄又像鸽蛋似的这枣子颗儿,在小椭圆形的细叶中间,显出淡绿微黄的颜色的时候,正是秋的全盛时期;等枣树叶落,枣子红完,西北风就要起来了,北方便是尘沙灰土的世界。只有这枣子、柿子、葡萄,成熟到八九分的七八月之交,是北国的清秋的佳日,是一年之中最好也没有的 Golden Days③。

☆ 描绘北国秋天的景物。

有些批评家说,中国的文人学士,尤其是诗人,都带着很浓厚的颓废色彩,所以中国的诗文里,颂赞秋的文字特别的多。但外国的诗人,又何尝不然?我虽则外国诗文念得不多,也不想开出账来,做一篇秋的诗歌散文钞,但你若去一翻英德法意等诗人的集子,或各国的诗文的 Anthology 来④,总能够看到许多关于秋的歌颂和悲啼。各著名的大诗人的长篇田园诗或四季诗里,也总以关于秋的部分,写得最出色而最有味。足见有感

---

① 梧桐一叶而天下知秋:出自唐代李子卿《听秋虫赋》“时不与兮岁不留,一叶落兮天地秋”。
② “北方人”五句:若把“阵(zhèn)”念作“层(céng)”那么“一层秋雨一层凉”的平仄就是“仄平平仄仄平平”,正符合诗律中平仄交互的原则,读起来有一种声律美。
③ Golden Days:英语,黄金般的日子,这里译作黄金季节。
④ Anthology:(诗文等的)选集。

觉的动物,有情趣的人类,对于秋,总是一样的能特别引起深沉、幽远、严厉、萧索的感触来的。不单是诗人,就是被关闭在牢狱里的囚犯,到了秋天,我想也一定会感到一种不能自已的深情;秋之于人,何尝有国别,更何尝有人种阶级的区别呢? 不过在中国,文字里有一个"秋士"的成语①,读本里又有着很普遍的欧阳子的《秋声》与苏东坡的《赤壁赋》等②,就觉得中国的文人,与秋的关系特别深了。可是这秋的深味,尤其是中国的秋的深味,非要在北方,才感受得到的。

☆ 通过文人与秋的关系的议论,开发北京秋天"深沉、幽远、严厉、萧索"的深味。

南国之秋,当然是也有它的特异的地方的,譬如廿四桥的明月③,钱塘江的秋潮④,普陀山的凉雾⑤,荔枝湾的残荷等等⑥,可是色彩不浓,回味不永。比起北国的秋来,正像是黄酒之与白干,稀饭之与馍馍,鲈鱼之与大蟹,黄犬之与骆驼。

☆ 南国之秋与北国之秋形成对比,说明北国之秋"色彩浓、回味永"。

秋天,这北国的秋天,若留得住的话,我愿意把寿命的三分之二折去,换得一个三分之一的零头。

☆ 再次表达对北国之秋的喜爱之情。

一九三四年八月,在北平

【提示】

这是一篇赞美北京秋天的记游散文。全文围绕着北京秋天"色彩浓、回味永"这一中心线索展开,表达了对北京秋天的热爱和眷恋。开头说游北京的目的是领略故都之秋的色和味,结尾写对北京秋天的无比留恋,前后呼应。中间两大部分,则是通过一系列景物描写,着重渲染北京秋天"清""静""悲凉"的浓色,然后再通过对文人与秋之关系的议论,极力开发北京秋天的"深沉、幽远、严厉、萧索"的深味。全文中心突出,结构严谨,形散而神聚。

文中两次写到南国之秋,用南国之秋的色淡、味浅,来反衬北京秋天的浓色、深味,这是对比手法。

本文将记叙、描写、议论、抒情交错运用:写游踪用记叙方式,绘景色用描写方法,开发深味用议论笔调,这都体现了内容与表述方法的恰当融合。而抒情则渗透在叙事、写景、议论的字里行间,流贯全文。

---

① 秋士:指伤秋自悲之士。《淮南子·缪称训》:"春女思,秋士悲,而知物化矣。"
② 欧阳子的《秋声》:指欧阳修的《秋声赋》,描绘无形的秋声和萧飒的秋景,是咏秋的名作。苏东坡的《前赤壁赋》首句云:"壬戌之秋,七月既望,苏子与客泛舟,游于赤壁之下。"所以说也是一篇写秋的作品。
③ 廿(niàn)四桥:在江苏扬州。
④ 钱塘江的秋潮:杭州湾钱塘江口海潮倒灌时,潮头壁立,气象壮观,形成著名的"钱塘潮"。因以每年农历八月十八日在海宁所见为最著,又称"海宁潮"。
⑤ 普陀山:在浙江普陀,佛教四大名山之一,游览胜地。
⑥ 荔枝湾:又名荔枝州,在广州市西郊,岸多红荔,风景幽胜。

思考与练习

一、这篇记游散文的中心线索是什么？

二、文章是赞美北京秋天的浓色、深味，为什么却两次写到南国之秋？

三、本文记叙部分、描写部分、议论部分的内容有何不同？

四、真题再现。

（一）单项选择题

【2023年】1.郁达夫在《故都的秋》中所写的"故都"是指今天的（　　）。

A.南京　　　　B.北京　　　　C.开封　　　　D.西安

【2024年】2.写到"廿四桥的明月，钱塘江的秋潮"的文章是（　　）。

A.《故都的秋》　　　　　　B.《我与地坛》

C.《灯下漫笔》　　　　　　D.《废墟》

（二）判断题

【2021年】《故都的秋》写出了北国之秋"清、静、悲凉"的特点。　　　　　　（　　）

爱尔克的灯光[①]

巴 金

巴金(1904—2005),原名李尧棠,字芾甘。出生于四川成都。1923年冲破封建家庭的樊笼,到上海、南京求学。1927—1928年旅居巴黎,创作并出版了他的处女作《灭亡》。回国后又陆续出版了"爱情三部曲"(《雾》《雨》《电》)、"激流三部曲"(《家》《春》《秋》)、《寒夜》《憩园》等作品。其代表作《家》,通过对一个大官僚地主家庭生活内幕的生动描绘,深刻暴露了封建末世的黑暗与腐朽,控诉了旧礼教、旧势力的罪恶,歌颂了"五四"初期知识青年的觉醒及对封建势力的斗争。除小说外,巴金还有《生之忏悔》《旅途随笔》《静夜的悲剧》等十多部散文集。他的散文多描写自然风光和人生世态,洋溢着渴望自由、追求光明的热情,意境清新,语言流畅。中华人民共和国成立后,人民文学出版社出版了《巴金文集》十四卷。

傍晚,我靠着逐渐黯淡的最后的阳光的指引,走过十八年前的故居。这条街、这个建筑物开始在我的眼前隐藏起来,像在躲避一个久别的旧友。但是它们的改变了的面貌于我还是十分亲切。我认识它们,就像认识我自己。还是那样宽的街,宽的房屋。巍峨的门墙代替了太平缸和石狮子,那一对常常做我们坐骑的背脊光滑的雄狮也不知逃进了哪座荒山。然而大门开着,照壁上"长宜子孙"四个字却是原样地嵌在那里,似乎连颜色也不曾被风雨剥蚀。我望着那同样的照壁,我被一种奇异的感情抓住了,我仿佛要在这里看出过去的十九个年头,不,我仿佛要在这里寻找十八年以前的遥远的旧梦。

守门的卫兵用怀疑的眼光看我。他不了解我的心情。他不会认识十八年前的年轻人。他却用眼光驱逐一个人的许多亲密的回忆。

黑暗来了。我的眼睛失掉了一切。于是大门内亮起了灯光。灯光并不曾照亮什么,反而增加了我心上的黑暗。我只得失望地走了。我向着来时的路回去。已经走了四五步,我忽然掉转头,再看那个建筑物。依旧是阴暗中一线微光。我好像看见一个盛满希望的水碗一下子就落在地上打碎了一般,我痛苦地在心里叫起来。在这条被夜幕覆盖着的近代城市的静寂的街中,我仿佛看见了哈立希岛上的灯光。那应该是姐姐爱尔克点的灯罢。她用这灯光来给她航海的兄弟照路,每夜每夜灯光亮在她的窗前,她一直到死都在等待那个出远门的兄弟回来。最后她带着失望进入坟墓。

街道仍然是清静的。忽然一个熟习的声音在我耳边轻轻地唱起了这个欧洲的古传说。在这里不会有人歌咏这样的故事。应该是书本在我心上留下的影响。但是这个时候我想起了自己的事情。

---

① 本文写于1941年3月。最初收入散文集《龙·虎·狗》,后收入《巴金文集》第十卷。

☆ 写作者回到十八年前的故居，在门外徘徊时的所思所感。当作者看到故居照壁上"长宜子孙"四个字嵌在那里时，不禁感慨万千，回想起十八年前的往事。

十八年前在一个春天的早晨，我离开这个城市、这条街的时候，我也曾有一个姐姐，也曾答应过有一天回来看她，跟她谈一些外面的事情。我相信自己的诺言。那时我的姐姐还是一个出阁才只一个多月的新嫁娘，都说她有一个性情温良的丈夫，因此也会有长久的幸福的岁月。

然而人的安排终于被"偶然"毁坏了。这应该是一个"意外"。但是这"意外"却毫无怜悯地打击了年轻的心。我离家不过一年半光景，就接到了姐姐的死讯。我的哥哥用了颤抖的哭诉的笔叙说一个善良女性的悲惨的结局，还说起她死后受到的冷落的待遇。从此那个作过她丈夫的所谓温良的人改变了，他往一条丧失人性的路走去。他想往上爬，结果却不停地向下面落，终于到了用鸦片烟延续生命的地步。对于姐姐，她生前我没有好好地爱过，死后也不曾做过一样纪念她的事。她寂寞地活着，寂寞地死去。死带走了她的一切，这就是在我们那个地方的旧式女子的命运。

我在外面一直跑了十八年。我从没有向人谈过我的姐姐。只有偶尔在梦里我看见了爱尔克的灯光。一年前在上海我常常睁起眼睛做梦。我望着远远的在窗前发亮的灯，我面前横着一片大海，灯光在呼唤我，我恨不得腋下生出翅膀，即刻飞到那边去。沉重的梦压住我的心灵，我好像在跟许多无形的魔手挣扎。我望着那灯光，路是那么远，我又没有翅膀。我只有一个渴望：飞！飞！那些熬煎着心的日子！那些可怕的梦魇！

☆ 作者抒写自己对一位被旧制度吞噬掉生命的姐姐的深切怀念。

但是我终于出来了。我越过那堆积着像山一样的十八年的长岁月，回到了生我养我而且让我刻印了无数儿时回忆的地方。我走了很多的路。

十九年，似乎一切全变了，又似乎都没有改变。死了许多人，毁了许多家。许多可爱的生命葬入黄土。接着又有许多新的人继续扮演不必要的悲剧。浪费，浪费，还是那许多不必要的浪费——生命，精力，感情，财富，甚至欢笑和眼泪。我去的时候是这样，回来时看见的还是一样的情形。关在这个小圈子里，我禁不住几次问我自己：难道这十八年全是白费？难道在这许多年中间所改变的就只是装束和名词？我痛苦地搓自己的手，不敢给一个回答。

☆ 作者满怀激愤之情，抨击了旧社会、旧制度摧残青春、摧残生命的罪恶。

在这个我永不能忘记的城市里，我度过了五十个傍晚。我花费了自己不少的眼泪和欢笑，也消耗了别人不少的眼泪和欢笑。我匆匆地来，也将匆匆地去。用留恋的眼光看我出生的房屋，这应该是最后的一次了。我的心似乎想在那里寻觅什么。但是我所要的东西绝不会在那里找到。我不会像我的一个姑母或者嫂嫂，设法进到那所已经易了几个主人的公馆，对着园中的花树垂泪，慨叹着一个家族的盛衰。摘吃自己栽种的树上的苦果，这是一个人的本分。我没有跟着那些人走一条路，我当然在这里找不到自己的脚迹。几次走过这个地方，我所看见的还只是那四个字："长宜子孙"。

"长宜子孙"这四个字的年龄比我的不知大了多少。这也该是我祖父留下的东西罢。最近在家里我还读到他的遗嘱。他用空空两手造就了一份家业。到临死还周到地为儿孙安排了舒适的生活。他叮嘱后人保留着他修建的房屋和他辛苦地搜集起来的书画。但是儿孙们回答他的还是同样的字：分和卖。我很奇怪，为什么这样聪明的老人还不明白一个浅显的道理：财富并不"长宜子孙"，倘使不给他们一样生活技能，不向他们指示一条生活道路；"家"这个小圈子只能摧毁年轻心灵的发育成长，倘使不同时让他们睁起眼睛去看广大世界，财富只能毁灭崇高的理想和善良的气质，要是它只消耗在个人的利益上面。

"长宜子孙"，我恨不能削去这四个字①！许多可爱的年轻生命被摧残了，许多有为的年轻心灵被囚禁了。许多人在这个小圈子里面憔悴地捱着日子。这就是"家"！"甜蜜的家"！这不是我应该来的地方。爱尔克的灯光不会把我引到这里来的。

☆ 作者批判了"长宜子孙"对子孙们的迫害，并指出"爱尔克的灯光不会把我引到这里来的"。

于是在一个春天的早晨，依旧是十八年前的那些人把我送到门口，这里面少了几个，也多了几个。还是和那次一样，看不见我姐姐的影子，那次是我没有等待她，这次是我找不到她的坟墓。一个叔父和一个堂兄弟到车站送我，十八年前他们也送过我一段路程。我高兴地来，痛苦地去。汽车离站时我心里的确充满了留恋。但是清晨的微风，路上的尘土，马达的叫吼，车轮的滚动，和广大田野里一片盛开的菜子花，这一切驱散了我的离愁。我不顾同行者的劝告，把头伸到车窗外面，去呼吸广大天幕下的新鲜空气。我很高兴，自己又一次离开了狭小的家，走向广大的世界中去！

忽然在前面田野里一片绿的蚕豆和黄的菜花中间，我仿佛又看见了一线光，一个亮，这还是我常常看见的灯光。这不会是爱尔克的灯里照出来的，我那个可怜的姐姐已经死去了。这一定是我的心灵的灯，它永远给我指示我应该走的路。

☆ 写作者再次离开狭小的家，在"心灵的灯"的指引下，走向广大的世界。

1941 年 3 月在重庆

【提示】

这篇散文抒写了作者见到故居时的复杂心情和联翩思绪。

故居照壁上的"长宜子孙"四个字，引发了作者对人生道路的思索：祖辈们所安排的囿于家庭和礼教的"平坦而舒适"的道路，实际上是一条窒息青春和生命的死路，只有冲破旧家庭、旧礼教，到"广大的世界中去"，才是一条光明之路。这里所表现的作者对封建家庭和封建礼教的彻底否定，就是本文的中心思想。

对姐姐悲剧的回忆，暴露了封建家庭、封建礼教窒息青春和生命的罪恶。

文中写到的三种灯光，都包含着深邃的象征意蕴：故居大门内亮起的昏暗灯光，是旧家庭、旧礼教走向没落、崩溃的象征；爱尔克的灯光，象征着旧生活的悲剧和希望的破

---

① 作者 1959 年注：1956 年 12 月我终于走进了这个"公馆"。"长宜子孙"四个字果然跟着"照壁"一起消失了。

灭;"我的心灵的灯",则是作者对新生活的信念和对理想的追求的象征。

"灯光"不仅使文章充满了诗意,而且是统贯全文的线索。三种灯光的依次闪现,体现着作者的思绪和感情的逐层推进过程,标志文章思想内容的不断深化:由看到旧家庭、旧礼教的败落,到揭露和抨击它的罪恶,再到指出新的生活道路,这正是全文的内容发展脉络。

文章熔叙事、抒情、议论于一炉,思绪翻滚,情感浓烈,充满动人力量。

思考与练习

一、概括作者由"长宜子孙"四个字所引发的思想情感。

二、说明文中出现的三种灯光的象征意蕴。

三、以"灯光"为线索,简要说明文章的内容脉络。

四、姐姐的悲剧说明了什么?

五、真题再现。

(一)单项选择题

【2023年】《爱尔克的灯光》中的"爱尔克"是(　　)。

     A. 人名　　　　　B. 书名　　　C. 地名　　　　D. 灯名

(二)简析题

【2022年】阅读《爱尔克的灯光》中的文字:

"长宜子孙"这四个字的年龄比我的不知大了多少。这也该是我祖父留下的东西罢。最近在家里我还读到他的遗嘱。他用空空两手造就了一份家业。到临死还周到地为儿孙安排了舒适的生活。他叮嘱后人保留着他修建的房屋和他辛苦地搜集起来的书画。但是儿孙们回答他的还是同样的字:分和卖。我很奇怪,为什么这样聪明的老人还不明白一个浅显的道理:财富并不"长宜子孙",倘使不给他们一样生活技能,不向他们指示一条生活道路;"家"这个小圈子只能摧毁年轻心灵的发育成长,倘使不同时让他们睁起眼睛去看广大世界,财富只能毁灭崇高的理想和善良的气质,要是它只消耗在个人的利益上面。

请回答:

(1)这段文字中作者批判了什么思想观念?(3分)

(2)作者为青年们指出了怎样的生活道路?(3分)

(3)说明这段话的现实意义。(3分)

听听那冷雨

余光中

余光中(1928—2017),中国当代学者、作家、诗人、翻译家。福建省永春县人,生于南京,后随父母去香港、台湾,台湾大学外文系毕业,然后去美国读书,获得艾奥瓦大学硕士学位,先后在台湾、香港等地任教。余光中早期从事西方文学的研究和介绍,同时写诗、翻译,后来也进行散文的创作,自称"右手写诗,左手写散文"。著有诗集《舟子的悲歌》《蓝色的羽毛》《钟乳石》《白玉苦瓜》等,散文集《左手的缪斯》《逍遥游》《分水岭上》《记忆像铁轨一样长》《隔水呼渡》等。

惊蛰一过,春寒加剧。先是料料峭峭,继而雨季开始,时而淋淋漓漓,时而淅淅沥沥,天潮潮地湿湿,即连在梦里,也似乎把伞撑着。而就凭一把伞,躲过一阵潇潇的冷雨,也躲不过整个雨季。连思想也都是潮润润的。每天回家,曲折穿过金门街到厦门街迷宫式的长巷短巷,雨里风里,走入霏霏令人更想入非非。想这样子的台北凄凄切切完全是黑白片的味道,想整个中国整部中国的历史无非是一张黑白片子,片头到片尾,一直是这样下着雨的。这种感觉,不知道是不是从安东尼奥尼那里来的。不过那一块土地是久违了,二十五年,四分之一的世纪,即使有雨,也隔着千山万山,千伞万伞。二十五年,一切都断了,只有气候,只有气象报告还牵连在一起。大寒流从那块土地上弥天卷来,这种酷冷吾与古大陆分担。不能扑进她怀里,被她的裙边扫一扫吧也算是安慰孺慕之情。

☆ 由雨季的开始,满怀深情地联想到祖国。

这样想时,严寒里竟有一点温暖的感觉了。这样想时,他希望这些狭长的巷子永远延伸下去,他的思路也可以延伸下去,不是金门街到厦门街,而是金门到厦门。他是厦门人,至少是广义的厦门人,二十年来,不住在厦门,住在厦门街,算是嘲弄吧,也算是安慰。不过说到广义,他同样也是广义的江南人,常州人,南京人,川娃儿,五陵少年①。杏花春雨江南,那是他的少年时代了。再过半个月就是清明。安东尼奥尼的镜头摇过去,摇过去又摇过来。残山剩水犹如是。皇天后土犹如是。纭纭黔首纷纷黎民从北到南犹如是。那里面是中国吗?那里面当然还是中国,永远是中国。只是杏花春雨已不再,牧童遥指已不再②,剑门细雨渭城轻尘也都已不再③。然则他日思夜梦的那片土地,

---

① 五陵少年:唐代诗人白居易《琵琶行》:"曲罢曾教善才服,妆成每被秋娘妒。五陵年少争缠头,一曲红绡不知数。"汉高、惠、景、武、昭五帝陵在长安西,后迁豪贵居五陵地区,世人遂称富贵人家子弟为"五陵少年"。

② "杏花春雨已不再"二句:出自唐代诗人杜牧《清明》:"清明时节雨纷纷,路上行人欲断魂。借问酒家何处有,牧童遥指杏花村。"

③ "剑门细雨"出自南宋陆游《剑门道中遇微雨》:"衣上征尘杂酒痕,远游无处不销魂。此身合是诗人未?细雨骑驴入剑门。""渭城轻尘"出自唐代诗人王维《送元二使安西》:"渭城朝雨浥轻尘,客舍青青柳色新。劝君更尽一杯酒,西出阳关无故人。"

究竟在哪里呢？

在报纸的头条标题里吗？还是香港的谣言里？还是傅聪的黑键白键马思聪的跳弓拨弦？还是安东尼奥尼的镜底勒马洲的望中①？还是呢，故宫博物院的壁头和玻璃橱内，京戏的锣鼓声中太白和东坡的韵里？

杏花。春雨。江南。六个方块字，或许那片土就在那里面。而无论赤县也好神州也好中国也好，变来变去，只要仓颉的灵感不灭②，美丽的中文不老，那形象，那磁石一般的向心力当必然长在。因为一个方块字是一个天地。太初有字，于是汉族的心灵他祖先的回忆和希望便有了寄托。譬如凭空写一个"雨"字，点点滴滴，滂滂沱沱，淅沥淅沥淅沥，一切云情雨意，就宛然其中了。视觉上的这种美感，岂是什么 rain 也好 pluie 也好所能满足？翻开一部《辞源》或《辞海》，金木水火土，各成世界，而一入"雨"部，古神州的天颜千变万化，便悉在望中，美丽的霜雪云霞，骇人的雷电霹雹，展露的无非是神的好脾气与坏脾气，气象台百读不厌门外汉百思不解的百科全书。

听听，那冷雨。看看，那冷雨。嗅嗅闻闻，那冷雨。舔舔吧，那冷雨。雨在他的伞上，这城市百万人的伞上，雨衣上，屋上，天线上。雨下在基隆港，在防波堤，在海峡的船上，清明这季雨。雨是女性，应该最富于感性。雨气空蒙而迷幻，细细嗅嗅，清清爽爽新新，有一点点薄荷的香味。浓的时候，竟发出草和树沐发后特有的淡淡土腥气，也许那竟是蚯蚓和蜗牛的腥气吧，毕竟是惊蛰了啊。也许地上的地下的生命，也许古中国层层叠叠的记忆皆蠢蠢而蠕③，也许是植物的潜意识和梦吧，那腥气。

第三次去美国，在高高的丹佛他山居了两年。美国的西部，多山多沙漠。千里干旱。天，蓝似盎格鲁-撒克逊人的眼睛；地，红如印第安人的肌肤；云，却是罕见的白鸟。落基山簇簇耀目的雪峰上，很少飘云牵雾。一来高，二来干，三来森林线以上，杉柏也止步，中国诗词里"荡胸生层云"④，或是"商略黄昏雨"的意趣⑤，是落基山上难睹的景象。落基山岭之胜，在石，在雪。那些奇岩怪石，相叠互倚，砌一场惊心动魄的雕塑展览，给太阳和千里的风看。那雪，白得虚虚幻幻，冷得清清醒醒，那股皑皑不绝一仰难尽的气势，压得人呼吸困难，心寒眸酸。不过要领略"白云回望合，青霭入看无"的境界⑥，仍须回来中国。台湾湿度很高，最饶云气氤氲雨意迷离的情调⑦。两度夜宿溪头，树香沁鼻，宵寒袭肘，枕着润碧湿翠苍苍交叠的山影和万籁都歇的岑寂，仙人一样睡去。山中一夜饱雨，次晨醒来，在旭日未升的原始幽静中，冲着隔夜的寒气，踏着满地的断柯折枝和仍在流泻的细股雨水，一径探入森林的秘密，曲曲弯弯，步上山去。溪头的山，树密雾

---

① 勒马洲：又称落马洲，位于港粤交界西段，与深圳福田区皇岗一河之隔。
② 仓颉：传说中创造汉字的人。
③ 蠢蠢：蠕动的样子。
④ 荡胸生层云：出自唐代诗人杜甫《望岳》："岱宗夫如何，齐鲁青未了。造化钟神秀，阴阳割昏晓。荡胸生层云，决眦入归鸟。会当凌绝顶，一览众山小。"
⑤ 商略黄昏雨：出自南宋词人姜夔《点绛唇》（丁未冬，过吴松作）："燕雁无心，太湖西畔随云去。数峰清苦，商略黄昏雨。　第四桥边，拟共天随住。今何许？凭栏怀古，残柳参差舞。"
⑥ "白云回望合"二句：出自唐代诗人王维《终南山》："太乙近天都，连山到海隅。白云回望合，青霭入看无。分野中峰变，阴晴众壑殊。欲投人处宿，隔水问樵夫。"
⑦ 氤氲：烟气很盛的样子。

浓,翁郁的水汽从谷底冉冉升起①,时稠时稀,蒸腾多姿,幻化无定,只能从雾破云开的空处,窥见乍现即隐的一峰半壑,要纵览全貌,几乎是不可能的。至少入山两次,只能在白茫茫里和溪头诸峰玩捉迷藏的游戏。回到台北,世人问起,除了笑而不答心自闲,故作神秘之外,实际的印象,也无非山在虚无之间罢了。云缭烟绕,山隐水迢的中国风景,由来予人宋画的韵味。那天下也许是赵家的天下,那山水却是米家的山水②。而究竟,是米氏父子下笔像中国的山水,还是中国的山水上纸像宋画。恐怕是谁也说不清楚了吧?

雨不但可嗅,可观,更可以听。听听那冷雨。听雨,只要不是石破天惊的台风暴雨,在听觉上总是一种美感。大陆上的秋天,无论是疏雨滴梧桐③,或是骤雨打荷叶④,听去总有一点凄凉,凄清,凄楚,于今在岛上回味,则在凄楚之外,更笼上一层凄迷了。饶你多少豪情侠气,怕也经不起三番五次的风吹雨打。一打少年听雨,红烛昏沉。两打中年听雨,客舟中,江阔云低。三打白头听雨在僧庐下⑤。这便是亡宋之痛,一颗敏感心灵的一生:楼上,江上,庙里,用冷冷的雨珠子串成。十年前,他曾在一场摧心折骨的鬼雨中迷失了自己。雨,该是一滴湿漓漓的灵魂,窗外在喊谁。

雨打在树上和瓦上,韵律都清脆可听。尤其是铿铿敲在屋瓦上,那古老的音乐,属于中国,王禹偁在黄冈,破如椽的大竹为屋瓦。据说住在竹楼上面,急雨声如瀑布,密雪声比碎玉⑥。而无论鼓琴,咏诗,下棋,投壶,共鸣的效果都特别好。这样岂不像住在竹筒里面,任何细脆的声响,怕都会加倍夸大,反而令人耳朵过敏吧。

雨天的屋瓦,浮漾湿湿的流光,灰而温柔,迎光则微明,背光则幽黯,对于视觉,是一种低沉的安慰。至于雨敲在鳞鳞千瓣的瓦上,由远而近,轻轻重重轻轻,夹着一股股的细流沿瓦槽与屋檐潺潺泻下,各种敲击音与滑音密织成网,谁的千指百指在按摩耳轮。"下雨了",温柔的灰美人来了,她冰冰的纤手在屋顶拂弄着无数的黑键啊灰键,把晌午一下子奏成了黄昏。

在古老的大陆上,千屋万户是如此。二十多年前,初来这岛上,日式的瓦屋亦是如此。先是天暗了下来,城市像罩在一块巨幅的毛玻璃里,阴影在户内延长复加深。然后凉凉的水意弥漫在空间,风自每一个角落里旋起,感觉得到,每一个屋顶上都呼吸沉重覆着灰云。雨来了,最轻的敲打乐敲打这城市,苍茫的屋顶,远远近近,一张张敲过去,古老的琴,那细细密密的节奏,单调里自有一种柔婉与亲切,滴滴点点滴滴,似幻似真,若孩时在摇篮里,一曲耳熟的童谣摇摇欲睡,母亲吟哦鼻音与喉音。或是在江南的泽国水乡,一大筐绿油油的桑叶被啮于千百头蚕,细细琐琐屑屑,口器与口器咀咀嚼嚼。雨

---

① 翁郁:原指草木茂盛,这里指水汽很盛。

② 米家:指宋代著名书画家米芾。

③ 疏雨滴梧桐:唐代诗人孟浩然有"微云淡河汉,疏雨滴梧桐"的诗句,后世作家多化用,如温庭筠的"梧桐树,三更雨,不道离情正苦";李清照的"梧桐更兼细雨,到黄昏,点点滴滴"。

④ 骤雨打荷叶:唐代诗人李商隐有诗句:"秋阴不散霜飞晚,留得枯荷听雨声",金代作家元好问有曲句"骤雨过,珍珠乱糁,打遍新荷"。

⑤ "一打"六句:出自南宋词人蒋捷《虞美人·听雨》:"少年听雨歌楼上,红烛昏罗帐。壮年听雨客舟中,江阔云低断雁叫西风。 而今听雨僧庐下,鬓已星星也。悲欢离合总无情,一任阶前、点滴到天明。"

⑥ 王禹偁在黄冈:见宋代作家王禹偁的《黄冈竹楼记》。

来了,雨来的时候瓦这么说,一片瓦说,千亿片瓦说,说轻轻地奏吧沉沉地弹,徐徐地叩吧答答地打,间间歇歇敲一个雨季,即兴演奏从惊蛰到清明,在零落的坟上冷冷奏挽歌,一片瓦吟千亿片瓦吟。

在日式的古屋里听雨,听四月,霏霏不绝的黄梅雨,朝夕不断,旬月绵延,湿黏黏的苔藓从石阶下一直侵到他舌底,心底。到七月,听台风台雨在古屋顶上一夜盲奏,千寻海底的热浪沸沸被狂风挟来,掀翻整个太平洋只为向他的矮屋檐重重压下,整个海在他的蜗壳上哗哗泻过。不然便是雷雨夜,白烟一般的纱帐里听羯鼓一通又一通,滔天的暴雨滂滂沛沛扑来,强劲的电琵琶忐忑忑忐忑忑,弹动屋瓦的惊悸腾腾欲掀起。不然便是斜斜的西北雨斜斜,刷在窗玻璃上,鞭在墙上,打在阔大的芭蕉叶上,一阵寒濑泻过①,秋意便弥漫日式的庭院了。

在日式的古屋里听雨,春雨绵绵听到秋雨潇潇,从少年听到中年,听听那冷雨。雨是一种单调而耐听的音乐是室内乐是室外乐,户内听听,户外听听,冷冷,那音乐。雨是一种回忆的音乐,听听那冷雨,回忆江南的雨下得满地是江湖下在桥上和船上,也下在四川在秧田和蛙塘,下肥了嘉陵江下湿布谷咕咕的啼声。雨是潮潮润润的音乐下在渴望的唇上舐舐那冷雨。

因为雨是最最原始的敲打乐从记忆的彼端敲起。瓦是最最低沉的乐器灰蒙蒙的温柔覆盖着听雨的人,瓦是音乐的雨伞撑起。但不久公寓的时代来临,台北你怎么一下子长高了,瓦的音乐竟成了绝响。千片万片的瓦翩翩,美丽的灰蝴蝶纷纷飞走,飞入历史的记忆。现在雨下下来,下在水泥的屋顶和墙上,没有音韵的雨季。树也砍光了,那月桂,那枫树,柳树和擎天的巨椰。雨来的时候不再有丛叶嘈嘈切切,闪动湿湿的绿光迎接。鸟声减了啾啾,蛙声沉了咯咯,秋天的虫吟也减了唧唧。七十年代的台北不需要这些,一个乐队接一个乐队便遣散尽了。要听鸡叫,只有去《诗经》的韵里寻找。现在只剩下一张黑白片,黑白的默片。

正如马车的时代去后,三轮车的时代也去了。曾经在雨夜,三轮车的油布篷挂起,送她回家的途中,篷里的世界小得多可爱,而且躲在警察的辖区以外。雨衣的口袋越大越好,盛得下他的一只手里握一只纤纤的手。台湾的雨季这么长,该有人发明一种宽宽的双人雨衣,一人分穿一只袖子,此外的部分就不必分得太苛。而无论工业如何发达,一时似乎还废不了雨伞。只要雨不倾盆,风不横吹,撑一把伞在雨中仍不失古典的韵味。任雨点敲在黑布伞或是透明的塑胶伞上,将骨柄一旋,雨珠向四方喷溅,伞缘便旋成了一圈飞檐。跟女友共一把雨伞,该是一种美丽的合作吧。最好是初恋,有点兴奋,更有点不好意思,若即若离之间,雨不妨下大一点。真正初恋,恐怕是兴奋得不需要伞的,手牵手在雨中狂奔而去,把年轻的长发和肌肤交给漫天的淋淋漓漓,然后向对方的唇上颊上尝凉凉甜甜的雨水。不过那要非常年轻且激情,同时,也只能发生在法国的新潮片里吧。

☆ 由雨展开具体的想象,描写独特的体验,抒写浓浓的相思。

大多数的雨伞想来不会为约会张开。上班下班,上学放学,菜市来回的途中,现实

---

① 寒濑:指秋雨。濑,湍急的水流。

的伞,灰色的星期三。握着雨伞,他听那冷雨打在伞上。索性更冷一些就好了,他想。索性把湿湿的灰雨冻成干干爽爽的白雨,六角形的结晶体在无风的空中回回旋旋地降下来,等须眉和肩头白尽时,伸手一拂就落了。二十五年,没有受故乡白雨的祝福,或许发上下一点白霜是一种变相的自我补偿吧。一位英雄,经得起多少次雨季? 他的额头是水成岩削成还是火成岩? 他的心底究竟有多厚的苔藓? 厦门街的雨巷走了二十年,与记忆等长,一座无瓦的公寓在巷底等他,一盏灯在楼上的雨窗子里,等他回去,向晚餐后的沉思冥想去整理青苔深深的记忆。前尘隔海。古屋不再。听听那冷雨。

☆ 思绪回到现实,将对故乡的思念、回忆埋入心底,沉淀。

【提示】

本文是一篇抒情散文。其主旨,是一缕剪不断的乡愁,是对祖国刻骨铭心的爱和思念。作者使用多种艺术手法,抒写了身在异国他乡的漂泊之感和对祖国故乡的思念之情。

本文采用"时空交错"的手法。时空不断变化和转移,中国大陆、中国台湾、美国,过去、今天,交叉重叠。这种手法的运用,打破了时间和空间的局限,自由发挥联想和想象,意象罗列,散点铺排,以"凄风冷雨""杏花春雨""黄梅细雨"等多种具体的意象表达情感,抒情集中而充分,让我们在电影蒙太奇镜头里体会游子思乡的心情和性情。

作者以"雨"为结构线索。"冷雨"不仅表达了春寒料峭的外在感受,也蕴含了白发游子思归不得的内心悲凉。

作者写"雨",采用了通感手法。雨可触、可嗅、可观、可听、可舔,通过各种感官,表达对"雨"的感受,把雨的意象描写得形象生动,极富质感。

为更好地表现主题,作者大量引用了古典诗词,营造出富有诗情画意的意境美。

多种修辞手法的运用,例如比喻、拟人、对偶、排比等,更增强了作品的表现力和感染力。

思考与练习

一、怎样理解本文的主题?

二、简述本文的行文线索。

三、"时空交错"手法与写意抒情的内在联系是什么?

四、真题再现。

(一)单项选择题

【2021 年】1.《听听那冷雨》表达的情感是(　　　)。

　　　A. 父爱　　　B. 母爱　　　C. 友情　　　D. 乡愁

【2022 年】2. 下列作品属于余光中的是(　　　)。

　　　A.《听听那冷雨》　　　　　B.《废墟》

　　　C.《我与地坛》　　　　　　D.《故都的秋》

（二）简析题

【2024 年】阅读《听听那冷雨》中的文字：

　　听听，那冷雨。看看，那冷雨。嗅嗅闻闻，那冷雨。舔舔吧，那冷雨。雨在他的伞上，这城市百万人的伞上，雨衣上、屋上，天线上。雨下在基隆港，在防波堤，在海峡的船上，清明这季雨。雨是女性，应该最富于感性。雨气空蒙而迷幻，细细嗅嗅，清清爽爽新新，有一点点薄荷的香味。浓的时候，竟发出草和树沐发后特有的淡淡土腥气，也许那竟是蚯蚓和蜗牛的腥气吧，毕竟是惊蛰了啊。也许地上的地下的生命，也许古中国层层叠叠的记忆皆蠢蠢而蠕，也许是植物的潜意识和梦吧，那腥气。

请回答：

(1)"雨是女性，应该最富于感性"用了什么修辞手法？(2分)

(2)这段文字中的叠词使用有什么表达效果？(4分)

(3)这段文字中作者听的雨是哪个季节的雨？(3分)

我 与 地 坛①

史铁生

史铁生(1951—2010),原籍河北涿县(今涿州市),生于北京,当代著名作家。著有短篇小说《我的遥远的清平湾》《命若琴弦》,中篇小说《原罪·宿命》,散文集《自言自语》,长篇小说《务虚笔记》等。作品以关切人生的独特主题和风格引人注目。

一

我在好几篇小说中都提到过一座废弃的古园,实际上就是地坛。许多年前旅游业还没有开展,园子荒芜冷落得如同一片野地,很少被人记起。

地坛离我家很近。或者说我家离地坛很近。总之,只好认为这是缘分。地坛在我出生前四百多年就坐落在那儿了,而自从我的祖母年轻时带着我父亲来到北京,就一直住在离它不远的地方——五十多年间搬过几次家,可搬来搬去总是在它周围,而且是越搬离它越近了。我常觉得这中间有着宿命的味道②:仿佛这古园就是为了等我,而历尽沧桑在那儿等待了四百多年③。

它等待我出生,然后又等待我活到最狂妄的年龄上忽地残废了双腿。四百多年里,它一面剥蚀了古殿檐头浮夸的琉璃,淡褪了门壁上炫耀的朱红,坍圮了一段段高墙又散落了玉砌雕栏④,祭坛四周的老柏树愈见苍幽,到处的野草荒藤也都茂盛得自在坦荡。这时候想必我是该来了。十五年前的一个下午,我摇着轮椅进入园中,它为一个失魂落魄的人把一切都准备好了。那时,太阳循着亘古不变的路途正越来越大⑤,也越红。在满园弥漫的沉静光芒中,一个人更容易看到时间,并看见自己的身影。

自从那个下午我无意中进了这园子,就再没长久地离开过它。我一下子就理解了它的意图。正如我在一篇小说中所说的:"在人口密聚的城市里,有这样一个宁静的去处,像是上帝的苦心安排。"

两条腿残废后的最初几年,我找不到工作,找不到去路,忽然间几乎什么都找不到了,我就摇了轮椅总是到它那儿去,仅为着那儿是可以逃避一个世界的另一个世界。我在那篇小说中写道:"没处可去我便一天到晚耗在这园子里⑥。跟上班下班一样,别人去上班我就摇了轮椅到这儿来。""园子无人看管,上下班时间有些抄近路的人们从园中穿过,园子里活跃一阵,过后便沉寂下来。""园墙在金晃晃的空气中斜切下一溜阴凉,

---

① 本文选自《上海文学》1992年第1期。原文共七节,这里节选的是前三节。
② 宿命:一种认为人的遭遇是由前世所定的宗教观念。
③ 沧桑:沧海桑田的略语,比喻世事变化很大。
④ 坍(tān)圮(pǐ):倒塌。
⑤ 亘古:从古到今。
⑥ 耗:待,拖延。

我把轮椅开进去,把椅背放倒,坐着或是躺着,看书或者想事,撅一枝树枝左右拍打,驱赶那些和我一样不明白为什么要来这世上的小昆虫。"蜂儿如一朵小雾稳稳地停在半空;蚂蚁摇头晃脑捋着触须①,猛然间想透了什么,转身疾行而去;瓢虫爬得不耐烦了,累了,祈祷一回便支开翅膀,忽悠一下升空了;树干上留着一只蝉蜕,寂寞如一间空屋;露水在草叶上滚动,聚集,压弯了草叶轰然坠地摔开万道金光。"满园子都是草木竞相生长弄出的响动,窸窸窣窣窸窸窣窣片刻不息②。"这都是真实的记录,园子荒芜但并不衰败。

除去几座殿堂我无法进去,除去那座祭坛我不能上去而只能从各个角度张望它,地坛的每一棵树下我都去过,差不多它的每一米草地上都有过我的车轮印。无论是什么季节,什么天气,什么时间,我都在这园子里待过。有时候待一会儿就回家,有时候就待到满地上都亮起月光。记不清都是在它的哪些角落里了,我一连几小时专心致志地想关于死的事,也以同样的耐心和方式想过我为什么要出生。这样想了好几年,最后事情终于弄明白了:一个人,出生了,这就不再是一个可以辩论的问题,而只是上帝交给他的一个事实;上帝在交给我们这件事实的时候,已经顺便保证了它的结果,所以死是一件不必急于求成的事,死是一个必然会降临的节日。这样想过之后我安心多了,眼前的一切不再那么可怕。比如你起早熬夜准备考试的时候,忽然想起有一个长长的假期在前面等待你,你会不会觉得轻松一点儿? 并且庆幸并且感激这样的安排?

剩下的就是怎样活的问题了。这却不是在某一个瞬间就能完全想透的,不是能够一次性解决的事,怕是活多久就要想它多久了,就像是伴你终生的魔鬼或恋人。所以,十五年了,我还是总得到那古园里去,去它的老树下或荒草边或颓墙旁,去默坐,去呆想,去推开耳边的嘈杂理一理纷乱的思绪,去窥看自己的心魂。十五年中,这古园的形体被不能理解它的人肆意雕琢,幸好有些东西是任谁也不能改变它的。譬如祭坛石门中的落日,寂静的光辉平铺的一刻,地上的每一个坎坷都被映照得灿烂;譬如在园中最为落寞的时间,一群雨燕便出来高歌,把天地都叫喊得苍凉;譬如冬天雪地上孩子的脚印,总让人猜想他们是谁,曾在哪儿做过些什么,然后又都到哪儿去了;譬如那些苍黑的古柏,你忧郁的时候它们镇静地站在那儿,你欣喜的时候它们依然镇静地站在那儿,它们没日没夜地站在那儿从你没有出生一直站到这个世界上又没了你的时候;譬如暴雨骤临园中,激起一阵阵灼烈而清纯的草木和泥土的气味,让人想起无数个夏天的事件;譬如秋风忽至,再有一场早霜,落叶或飘摇歌舞或坦然安卧,满园中播散着熨帖而微苦的味道③。味道是最说不清楚的,味道不能写只能闻,要你身临其境去闻才能明了。味道甚至是难于记忆的,只有你又闻到它你才能记起它的全部情感和意蕴。所以我常常要到那园子里去。

☆ 描述了作者在双腿残废后,常常独自前往地坛,并在地坛中领悟到了人生的一些深刻感悟。

---

① 捋(lǚ):整理,理顺。
② 窸(xī)窣(sū):形容细小的声音。
③ 熨(yù)帖:心里宁静舒适。

二

现在我才想到,当年我总是独自跑到地坛去,曾经给母亲出了一个怎样的难题。

她不是那种光会疼爱儿子而不懂得理解儿子的母亲。她知道我心里的苦闷,知道不该阻止我出去走走,知道我要是老待在家里结果会更糟,但她又担心我一个人在那荒僻的园子里整天都想些什么。我那时脾气坏到极点,经常是发了疯一样地离开家,从那园子里回来又中了魔似的什么话都不说。母亲知道有些事不宜问,便犹犹豫豫地想问而终于不敢问,因为她自己心里也没有答案。她料想我不会愿意她跟我一同去,所以她从未这样要求过,她知道得给我一点儿独处的时间,得有这样一段过程。她只是不知道这过程得要多久,和这过程的尽头究竟是什么。每次我要动身时,她便无言地帮我准备,帮助我上了轮椅车,看着我摇车拐出小院;这以后她会怎样,当年我不曾想过。

有一回我摇车出了小院,想起一件什么事又返身回来,看见母亲仍站在原地,还是送我走时的姿势,望着我拐出小院去的那处墙角,对我的回来竟一时没有反应。待她再次送我出门的时候,她说:"出去活动活动,去地坛看看书,我说这挺好。"许多年以后我才渐渐听出,母亲这话实际上是自我安慰,是暗自的祷告,是给我的提示,是恳求与嘱咐。只是在她猝然去世之后,我才有余暇设想。当我不在家里的那些漫长的时间,她是怎样心神不定坐卧难宁,兼着痛苦与惊恐与一个母亲最低限度的祈求。现在我可以断定,以她的聪慧和坚忍,在那些空落的白天后的黑夜,在那不眠的黑夜后的白天,她思来想去最后准是对自己说:"反正我不能不让他出去,未来的日子是他自己的,如果他真的在那园子里出了什么事,这苦难也只好我来承担。"在那段日子里——那是好几年前的一段日子,我想我一定使母亲做过最坏的准备了,但她从来没有对我说过:"你为我想想。"事实上我也真的没为她想过。那时她的儿子还太年轻,还来不及为母亲想,他被命运击昏了头,一心以为自己是世上最不幸的一个,不知道儿子的不幸在母亲那儿总是要加倍的。她有一个长到二十岁上忽然截瘫了的儿子,这是她惟一的儿子;她情愿截瘫的是自己而不是儿子,可这事无法代替;她想,只要儿子能活下去哪怕自己去死呢也行,可她又确信一个人不能仅仅是活着,儿子得有一条路走向自己的幸福;而这条路呢,没有谁能保证她的儿子最终能找到——这样一个母亲,注定是活得最苦的母亲。

有一次与一个作家朋友聊天,我问他学写作的最初动机是什么?他想了一会儿说:"为我母亲。为了让她骄傲。"我心里一惊,良久无言。回想自己最初写小说的动机,虽不似这位朋友的那般单纯,但如他一样的愿望我也有,且一经细想,发现这愿望也在全部动机中占了很大比重。这位朋友说:"我的动机太低俗了吧?"我光是摇头,心想低俗并不见得低俗,只怕是这愿望过于天真了。他又说:"我那时真就是想出名,出了名让别人羡慕我母亲。"我想,他比我坦率。我想,他又比我幸福,因为他的母亲还活着。而且我想,他的母亲也比我的母亲运气好,他的母亲没有一个双腿残废的儿子,否则事情就不这么简单。

在我的头一篇小说发表的时候,在我的小说第一次获奖的那些日子里,我真是多么希望我的母亲还活着。我便又不能在家里待了,又整天整天独自跑到地坛去,心里是没头没尾的沉郁和哀怨,走遍整个园子却怎么也想不通:母亲为什么就不能再多活两年?为什么在她儿子就快要碰撞开一条路的时候,她却忽然熬不住了?莫非她来此世上只是为了替儿子担忧,却不该分享我的一点点快乐?她匆匆离我去时才只有四十九呀!有那么一会儿,我甚至对世界对上帝充满了仇恨和厌恶。后来我在一篇题为《合欢树》的文章中写道:"坐在小公园安静的树林里,我闭上眼睛,想:上帝为什么早早地召母亲回去呢?很久很久,迷迷糊糊地,我听见了回答:'她心里太苦了。上帝看她受不住了,就召她回去。'我似乎得到一点儿安慰,睁开眼睛,看见风正从树林里穿过。"小公园,指的也是地坛。

只是到了这时候,纷纭的往事才在我眼前幻现得清晰,母亲的苦难与伟大才在我心中渗透得深彻。上帝的考虑,也许是对的。

摇着轮椅在园中慢慢走,又是雾罩的清晨,又是骄阳高悬的白昼,我只想着一件事:母亲已经不在了。在老柏树旁停下,在草地上在颓墙边停下,又是处处虫鸣的午后,又是鸟儿归巢的傍晚,我心里只默念着一句话:可是母亲已经不在了。把椅背放倒,躺下,似睡非睡挨到日没,坐起来,心神恍惚,呆呆地直坐到古祭坛上落满黑暗然后再渐渐浮起月光,心里才有点儿明白,母亲不能再来这园中找我了。

曾有过好多回,我在这园子里待得太久了,母亲就来找我。她来找我又不想让我发觉,只要见我还好好地在这园子里,她就悄悄转身回去,我看见过几次她的背影。我也看见过几回她四处张望的情景,她视力不好,端着眼镜像在寻找海上的一条船,她没看见我时我已经看见她了,待我看见她也看见我了我就不去看她,过一会儿我再抬头看她就又看见她缓缓离去的背影。我单是无法知道有多少回她没有找到我。有一回我坐在矮树丛中,树丛很密,我看见她没有找到我;她一个人在园子里走,走过我的身旁,走过我经常待的一些地方,步履茫然又急迫。我不知道她已经找了多久还要找多久,我不知道为什么我决意不喊她——但这绝不是小时候的捉迷藏,这也许是出于长大了的男孩子的倔强或羞涩?但这倔强只留给我痛悔,丝毫也没有骄傲。我真想告诫所有长大了的男孩子,千万不要跟母亲来这套倔强,羞涩就更不必,我已经懂了可我已经来不及了。

儿子想使母亲骄傲,这心情毕竟是太真实了,以致使"想出名"这一声名狼藉的念头也多少改变了一点儿形象①。这是个复杂的问题,且不去管它了罢。随着小说获奖的激动逐日暗淡,我开始相信,至少有一点我是想错了:我用纸笔在报刊上碰撞开的一条路,并不就是母亲盼望我找到的那条路。年年月月我都到这园子里来,年年月月我都要想,母亲盼望我找到的那条路到底是什么。母亲生前没给我留下过什么隽永的哲言②,或要我恪守的教诲③,只是在她去世之后,她艰难的命运,坚忍的意志和毫不张扬的爱,

---

① 声名狼藉:名声极坏。
② 隽永:意味深长。
③ 恪(kè)守:谨慎而恭敬地遵守。

随光阴流转,在我的印象中愈加鲜明深刻。

有一年,十月的风又翻动起安详的落叶,我在园中读书,听见两个散步的老人说:"没想到这园子有这么大。"我放下书,想,这么大一座园子,要在其中找到她的儿子,母亲走过了多少焦灼的路①。多年来我头一次意识到,这园中不单是处处都有过我的车辙,有过我的车辙的地方也都有过母亲的脚印。

☆ 通过三种方式展示母亲对儿子深沉的爱。

三

如果以一天中的时间来对应四季,当然春天是早晨,夏天是中午,秋天是黄昏,冬天是夜晚。如果以乐器来对应四季,我想春天应该是小号,夏天是定音鼓,秋天是大提琴,冬天是圆号和长笛。要是以这园子里的声响来对应四季呢?那么,春天是祭坛上空漂浮着的鸽子的哨音,夏天是冗长的蝉歌和杨树叶子哗啦啦地对蝉歌的取笑②,秋天是古殿檐头的风铃响,冬天是啄木鸟随意而空旷的啄木声。以园中的景物对应四季,春天是一径时而苍白时而黑润的小路,时而明朗时而阴晦的天上摇荡着串串杨花;夏天是一条条耀眼而灼人的石凳,或阴凉而爬满了青苔的石阶,阶下有果皮,阶上有半张被坐皱的报纸;秋天是一座青铜的大钟,在园子的西北角上曾丢弃着一座很大的铜钟,铜钟与这园子一般年纪,浑身挂满绿锈,文字已不清晰;冬天,是林中空地上几只羽毛蓬松的老麻雀。以心绪对应四季呢?春天是卧病的季节,否则人们不易发觉春天的残忍与渴望;夏天,情人们应该在这个季节里失恋,不然就似乎对不起爱情;秋天是从外面买一棵盆花回家的时候,把花搁在阔别了的家中,并且打开窗户把阳光也放进屋里,慢慢回忆慢慢整理一些发过霉的东西;冬天伴着火炉和书,一遍遍坚定不死的决心,写一些并不发出的信。还可以用艺术形式对应四季,这样春天就是一幅画,夏天是一部长篇小说,秋天是一首短歌或诗,冬天是一群雕塑。以梦呢?以梦对应四季呢?春天是树尖上的呼喊,夏天是呼喊中的细雨,秋天是细雨中的土地,冬天是干净的土地上的一只孤零的烟斗。

因为这园子,我常感恩于自己的命运。

我甚至现在就能清楚地看见,一旦有一天我不得不长久地离开它,我会怎样想念它,我会怎样想念它并且梦见它,我会怎样因为不敢想念它而梦也梦不到它。

☆ 用多种事物类比四季,表达作者对自然和人生命运复杂多变的种种感受。

【提示】

这是一篇情意深挚的记事散文。

文章分三部分。第一部分记叙"我"双腿残废后十五年来与地坛结下的不解之缘,抒写"我"在"荒芜但并不衰败"的环境中对人生的思考。第二部分述说"我"那"活得最

---

① 焦灼:内心着急,焦虑。
② 冗长:繁杂而长久。

苦的母亲"对残废儿子那种不仅疼爱,而且理解;毫不张扬,却意志坚忍的母爱,寄寓着"我"对母亲的无限思念之情。第三部分以七种事物类比四季,象征着"我"对自身经历酸甜苦辣和人生命运复杂多变的种种感受。全文表达了作者在遭受命运沉重打击之后,在地坛这个特定环境中对自然、母爱、人生的深沉思索,表现出在苦痛中奋发的坚韧性格和意志。

作者通过三种方式来展现母爱的深挚。一是无声的行动描写。每天送行伫望,但从来不问为什么;为寻找"我",不知在园子里走过多少路;看到"我"在园子里就悄悄转身离开;一时寻不到"我",就步履茫然而急迫。这重复多年的无声行动中,压抑的是痛心焦虑,显露的是深切理解。二是借"我"之口进行直接心理描写。她整日"心神不定坐卧难宁",兼着"惊恐""祈求"和不断地自我安慰;"她情愿截瘫的是自己而不是儿子";"她心里太苦了。上帝看她受不住了,就召她回去"。儿子遭遇不幸,母亲比儿子还痛苦,这就是母爱的深度。三是侧面烘托。反复抒写"我"对母亲思念、痛悔之情,从侧面烘托出母爱的动人力量。

作品运用了意在言外的象征手法。落笔地坛,却泼墨母爱,似不相干,其实对"我"来说,地坛和母亲都是抚平创伤、焕发新生的源泉,这在整体上就是一种象征性类比。叙述地坛的"历尽沧桑""荒芜但并不衰败",让人联想到"我"艰难坎坷的人生道路和自强不屈的精神;描绘古园中那"谁也不能改变"的落日光辉、雨燕高歌、孩童脚印、苍劲古柏、夏雨秋风,则是"我"倔强"心魂"的象征性显现。对与四季相应的多种事物的排比铺陈,则更是各种体验、多种心境、复杂人生、沧桑命运的多重类比和象征。这些地方,都像诗一样寓意无穷。

文章以深微的情思贯注始终,在叙事中抒情,在写景中抒情,在记人中抒情,熔叙事、写景、记人和抒情、象征、寄托于一体,处处给人浑然浓郁而又精湛独到之感。作品文笔从容,语言优美,善用比喻、比拟、排比句式和类比手法写景状物,并将排比、类比和象征结合起来,使物象层出,寓意含蓄,韵味深长。

思考与练习

一、作者通过哪几种方式来表现母爱的深挚?请结合有关段落作简要说明。

二、作品中哪些地方具有象征性意蕴?

三、概括本文的主题。

四、真题再现。

简析题

【2023年】阅读《我与地坛》中的文字:

她不是那种光会疼爱儿子而不懂得理解儿子的母亲。她知道我心里的苦闷,知道不该阻止我出去走走,知道我要是老待在家里结果会更糟,但她又担心我一个人在那荒僻的园子里整天都想些什么。我那时脾气坏到极点,经常是发了疯一样地离开家,从那园子里回来又中了魔似的什么话都不说。母亲知道有些事不宜问,便犹犹豫豫地想问而终于不敢问,因为她自己心里也没有答案。她料想我不会愿意她跟我一同去,所以她从未这样要求过,她知道得给我一点儿独处的时间,得有这样一段过程。她只是不知道这过程得要多久,和这过程的尽头究竟是什么。每次我要动身时,她便无言地帮我准备,帮助我上了轮椅车,看着我摇车拐出小院;这以后她会怎样,当年我不曾想过。

请回答:

(1) 这段文字中"那荒僻的园子"指的是什么?(2分)

(2) 这段文字是怎样描写母爱的?(4分)

(3) 这段文字表达了作者怎样的感情?(3分)

拣　麦　穗①

张　洁

张洁(1937—2022)，北京人，当代著名女作家。著有长篇小说《沉重的翅膀》，中篇小说《方舟》，短篇小说集《爱，是不能忘记的》等。她的作品以情感真挚动人见长。

在农村长大的姑娘，谁不熟悉拣麦穗的事呢？

我要说的，却是几十年前拣麦穗的那段往事。

月残星疏的清晨，挎着一个空荡荡的篮子，顺着田埂上的小路走去拣麦穗的时候，她想的是什么呢？

在那夜雾腾起的黄昏，蹚着沾着露水的青草，挎着装满麦穗的篮子，走回破旧的窑洞的时候，她想的是什么呢？

唉，她能想什么呢？！

假如你没在那种日子里生活过，你永远不能想象，从这一颗颗丢在地里的麦穗上，会生出什么样的幻想。

她拼命地拣呐，拣呐，一个收麦子的时节，能拣上一斗？她把这麦子换来的钱积攒起来，等到赶集的时候，扯上花布、买上花线；然后，她剪呀、缝呀、绣呀……也不见她穿，也不见她戴。谁也没和谁合计过，谁也没找谁商量过，可是等到出嫁的那一天，她们全会把这些东西，装进新嫁娘的包裹里去。

不过当她们把拣麦穗时所伴着的幻想，一同包进包裹里去的时候，她们会突然感到那些幻想全都变了味儿，觉得多少年来她们拣呀、缝呀、绣呀，实在是多么傻啊！她们要嫁的那个男人，和她们在拣麦穗、扯花布、绣花鞋的时候所幻想的那个男人，有着多么大的不同啊！但是，她们还是依依顺顺地嫁了出去，只不过在穿戴那些衣物的时候，再也找不到做它、缝它时的那种心情了。

这算得了什么，谁也不会为她们叹一口气，谁也不会关心她们曾经的幻想。顶多不过像是丢失一个美丽的梦。有谁见过哪个人，会死乞白赖地寻找一个失去的梦②？

☆ 讲农村姑娘拣麦穗时的"梦"以及结婚以后"梦"的丢失。

当我刚刚能够歪歪趔趔地提着一个篮子跑路的时候，我就跟在大姐姐的身后拣麦穗了。

那篮子显得太大，总是磕碰着我的腿子和地面，闹得我老是跌跤。我也很少有拣满一个篮子的时候，我看不见田里的麦穗，却总是看见蝴蝶和蚂蚱，当我追赶它们的时候，拣到的麦穗还会从我的篮子里再掉到地里去。

---

① 本文发表于 1979 年 12 月 16 日《光明日报》。
② 死乞白赖：纠缠个没完。

有一天,二姨看着我那盛着稀稀拉拉几个麦穗的篮子说:"看看,我家大雁也会拣麦穗了。"然后,她又戏谑地说①:"大雁,告诉姨,你拣麦穗做啥?"

　　我大言不惭地说:"我要备嫁妆哩!"

　　二姨贼眉贼眼地笑了,还向围在我们周围的姑娘、婆姨们眨了眨她那双不大的眼睛:"你要嫁谁嘛?"

　　是呀,我要嫁谁呢? 我忽然想起那个卖灶糖的老汉。我说:"我要嫁那个卖灶糖的老汉!"

　　她们全都放声大笑,像一群鸭一样嘎嘎地叫着。笑啥嘛! 我生气了。难道做我的男人,他有什么不体面的地方吗?

　　卖灶糖的老汉有多大年纪了? 我不知道。他脸上的皱纹一道挨着一道,顺着眉毛弯向两个太阳穴,又顺着腮帮弯向嘴角。那些皱纹给他的脸上增添了许多慈祥的笑意。当他挑着担子赶路的时候,他那剃得像半个葫芦样的后脑勺上的长长的白发,便随着颤悠悠的扁担一同忽闪着。

　　我的话,很快就传进了他的耳朵。

　　那天,他挑着担子来到我们村,见到我就乐了,说:"娃娃,你要给我做媳妇吗?"

　　"对呀!"

　　他张着大嘴笑了,露出一嘴的黄牙。他那长在半个葫芦似的头上的白发,也随着笑声抖动着。

　　"你为啥要嫁我呢?"

　　"我要天天吃灶糖咧!"

　　他把旱烟锅子朝鞋底上磕着:"娃呀,你太小哩。"

　　"你等我长大嘛。"

　　他摸着我的头顶说:"不等你长大,我可该进土啦。"

　　听了他的话,我着急了。他要是死了,可咋办呢? 我那淡淡的眉毛,在满是金黄色的绒毛的脑门儿上,拧成了疙瘩。我的脸也皱巴得像是个核桃。他赶紧拿块灶糖塞进了我的手里。看着那块灶糖,我又咧开嘴笑了:"你别死呵,等着我长大。"

　　他又乐了,答应着我:"我等你长大。"

　　"你家住哪哒呢?"

　　"这担子就是我的家,走到哪哒,就歇在哪哒!"

　　我犯愁了:"等我长大,去哪哒寻你呀!"

　　"你莫愁,等你长大,我来接你!"

　　☆ 写"我"与卖灶糖老汉纯真情谊的产生。

　　这以后,每逢经过我们这个村子,他总是带些小礼物给我。一块灶糖,一个甜瓜,一把红枣……还乐呵呵地对我说:"看看我的小媳妇来呀!"

　　我呢,也学着大姑娘的样子——我偷偷地瞧见过——要我娘找块碎布,给我剪了个

---

① 戏谑:开玩笑。

烟荷包,还让我娘在布上描了花。我缝呀,绣呀……烟荷包缝好了,我娘笑得个前仰后合,说那不是烟荷包,皱皱巴巴,倒像个猪肚子。我让我娘收了起来,我说了,等我出嫁的时候,我要送给我男人。

我渐渐地长大了,到了知道认真拣麦穗的年龄了,懂得了我说的都是让人害臊的话。卖灶糖的老汉也不再开那玩笑——叫我是他的小媳妇了。不过他还是常常带些小礼物给我。我知道,他真的疼我呢。

我不明白为什么,我倒真是越来越依恋他,每逢他经过我们村子,我都会送他好远。我站在土坎坎上,看着他的背影渐渐地消失在山坳坳里。

年复一年,我看得出来,他的背更弯了,步履也更加蹒跚了①。这时,我真的担心了,担心他早晚有一天会死去。

有一年,过腊八的前一天,我约摸着卖灶糖的老汉,那一天该会经过我们村。我站在村口上一棵已经落尽叶子的柿子树下,朝沟底下的那条大路上望着,等着。

那棵柿子树的顶梢梢上,还挂着一个小火柿子。小火柿子让冬日的太阳一照,更是红得透亮。那个柿子多半是因为长在太高的树梢上,才没有让人摘下来。真怪,可它也没让风刮下来、雨打下来、雪压下来。

路上来了一个挑担子的人。走近一看,担子上挑的也是灶糖,人可不是那个卖灶糖的老汉。我向他打听卖灶糖的老汉,他告诉我,卖灶糖的老汉老去了。

我仍旧站在那棵柿子树下,望着树梢上那个孤零零的小火柿子。它那红得透亮的色泽,依然给人一种喜盈盈的感觉。可是我却哭了,哭得很伤心。哭那陌生的,但却疼爱我的卖灶糖的老汉。

我常想,他为什么疼爱我呢? 无非因为我是一个贪吃的,因为极其丑陋而又没人疼爱的小女孩吧?

等我长大以后,我总感到除了母亲以外,再没有谁像他那样朴素地疼爱过我——没有任何希求,没有任何企望的疼爱。

真的,我常常想念他,也常常想要找到,我那个皱皱巴巴的,像猪肚子一样的烟荷包。可是,它早已不知被我丢到哪里去了。

☆ 写老汉对"我"的疼爱及"我"对老汉的依恋。

【提示】

这是一篇情致感人的记事散文。

文章描述了"我"童年时一段难忘的经历——卖灶糖老汉对"我"的疼爱和"我"对卖灶糖老汉的依恋,赞美了这一老一少之间特有的纯真情谊。在"文化大革命"过去不久,怀着寻找丢失了的"一个美丽的梦"的心情来追怀这段童年经历,显然渗透着作者对当时人与人之间那种朴素的纯真感情的向往和追求。当然,当作者意识到这种童贞式的追求只不过是一种天真的幻想时,免不了又增添了一丝困惑,从而给整个故事的叙述抹

---

① 步履:步伐。

上了一层淡淡的哀愁。

全文分为三部分。二、三两部分描述"我"和卖灶糖老汉之间情谊的产生、发展经过和给"我"留下的难以排解的思念，这是文章的主体部分。开头部分写农村姑娘童年拣麦穗时的"梦"和结婚时同这些"梦"的告别，则可以说是文章主体部分的一个铺垫。这个铺垫，至少有三方面的作用：一是内容的涵盖——后面描述的"我"与卖灶糖老汉的情谊，就是拣麦穗姑娘丢失了的"美丽的梦"中的一个；二是气氛的营造——拣麦穗姑娘做"梦"的纯真和丢失的困惑，形成了笼罩全篇的基本情感氛围。以上两方面是前后一致之处，还有一个不同之点：前面说，"谁也不会关心她们曾经的幻想"，而后面的"我"却是"常常想念他"，这就构成了对比，从而反衬出"我"对人与人之间那种纯真感情的超世俗的执着追求。

作品的动人力量来自情感的纯真，而作者则善于通过人物语言、行为乃至景物的白描来表现这种纯真。"我"和卖灶糖老汉的对话，一个天真烂漫，一个爽朗风趣，都是一种未受世俗污染的真情的自然流露；他们的行为细节，一个从不失时地"朝沟底下的那条大路上望着，等着"，一个从不忘带"一块灶糖、一个甜瓜、一把红枣"，都显出一种"没有任何希求"的纯朴爱恋。特别是那颗高挂在树梢头的小火柿子，更以其含蓄的象征意味，令人想到卖灶糖老汉那颗饱经风雨却仍能"红得透亮"的心。

这是一篇精致的散文。叙述从容不迫，语言洁净自然，正与那情意的纯真、哀愁的含而不露相吻合，从而造成一种声色不动而意味悠长的风格，使作品能在不知不觉中拨动读者的心弦。

思考与练习

一、概括作品表达的情意。

二、说明作品第一部分的铺垫作用。

三、找出文中描写人物的主要方法。

四、真题再现。

（一）单项选择题

【2023年】1.《拣麦穗》中主要的两个人物是（　　　）

　　　　　A."我"和卖灶糖老汉　　　B."我"和母亲

　　　　　C."我"和二姨　　　　　　D."我"和新媳妇

【2024年】2.《拣麦穗》的作者是（　　　）。

　　　　　A. 张洁　　　B. 余秋雨　　　C. 史铁生　　　D. 朱光潜

（二）判断题

【2021年】1."卖灶糖的老汉"是小说《百合花》中的人物。　　　　　（　　　）

【2022年】2. 张洁的《拣麦穗》描述了"我"中年一段难忘的经历。　　（　　　）

记叙文的特点与写作

记叙文是指记人、叙事、写景、状物等类的文章。古代的记、传、序、表、志等,现代的消息、通讯、简报、特写、传记、回忆录、游记等,都属于记叙文的范畴。

写作记叙文要做到以下几点:一是记叙要素要交代明白。无论记人记事,还是写景状物,一般都要交代明白时间、地点、人物、事件、原因、结果,否则文章就不完整。二是记叙线索清楚。虽然观察的角度、记述的方式可以不同,但每一篇文章都应当有一条绾联材料、统贯全篇的中心线索,否则文章就会松散。一般有时间、空间线索,人物线索,事物线索,情感线索等。三是人称要一致。无论用第一人称"我"记述,还是用第三人称"他"记述,都要通篇一贯,一般不宜随意转换,否则就容易造成混乱。第一人称"我",是以当事人的口吻进行叙述,自然亲切、真实感强,但易受"我"见闻所限。第二人称"你",是以对人物说话的口吻进行叙述,营造对话语境,增强感情色彩。第三人称"他",是以局外人的角度进行叙述,可以自由灵活地表现人物、事件的各个方面。

记叙文以记叙为主,但往往也兼有描写、抒情和议论,不可能有截然的划分。它是一种形式灵活、写法尽可多样的文体。

一、叙述

把人物的经历、行为或事情的发生、发展、变化表述出来,就是叙述。叙述的主要方式,有顺叙、倒叙、插叙、平叙等几种。

按照事情发展的顺序进行叙述,依次从开端、发展写到高潮、结局,文章的层次、段落和事情发展的过程基本一致,这就是顺叙。顺叙是最常见的叙述方式。本书中的《郑伯克段于鄢》等文章,就是用顺叙方式来记叙的。

把人物、事件的结局,或人物经历、事件过程中最突出的片段提到前面来写,就是倒叙。在侯方域的《马伶传》中,作者先写马伶在与李伶的第二次技艺较量中获得大胜,然后再回过头来记述他在这次较量之前刻苦学艺的情景,就是倒叙。倒叙有造成悬念、引起读者兴趣、启发人们思考的艺术效果。

在叙述进行中暂停一下,插入另外一段事,然后再把原叙述继续下去,这就是插叙。如在巴金的《爱尔克的灯光》一文中,作者先写自己回到阔别了十八年的故居时的所见所想,接着却追忆了十八年中姐姐的死亡和自己对姐姐的思念,然后又回到十八年后的今天继续往下写,这就是一种追忆性的插叙。插叙有追怀往事、补足有关情况等作用。

在一篇文章中,记述两件或多件同时发生的事情,是平叙,也叫分叙。平叙可以是先述一件事,再述另一件事的方式,也可以是几件事并行交错记述的方式。前者如韩愈的《张中丞传后叙》,文章先通过辩诬的途径为许远作传,接着再记述南霁云的英勇事迹,最后又补记张巡的轶事。几件事并行交错的叙述方式,则多见于小说,特别是中、长篇小说中。

无论是记人、叙事,还是写景、状物,也不管是顺叙、倒叙,还是插叙、平叙,要把文章

写好,都要在如下两个方面多下功夫:

一是记述要详略得当。

哪些材料该写,哪些材料不该写,哪些地方应详写,哪些地方该略写,哪些环节要叙述得快,哪些环节要叙述得慢,这种选材与剪裁的艺术,是决定文章高下、成败的关键之一。记事写人,如果没有主次,不讲详略,像记流水账,平均使用笔墨,至少会失掉吸引力。详略处理的标准,不同的题材、文体虽有所不同,但概而言之,都要基于内容表达的需要、主题表现的需要;当然,对文体的容量也得注意。要紧扣中心内容选材、剪裁,务求集中笔墨,把主题思想含蓄而又深刻地表达出来。如《郑伯克段于鄢》一文,郑庄公在鄢地打败共叔段的经过本来是很复杂的,但作者却寥寥几笔带过,这是由于作者的本意并不在介绍战争具体情况;作者把大量笔墨泼在郑庄公、姜氏、共叔段三人之间矛盾的发生、发展、激化过程上,这样就不仅成功地刻画了这些人物形象,而且揭示了这场战争的原因和性质,暴露了封建统治阶层内部斗争的激烈、残酷。这样剪裁材料,就比详写战争经过经济、有力得多。

二是行文要多变化、有波澜。

"文似看山不喜平。"随着事物情理的发展演变,行文有起有伏,调子有高有低,节奏有快有慢,往往更能引人入胜。前面说的倒叙、插叙等叙述方式,就是增强文章起伏的一条途径。此外,行文能张弛相间,就不至于显得平板。如《李将军列传》一文,重点是写上郡、雁门、右北平和卫青击匈奴几次重大战役,但在这些激烈惊险的战斗场面之间,作者却插入李广治军、杀霸陵尉、射石没镞、与士卒共饮食、杀降不得封侯等零散情况和逸闻趣事,不仅对人物的思想感情作了补充,丰满了形象,也使行文像大海的波涛一样,有起有伏,参差多变,增添了许多情趣和魅力。

二、描写

用生动形象的语言,把人物的形态、动作或景物的状态、特征等,具体细致地描绘出来,就是描写。小说中运用描写比较多,记叙文一般只是在叙述中穿插一些描写。这些描写,按对象来划分,大体可归为人物描写和环境描写两类。

人物描写包括肖像描写、语言描写、行动描写和心理描写等几个方面。肖像描写是指具体描绘人物的外形——容貌、姿态、神情、服饰等。语言描写是指具体描写人物的独白、潜台词、对话。行动描写是指具体描绘人物的行为和动作。心理描写是指具体描述人物的感觉、联想、想象、看法等心理活动。人物形象总是一个有生命的整体,所以作者一般也总将这几方面的描写交错使用。

由于体裁和篇幅的限制,记叙文中的人物描写不可能像在小说中那样周全详尽,而多截取有典型意义的片段,因此,在选择、描写这些片段时,就要特别注意以下几点:

一是要善于以形写神。描写人物的外貌、动作和对话,本身不是目的,而是要揭示人物的内心世界和精神面貌,其中包括心理、感情和思想。因此,应当选择那些最能传神的外部形态来进行描写,而且选择后仍要把笔墨集中在最能揭示人物内心世界和展现人物精神面貌的环节上。

二是要善于抓住人物的个性特点。任何人都有自己的个性，人物不同，表情、言语、行动就有不同的特点。即使"做什么"相同，"怎么做"也必然人各有异。抓住个性特点进行描绘，往往用很少的笔墨就能把人物写活。如在《李将军列传》一文中，作者通过李广与程不识的比较描写来表现李广独特的治军方式，给人的印象就十分清晰。特别是作者反复描写他"善射"的特长，突出善射在多次遭遇战中所发挥的重要作用，就使李广这一胆识过人的形象带着他独有的姿态在人们面前站立起来了。

三是要善于描摹富于表现力的细节。记叙文中穿插具体描写的地方，大多是细节。如能选取最生动、最传神、最富于个性的细节进行精心描绘，就能够收到既深刻又生动的双重效果。如《郑伯克段于鄢》中颍考叔尝食舍肉，《李将军列传》中李广射石没镞，《文与可画筼筜谷偃竹记》中文与可夫妇读苏诗喷饭等细节，都形神兼备，既情趣横生，又耐人寻味。

环境描写包括自然风光描写和社会环境描写两个方面。

在记游文字中，山川景物描写是文章的主要组成部分；在记人记事文章中，景物描写是人物形象的陪衬。景物描写得好，不仅能给人一种身临其境的感觉，而且能烘托人物的思想感情。

社会环境是事件发生的场所、人物活动的背景，描写它有渲染气氛、烘托人物、增强现实感、深化主题等多方面的作用。人、事、物相交织构成了社会生活场面，刻画场面，往往要交互采用叙述、对话、抒情等多种方法，而描写则是使场面具体、生动、逼真所必不可少的一种手段。有些文章，本身就是通过社会环境的描写来表达主题的，更多的文章则是借助环境描写来烘托人物。

描写的角度有正面描写和侧面描写。正面描写也叫直接描写，对人物、事物进行直接刻画。侧面描写也叫间接描写，不从正面入手，而是通过相关的人物、事物来烘托、折射。侧面描写一般不单独使用，而是与正面描写结合起来，从而使人物、事物形象更具立体感。例如《段太尉逸事状》既有对段太尉刚勇无畏性格的正面刻画，又通过白孝德这个人物的怯懦无能来侧面烘托。

三、抒情

文学作品要以情动人，因而感情的表现和抒发，既是内容，又是手段。由于记叙文的体裁、题材、风格和表现方式灵活多样，因此抒情方法也多种多样。但归纳起来，不外下面两种基本方式：

一是直接抒情。

作者或作品中的人物在文章中直接地表白自己的喜怒爱憎感情，就是直接抒情。这种抒情方式在诗歌和抒情散文中运用较多，记叙文一般不宜多用。即使要用，也应随机自然流出，以免令人产生做作、乏味之感。

二是间接抒情。

将感情渗透在写景、叙事、说理之中，边叙述边说情，边描写边抒情，就是间接抒情。这是记叙文的主要抒情方式。采用这种方式抒情，可熔情、景、事、理于一炉，使文章显得丰富多彩,富有情味。

借景抒情、寓情于景是一种常见的抒情方式。如在冰心的《往事》中,"我"的弟弟是这样描绘大海的:"她住在灯塔的岛上,海霞是她的扇旗,海鸟是她的侍从;夜里她曳着白衣蓝裳,头上插着新月的梳子,胸前挂着明星的璎珞;翩翩地飞行于海波之上……"这虽写的是灯塔、彩霞、小鸟、白雾、蓝水、弯月、明星等景物,但拟人手法的运用,想象画面的神奇,使字里行间流淌着一个富于幻想的少年对美好人生所怀着的无限神往、热爱的真情。

寓情于事,在叙事中抒情,更是一种常见的抒情方式。如《爱尔克的灯光》中有这样一段叙述:"黑暗来了。我的眼睛失掉了一切。于是大门内亮起了灯光。灯光并不曾照亮什么,反而增加了我心上的黑暗。我只得失望地走了。我向着来时的路回去。已经走了四五步,我忽然掉转头,再看那个建筑物。依旧是阴暗中一线微光。我好像看见一个盛满希望的水碗一下子就落在地上打碎了一般,我痛苦地在心里叫起来……"与其说这里叙写的是"我"见到灯光、离开旧居、回头观望的行动过程,不如说是抒写了"我"看到旧居中灯光时的种种感受和痛苦心境。在这里,人的行动只是一个简要的轮廓,而感情却像一条波涛起伏的河流,一浪高过一浪地向前推进。

寓情于理,在议论中抒情,也是一中常见的抒情方式。如在《张中丞传后叙》"当二公之初守也"一段中,作者既驳斥了"责二公以死守"的谬论,阐明了张巡、许远"守一城,捍天下"的功绩,又在行文中通过反诘、对比等手法,表达了他对张巡、许远的钦佩,对袖手旁观、见死不救者的蔑视,和对"设淫辞"以惑众者的憎恶。情理交融,事理昭昭,激情烈烈,同时收到了以理服人和以情感人的双重效果。

无论是直接抒情还是间接抒情,有三条基本原则必须遵循:一是感情要真实。真情实意才能动人,虚情假意则令人反感。二是感情要健康、高尚。健康、高尚的感情能够陶冶人们的情操,消极颓废的情调则容易腐蚀读者的心灵。三是感情的表现要具体。只有具体生动的描写才能使人体会到你的感情而产生共鸣。单凭强烈的字眼、反复的叫喊或豪言壮语的重复,是不可能真正打动读者的。

四、议论

在记叙文中,议论只是一种穿插在叙述和描写中的辅助手段,一般表现为对文中叙述的事物画龙点睛式的议论,即夹叙夹议。或点明所记人物、事件的意义;或揭示文章的主题。记叙文中,叙述是议论的基础,议论是叙述的深化。议论往往都是简单的判断,且经常与抒情相结合。

记叙文中的议论,要与叙述、描写、抒情融为一体,做到景、事、情、理的和谐统一;议论安插得成功与否,很大程度上取决于这种融合是否自然、紧密、深切。

思考与练习

真题再现。

判断题

【2022 年】记叙文是以记人、叙事、写景、状物为主要内容的一种文体。　　　　(　　)

诗 词 曲 赋

氓①

《诗经》

《诗经》是我国最早的一部诗歌总集,收录周初(约前十一世纪)至春秋中叶(约前六世纪)的诗歌三百零五篇。收集、编订者可能是周王朝的乐师;编成时间大约在春秋后期。全书分为"风""雅""颂"三个部分。"风"为民俗歌谣之诗,有十五国风,是采自十五个地区的诗,共一百六十篇,其中大多是民歌;"雅"有《大雅》《小雅》,是产生于王都附近的诗,共一百零五篇,少量为民歌,多数为贵族、士大夫所作;"颂"有《周颂》《鲁颂》《商颂》,共四十篇,是用于宗庙祭祀的诗。

《诗经》从各个方面广泛地反映了当时的社会现实,如周代的经济和生产发展、政治状况、一些重大的历史事件、社会的各种矛盾,和人们的某些思想观念、风俗习尚等,都得到相当真实的再现。其中为数不少的民间创作,真切地反映了下层人民的生活和情感,有力地揭露了剥削者、统治者的丑行和罪恶。在表现形式上,《诗经》以四言为主,讲求节奏和用韵;民歌则常有重章叠句,多用比兴手法。其中不少优秀篇章,形象鲜明,描写生动,语言朴素优美,富有艺术感染力,对后代文学有深远的影响。

氓之蚩蚩②,抱布贸丝③。匪来贸丝④,来即我谋⑤。送子涉淇⑥,至于顿丘⑦。匪我愆期⑧,子无良媒⑨。将子无怒,秋以为期⑩。

---

① 本篇选自《诗经·卫风》,是春秋时期卫国(约在今河南淇县一带)的一首民歌。篇名取自首句诗的第一个字。氓(méng):民。诗中代指一个男子,他与女主人公由相爱而结合,婚后却遗弃了她。
② 氓之蚩(chī)蚩:那个人笑嘻嘻地。蚩蚩,同"嗤嗤",嬉笑的样子。
③ 抱布贸丝:拿着钱来买丝。布,是古代的一种钱币名(一说"布"即布匹)。贸,买,交易。
④ 匪:通"非"。
⑤ 来即我谋:意思是来这里找我商量婚事。即,靠近。谋,商议。
⑥ 子:你。指"氓"。涉:渡。淇:淇水,卫国的一条河流名。
⑦ 顿丘:地名,在淇水之旁。
⑧ 愆(qiān)期:错过了期限。指拖延了婚期。
⑨ 良媒:好的媒人。
⑩ "将(qiāng)子"二句:请你不要生气,就以秋天为婚期吧! 将,愿,请。

乘彼垝垣①,以望复关②。不见复关,泣涕涟涟③。既见复关,载笑载言④。尔卜尔筮⑤,体无咎言⑥。以尔车来⑦,以我贿迁⑧。

桑之未落,其叶沃若⑨。于嗟鸠兮⑩,无食桑葚;于嗟女兮,无与士耽⑪。士之耽兮,犹可说也⑫;女之耽兮,不可说也。

桑之落矣,其黄而陨⑬。自我徂尔⑭,三岁食贫⑮。淇水汤汤⑯,渐车帷裳⑰。女也不爽⑱,士贰其行⑲。士也罔极⑳,二三其德㉑。

三岁为妇,靡室劳矣㉒。夙兴夜寐㉓,靡有朝矣㉔。言既遂矣,至于暴矣㉕。兄弟不知,咥其笑矣㉖。静言思之,躬自悼矣㉘。

及尔偕老,老使我怨㉙。淇则有岸,隰则有泮㉚。总角之宴㉛,言笑晏晏㉜。信誓旦旦㉝,不思其反㉞。反是不思,亦已焉哉㉟!

---

① 乘:登。垝(guǐ)垣:坍坏的墙。
② 复关:当指"氓"所居之地。
③ 涟涟:泪流不断的样子。
④ 载笑载言:又说又笑。
⑤ 尔:你。指男子。卜:用龟甲卜卦。筮(shì):用蓍草占卦。
⑥ 体:指卦象,即占卜的结果。咎言:不吉利的话。
⑦ 车:指迎亲的车。
⑧ 以我贿迁:把我的嫁妆搬过去。贿,财物。这里指嫁妆之类。
⑨ 沃若:沃然,润泽的样子。这里用桑叶的茂盛润泽,暗喻女子的年轻貌美。
⑩ 于(xū)嗟:同"吁嗟",感叹词。鸠:鸟名。据说此鸟爱食桑葚,吃多了就会昏醉。这里以鸠鸟不可贪食桑葚比喻女子不可为爱情所迷。
⑪ 士:男子的通称。耽(dān):沉溺。
⑫ 说:通"脱",解脱。
⑬ "桑之"二句:桑叶一凋零,就会枯黄掉下。这里是以桑叶黄落喻女子颜色衰老。陨,坠落,掉下。
⑭ 徂(cú)尔:指嫁到男家。徂,往。
⑮ 三岁:三年。食贫:意思是过着穷日子。
⑯ 汤(shāng)汤:水势很盛的样子。
⑰ 渐(jiān):浸湿。帷裳:围着车子的布幔。
⑱ 爽:差错。
⑲ 贰其行:行为前后不一。贰,用作动词。
⑳ 罔极:没有准则。罔,无。
㉑ 二三其德:"士"的行为一再反复,变化无常。
㉒ 靡室劳矣:不以操持家务为苦。靡,无,不。
㉓ 夙兴夜寐:早起晚睡。夙,早。兴,起来。寐,睡。
㉔ 靡有朝矣:非止一日,天天如此。
㉕ "言既"二句:你的目的达到了,就对我粗暴起来了。言,句首语助词。遂,达到。
㉖ 咥(xì):大笑的样子。
㉗ 言:语助词。
㉘ 躬自悼矣:自己伤悼自己。躬,身,自己。悼,悲伤。
㉙ "及尔"二句:从前曾相约和你白头到老,现在"偕老"的话只有使我怨恨。上句是回顾以前的誓言,下句是说眼前的愤慨。及,与。
㉚ "淇则"二句:以"淇有岸""隰有泮"反喻自己愁思无尽。隰(xí),低湿之地。泮,通"畔",边。
㉛ 总角:男女未成年时结发成两角,代指成年时。宴:宴乐、欢乐。从此句看,女主人公未成年时即与该男子相识。
㉜ 晏晏:柔和的样子。
㉝ 信誓:真诚的誓言。旦旦:态度诚恳的样子。
㉞ 不思其反:没想到他违背了当初的誓约。
㉟ "反是"二句:既然他违背了誓约,不念当初,也就算了吧!已,完了。焉哉,两个语助词连用,以加重语气,表示感叹。

【提示】

《氓》是弃妇的怨诗,诉说了她与氓恋爱、结婚到受虐待、被遗弃的全部过程,抒发了胸中郁积的怨愤。女主人公的不幸遭遇,反映了春秋时期男尊女卑、夫妻地位不平等的社会现实,反映了在当时的婚姻制度下广大妇女受欺凌损害的悲惨命运。女主人公的怨愤,是不甘屈辱、不愿受命运摆布的一种抗争,也是对当时不合理的婚姻制度的控诉。

《氓》是一首叙事诗,但又具有浓厚的抒情色彩。诗歌通过女主人公与氓的对比及两个人物本身思想行为的前后对比刻画人物性格,突出了女主人公的善良忠贞、勤劳坚毅,氓的卑劣无耻、虚伪凶狠。全诗以赋为主,间用比兴,情真辞朴,富有民歌特色。

思考与练习

一、女主人公的不幸遭遇反映了什么社会问题?

二、女主人公与氓这两个人物各有哪些性格特征?

三、本诗刻画人物性格主要用什么方法? 效果如何?

四、概括本诗各章的主要内容。

五、真题再现。

(一) 词语解释题

【2021 年】1. 送子涉淇,至于顿丘。　　　子:

【2024 年】2. 将子无怒,秋以为期。　　　将:

(二) 判断题

【2021 年】1.《诗经》是中国文学史上第一部诗歌总集。　　　　　　　　(　)

【2022 年】2.《氓》选自《诗经·秦风》。　　　　　　　　(　)

国　殇①

屈　原

　　屈原(约前340—约前278)，名平，字原。战国时楚国人。出身贵族，年轻时博闻强记，善于辞令，很得楚怀王的信任，曾担任左徒、三闾大夫等职。主张对外联齐抗秦，对内举贤授能，改革政治，以图富强。但遭到保守势力的反对和诬害。在政治斗争中他先被怀王疏远，顷襄王继位后又被放逐到沅、湘一带。当时，楚国内政不修，不断遭受强秦的侵略，兵败地削。屈原痛心于国势日益危迫，自己的理想又无法实现，满怀忧郁和悲愤，自投汨罗江而死。

　　屈原是我国古代第一个有巨大成就的诗人。他留存下来的作品，多数研究者认为有《离骚》、《九歌》(十一篇)、《九章》(九篇)、《天问》、《招魂》、《卜居》、《渔父》等，共二十五篇。这些诗篇，揭露了统治集团的腐朽和罪恶，表现了作者进步的政治理想、热爱祖国的真挚感情和刚强不屈的斗争精神。屈原的诗采用了大量的神话传说，构思奇特，想象丰富，文采华丽，富有浪漫主义精神。屈原在学习民歌的基础上，创造、发展了"楚辞"这一新的诗歌样式，丰富了诗歌的表现手法，对古代诗歌的发展，有很大的推进作用。

　　操吴戈兮被犀甲②，车错毂兮短兵接③。旌蔽日兮敌若云④，矢交坠兮士争先⑤。凌余阵兮躐余行⑥，左骖殪兮右刃伤⑦。霾两轮兮絷四马⑧，援玉枹兮击鸣鼓⑨。天时坠兮威灵怒⑩，严杀尽兮弃原野⑪。

　　出不入兮往不反⑫，平原忽兮路超远⑬。带长剑兮挟秦弓⑭，首身离兮心不惩⑮。诚

---

　　① 　本篇选自《楚辞·九歌》。原为战国时期楚地的民间祭歌，经过屈原加工。古代称未成年而死或在外死去的人为"殇(shāng)"。本诗用于祭奠为国捐躯的战士，因名"国殇"。
　　② 　"操吴戈"句：意谓手持吴戈，身披犀甲。吴戈，吴国所造的戈，以锋利著名。犀甲，犀牛皮制成的甲。
　　③ 　"车错毂"句：意谓敌我双方战车交错，彼此短兵相接。毂，车轮中心的圆木，中有圆孔，用以插轴。兵，武器。刀剑等被称为"短兵"。
　　④ 　旌：旗的通称。
　　⑤ 　矢交坠：指箭矢往来交相坠落。
　　⑥ 　凌：侵犯。躐(liè)：践踏。行：行列。指军队。
　　⑦ 　左骖(cān)：左边的骖马。古代战车独辕在当中，四匹马驾车，靠近辕的两匹马叫"服"，外边的两匹叫"骖"。殪(yì)：倒地而死。右刃伤：右边的骖马为兵刃所伤。
　　⑧ 　"霾两轮"句：意谓战车的两个轮子埋在泥土中，四匹马也被绊住了。霾，同"埋"。絷(zhí)：绊住。
　　⑨ 　援：拿着。玉枹(fú)：嵌饰着玉石的鼓槌。鸣鼓：声音响亮的战鼓。
　　⑩ 　天时坠：天昏地暗，日月星辰都像要坠落下来。天时，指日月星辰的按时运行。威灵：威严的神灵。
　　⑪ 　严杀：痛杀的意思。尽：指尽皆战死。弃原野：尸骨丢弃在原野上。
　　⑫ 　反：同"返"。
　　⑬ 　忽：若有若无，形容风尘迷漫，视野不清。超远：遥远。
　　⑭ 　秦弓：秦国所造的弓，指良弓。
　　⑮ 　"首身离"句：意谓战士虽已身首分离而壮心仍然不变。意即死而无悔。惩，悔改。

既勇兮又以武①,终刚强兮不可凌②。身既死兮神以灵③,子魂魄兮为鬼雄④!

【提示】

此诗祭奠为保卫国家而捐躯沙场的楚军将士。作者饱含深情,描写了楚军将士不畏强敌、英勇搏杀的场景,歌颂了他们刚毅勇武、宁死不屈的精神,体现出对死难将士的深沉哀悼和由衷崇敬。此诗所描写的战斗,虽以楚军败亡告终,呈现出沉郁肃穆的悲剧色彩,但楚军将士为国捐躯、义无反顾的英雄气概,使诗显得慷慨壮烈、感奋人心。

诗歌前面十句描写战斗景况,层次井然,场面真切;后面八句祭奠将士亡灵,哀思深沉,礼赞热情。

思考与练习

一、屈原为何要写《国殇》?

二、本诗表现了楚军将士怎样的精神?

三、真题再现。

(一)单项选择题

【2023年】《国殇》选自(　　　)

　　　A.《九歌》　　　　B.《九章》　　　C.《天问》　　　D.《诗经》

(二)词语解释题

【2021年】1. 首身离兮心不惩。　　　　首:

【2023年】2. 车错毂兮短兵接。　　　　错:

(三)判断题

【2022年】1.《国殇》歌颂了战士们为国捐躯的英雄主义精神。　　　　(　　　)

【2024年】2. 屈原是我国古代伟大的浪漫主义诗人。　　　　(　　　)

---

① 勇:指勇敢精神。武:武力,指战斗力。
② 凌:侵犯。
③ 神以灵:精神不死。以,而。
④ 子:你。鬼雄:鬼中的雄杰。

饮马长城窟行①

汉乐府

"乐府"原是西汉王朝设立的一个掌管音乐的机构,负责制谱度曲,训练乐工,采辑诗歌民谣,以供朝廷祭祀宴享时演唱,并可以观察风土人情,考见政治得失。后来,人们便把这个机构所收集和配乐演唱的歌辞称为乐府诗,简称乐府。乐府由音乐机关的名称变为一种诗体的名称。

汉乐府民歌散佚颇多,流传至今的包括东汉作品在内,只有四十多首,大都收在宋人郭茂倩所编的《乐府诗集》中。

汉乐府民歌继承和发展了《诗经》的优良传统,反映了广阔的社会内容。

汉乐府民歌中的叙事诗较多,诗中人物往往形象鲜明,富于个性;其表现形式,西汉多杂言,东汉则基本为五言。此外,章句自由随意,描写灵活自如,语言纯朴自然而带有感情,也都是汉乐府的显著特点。

青青河畔草,绵绵思远道②。

远道不可思,宿昔梦见之③。

梦见在我傍,忽觉在他乡④。

他乡各异县,展转不相见⑤。

枯桑知天风,海水知天寒⑥。

入门各自媚,谁肯相为言⑦!

客从远方来,遗我双鲤鱼⑧。

呼儿烹鲤鱼,中有尺素书⑨。

长跪读素书,书中竟何如?

上言加餐饭,下言长相忆⑩。

---

① 本诗选自宋人郭茂倩《乐府诗集》,属《相和歌辞·瑟调曲》。此诗最早见于《文选》,题为"乐府古辞"。《玉台新咏》载此诗,题蔡邕作,后世学者多谓不可信。
② 绵绵:连绵不断之貌。这里义含双关,由看到连绵不断的青青春草,而引起对征人的缠绵不断的情思。远道:犹言"远方"。
③ "远道"二句:征人辗转远方,想也是白想,只有在梦中相见。不可思,无可奈何的反语。宿昔,一作"夙昔",昨夜。
④ "梦见"二句:刚刚还见他在我身边,一觉醒来,原是南柯一梦。
⑤ 展转:同"辗转"。不相见:一作"不可见"。
⑥ "枯桑"二句:枯桑虽然没有叶,仍然感到风吹;海水虽然不结冰,仍然感到天冷。比喻那远方的人纵然感情淡薄也应该知道我的孤苦和想念。闻一多《乐府诗笺》云:"喻夫妇久别,口虽不言而心自知苦。"
⑦ "入门"二句:别人回到家里,只顾自己一家人亲亲热热,可又有谁来安慰我?媚,爱,亲密。言,问。
⑧ 双鲤鱼:指信函。古人寄信是藏在木函中,函用刻为鱼形的两块木板制成,一盖一底,所以称为"双鲤鱼"。
⑨ "呼儿"二句:打开信函取出书信。烹鲤鱼,为了造语生动故意将打开书函说成烹鱼。尺素,指书信。古人写信是用帛或木板,其长皆不过尺,故称"尺素"或"尺牍"。
⑩ "上言"二句:信里先说的是希望妻子保重,后又说他在外对妻子十分想念。餐饭,一作"飧食"。

【提示】

本诗写妇人思念戍边的丈夫,表达苦楚的思念之情和盼夫归来的迫切愿望,揭露了战争给人民带来的痛苦。

诗歌的景物描写和比兴象征,妙语连珠的顶真手法,具有鲜明的民歌特色。巧妙的构思和细致的心理描写,增强了诗歌的感染力。

思考与练习

一、本诗的主题是什么?

二、本诗开篇起兴有何寓意?

三、"远道不可思,宿昔梦见之""入门各自媚,谁肯相为言"分别表现了女主人公怎样的心理活动?

四、解释"枯桑知天风,海水知天寒"两句的含义。

五、背诵这首诗。

六、真题再现。

填空题

【2021年】1.《饮马长城窟行》(青青河畔草):客从远方来,＿＿＿＿＿＿＿＿。

【2022年】2.《饮马长城窟行》(青青河畔草):＿＿＿＿＿＿＿＿,宿昔梦见之。

【2023年】3.《饮马长城窟行》(青青河畔草):枯桑知天风,＿＿＿＿＿＿＿＿。

【2024年】4.《饮马长城窟行》(青青河畔草):＿＿＿＿＿＿＿＿,海水知天寒。

短 歌 行(其一)①

曹 操

　　曹操(155—220),字孟德,沛国谯郡(今安徽亳州)人,汉末杰出的政治家、军事家、文家家。二十岁被举为孝廉,二十七岁任议郎。三十岁起,在参加镇压黄巾起义军和击灭各路军阀的过程中,逐渐建立起自己的政治和军事力量。四十二岁(建安元年,公元196年),迎汉献帝迁都于许(今河南许昌),"挟天子以令诸侯",成为北方的实际统治者。他推行屯田,并实行抑制豪强及唯才是举等政策,对国家统一和发展生产有一定的积极作用,位至大将军、丞相,封魏王。曹丕建魏称帝后,追尊为武帝。

　　曹操的诗今存二十多首,大都用乐府旧题表现新的内容,或反映动乱的社会现实,或抒发自己的政治抱负和理想不能实现的苦闷,气魄雄伟,情感沉郁,风格苍凉悲壮。有《曹操集》。

　　对酒当歌②,人生几何③?譬如朝露,去日苦多④。慨当以慷⑤,忧思难忘。何以解忧⑥?唯有杜康⑦。青青子衿,悠悠我心⑧。但为君故⑨,沉吟至今⑩。呦呦鹿鸣,食野之苹。我有嘉宾,鼓瑟吹笙⑪。明明如月,何时可掇⑫?忧从中来⑬,不可断绝。越陌度阡,枉用相存⑭。契阔谈宴⑮,心念旧恩。月明星稀,乌鹊南飞。绕树三匝,何枝可依⑯?山不厌高,水不厌深⑰。周公吐哺,天下归心⑱。

---

①　《短歌行》是乐府旧题。曹操《短歌行》共有两首,这里所选是第一首。
②　对酒当歌:面对着酒筵和歌舞。
③　几何:有多少(指岁月、时光)。
④　"譬如"二句:意谓人生短暂,就像容易被太阳晒干的朝露,逝去的时光太多,使人感到痛苦。朝露,早晨的露水。
⑤　慨当以慷:"慷慨"的间隔用法,意即慷慨,指因理想不得实现而内心不平静。
⑥　何以解忧:用什么来解除我的忧愁呢?
⑦　杜康:相传是古代最初造酒的人。这里作为酒的代称。
⑧　"青青"二句:用《诗经·郑风·子衿》的成句,表示对贤才的思慕。衿,同"襟",古称衣服的交领,"青衿"是周代学生的服装。后亦用以指代文士。悠悠,长远而不断的意思。形容思念的深沉。
⑨　但:只是。君:指渴望得到的贤才。
⑩　沉吟:沉思吟味。这里指一直在心头回旋。
⑪　"呦呦"四句:《诗经·小雅·鹿鸣》的原句,原意是说鹿见到艾蒿,相呼而食;我有嘉宾,要设宴奏乐相待,这里借以表示自己优礼贤才的态度。呦呦,鹿鸣声。苹,艾蒿。嫩叶有香气,可食。瑟、笙,都是乐器名。
⑫　"明明"二句:意谓什么时候才能得到贤明如月的人才呢?掇(duō),拾取。
⑬　中:内心。
⑭　"越陌"二句:意谓贤才远道枉驾来访。陌、阡,田间道路。枉,屈驾,枉驾。称对方来访问自己的敬辞。用,以。存,问候。
⑮　契阔:聚散,这里是久别重逢的意思。谈宴:谈心宴饮。
⑯　"月明"四句:以乌鹊比喻贤才。意谓贤才寻找归宿,但无所依托。匝(zā),周。
⑰　"山不"二句:以山不嫌高、海不嫌深比喻自己渴望多多招纳贤才。
⑱　"周公"二句:意谓自己要像周公一样虚心接待贤才,天下人就会诚心归附。周公,名旦,周武王之弟。据说他虚心招纳贤才,忙得连洗头吃饭的时间都没有。吐哺,吐出口中咀嚼的食物。传说周公一顿饭曾三次"吐哺"。

【提示】

本诗作于曹操晚年。在诗中,他感慨光阴易逝,功业难成,渴望招纳贤才,表现出建功立业的强烈愿望和积极进取的人生态度。虽说本诗开头也表露出人生苦短的愁闷,但主要是忧愁时光有限而功业未成。从整首诗来看,基调还是昂扬的。

全诗四句为一章,反复咏叹,抒写情怀。作者以一系列比喻来表情达意,形象而生动。而引用典故及《诗经》成句,不但贴切地表达出求贤若渴之情,且使诗显得蕴藉典雅。

思考与练习

一、为何说本诗表现了曹操的博大情怀?

二、本诗用了哪些比喻?作用如何?

三、作者为何要用"周公吐哺"的典故?

四、背诵这首诗。

五、真题再现。

(一)单项选择题

【2024 年】曹操的诗歌风格是( )。

      A. 清新淡雅   B. 沉郁顿挫

      C. 飘逸壮丽   D. 苍凉悲壮

(二)填空题

【2021 年】1. 曹操《短歌行》(其一):_____,悠悠我心。

【2022 年】2. 曹操《短歌行》(其一):慨当以慷,_____。

【2023 年】3. 曹操《短歌行》(其一):我有嘉宾,_____。

【2024 年】4. 曹操《短歌行》(其一):_____,人生几何?

饮　　酒（其五）①

陶渊明

　　陶渊明(365—427)，一名潜，字元亮，浔阳柴桑(今江西九江)人。东晋成就最高的诗人。青壮年时，有过建功立业的抱负，先后任江州祭酒、镇军参军、彭泽县令等职。因不满政治腐败、官场黑暗，又不肯降志辱身迎合权贵，于是在四十一岁时弃官归田，此后一直过着"躬耕自资"的隐居生活。

　　陶渊明现存的作品，大都写于归隐之后，有诗一百六十多首，辞赋散文等十多篇。在这些作品中，作者写农耕劳动，写与农民的交往，写农村恬静优美的自然景色，着力表现了自己田园生活的怡然自得之乐。情意真切，格调清新，简洁含蓄，富有韵味，与当时颇为泛滥的玄言诗、山水诗大不相同。此外，陶渊明还有部分关切时政，表达政治理想的诗文。有《陶渊明集》。

> 结庐在人境②，而无车马喧③。
> 问君何能尔④，心远地自偏⑤。
> 采菊东篱下，悠然见南山⑥。
> 山气日夕佳⑦，飞鸟相与还⑧。
> 此中有真意，欲辩已忘言⑨。

【提　示】

　　本诗表现了陶渊明弃官归田后与世无争、洁身自好的人生态度和乐于田居、陶醉自然的生活情趣。

　　诗歌前四句陈述"心远地自偏"的道理，强调归隐在心志而不在行迹；后六句写隐居的乐趣，重在表达彻悟人生真谛后的喜悦。全诗融抒情、说理、写景于一体，语言平淡质朴，不假雕饰，但含蕴丰厚，富有理趣。

---

　　① 陶渊明《饮酒》诗共二十首，本篇为第五首，当写于其归隐之后不久。题为《饮酒》，实际上是借以述怀，取其漫然不受拘束之意。
　　② 结庐：建造住宅，这里是居住的意思。人境：人间，世间。
　　③ 车马喧：指世俗交往的喧扰。
　　④ 君：指作者自己。何能尔：为什么能够这样。尔，如此。
　　⑤ "心远"句：意谓只要心志高远不受尘俗的干扰，住地尽管处于喧闹之中，也能像在偏僻安静之处一样。
　　⑥ 悠然：闲适自得的样子。南山：当是泛指。一说指柴桑以南的庐山。
　　⑦ 山气：指山中景象、气息。日夕：傍晚。
　　⑧ 相与还：结伴而归。
　　⑨ "此中"二句：意谓在这种隐逸生活中蕴藏着人生的真正意义，想加辩说可惜已忘记该怎么说才好了。另一层言外之意是：既已领略到真意，也就不必用语言来辩说了。此，既指山中景象，也指作者的隐逸生活。辩，一作"辨"，辨明。

思考与练习

一、本诗反映了作者怎样的人生态度和生活情趣?

二、结合作品,说明本诗融抒情、说理、写景于一体的特点。

三、作者所谓"真意"指的是什么?

四、"采菊东篱下,悠然见南山"两句传诵久远,前人评以"心与境合",你以为如何?

五、"悠然见南山"的见字,有版本作"望"字,从全诗意境来看,用哪个字更好?

六、背诵这首诗。

七、真题再现。

填空题

【2021年】1.陶渊明《饮酒》(其五):＿＿＿＿＿＿＿＿＿,而无车马喧。

【2022年】2.陶渊明《饮酒》(其五):＿＿＿＿＿＿＿＿＿,悠然见南山。

【2023年】3.陶渊明《饮酒》(其五):＿＿＿＿＿＿＿＿＿,飞鸟相与还。

【2024年】4.陶渊明《饮酒》(其五):问君何能尔,＿＿＿＿＿＿＿＿＿。

春江花月夜①

张若虚

张若虚(生卒年不详,约在 660—720 之间),扬州人,曾官兖州兵曹。初唐诗人。唐中宗神龙年间,以"文词俊秀"而扬名于京都。玄宗开元初年与贺知章、张旭、包融并称"吴中四士"。《全唐诗》仅录存其诗二首,这篇《春江花月夜》素享盛名,"以孤篇压倒全唐"。闻一多先生赞誉这首诗为"诗中的诗,顶峰上的顶峰"。

春江潮水连海平,海上明月共潮生。
滟滟随波千万里②,何处春江无月明。
江流宛转绕芳甸③,月照花林皆似霰④。
空里流霜不觉飞⑤,汀上白沙看不见。
江天一色无纤尘,皎皎空中孤月轮。
江畔何人初见月,江月何年初照人。
人生代代无穷已⑥,江月年年只相似。
不知江月待何人⑦,但见长江送流水⑧。
白云一片去悠悠⑨,青枫浦上不胜愁⑩。
谁家今夜扁舟子⑪,何处相思明月楼。
可怜楼上月徘徊⑫,应照离人妆镜台⑬。
玉户帘中卷不去,捣衣砧上拂还来⑭。
此时相望不相闻,愿逐月华流照君⑮。
鸿雁长飞光不度,鱼龙潜跃水成文⑯。

---

① 春江花月夜:乐府旧题,属《清商曲辞·吴声歌曲》,相传创自南朝陈后主。
② 滟滟(yàn):波光闪烁的样子。
③ 芳甸:花草丛生的原野。
④ 霰(xiàn):细密的雪珠。
⑤ 流霜:喻月光皎洁如霜流泻大地。
⑥ 无穷已:没有止尽。
⑦ 待:一本作"照"。
⑧ 但:只,只是。
⑨ 白云:比喻游子漂泊。
⑩ 青枫浦:故址在湖南浏阳,此指离别之地。
⑪ 扁舟:小船。
⑫ 月徘徊:指月影缓缓移动。
⑬ 妆镜台:梳妆台。
⑭ "玉户"二句:意谓月光似故意与思妇为难,帘卷不去,手拂还来。
⑮ 月华:月光。
⑯ "鸿雁"二句:意谓游子与思妇书信难通。古有"鱼雁传书"之说。

昨夜闲潭梦落花①,可怜春半不还家②。

江水流春去欲尽,江潭落月复西斜。

斜月沉沉藏海雾,碣石潇湘无限路③。

不知乘月几人归,落月摇情满江树④。

【提示】

  这首七言古诗描绘了春江花月夜的幽美景色,由此生发出对宇宙与人生关系的思索,抒发了对游子思妇在明月今宵天各一方的叹惋。尽管不无青春苦短的伤感,但其中仍交织着对生命的依恋,对青春的珍惜,对"人生代代无穷已"的欣慰。尽管也有夫妇离别的哀愁,但悠悠相思中饱含着脉脉温情,含蕴着对重逢的美好期盼。诗的感情基调"哀而不伤"。

  全诗从月出写起,到月落结束,四句一韵,共九韵(段),可分两大部分。

  从开头到"但见长江送流水"为第一部分,写明月笼罩下的春江花林景色及诗人由此而生的联想和感慨。先写明月照耀下的江水花林的绚丽景观。月共潮生,光照花林,花月相映,极写春江花月之美,为下文即景抒情打下基础。再由写景转向观照人生,以明月长照对比人生短暂,思索茫茫人生与漫漫宇宙之间的相互关系,抒写诗人心中对人生的迷惘与感叹。

  从"白云一片去悠悠"到结束为第二部分,写明月春宵游子思妇的离愁别绪。白云悠悠,青枫生愁,象征着离人的分别。扁舟子和楼上妇相对应,显出两地相思。闺中女子睹月思人,天长水阔,音信难通。相思成梦,花落春残,游子不归,更增添一番伤春之情。伴着落月余辉,情满江树,思念不尽,余音袅袅。

  本诗写景颇有特色。以月光统摄群象,如同铺开一幅春江花月夜的水墨长卷。画意、诗情、哲理交相融汇,构成空灵蕴藉、使人心醉神往的意境。

  诗歌语言优美自然,音韵和谐流荡,结构也很有特色。作者一面以明月初升到坠落的过程作为全诗起止的外在线索,一面又以月亮为景物描写的主体对象和抒写离情别绪的依托,随着时间的推移和空间的转换,展现相互联系又不断变化的自然画面和人物情思,使全诗神气凝聚,浑然一体。

思考与练习

一、为什么说这首诗的格调"哀而不伤"?

二、"月光"在本诗中有何作用?

---

  ① 闲潭:幽静的水潭。

  ② 可怜:可惜。

  ③ 碣石潇湘:此借指游子与思妇天南海北,难以相见。碣石,山名,在今河北省。或谓此山已沉入海中。潇湘,水名,在今湖南省。

  ④ "落月"句:江边树林洒满了落月的余晖,轻轻摇曳,牵系着离情别绪。

三、这首诗是怎样运用暗示手法的？

四、分析本诗情、景、理交融的意境美。

五、真题再现。

（一）单项选择题

【2021年】1. 张若虚《春江花月夜》统摄全诗的意象是（　　）。

A. 明月　　　B. 江水　　　C. 落花　　　D. 春天

【2023年】2. "春江潮水连海平，海上明月共潮生"出自唐代诗歌（　　）。

A.《长恨歌》　　　　　　B.《行路难》

C.《山居秋暝》　　　　　D.《春江花月夜》

（二）判断题

【2024年】《春江花月夜》是一首乐府新题诗。　　　　　　（　　）

燕 歌 行

高 适

高适(约702—765),字达夫,渤海蓨(tiáo)(今河北景县南)人。盛唐边塞诗派的代表作家,与岑参齐名,并称"高岑"。

高适早年生活困顿,仕途失意,常混迹于市井,甚至"以求丐自给"。唐玄宗开元八年(749),经人举荐,中"有道科",授封丘县尉,因不能忍受"拜迎官长心欲碎,鞭挞黎庶令人悲"的痛苦,弃官而去。后客游河西,为河西节度使哥舒翰掌书记。"安史之乱"平息后,得到唐肃宗的重用,历任淮南、西川节度使等职,官终散骑常侍,封渤海县侯。

高适半生潦倒,其诗自叹遭遇的篇章较多,对民生疾苦也有所反映。他的边塞诗数量不多,却揭露出当时军旅中的多种矛盾,较为深刻地反映了社会现实。高适以七言歌行见长,笔墨老成,风格雄放。有《高常侍集》。

开元二十六年,客有从御史大夫张公出塞而还者,作《燕歌行》以示,适感征戍之事,因而和焉。

> 汉家烟尘在东北①,汉将辞家破残贼②。
> 男儿本自重横行③,天子非常赐颜色④。
> 摐金伐鼓下榆关⑤,旌旆逶迤碣石间⑥。
> 校尉羽书飞瀚海⑦,单于猎火照狼山⑧。
> 山川萧条极边土⑨,胡骑凭陵杂风雨⑩。
> 战士军前半死生⑪,美人帐下犹歌舞!
> 大漠穷秋塞草腓⑫,孤城落日斗兵稀⑬。
> 身当恩遇恒轻敌,力尽关山未解围⑭。

---

① 汉:以汉代唐,唐人惯例。
② 残贼:凶残的敌人。
③ 重横行:看重驰骋疆场,英勇杀敌。
④ 赐颜色:赏脸,厚加礼遇。
⑤ 摐金伐鼓:敲锣击鼓,指行军。摐(chuāng),击。榆关:山海关。
⑥ 旌旆:泛指军中各种旗帜。逶迤:蜿蜒绵长。
⑦ 羽书:插有羽毛的信,指军中紧急文书。瀚海:大沙漠。
⑧ 猎火:打猎时燃起的火光,这里借指战火。
⑨ 极边土:到达边境的尽头。
⑩ "胡骑"句:意谓敌人来势凶猛,像疾风暴雨。凭陵:侵凌。
⑪ 军前:阵地前。半死生:生死各半,形容伤亡惨重。
⑫ 穷秋:深秋。腓:枯萎。
⑬ 斗兵稀:兵器击打的声音逐渐稀少。
⑭ "身当"二句:意谓战士承蒙朝廷的恩遇,常常不顾敌人的凶猛而死战,但仍未能解除重围。

铁衣远戍辛勤久①,玉箸应啼别离后②。

少妇城南欲断肠,征人蓟北空回首③。

边庭飘飖那可度④,绝域苍茫更何有?

杀气三时作阵云⑤,寒声一夜传刁斗⑥。

相看白刃血纷纷⑦,死节从来岂顾勋⑧?

君不见沙场征战苦,至今犹忆李将军⑨!

【提示】

高适曾三次奉命出塞,所作边塞诗有二十余首,最著名的是这首《燕歌行》。自开元十八年(730)至二十二年十二月,契丹多次侵犯唐边境。开元二十六年,张守珪部下兵败。张守珪隐瞒败绩,谎报军功。高适得悉真相,写下这首诗,寓讽刺之意。

诗的思想内容丰富深刻,重点揭示了军中苦乐不均,将帅骄奢,腐败无能,不恤士卒,对长期戍守边塞浴血苦战的士兵寄予深切同情,足以代表盛唐士人对战争的普遍态度,因而被誉为盛唐边塞诗的压卷之作。

全诗可分为四个部分。开头八句为第一部分,写边关告急,唐军奉命出师。"山川萧条"以下八句为第二部分,写战斗进程及结果。"铁衣远戍"以下四句为第三部分,写唐军士兵思乡怀亲之情。最后八句为第四部分,写边塞生活的紧张艰苦及士卒不怕牺牲但希望得到体恤的心情。

诗中描写了边塞荒凉肃杀、雄浑辽阔的景象,营造出苍凉悲壮的氛围。诗的音韵、节奏随诗歌的感情起伏而纡徐变化,内容与声情和谐统一。

思考与练习

一、本篇描写的征战生活有哪些内容?重点是什么?

二、为什么说"战士军前半死生,美人帐下犹歌舞"两句诗精警深刻?

三、"至今犹忆李将军"的言外之意是什么?

四、本诗是怎样运用对比手法的?

五、背诵这首诗。

六、真题再现。

---

① 铁衣:金属制的铠甲,借指远征战士。
② 玉箸:旧喻妇女的眼泪。
③ 蓟北:唐代蓟州治所在渔阳,今天津蓟州区,这里泛指东北边地。
④ 飘飖:动荡不安。度:度日。
⑤ 三时:晨、午、晚,即一整天。阵云:战云。
⑥ 刁斗:军中打更用的铜器。
⑦ 白刃:雪亮的战刀。
⑧ 死节:为国牺牲。
⑨ 李将军:汉代名将李广。

(一)填空题

【2021年】1.高适《燕歌行》：_____，玉箸应啼别离后。

【2022年】2.高适《燕歌行》：_____，汉将辞家破残贼。

【2023年】3.高适《燕歌行》：校尉羽书飞瀚海，_____。

(二)简析题

【2024年】阅读高适《燕歌行》中的一节：

> 汉家烟尘在东北，汉将辞家破残贼。
>
> 男儿本自重横行，天子非常赐颜色。
>
> 摐金伐鼓下榆关，旌旆逶迤碣石间。
>
> 校尉羽书飞瀚海，单于猎火照狼山。
>
> 山川萧条极边土，胡骑凭陵杂风雨。
>
> 战士军前半死生，美人帐下犹歌舞。

请回答：

(1)这节诗中的"汉家"指的是什么？（2分）

(2)"男儿本自重横行"表达的是什么情怀？（3分）

(3)这节诗揭示了边塞战争的什么现实？（4分）

山居秋暝①

王 维

  王维(700—761),字摩诘,祁州(今山西祁县)人,后移居蒲州(今山西永济)。开元九年(721)进士,历任右拾遗、监察御史。安史叛军攻入长安时被俘,被迫任伪职。长安收复后,降为太子中允。官终尚书右丞,世称"王右丞"。

  王维早年热衷政治,希冀有所作为,诗作亦呈现出奋发昂扬、积极进取的风貌。中年以后,随着政局的恶化,王维在终南、辋川别墅过着亦官亦隐的生活,并致力于田园山水诗的创作,成为盛唐田园山水诗派的代表作家。与孟浩然并称"王孟"。

  王维的田园山水诗继承了陶渊明、谢灵运二家之长,以观察细致,感觉敏锐著称。他的诗往往融诗情画意于一体,创造出耐人回味的艺术境界,风格清新淡雅,意境幽远。王维晚年长斋奉佛,其田园山水诗也明显带有参禅悟道的气息。有《王右丞集》。

空山新雨后②,天气晚来秋③。
明月松间照,清泉石上流。
竹喧归浣女④,莲动下渔舟⑤。
随意春芳歇⑥,王孙自可留⑦。

【提示】

  这是一首山水诗,描绘了秋日傍晚一场新雨过后的山间景色。诗人笔下的景致,显得清新优美、恬静而颇有生气。诗的最后两句,作者表示了隐居山中的意愿,其中固然不无躲避现实的消极思想,但也有着洁身自好、不同流俗的一面。

  本诗写景纯用白描,轻描淡写,笔致简约。中间两联的景物描写,动静相衬,视听结合,不但画意盎然,且蕴含着作者陶醉其中的怡悦之情,诗情画意融为一体。

思考与练习

一、这首诗表现了作者怎样的生活志趣?应如何评价?

二、为何说此诗描绘景物用了白描写意手法?

---

  ① 山:指长安城南的终南山。秋暝(míng):秋天的黄昏。
  ② 空山:幽静的山。新雨:刚下了一场秋雨。
  ③ 天气:自然界的节候。晚来:傍晚。来,语助词。秋:名词用作动词,指呈现出秋天的种种特色。
  ④ 竹喧:竹林里传来喧闹声。浣(huàn)女:洗衣服的女子。
  ⑤ 莲动:水上的荷叶摇动。
  ⑥ 随意:任随。春芳:春天的花草。歇:消逝。
  ⑦ 王孙:原指贵族子弟,这里是作者自称。

三、体会本诗中间两联写景动静相衬、视听结合的特点。

四、背诵这首诗。

五、真题再现。

（一）单项选择题

【2022年】下列属于盛唐山水田园诗派代表诗人的是（　　）。

        A. 高适　　　B. 李商隐　　　C. 王维　　　D. 柳宗元

（二）填空题

【2021年】1. 王维《山居秋暝》：空山新雨后，＿＿＿＿＿＿＿＿。

【2022年】2. 王维《山居秋暝》：明月松间照，＿＿＿＿＿＿＿＿。

【2023年】3. 王维《山居秋暝》：＿＿＿＿＿＿＿＿，莲动下渔舟。

【2024年】4. 王维《山居秋暝》：＿＿＿＿＿＿＿＿，王孙自可留。

行 路 难(其一)①

李 白

    李白(701—约763),字太白,号青莲居士,祖籍陇西成纪(今甘肃秦安东)。五岁时,随父迁居绵州彰明县(今四川江油)。二十五岁辞亲远游,寓居安陆(今属湖北)。天宝元年(742),被征召入长安,供奉翰林。后因与当政者不合,被迫离京。东游齐鲁,南下吴越。安史之乱爆发,李白在庐山应永王李璘之聘,入佐幕府。永王与肃宗抗衡,事败,李白受株连,被判流放夜郎(治所在今贵州正安西北)。途中遇赦,沿江东下,寄居当涂(今属安徽)县令李阳冰家。代宗广德元年(763)前后病逝。

    李白是继屈原之后我国最伟大的浪漫主义诗人。他才华横溢,抱负宏大。在他现存的九百多首诗歌中,有对当时社会腐朽势力的猛烈抨击,有对美好理想的执着追求,有对祖国壮丽山河的热情讴歌,有对处境困厄的愤激抗争,充分体现了他奔放的激情、洒脱不羁的豪侠气概和积极用世的精神;部分作品,时或流露出饮酒享乐、求仙访道的消极思想。在艺术上,李白诗想象丰富,夸张奇特,绘景抒情,挥洒自如,形成了飘逸、奔放、雄奇、壮丽的独特风格,对后世产生了深远的影响。有《李太白集》。

        金樽清酒斗十千,玉盘珍羞直万钱②。
        停杯投箸不能食,拔剑四顾心茫然③。
        欲渡黄河冰塞川,将登太行雪满山④。
        闲来垂钓碧溪上,忽复乘舟梦日边⑤。
        行路难,行路难,多歧路,今安在⑥?
        长风破浪会有时,直挂云帆济沧海⑦。

【提示】

    此诗写于唐玄宗天宝三载(744)李白被迫离开长安之后,反映了他当时的思想痛苦和心理矛盾。一方面,他对朝廷的昏暗和仕途的艰难,满怀悲愤,却又无可奈何;另一方

---

    ① 原诗有三首,这是第一首。行路难:乐府旧题,多写世途艰难和离别的伤悲。
    ② "金樽"二句:以"斗十千""直万钱"极言酒与菜肴的名贵。清酒,清醇的美酒。斗十千,一斗酒值钱十千。斗,古代量酒的容器。珍羞,珍美的菜肴。羞,同"馐"。直,通"值"。
    ③ 箸(zhù):筷子。四顾:环看四周。
    ④ "欲渡"二句:以自然界路途的艰险暗喻世路的艰险。川,河流。太行,即太行山。
    ⑤ "闲来"二句:诗人用两个故事表示对自己的前途充满了信心。垂钓碧溪,用吕尚故事。传说吕尚未遇周文王时,曾在渭水的磻溪上钓鱼。乘舟梦日,用伊尹故事。传说伊尹在受商汤聘用前忽然梦见自己乘船从日月旁边经过。不久,伊尹果然受到商汤的聘用。
    ⑥ "行路难"四句:写人生道路多艰,不知置身何处。与"拔剑四顾心茫然"句照应。安,哪里。
    ⑦ "长风"二句:用"长风破浪""济沧海"表达对理想抱负的坚定信念。长风破浪,借用南朝时宗悫(què)"乘长风破万里浪"的话来形容自己的宏伟抱负。直,径直,表示毫不犹豫。

面,积极用世的愿望,对理想的执着追求,对自己才能的充分自信又使他对前途满怀希望。这既反映出现实对诗人的沉重压抑,也表现出诗人豪放不羁、自强不息的个性。

作者运用多种艺术表现手法来抒写情怀。三、四两句,以"停杯投箸""拔剑四顾"的细节,形象揭示英雄失意的抑郁悲愤;五、六两句运用比兴,以自然景象象征人世现实,以路途艰险比况仕途艰难;而七、八两句与末尾两句则是用典,借古人的事例、言论表明自己对前途的希望与信念。全诗情感起伏,变化急遽,生动反映出作者当时的心理矛盾,也使这首篇幅不长的歌行,呈现出开合跌宕、纵横翻卷的气势。

思考与练习

一、这首诗表现了作者怎样的思想矛盾?

二、本诗可以划分为几个层次?划分的依据是什么?

三、诗中哪几句用了象征手法?其象征意义是什么?

四、背诵这首诗。

五、真题再现。

(一) 单项选择题

【2022年】1. 李白的《行路难》是一首(   )。

　　　　A. 乐府诗　　　B. 律诗　　　C. 绝句　　　D. 乐府旧题诗

【2023年】2. 李白的号是(   )。

　　　　A. 青莲居士　　B. 香山居士　C. 六一居士　D. 东坡居士

【2024年】3. 唐代伟大的浪漫主义诗人是(   )。

　　　　A. 王 维　　　B. 王昌龄　　C. 李 白　　D. 孟 郊

(二) 填空题

【2022年】1. 李白《行路难》:长风破浪会有时,_____。

【2023年】2. 李白《行路难》:_____,将登太行雪满山。

宣州谢朓楼饯别校书叔云^①

李 白

弃我去者,昨日之日不可留;

乱我心者,今日之日多烦忧。

长风万里送秋雁,对此可以酣高楼^②。

蓬莱文章建安骨^③,中间小谢又清发^④。

俱怀逸兴壮思飞^⑤,欲上青天览明月^⑥。

抽刀断水水更流,举杯销愁愁更愁。

人生在世不称意^⑦,明朝散发弄扁舟^⑧。

【提示】

这首诗名为"饯别",却重在抒怀。对饯别情景,诗人仅以"长风万里送秋雁,对此可以酣高楼"两句带过,而以大量笔墨抒写自己对理想的追求和在现实沉重压抑下心烦意乱、愁怀不解而欲归隐江湖的意愿,表达了理想与现实的尖锐矛盾所引起的诗人郁结与忧愤的心绪。其中虽然不无躲避现实的因素,却也表现出诗人有志难伸、怀才不遇、不甘屈服于现实而又不知路在何方的内心痛苦。

这首抒情诗在艺术表现上的显著特点是诗人情感活动的变化急遽,不可端倪。起首陡起壁立,直抒郁结。五、六句突作转折,写即席所见的清秋景色及由此而激发的逸兴豪情。七到十句顺势而下,描述主客双方的才气兴致,情思激越,自然关合了题目中的"谢朓楼"和"校书",表达了诗人的豪迈和自信。最后四句突然一落千丈,由逸兴壮思折回到现实人生的忧愁困顿,直抒心中的苦闷与激愤。整首诗的情感活动起止无端,断续无迹,大起大落,变化剧烈,生动体现了李白抒情诗的艺术个性。

这首诗属七言歌行体,语言奔放自然似脱口而出,全无拘束。起首以两个对偶长句喷射出胸中的抑郁之气,给人以一气流走的感觉;"抽刀"两句对仗精巧,浑然天成,抒发

---

① 唐玄宗天宝十二载(753),李白从汴州梁园(在今河南开封)到宣州(治所在今安徽宣城),本篇作于诗人逗留宣州期间。谢朓楼:又名北楼、谢公楼,南齐谢朓任宣城太守时所建,后改名为叠嶂楼。饯别:以酒食送行。校书:官名,即秘书省校书郎,掌管朝廷的图书整理工作。叔云:李白的族叔李云。

② 对此:面对长风秋雁的景色。酣:畅饮。

③ 蓬莱:此指东汉时藏书之东观。《后汉书》卷二三《窦融列传》附窦章传:"是时学者称东观为老氏藏室,道家蓬莱山。"唐人则多以蓬山、蓬阁指秘书省。李云是秘书省校书郎,所以这里用蓬莱文章借指李云的文章。建安骨:汉末建安(汉献帝年号)年间,"三曹"和"七子"等作家所作之诗刚健遒劲,后人称之为"建安风骨"。

④ 小谢:指谢朓,字玄晖,南朝齐梁间著名诗人,后人将他和谢灵运并举,称为大谢、小谢,这里是诗人用以自喻。清发(fā):指清新秀逸的诗风。

⑤ 俱怀:两人都怀有。逸兴:高远的兴致。壮思:豪壮的情思。

⑥ 览:同"揽"。摘取。

⑦ 不称意:不如意。

⑧ 散发:不束发,不戴冠,有狂放不羁和隐逸不仕的意思。弄扁舟:驾小舟泛游于江湖之上。《史记·货殖列传》记载:春秋末年,"范蠡既雪会稽之耻……乃乘扁舟浮于江湖"。

烦愁难解的心绪,形象生动。诗中的对仗句增强了诗歌的节奏感和抒情性。

思考与练习

一、指出这首诗的诗体类型。

二、概括本诗的情感内容。

三、为什么说这首诗生动体现了李白抒情诗的艺术个性?

四、本诗的语言有何特点?

五、背诵这首诗。

六、真题再现。

填空题

【2021年】1. 李白《宣州谢朓楼饯别校书叔云》:蓬莱文章建安骨,＿＿＿＿＿＿＿＿。

【2024年】2. 李白《宣州谢朓楼饯别校书叔云》:＿＿＿＿＿＿＿＿,对此可以酣高楼。

兵　车　行①

杜　甫

　　杜甫(712—770),字子美,京兆杜陵(今陕西西安西南)人,生于巩县(今河南巩义)。因曾住长安杜陵附近的少陵,世称"杜少陵"。祖父是初唐著名诗人杜审言。开元中,年轻的杜甫曾漫游吴、越、齐、赵一带。天宝三载(744)在洛阳与李白相识,结下了深厚友谊。天宝五载(746)赴长安应试落第,困顿京城十年。天宝十四载(755)四十四岁时才被授予右卫率府胄曹参军的微职。安史乱起,在流离颠沛中为叛军所俘,后从长安只身逃奔凤翔,受任左拾遗。不久,被贬为华州司功参军。乾元二年(759),弃官西行,经关陇、秦州、同谷入蜀,定居成都浣花溪草堂。西川节度使严武荐举杜甫为节度参谋、检校工部员外郎,故世称"杜工部"。永泰元年(765),离蜀东下,滞留夔州二年。大历三年(768),携家出峡,漂泊于江陵、公安、岳州、衡阳一带。永泰五年(770),病逝于湘水上的舟中。

　　杜甫生活在唐王朝由盛转衰、祸乱迭起的时代。在政局日趋腐败的形势下,他那"致君尧舜上,再使风俗淳"的理想彻底破灭,饱经忧患的不幸遭遇使他对人民大众的苦难有了亲身的感受。他的诗歌相当真实地反映了广阔的社会生活,充满着强烈的忧国忧民的感情,被誉为"诗史"。他是我国古代最伟大的现实主义诗人。

　　杜甫善于从一切优秀文学传统中汲取营养并加以发扬光大,形成了"沉郁顿挫"的创作风格。他兼长各体,尤其对七律的发展作出了杰出贡献。他的许多反映民生苦难的诗歌,继了《诗经》和汉乐府的传统,又有自己的开拓和艺术创造,是白居易倡导的新乐府运动的先声。有《杜少陵集》25卷,收诗1 400余首。

　　　　　　车辚辚②,马萧萧③,行人弓箭各在腰④。
　　　　　　耶娘妻子走相送⑤,尘埃不见咸阳桥。
　　　　　　牵衣顿足拦道哭,哭声直上干云霄⑥。
　　　　　　道旁过者问行人,行人但云点行频⑦。
　　　　　　或从十五北防河⑧,便至四十西营田⑨;

---

① 这是一首新题乐府诗。
② 辚辚:车行声。
③ 萧萧:马鸣声。
④ 行人:行役的人,即征夫。
⑤ 耶:同"爷"。走:奔跑。
⑥ 干:冲犯。
⑦ 但云:只说。点行:按名册顺序抽丁入伍。频:频繁。
⑧ 或:有的人。北防河:在黄河以北戍守。
⑨ 西营田:在西部边界上平时种田,战时打仗。

去时里正与裹头①，归来头白还戍边。

边庭流血成海水，武皇开边意未已②。

君不闻汉家山东二百州③，千村万落生荆杞④。

纵有健妇把锄犁⑤，禾生陇亩无东西⑥。

况复秦兵耐苦战，被驱不异犬与鸡。

长者虽有问⑦，役夫敢申恨⑧？

且如今年冬，未休关西卒⑨。

县官急索租⑩，租税从何出？

信知生男恶⑪，反是生女好；

生女犹得嫁比邻⑫，生男埋没随百草⑬。

君不见，青海头⑭，古来白骨无人收。

新鬼烦冤旧鬼哭，天阴雨湿声啾啾。

【提示】

唐玄宗开元、天宝年间，对西北、西南地区连续发动征服战争。杜甫于困顿长安期间写作《兵车行》一诗，深切同情战争给广大人民带来的深重灾难，强烈谴责朝廷穷兵黩武的开边政策。

这是一首叙事诗，在叙述次序和手法的安排运用上十分高明。诗人将本属事件展开过程中的咸阳道旁送别"行人"的场面，置于一篇之首，既使悲剧气氛笼盖全诗，又为下面役夫申恨作了有力铺垫。接着以问答方式转出一位役夫对亲身经历的叙述，揭示了造成"边庭流血成海水"的悲剧的根源，就在于"武皇开边意未已"的好大喜功，题旨十分醒豁。最后四句，又以白骨遍地、鬼哭啾啾的虚幻场景与开头的写实场景相映照，以凄凉衬喧闹，以鬼哭衬人哭，大大增强了对开边政策的谴责力量。

诗人了解和把握生活现实的深刻之处还在于，他不仅揭露了朝廷强行征兵给农业生产造成的巨大破坏，还夹写地方官吏催租逼税，竭泽而渔，造成民生凋敝；而且进一步把笔触伸向社会心理现实："信知生男恶，反是生女好；生女犹得嫁比邻，生男埋没随百

---

① 里正：里长。与裹头：替壮丁扎裹头巾。
② 武皇：汉武帝。这里借指唐玄宗。意未已：念头未停止。
③ 汉家：借指唐朝。山东：泛指华山以东。唐代潼关以东共七道二百一十七州。这里举成数而言。
④ 荆杞：荆棘、枸杞，野生灌木。
⑤ 健妇：年轻妇女。把锄犁：指从事田间劳动。把，握。
⑥ 无东西：指庄稼长得杂乱不齐。
⑦ 长者：征夫对杜甫的尊称。
⑧ 役夫：征夫自称。敢：怎敢，岂敢。
⑨ 休：停止征调。关西卒：秦兵。
⑩ 索：催逼。
⑪ 信：确实，真正。
⑫ 比邻：近邻。
⑬ 埋没随百草：死在沙场，埋没在荒草间。
⑭ 青海头：青海边。唐王朝和吐蕃经常在此交战。

草。"这就使统治者开边政策的残酷无情,在更深的层次上得到揭示。

本篇主要用代人(役夫)述言的方式来叙事,语言通俗浅切,出于自然,句式和用韵也活泼自由,颇能体现乐府诗体的神味。

思考与练习

一、这首诗的主题是什么? 其深刻性在哪里?

二、诗人为什么要把送别"行人"的场景描写放在全诗的开头?

三、请划分全诗的叙事层次,体会其中叙述次序安排和叙事手法运用的妙处。

四、分析这首诗的语言特色。

五、真题再现。

(一) 单项选择题

【2021 年】1. 诗歌风格为"沉郁顿挫"的诗人是( )。

        A. 王维　　　　B. 李商隐　　C. 杜甫　　　D. 柳宗元

【2022 年】2. 诗歌被誉为"诗史"的诗人是( )。

        A. 杜甫　　　　B. 李白　　　C. 孟浩然　　D. 张若虚

(二) 判断题

【2023 年】杜甫是我国古代伟大的现实主义诗人。　　　　　　　　　( )

(三) 词语解释题

【2024 年】行人但云点行频。　　　　　　行人:

秋 兴 八 首(之一)

杜 甫

玉露凋伤枫树林,巫山巫峡气萧森①。

江间波浪兼天涌,塞上风云接地阴②。

丛菊两开他日泪,孤舟一系故园心③。

寒衣处处催刀尺,白帝城高急暮砧④。

【提示】

秋兴,因秋天的景物而感发情怀。这是一篇随物兴感、即景寄怀之作。诗人由深秋的衰残景象和阴沉气氛感发情怀,抒写了因战乱而长年流落他乡、不能东归的悲哀和对干戈不息、国家前途未卜的担忧。此诗不但悲自然之秋,更是悲人生之秋和国运衰落之秋,充溢着苍凉的身世之感和家国之愁,含义极为深厚。

这是一首七律,两句一联,可以分为四个层次。

首联以秋枫起兴,以枫叶凋零、秋气萧森,寄寓老大伤悲、凄苦落寞的情怀。颔联描绘望中的巫峡景象和阴森气氛:波浪滔天,暗寓了时局动荡和心潮翻卷;阴云接地,又象征着国家命运的黯淡和作者心情的沉闷。颈联倾诉思乡衷曲,以"丛菊两开""孤舟一系"的图景,现出思乡之情的深沉浓烈和欲归不得的无奈与凄伤。尾联则以暮色秋风里一片捣衣声的环境气氛,含茹游子无家可归之惆怅悲凉。全诗情景交融,含不尽之意于言外。

这首诗是杜甫七律的代表作,艺术上精美圆熟。章法谨严,语言老成,对偶工稳精当,句式富于变化。尤其是颈联两句,于平易流荡中显出新警奇特,出神入化。

思考与练习

一、简述本诗的写作背景。

二、本诗所表达的思想感情是什么?

---

① "玉露"二句:白露凋伤了漫山遍野的枫林,秋色已经很深,巫山巫峡呈现出一片萧森景象。凋伤,草木在秋风中凋落。巫山,在今重庆市巫山县。萧森,萧瑟阴森。

② "江间"二句:峡中江水惊涛骇浪,波浪滔天;塞上风云阴沉密布,仿佛贴近地面。江间,即巫峡。塞上,即巫山。

③ "丛菊"二句:秋菊两度盛开,往日流过的眼泪再次洒下;一叶孤舟靠岸系绳,始终都牵动着故园之思。"开"字双关,一谓菊花开,又言泪眼随之开。孤舟本来只能系住行踪,却也牢牢系住诗人的思乡之心,见舟伤心,引出故园之思。

④ "寒衣"二句:傍晚时分,在白帝城楼的高处,听到砧声四起,是那么急促。妇女们正拿着裁尺和剪刀,为在外的亲人赶制着御寒的衣服。催刀尺,即催动刀尺。白帝城,旧址在今重庆市奉节县东的白帝山上,与夔门隔岸相对。急暮砧,黄昏时分捣衣的砧声很紧。砧,捣衣石,这里借指捣衣发出的声音。古人裁衣前,先将衣料放在砧上,用杵捣软,使之平整光滑。每到秋天,家人要为远方的游子或征人制作寒衣,因此捣衣声往往会增添客子的愁绪。

三、本诗的艺术特征是什么？

四、背诵这首诗。

五、真题再现。

　　填空题

　　【2021年】1. 杜甫《秋兴八首》(其一)：_____，白帝城高急暮砧。

　　【2022年】2. 杜甫《秋兴八首》(其一)：_____，塞上风云接地阴。

　　【2023年】3. 杜甫《秋兴八首》(其一)：_____，白帝城高急暮砧。

　　【2024年】4. 杜甫《秋兴八首》(其一)：丛菊两开他日泪，_____。

长　恨　歌①

白居易

　　白居易(772—846),字乐天,号香山居士,祖籍山西太原,后迁下邽(今陕西省渭南市)。他生于"世敦儒业"的官僚家庭,少年时读书刻苦。贞元十六年(800)中进士,十九年春授秘书省校书郎。后累官至翰林学士、左拾遗。元和四年,与元稹、李绅等倡导新乐府运动,写了不少讽喻诗。他能不畏权贵近臣,直言上书论事。元和十年,因率先上疏请急捕刺杀武元衡凶手,被贬为江州(今江西九江)司马。次年开始"吏隐",在庐山建草堂,思想从"兼济天下"转向"独善其身",闲适、感伤的诗渐多。历任忠州、杭州、苏州刺史,颇得民心。文宗大和元年(827),拜秘书监,明年转刑部侍郎,四年,定居洛阳。后历太子宾客、河南尹、太子少傅等职。会昌二年(842)以刑部尚书致仕。在洛阳以诗、酒、禅、琴及山水自娱。75岁病逝,葬于洛阳龙门香山琵琶峰。

　　白居易在文学上积极倡导新乐府运动,以"惟歌生民病,愿得天子知"为创作纲领,主张"文章合为时而著,歌诗合为事而作"(《与元九书》),写下《秦中吟》十首,《新乐府》五十首等不少感叹时世、反映人民疾苦的诗篇,历来受到人们的重视。

　　白居易的诗歌声调优美,富于形象性,并以通俗易懂、雅俗共赏著称于当时,对后世产生深远影响。著有《白氏长庆集》,共七十一卷。

汉皇重色思倾国②,御宇多年求不得③。
杨家有女初长成④,养在深闺人未识。
天生丽质难自弃,一朝选在君王侧。
回眸一笑百媚生,六宫粉黛无颜色⑤。
春寒赐浴华清池⑥,温泉水滑洗凝脂⑦。
侍儿扶起娇无力,始是新承恩泽时⑧。

---

　　①　这首诗作于唐宪宗元和元年(806),当时作者35岁,任周至县尉。关于这首诗的写作缘起,据白居易的朋友陈鸿说,他与白居易、王质夫三人于元和元年十月到马嵬驿附近的游仙寺游玩,谈及唐明皇与杨贵妃的悲剧故事,大家都很感叹。于是王质夫就请白居易写一首长诗,请陈鸿写一篇传记,以传后世。因为长诗的最后两句是"天长地久有时尽,此恨绵绵无绝期",所以他们就称这首诗叫《长恨歌》,称那篇传叫《长恨歌传》。
　　②　汉皇:唐代诗人多以汉代唐,以汉武帝(刘彻)代指唐玄宗。倾国:指美女。
　　③　御宇:统治天下。
　　④　杨家有女:杨贵妃是蜀州司户杨玄琰的女儿,幼年养在叔父杨玄珧家,小名玉环。开元二十三年,册封为寿王(玄宗的儿子李瑁)妃,后为李隆基看中。开元二十八年,玄宗令她为道士,住太真宫,改名太真。天宝四载册封为贵妃。
　　⑤　六宫:后妃的住处。粉黛:本是妇女的化妆品,这里用作妇女的代称。无颜色:六宫妃嫔与杨贵妃比较都显得不美了。
　　⑥　华清池:开元十一年建温泉宫于骊山,天宝六载改名华清宫。温泉池也改名"华清池"。
　　⑦　凝脂:形容皮肤白嫩而柔滑。
　　⑧　承恩泽:指得到皇帝的宠遇。

云鬓花颜金步摇①，芙蓉帐暖度春宵。

春宵苦短日高起，从此君王不早朝。

承欢侍宴无闲暇，春从春游夜专夜。

后宫佳丽三千人，三千宠爱在一身。

金屋妆成娇侍夜，玉楼宴罢醉和春。

姊妹弟兄皆列土②，可怜光彩生门户③。

遂令天下父母心，不重生男重生女。

骊宫高处入青云④，仙乐风飘处处闻。

缓歌慢舞凝丝竹，尽日君王看不足。

渔阳鼙鼓动地来⑤，惊破《霓裳羽衣曲》⑥。

九重城阙烟尘生⑦，千乘万骑西南行⑧。

翠华摇摇行复止⑨，西出都门百余里。

六军不发无奈何，宛转蛾眉马前死⑩。

花钿委地无人收，翠翘金雀玉搔头⑪。

君王掩面救不得，回看血泪相和流。

黄埃散漫风萧索，云栈萦纡登剑阁⑫。

峨眉山下少人行⑬，旌旗无光日色薄。

蜀江水碧蜀山青，圣主朝朝暮暮情。

行宫见月伤心色，夜雨闻铃肠断声⑭。

天旋日转回龙驭⑮，到此踌躇不能去⑯。

---

① 金步摇：一种首饰的名称，用金丝制成花枝形状，上缀珠玉，插在发髻上，行走时摇动，所以叫"金步摇"。

② 姊妹弟兄：指杨氏一家。杨玉环受册封后，她的大姐封韩国夫人，三姐封虢国夫人，八姐封秦国夫人。伯叔兄弟杨铦官鸿胪卿，杨锜官侍御史，杨钊赐名国忠，为右丞相，所以说"皆列土"（裂土受封）。

③ 可怜：可羡。

④ 骊宫：骊山的宫殿，即华清宫。唐玄宗常和杨贵妃在这里饮酒作乐。

⑤ 渔阳：天宝元年河北道的蓟州改称渔阳郡，原属平卢、范阳、河东三镇节度使安禄山管辖。鼙：古代军中用的小鼓。

⑥ 《霓裳羽衣曲》：著名舞曲名。

⑦ 九重城阙：指京城。烟尘生：指发生战祸。

⑧ 西南行：天宝十五载（756）六月，安禄山破潼关，杨国忠主张逃向蜀中，唐玄宗命将军陈玄礼率领"六军"出发，他自己和杨贵妃等跟着出延秋门向西南而去。

⑨ 翠华：指皇帝仪仗中用翠鸟羽毛装饰的旗子。

⑩ 蛾眉：美女代称，此处指杨贵妃。唐玄宗行至马嵬驿，扈从发难，不肯前进，请诛杨国忠、杨玉环以平民怒，玄宗为自保，只得照办。

⑪ 翠翘：翠鸟尾上的长毛叫"翘"。此处指形似"翠翘"的头饰。金雀：雀形的金钗。玉搔头：玉簪。这句说各种各样的首饰和花钿都丢在地上。

⑫ 云栈：高入云端的栈道。萦纡：回环曲折。剑阁：剑门关，在今四川剑阁县北。

⑬ 峨眉山：在今四川省峨眉山市境内。唐玄宗到蜀中，不经过峨眉山，这里只是泛指四川的高山。

⑭ 夜雨闻铃：《明皇杂录》："明皇既幸蜀，西南行，初入斜谷，霖雨涉旬，于栈道中闻铃音，与山相应。上既悼念贵妃，采其声为《雨淋铃曲》以寄恨焉。"

⑮ 天旋日转：比喻国家倾覆后得到恢复。回龙驭：指玄宗由蜀中回到长安。

⑯ 此：指杨贵妃自尽处。

马嵬坡下泥土中①,不见玉颜空死处。

君臣相顾尽沾衣,东望都门信马归。

归来池苑皆依旧,太液芙蓉未央柳②。

芙蓉如面柳如眉,对此如何不泪垂。

春风桃李花开日,秋雨梧桐叶落时。

西宫南内多秋草③,落叶满阶红不扫。

梨园弟子白发新④,椒房阿监青娥老⑤。

夕殿萤飞思悄然,孤灯挑尽未成眠⑥。

迟迟钟鼓初长夜,耿耿星河欲曙天⑦。

鸳鸯瓦冷霜华重⑧,翡翠衾寒谁与共⑨?

悠悠生死别经年,魂魄不曾来入梦⑩。

临邛道士鸿都客⑪,能以精诚致魂魄。

为感君王辗转思,遂教方士殷勤觅。

排空驭气奔如电,升天入地求之遍。

上穷碧落下黄泉⑫,两处茫茫皆不见。

忽闻海上有仙山,山在虚无缥缈间。

楼阁玲珑五云起⑬,其中绰约多仙子⑭。

中有一人字太真,雪肤花貌参差是⑮。

金阙西厢叩玉扃⑯,转教小玉报双成⑰。

闻到汉家天子使,九华帐里梦魂惊⑱。

---

① 马嵬坡:在今陕西省兴平市西。即前"西出都门百余里"所指之地。

② 太液:池名,在长安城东北面的大明宫内。未央:宫名,在长安城西北。两者都是汉朝就有的旧名称。此处借指唐朝的池苑和宫廷。

③ 西宫:《新唐书·宦官传》载,李辅国胁迫太上皇(李隆基)从兴庆宫迁"西内"(唐称太极宫曰"西内")。南内:指兴庆宫,也称南苑。

④ 梨园弟子:玄宗亲自调教的乐工声伎。

⑤ 椒房:宫殿名称,皇后所居。以椒(花椒)和泥涂壁,取其温暖而芳香。阿监:宫廷中的近侍,唐代六七品女官名。青娥:指年轻貌美的宫女。"青娥老"和上句"白发新"对举。

⑥ 孤灯挑尽:古时用灯草点油灯,过一会儿就要把灯草往前挑一挑,让它好燃烧。挑尽,是说夜已深,灯草也将挑尽。

⑦ 耿耿:明亮。星河:银河。欲曙天:天快要亮的时候。

⑧ 鸳鸯瓦:屋瓦一俯一仰扣合在一起叫"鸳鸯瓦"。霜华:霜花。重:指霜厚。

⑨ 翡翠衾:绣着翡翠鸟的被子。

⑩ 魂魄:指杨贵妃的亡魂。

⑪ 临邛(qióng):今四川省邛崃市。鸿都客:是说这位四川方士来京都为客。鸿都,洛阳北宫门名,此处借指长安。

⑫ 穷:找遍的意思。碧落:指天上。黄泉:指地下。

⑬ 五云:五色云。

⑭ 绰约:美好的样子。

⑮ 参差是:仿佛就是。

⑯ 叩玉扃:叩玉做的门。扃,本指门闩或门环,这里指门扇。

⑰ 小玉:作者《霓裳羽舞歌》自注,"吴王夫差女小玉"。双成:姓董。《汉武帝内传》记载,西王母命玉女董双成吹云和之笙。此借指杨贵妃的侍婢。

⑱ 九华帐:用九华图案绣成的彩帐。

揽衣推枕起徘徊，珠箔银屏迤逦开①。

云鬓半偏新睡觉，花冠不整下堂来。

风吹仙袂飘摇举，犹似霓裳羽衣舞。

玉容寂寞泪阑干②，梨花一枝春带雨。

含情凝睇谢君王③，一别音容两渺茫。

昭阳殿里恩爱绝④，蓬莱宫中日月长⑤。

回头下望人寰处，不见长安见尘雾。

唯将旧物表深情，钿盒金钗寄将去。

钗留一股盒一扇，钗擘黄金盒分钿⑥。

但教心似金钿坚，天上人间会相见。

临别殷勤重寄词，词中有誓两心知。

七月七日长生殿⑦，夜半无人私语时。

在天愿作比翼鸟⑧，在地愿为连理枝⑨。

天长地久有时尽，此恨绵绵无绝期⑩。

【提示】

这是一首长篇叙事诗。大致可分为四段：第一段写李、杨会合经过和李对杨的宠爱；第二段写变乱爆发，贵妃殒命，玄宗伤痛不已；第三段写李重归长安以后对杨的无尽思念；第四段写杨对李的忠贞不渝之情。全诗对李、杨情事的描述，虽依据一定的史实和传说，但已融入了作者的艺术想象和思想感情，因而使作品具有浪漫的传奇色彩和浓郁的抒情气氛。

对诗的主旨，历来有不同认识。或以为是讽刺君王荒淫误国，或以为是歌颂坚贞爱情，或以为是双重主题。本诗叙述的是一段美化了的宫廷爱情悲剧。对李的耽乐误国，作者不无讥刺。对李、杨后来的生死相隔，作者怀有怜悯。对李、杨不顾人天阻隔依然苦苦相思的真情，作者深表同情。尽管诗中也有所讽刺，但其基调还是同情与欣赏。

本诗情节曲折生动，既归因于李、杨情事本身的离奇，也源自诗人的精心构撰。贵妃身死，悲剧已经完成，而作者却独具匠心，铺写玄宗在幸蜀途中、返京路上和回长安后

---

① 珠箔：珠帘。屏：屏风。迤逦：连接不断。
② 阑干：流泪貌。
③ 凝睇(dì)：凝视。
④ 昭阳殿：汉宫名，赵飞燕居住过的地方。这里代指杨贵妃旧居处。
⑤ 蓬莱：传说中的海上仙山。这里代指仙境。
⑥ "钗留"二句：钗捎去一股，留下一股；盒捎去一片，留下一片。钗分开了，里头是黄金；盒分开了，里头是金属花片。擘，分开。
⑦ 长生殿：在华清宫中。
⑧ 比翼鸟：本名鹣鹣，雌雄相从，比翼齐飞。
⑨ 连理枝：两树根不同，而树干结合在一起。
⑩ 恨：遗憾。

对贵妃的苦苦思念,生发出处处寻觅、天人相隔等情节,细致地写出了人物的情感活动,推动了情节的发展,加重了故事的悲剧气氛,强化了"长恨"的主题。

作者着力塑造了李隆基、杨玉环两个人物形象,将笔触深入人物的内心世界,生动地写出了他们的心理活动。

此诗叙事张弛有致,抒情缠绵深挚;章法上下贯通,前后勾连;语言优美明丽,自然流畅;运用对偶、顶真等修辞手法娴熟圆美,被后人奉为古代长篇歌行中的绝唱。

思考与练习

一、怎样理解本诗的主题?

二、本诗是怎样把写实与想象巧妙结合起来的?

三、简析本诗中刻画人物所用的方法。

四、真题再现。

（一）单项选择题

【2021年】1. 号"香山居士"的诗人是(　　　)。

　　　　　　A. 李白　　　　B. 高适　　　　C. 白居易　　　D. 苏轼

【2022年】2. 白居易的文学主张是(　　　)。

　　　　　　A. 惟陈言之务去　　　　　　　B. "明道""致用""事信""言文"

　　　　　　C. 辞必己出　　　　　　　　　D. 文章合为时而著,歌诗合为事而作

【2023年】3. 主张"文章合为时而著,歌诗合为事而作"的是(　　　)。

　　　　　　A. 杜甫　　　　B. 白居易　　　　C. 元稹　　　　D. 韩愈

（二）词语解释题

【2022年】旌旗无光日色薄。　　　　　　　　　薄:

（三）判断题

【2024年】《长恨歌》是一首长篇抒情诗。　　　　　　　　　　　　　(　　　)

（四）简析题

【2021年】1. 阅读《长恨歌》中的一节:

　　君臣相顾尽沾衣,东望都门信马归。归来池苑皆依旧,太液芙蓉未央柳。芙蓉如面柳如眉,对此如何不泪垂。春风桃李花开日,秋雨梧桐叶落时。西宫南内多秋草,落叶满阶红不扫。

　　梨园弟子白发新,椒房阿监青娥老。夕殿萤飞思悄然,孤灯挑尽未成眠。迟迟钟鼓初长夜,耿耿星河欲曙天。鸳鸯瓦冷霜华重,翡翠衾寒谁与共?悠悠生死别经年,魂魄不曾来入梦。

请回答:

(1) 这节诗叙写最多的是什么季节?（3分）

(2) "鸳鸯瓦冷霜华重,翡翠衾寒谁与共"两句有何深意?（4分）

(3) 写出"夕殿萤飞思悄然,孤灯挑尽未成眠"两句中押韵的字。（2分）

【2023年】2. 阅读《长恨歌》中的一节：

黄埃散漫风萧索,云栈萦纡登剑阁。峨眉山下少人行,旌旗无光日色薄。蜀江水碧蜀山青,圣主朝朝暮暮情。行宫见月伤心色,夜雨闻铃肠断声。天旋日转回龙驭,到此踌躇不能去。马嵬坡下泥土中,不见玉颜空死处。

请回答:

(1) 这节诗主要围绕什么时间展开抒写?(2分)

(2) "行宫见月伤心色"这句诗的抒情手法是什么?(3分)

(3) 这节诗表现"圣主"怎样的情感?(4分)

锦　瑟

李商隐

李商隐(约813—约858),字义山,号玉溪生,又号樊南生、樊南子,原籍怀州河内(今河南沁阳)。唐文宗开成二年(837)进士,授秘书省校书郎,补任弘农尉,佐幕府、东川节度使判官等职。早期,李商隐因文才而深得牛党要员令狐楚的赏识,后李党的王茂元爱其才,将女儿嫁给他,他因此遭到牛党的排斥。从此,李商隐便在牛李党争的夹缝中求生存,辗转于各藩镇幕府中当幕僚,怀才不遇,潦倒终身。四十六岁时客死荥阳。

李商隐是晚唐诗坛的著名诗人,与杜牧合称"小李杜"。他擅长七律、七绝,情致婉曲,构思精巧,文采富丽,具有独特风格。尤其是他的"无题"诗,包藏细密,意境朦胧,含蓄多情,为人传诵。但有些诗歌用典深僻,隐晦迷离,意蕴难明。有《樊南文集》《李义山诗集》。

锦瑟无端五十弦①,一弦一柱思华年②。
庄生晓梦迷蝴蝶③,望帝春心托杜鹃④。
沧海月明珠有泪⑤,蓝田日暖玉生烟⑥。
此情可待成追忆⑦,只是当时已惘然⑧。

【提　示】

这首七律意蕴甚为丰富。作者围绕对自己一生遭遇的回顾,从不同的角度抒写了人生道路中的坎坷曲折和由此产生的哀怨感伤,痛惜年华流逝而抱负成空,反映了诗人在当时社会的重重压抑下不得舒展的痛苦和横遭埋没的悲剧命运。诗歌情调哀婉,但确实传达出了封建社会中怀才不遇之士的苦闷心声。

此诗抒情委婉含蓄。首联以"锦瑟"起兴,暗喻自己才华出众而年华悄然流逝,伤痛悲愤之情隐含于"无端"之感慨中。中间两联连用典故,化实为虚,以迷离凄伤的景象,寓托身世遭际或心情意绪,既是全诗的情感内容重心所在,也是艺术成就的集中体现,用典、象征、比喻三法并举,属对工稳,造语清新,极富艺术魅力。

---

① 锦瑟:装饰华美的瑟。瑟,拨弦乐器,通常二十五弦。无端:无来由。端,端由。五十弦:这里是托古之词。作者的原意,当也是说锦瑟本应是二十五弦。
② 一弦一柱:犹言每弦每柱。
③ "庄生"句:意谓旷达如庄生,尚为晓梦所迷。庄生,庄周。此句用庄周梦蝶的典故喻指往事渺茫如梦。
④ "望帝"句:意谓青春流逝而又无可奈何,只能以诗寄托心曲。望帝,相传蜀帝杜宇,号望帝,死后其魂化为子规,即杜鹃鸟。春心,伤春之心。
⑤ 珠有泪:传说南海外有鲛人,其泪能泣珠,诗人借以感叹身处所谓圣明之世而仍遭埋没。
⑥ 蓝田:山名,在今陕西,产美玉,诗人借以喻指理想如蓝田云烟,可望而不可即。
⑦ 此情:这种惆怅落寞的情怀。
⑧ 惘然:怅惘。

思考与练习

一、本诗基本的情感内容和情感基调是什么?

二、本诗在艺术上最显著的特点是什么?

三、背诵这首诗。

四、真题再现。

　　(一)填空题

　　【2021年】1.李商隐《锦瑟》:此情可待成追忆,_____。

　　【2022年】2.李商隐《锦瑟》:沧海月明珠有泪,_____。

　　【2024年】3.李商隐《锦瑟》:_____,一弦一柱思华年。

　　(二)判断题

　　【2023年】李商隐《锦瑟》是一首新题乐府诗。　　　　　　　　(　)

关 山 月①

陆 游

陆游（1125—1210），字务观，越州山阴（今浙江绍兴）人。他出生于北宋末年，少年时深受爱国思想的熏陶，怀有从军抗金的壮志。高宗时应试礼部，名列前茅，因"喜论恢复"，为秦桧所黜。孝宗时赐进士出身，曾任镇江、隆兴通判，不久因支持抗金将领张浚北伐而落职。四十六岁入蜀，任夔州通判。四十八岁时在川陕宣抚使王炎幕府任职，曾与王炎共谋收复大计。王炎幕府被解散后，陆游改任地方官，继而又调范成大幕府任职。此时，他感到复国无望，壮志难酬，因而心情抑郁，举止狂放，自号"放翁"。五十四岁自蜀东归，做了几任地方官，受到投降派的排挤打击，但始终坚持抗金复国的主张。六十五岁时被弹劾去职，归老故乡二十余年后去世。

陆游是南宋伟大的爱国诗人，词和散文也有较高成就。他的诗现存九千三百多首，数量之多，为中国文学史上罕见。内容主要表现自己抗金复国的强烈愿望，揭露投降派的罪行，抒写壮志难酬的悲愤，风格雄浑悲壮。一些反映民生疾苦及抒写日常生活的作品，则真实质朴，清新自然。其词作兼有豪放和婉约之长；散文用笔灵活委婉，亦为人重视。有《渭南文集》《剑南诗稿》。

和戎诏下十五年②，将军不战空临边③。
朱门沉沉按歌舞④，厩马肥死弓断弦⑤。
戍楼刁斗催落月⑥，三十从军今白发。
笛里谁知壮士心⑦？沙头空照征人骨⑧。
中原干戈古亦闻⑨，岂有逆胡传子孙⑩？
遗民忍死望恢复⑪，几处今宵垂泪痕！

---

① 关山月：原为汉乐府横吹曲名，内容多写戍边战士月夜思乡及与家人互伤离别之情。陆游的这首《关山月》以乐府旧题写边塞生活，赋予作品以深广的社会内容。
② 和戎诏：与金人议和的诏书。戎，古时对西部少数民族的泛称。这里指金人。诏，皇帝颁发的命令。自1163年宋孝宗下诏议和到作者写此诗，正好十五年。
③ 空临边：白白地来到边境。
④ 朱门：指达官贵人宅第。古时豪门贵族的大门多漆为朱红色，故称。沉沉：深远的样子。这里形容屋宇庭院的深广。按歌舞：按节拍表演歌舞。
⑤ 厩（jiù）：马房。
⑥ "戍楼"句：戍楼上的刁斗声催着月亮下落。意思是岁月在刁斗声中流逝。戍楼，边地守望警戒的岗楼。刁斗，军用铜锅，白天用来做饭，晚上用来敲击巡更。
⑦ 笛：指羌笛。这里借指《关山月》曲调。壮士：指戍边战士。
⑧ 沙头：指沙场。戍边战士既未成功，又未成仁，白白地抛尸沙头，因此说月光"空照征人骨"。
⑨ 干戈：古代兵器，干为盾，戈为戟，这里指代战争。
⑩ "岂有"句：哪有异族能在中原传子传孙呢？意思是说女真贵族占据中原的时间太久了。胡，这里指女真贵族。
⑪ 遗民：这里指异族统治下的中原地区人民。忍死：痛不欲生，但因有所期待而不肯立即去死。恢复：指复国。

【提示】

这首诗是以乐府旧题写时事。

全诗十二句,每四句一个层次。第一层写统治阶级苟且偷安、不修战备的情景;第二层写戍边战士壮志难酬、老死疆场的情景;第三层写中原人民切望恢复、对月流泪的情景。首句"和戎诏下十五年"笼罩全篇,说明这种种可悲情景,都是当权者奉行投降妥协政策造成的。诗的中心思想,主要是揭露南宋统治者的投降路线造成的严重恶果,表达诗人统一祖国的信念和对这一信念不得实现的无比悲愤。

"月夜"是贯穿全诗的线索,体现了诗中三个场景的时间统一性。"朱门沉沉按歌舞""沙头空照征人骨"和"几处今宵垂泪痕",都是边关内外月夜中的景象;诗人用"今宵"二字一点,就将三个场面凝聚在同一个晚上的月光之下,从而构成一幅关山月夜的全景图。可以说,这是当时南宋社会的一个缩影。

三个场面之间,沙场怨笛和万民望月是并列关系,它们与朱门歌舞构成对比关系:不修战备与切望恢复相对立,偷安欢乐与悲愤绝望相比照。这一对比,反映了当时社会的尖锐矛盾,表现了作者鲜明的爱憎感情。

本诗抒情言志,不是借助写景,而是通过选取典型事物、创造典型场景来实现的。马肥死、弓断弦、白骨堆、遗民泪等独特事物,朱门歌舞、沙场怨笛、万民望月等生动场面,都能够引发读者的想象和联想,具有很强的表现力。

思考与练习

一、全诗描写了几个场面? 概括各场面的大意。

二、这首诗的主旨是什么?

三、为什么说这首诗是以"月夜"统摄全篇的?

四、本诗的对比手法表现在什么地方?

五、找出诗中的典型事物和典型场景,分别说明其表现作用。

六、背诵这首诗。

七、真题再现。

(一) 单项选择题

【2024 年】陆游的诗集是(　　　)。

        A.《乐章集》　　　　　　　　B.《漱玉词》

        C.《剑南诗稿》　　　　　　　D.《东篱乐府》

(二) 填空题

【2021 年】1. 陆游《关山月》:＿＿＿＿＿＿＿＿,厩马肥死弓断弦。

【2023 年】2. 陆游《关山月》:笛里谁知壮士心,＿＿＿＿＿＿＿＿。

【2024 年】3. 陆游《关山月》:戍楼刁斗催落月,＿＿＿＿＿＿＿＿。

炉 中 煤[①]
——眷念祖国的情绪
郭沫若

郭沫若(1892—1978),原名开贞,曾用名有郭鼎堂、麦克昂等。四川乐山人。我国著名诗人、学者、文化战士。青年时代,积极参加反帝爱国运动。1914 年赴日本留学。五四运动前后,弃医从文,积极投身革命文化活动,与成仿吾、郁达夫等组成新文学团体"创造社"。1921 年出版了在我国现代诗歌史上有重要意义的诗集《女神》。

1926 年参加北伐战争,任国民革命军总政治部副主任。1927 年参加南昌起义。其后,在白色恐怖下被迫再次东渡日本,从事古文字和古代历史的研究,获得可贵的成果。七七事变后回国,积极从事抗日救亡活动,写下了《屈原》《虎符》等历史剧和《沸羹集》《天地玄黄》《今昔蒲剑》《战声集》《蝌蚪集》等诗文。有力地揭露和批判了日本侵略者和国民党内顽固派的阴谋伎俩。

中华人民共和国成立后,参加人民政府的领导工作。继续以饱满的热情,写了诗集《新华集》《百花齐放》《长春集》和历史剧《蔡文姬》《武则天》等作品,1978 年 6 月病逝于北京。

啊,我年青的女郎!
我不辜负你的殷勤,
你也不要辜负了我的思量。
我为我心爱的人儿
燃到了这般模样!

啊,我年青的女郎!
你该知道了我的前身?
你该不嫌我黑奴卤莽?
要我这黑奴的胸中,
才有火一样的心肠。

啊,我年青的女郎!
我想我的前身,
原本是有用的栋梁,

---

① 本篇选自诗集《女神》。约写成于 1920 年 1—2 月间,最初发表于 1920 年 2 月 3 日《时事新报》"学灯"副刊。当时作者虽在日本,却深受五四运动的鼓舞,充满激情地关注着祖国的命运,渴望祖国富强。"炉中煤"是自喻,表达了作者对祖国深沉的爱。

我活埋在地底多年，
到今朝总得重见天光。

啊，我年青的女郎！
我自从重见天光，
我常常思念我的故乡，
我为我心爱的人儿，
燃到了这般模样！

【提示】

这首诗托物言志，借吟咏燃烧着的"炉中煤"来抒发"眷念祖国的情绪"，表现出诗人对新生祖国的无比热爱和赤诚无私的奉献精神。

全诗运用比喻、比拟和象征手法。诗中最主要的两个意象是"年青的女郎"和"炉中煤"。作者将"五四"以后新生的祖国比作年青的女郎，象征着经过五四运动洗礼后青春焕发的祖国。"炉中煤"是作者自喻。炉中煤的燃烧，象征着诗人的火热激情，表现出他对新生祖国的无私奉献精神。全诗通过炉中煤向年青女郎倾诉爱情的方式展开，赋予炉中煤能思念、会追求、有感情的人格，用的是拟人化手法。拟人化给诗人的爱国激情以恰当的宣泄方式，使全诗充满了情致和生命的活力。比喻、象征、拟人化手法的综合运用，使诗歌的意蕴十分丰富、深厚。

诗的第三节写煤的"前身"原本是有用的栋梁，但一直被埋在地底，到今天才得以"重见天光"。这里有双重象征寓意：一是象征诗人的爱国感情长期埋藏在心底，只有到了"五四"以后，这股激情才得以喷发；二是象征被封建主义束缚了几千年的中华民族，直到五四运动以后，才焕发出真正的青春活力。在这里，祖国的新生，诗人的新生和中华民族的新生，已完全融为一体。

"啊，我年青的女郎"在诗中重复四次，"我为我心爱的人儿，燃到了这般模样"也出现两次；这种反复修辞手法的运用，不仅收到了结构上回环往复的艺术效果，而且突出了主旋律，深化了主题，升华了诗人的情感。

诗的语言自由明快，生动形象，和谐流畅，激越奔放，显示了新诗的语言魅力。

思考与练习

一、这首诗表达了怎样的思想感情？

二、作者把新生的祖国比作"年青的女郎"有何象征意义？

三、作者以"炉中煤"自喻有何象征意义？

四、为什么说这首诗采用了拟人化手法？

五、找出诗中的反复句，说明其表达作用。

六、真题再现。

（一）单项选择题

【2023 年】1. 下列作家参与发起创造社的是（　　　）。

       A. 郭沫若　　　　B. 鲁迅　　　　C. 钱锺书　　　D. 巴金

【2024 年】2. 下列属于郭沫若作品的是（　　　）。

       A.《风波》　　　　　　　　　B.《炉中煤》

       C.《爱尔克的灯光》　　　　　D.《我用残损的手掌》

（二）判断题

【2021 年】1.《炉中煤》是郭沫若在欧洲留学时写的一首托物言志的抒情诗。

                                          （　　　）

【2023 年】2. 戴望舒《炉中煤》中"年轻的女郎"象征五四运动之后新生的祖国。

                                          （　　　）

我用残损的手掌[①]

戴望舒

　　戴望舒(1905—1950)，原名梦鸥，浙江杭县人，祖籍南京。现代诗人。出身于职员家庭。1923年入上海大学中国文学系，1925年入上海震旦大学。第一次国内革命战争时期加入中国共产主义青年团，曾因参与革命宣传工作被上海法租界当局拘捕。"四一二"反革命政变后，避离上海，至江苏松江，后到北京。1928年回上海，此后全力从事文学创作和编译工作，开创了他诗歌创作的重要里程。1930年3月中国左翼作家联盟成立时，即为成员。1932年《现代》月刊创刊，他发表了许多作品，是三十年代"现代派"的代表诗人。抗日战争爆发后，先在上海"孤岛"继续著、译活动，后于1938年5月赴香港。与许地山等人组织中华全国文艺界抗敌协会香港分会，宣传抗日。1941年日本占领香港后曾被捕入狱，受伤致残并创作了《我用残损的手掌》《狱中题壁》《偶成》等。抗战胜利后回到上海，在上海师范专科学校任教。1948年，因参加民主运动受国民党政府通缉，再次去香港。1949年辗转到达北平，参加中华全国文学艺术工作者第一次代表大会。中华人民共和国成立后，在新闻总署国际新闻局工作。1950年2月病逝于北京。诗集有《我底记忆》《望舒草》《灾难的岁月》等。

　　我用残损的手掌
　　摸索这广大的土地：
　　这一角已变成灰烬，
　　那一角只是血和泥；
　　这一片湖该是我的家乡，
　　春天，堤上繁花如锦幛，
　　嫩柳枝折断有奇异的芬芳，
　　我触到荇藻和水的微凉；
　　这长白山的雪峰冷到彻骨，
　　这黄河的水夹泥沙在指间滑出；
　　江南的水田，你当年新生的禾草
　　是那么细，那么软……现在只有蓬蒿；
　　岭南的荔枝花寂寞地憔悴，
　　尽那边，我蘸着南海没有渔船的苦水……
　　无形的手掌掠过无限的江山，
　　手指沾了血和灰，手掌黏了阴暗，

---

　　①　本诗选自《灾难的岁月》，写成于1942年7月3日。

只有那辽远的一角依然完整，

温暖，明朗，坚固而蓬勃生春。

在那上面，我用残损的手掌轻抚，

像恋人的柔发，婴孩手中乳。

我把全部的力量运在手掌

贴在上面，寄与爱和一切希望，

因为只有那里是太阳，是春，

将驱逐阴暗，带来苏生，

因为只有那里我们不像牲口一样活，

蝼蚁一样死……那里，永恒的中国！

【提示】

这首诗写于抗日战争最艰苦的年代。1942年4月，诗人在香港参加抗日运动，发表宣传抗日的文章，被日本宪兵逮捕入狱，受尽严刑拷打，致残在狱中。诗人面对现实，把个人的不幸与国家的命运融为一体，以深沉的思想、炽热的感情，抒发了对灾难深重的祖国的由衷关注和真诚的爱，表达了对"辽远的一角"的解放区的歌颂与向往。

这首诗以"我"用"无形的手掌"抚摸祖国地图时的联想为抒情线索。"无形的手掌"指的是诗人的思绪、联想、心理与情感，而"抚摸"则是思绪和联想的展开，心理与情感的流动。"这一角已变成灰烬，那一角只是血和泥"，"灰烬""血""泥"是对沦陷区凄凉景象的概括。侵略者的烧杀掳掠，使大地上处处废墟，人民流离失所。"这一片湖该是我的家乡……我触到荇藻和水的微凉"，"手掌"将诗人引到了他的"家乡"，这里的景色曾是那么美丽迷人。"这长白山的雪峰冷到彻骨……尽那边，我蘸着南海没有渔船的苦水"。"手掌"由北向南，抚过大片国土，再现了长白山、黄河、江南、岭南、南海以至他没有体验过的解放区的景象，不断掀起他痛惜、憎恨、热爱、向往的感情波涛。

诗中采用了对比、比喻、暗示等表现手法。沦陷区的今昔对比，沦陷区与解放区的对比，鲜明地表达了诗人的爱憎情感。"像恋人的柔发，婴孩手中乳""那里是太阳，是春"，这些比喻表达了诗人对解放区的向往与热爱；"不像牲口一样活，蝼蚁一样死"，形象地表现了解放区人民翻身当家做主的新生活。诗人坚信中国共产党领导的抗日斗争必定胜利，对祖国未来寄予了热切的希望。"荔枝花寂寞地憔悴"，暗示敌占区人民的苦闷忧伤；"没有渔船的苦水"，暗示敌占区人民生活的困厄痛苦。多种表现手法的运用，使诗人的丰富情思得到了完美体现。

思考与练习

一、这首诗表达了诗人怎样的感情？

二、"无形的手掌"是指什么？"残损的手掌"又是指什么？

三、这首诗的抒情线索是什么？

四、诗中是怎样运用对比手法的？有何表现作用？

五、找出诗中的比喻句,说明其表达作用。

六、找出诗中运用暗示的地方,并说明其暗示意义。

七、真题再现。

(一) 判断题

【2021 年】戴望舒是我国 20 世纪 90 年代"现代诗派"的代表诗人。　　　　(　　)

(二) 简析题

【2022 年】阅读《我用残损的手掌》中的一节:

　　　　无形的手掌掠过无限的江山,手指沾了血和灰,手掌黏了阴暗,只有那辽远的
一角依然完整,温暖,明朗,坚固而蓬勃生春。在那上面,我用残损的手掌轻抚,像
恋人的柔发,婴孩手中乳。我把全部的力量运在手掌贴在上面,寄与爱和一切希
望,因为只有那里是太阳,是春,将驱逐阴暗,带来苏生,因为只有那里我们不像牲
口一样活,蝼蚁一样死……那里,永恒的中国!

请回答:

(1) 这节诗中"辽远的一角"指的是哪里? (2 分)

(2) 这节诗抒发了诗人怎样的情感? (4 分)

(3) 这节诗主要使用了什么修辞手法? (3 分)

雪落在中国的土地上

艾　青

艾青(1910—1996),原名蒋正涵,浙江金华人,中国现当代著名诗人。1928年中学毕业后入杭州西湖艺术院,1929年到巴黎勤工俭学,在学习绘画的同时也接触了欧洲现代派诗歌。1932年5月回沪,加入"中国左翼美术家联盟",7月被捕,在狱中创作了名篇《大堰河——我的保姆》。1935年出狱。1937年抗战爆发后来到武汉,写下了《雪落在中国的土地上》。1944年加入中国共产党。中华人民共和国成立后,任《人民文学》副主编。

艾青诗歌代表作有《大堰河——我的保姆》《雪落在中国的土地上》《我爱这土地》,诗集有《大堰河》《北方》《向太阳》《归来的歌》等,论文集有《诗论》《艾青谈诗》等。

雪落在中国的土地上,
寒冷在封锁着中国呀……

风,
像一个太悲哀了的老妇。
紧紧地跟随着,
伸出寒冷的指爪,
拉扯着行人的衣襟。
用着像土地一样古老的话,
一刻也不停地絮聒着①……

那从林间出现的,
赶着马车的,
你中国的农夫,
戴着皮帽,
冒着大雪,
你要到哪儿去呢?
告诉你,
我也是农人的后裔——
由于你们的,

---

①　絮聒(guō):唠叨不休。

刻满了痛苦的皱纹的脸，
我能如此深深地，
知道了，
生活在草原上的人们的，
岁月的艰辛。

而我，
也并不比你们快乐啊，
——躺在时间的河流上，
苦难的浪涛，
曾经几次把我吞没而又卷起——
流浪与监禁，
已失去了我的青春的最可贵的日子，
我的生命，
也像你们的生命，
一样的憔悴呀。

雪落在中国的土地上，
寒冷在封锁着中国呀……

沿着雪夜的河流，
一盏小油灯在徐缓地移行，
那破烂的乌篷船里，
映着灯光，垂着头，
坐着的是谁呀？
——啊，你，
蓬发垢面的少妇，
是不是
你的家，
——那幸福与温暖的巢穴——
已被暴戾的敌人①，
烧毁了么？
是不是
也像这样的夜间，
失去了男人的保护，

---

① 暴戾（lì）：残暴，凶狠。

在死亡的恐怖里，
你已经受尽敌人刺刀的戏弄？

咳，就在如此寒冷的今夜，
无数的，
我们的年老的母亲，
都蜷伏在不是自己的家里，
就像异邦人，
不知明天的车轮，
要滚上怎样的路程？
——而且，
中国的路，
是如此的崎岖，
是如此的泥泞呀。

雪落在中国的土地上，
寒冷在封锁着中国呀……

透过雪夜的草原，
那些被烽火所啮啃着的地域，
无数的，土地的垦殖者，
失去了他们所饲养的家畜，
失去了他们肥沃的田地，
拥挤在，
生活的绝望的污巷里；
饥馑的大地，
朝向阴暗的天，
伸出乞援的，
颤抖着的两臂。

中国的苦痛与灾难，
像这雪夜一样广阔而又漫长呀！

雪落在中国的土地上，
寒冷在封锁着中国呀……

中国，

我的在没有灯光的晚上，

所写的无力的诗句，

能给你些许的温暖么？

1937 年 12 月 28 日　夜间

【提示】

1937 年,日本侵略者发动了卢沟桥事变。诗人来到当时有"抗战中心"之称的武汉,深切感受到中华民族在抗日战争中所承受的极其深重的灾难和艰辛,写下了这首诗。这是一位满怀正义和激愤之情的诗人在民族存亡的严重关头所唱出的一支深沉而激越的歌。诗歌以鲜明的意象表达了对日本侵略者的强烈义愤,对祖国前途与人民命运的忧虑和关切,凝结着诗人对祖国和人民深沉执着的热爱之情。

诗歌以"雪落大地,寒风凛冽"为全篇的总背景,也是祖国遭受侵略深重灾难的象征。在这个总背景下展开的一幅幅发生在中国大地上的生活画面,构成摧人心碎的悲惨场景出现在人们眼前。第一幅是"马夫苦行图"。对那"戴着皮帽,冒着大雪"赶马车的农夫背井离乡、颠沛流离的痛苦,诗人感同身受,真挚的自白使诗句浸染着温暖而赤诚的血泪。第二幅是"少妇失护图"。在雪的寒冷中,在战争中遭到踩躏和欺凌的"蓬发垢面的少妇"无家可归。第三幅是"老母蜷伏图"。许许多多"我们的年老的母亲",正在承受着深重的苦难和艰辛。第四幅是"农民乞援图"。日寇的侵略使得农民失去土地和家园,"颤抖着的两臂"充满着绝望的震撼。结尾充满悲愤力量的诗句,给人们带来感情上的温暖和精神上的鼓舞。

诗人既是苦难的见证者,也是苦难的经历者,他把自己所受的苦难也写入诗中,发出"深情而战栗的呼喊",使诗歌的抒情更加真实感人。

诗人把"缘情造境"的中国诗歌传统技法与西方现代派象征手法结合起来,使诗歌意象鲜明,感情充沛,意蕴深厚。反复手法的运用,强化了诗人的情感,突出了诗歌的主旋律。

艾青是自由体诗歌艺术的集大成者,其诗具有散文美,不追求外在形式的整齐与押韵,自由活脱,感情真挚、语言朴素、别具风采。

思考与练习

一、简述诗歌的写作背景。

二、诗歌的主旨是什么？

三、简析诗中场景画面的典型性。

四、诗歌中的"雪"有何象征意义？

五、真题再现。

（一）单项选择题

【2023 年】下列作品创作于抗战时期的是(　　　　)

A.《雨巷》 B.《听听那冷雨》

C.《神女峰》 D.《雪落在中国的土地上》

（二）判断题

【2022年】1.《雪落在中国的土地上》这首诗的中心意象是"土地"。 （ ）

【2024年】2.《雪落在中国的土地上》抒写了残暴的侵略者给中国人民带来的深重灾难。 （ ）

神 女 峰①

舒 婷

　　舒婷,1952年生于福建石码镇,原名龚佩瑜。1967年厦门第一中学初中毕业,1969年到福建上杭插队落户,并开始诗歌创作。1972年回厦门当工人。1979年在《诗刊》发表《致橡树》。1980年到福建省文联工作,从事专业创作。20世纪80年代以后,舒婷的诗歌在文学界产生重要影响。

　　舒婷是中国新时期"朦胧诗"的代表诗人之一。她的诗于温柔中透着坚强,徘徊中含着执着,朦胧中显着清新,透射出女性心灵特有的细腻、敏锐、坚韧的特质。在诗歌形式上,用新奇的意象和新鲜的词语打破旧有的诗歌语言,创造出清新、真挚的诗歌风格。主要作品有诗集《双桅船》《会唱歌的鸢尾花》《始祖鸟》《舒婷顾城抒情诗选》,散文集《心烟》等。

　　在向你挥舞的各色花帕中
　　是谁的手突然收回
　　紧紧捂住了自己的眼睛
　　当人们四散而去,谁
　　还站在船尾
　　衣裙漫飞,如翻涌不息的云
　　江涛
　　高一声
　　低一声

　　美丽的梦留下美丽的忧伤
　　人间天上,代代相传
　　但是,心
　　真能变成石头吗
　　为眺望远天的杳鹤②
　　而错过无数次春江月明

　　沿着江岸

---

　　① 神女峰:高踞长江巫峡北岸,因其形状像一个女子的身姿,而衍生出许多神话传说。其中一个最为著名,把神女峰叫作"望夫石"。一位女子的丈夫因故远行,女子便每天爬上山峰极目远眺,思念丈夫,无论风吹雨打,严寒酷暑,天天如此。久而久之,便化作巫峡上的一座山峰。人们为了纪念她,把山峰命名为神女峰,又称为望夫石。
　　② 杳鹤:天边的远鹤。杳,远得不见踪影。

金光菊和女贞子的洪流①
正煽动新的背叛
与其在悬崖上展览千年
不如在爱人肩头痛哭一晚

(1981 年 6 月 长江)

【提示】

这首诗歌写于 1981 年。当时,由于受"极左思潮"的影响,人们的思想还比较禁锢。所以,诗人所说的"背叛"就更显得惊心动魄。诗人要背叛的不仅是神女坚贞守节的经典神话,也不仅仅止于爱情,它指向一切对正常人性构成束缚的礼教锁链。

本诗首节写在江轮上初见风雨千年的神女峰时急剧变化的心理过程;第二节是对神女传说的重新解读和深刻反思;第三节宣告对传统的"背叛",揭示诗歌的主题。

《神女峰》的主题意义是非常深刻的。在男权本位的封建社会,男性按照自己的价值体系和审美标准要求和改造着女性,派给她们"节妇烈女"的角色,以此作为妇道妇德的标准和典范,使女性不但认同着这些规范和界定,而且逐渐将其内化为自我道德律令。作者以"与其在悬崖上展览千年,不如在爱人肩头痛哭一晚"的全新观念,颠覆了千百年来关于忠贞与背叛的古老诠释,表现出对爱情婚姻中"正统"道德的反思,对封建节烈观的叛逆。

《神女峰》的艺术特色表现在观察角度的新奇和剪裁生活的精当上。对于一个困扰人们几千年的老问题,诗人让一个自然奇景和文化胜迹来承载,可谓匠心独具。

诗人善于把具有鲜明反差的意象组合在一起,如众人狂热的欢呼与一人忧伤的思索;对远天梦想的眺望与对眼前幸福的错过;悬崖上可笑的千年展览与俯在爱人肩头的纵情痛哭。这种对比,使形象更加鲜明,主题更加深重。

诗中象征手法的运用也很出色。神女峰代表守望、忠贞,是封建节烈观的象征。"江涛高一声低一声",象征悲剧故事的"代代相传"。"金光菊和女贞子的洪流"象征新道德的觉醒。象征手法的运用,增强了诗歌的形象性和艺术感染力。

思考与练习

一、简析这首诗的主题。

二、简析本诗的艺术手法。

三、解释"神女峰"与"金光菊和女贞子的洪流"的象征意蕴。

四、真题再现。

---

① 金光菊和女贞子:两种植物名,巫峡常见。

（一）单项选择题

【2022 年】《神女峰》的作者是（　　）

      A. 茹志鹃　　　　B. 郭沫若　　C. 余秋雨　　D. 舒婷

（二）判断题

【2024 年】《神女峰》的作者戴望舒是"朦胧诗派"的代表人物。　　　　　　　　（　　）

浪 淘 沙①

李 煜

李煜(937—978),字重光,号钟隐、莲峰居士,五代时南唐国君,史称李后主,在位十五年。975 年,宋灭南唐,后主肉袒出降,被俘到汴京,封违命侯。相传李煜最后因写"恰似一江春水向东流"之词而被宋太宗用牵机药毒杀。

李煜虽不通政治,无力治国,但其艺术才华非凡,精书法,善绘画,通音律,尤以词的成就最高,被称为"千古词帝"。早期作品主要反映宫廷生活和男女情爱,题材较窄,风格柔靡。降宋后,李煜因亡国深痛,言辞凄苦,感情深沉。其词多直抒胸臆,真率天然;且善以白描手法摹写景物,形象鲜明,具有很高的艺术性,对后代颇有影响。其词主要收录在《南唐二主词》(中有其父李璟之作)中。

帘外雨潺潺②,春意阑珊③,罗衾不耐五更寒。梦里不知身是客,一晌贪欢④。独自莫凭栏,无限江山,别时容易见时难。流水落花春去也⑤,天上人间⑥。

【提示】

本词抒写作者亡国的深悲剧痛。

上片写其囚徒生活的凄凉悲伤,春意阑珊,借景抒情,伤春感怀;梦中回忆帝王生活往事,忘却屈辱处境,以梦衬醒。下片抒发故国之思,亡国之痛。追怀故国,痛念江山,已是如隔天壤,永无见期,表达悔恨、哀怨之情。

本词在艺术风格上与《虞美人》(春花秋月)相似,纯以白描手法抒写内心感受,语言朴素生动,言浅意深。

先写梦醒,再叙梦境,最后叹梦,时空跨度大,新境旧事贯穿,对比鲜明,既能引发联想,又加大了感情容量。

思考与练习

一、概括本词表达的思想感情。

二、概括本词的结构内容。

三、这首词主要用什么手法抒情?

---

① 浪淘沙:唐玄宗时教坊曲,后用为词调。
② 潺潺:雨声。
③ 阑珊:衰残,将尽。
④ 一晌:片刻。
⑤ "流水"句:意谓美好生活一去不返。
⑥ 天上人间:意指天上人间相隔,永无见期。

四、背诵这首词。

五、真题再现。

填空题

【2022年】1.李煜《浪淘沙》:无限江山，_____。

【2023年】2.李煜《浪淘沙》:_____，天上人间。

【2024年】3.李煜《浪淘沙》:_____，一晌贪欢。

八声甘州①

柳 永

柳永(约987—约1053),原名三变,字耆卿,福建崇安人。年轻时常出入歌楼妓馆,为乐工歌妓撰写歌词,因而为达官贵人所不齿,屡试不第。于是他索性放浪于汴京、苏州、杭州等城市,以填词为专业,宋仁宗景祐元年(1034)考中进士,做过屯田员外郎等小官,世称"柳七""柳屯田"。他一生穷愁潦倒,独以词著称于世,最后死于润州(今江苏镇江)。

柳永是北宋第一个专力写词的作家,也是婉约派词人的代表。他的词多写都市繁华景象及青楼歌妓的生活,尤善于表达羁旅行役之苦,扩大了词的题材。柳永还精通音律,大量制作慢词,对词体的发展起到了重要作用。柳词以铺叙见长,善于用通俗的语言传情状物,雅俗共赏,因而流传很广。有《乐章集》。

对潇潇暮雨洒江天,一番洗清秋②。渐霜风凄紧③,关河冷落,残照当楼④。是处红衰翠减⑤,苒苒物华休⑥。惟有长江水,无语东流。 不忍登高临远,望故乡渺邈⑦,归思难收⑧。叹年来踪迹,何事苦淹留⑨? 想佳人、妆楼颙望⑩,误几回、天际识归舟⑪。争知我、倚栏干处⑫,正恁凝愁⑬。

【提示】

这是柳永抒写羁旅行役之苦的名作。词人倾吐了萍踪漂泊的坎坷经历,表现了因事业无成而产生的内心矛盾苦闷。作品从一个侧面反映了封建时代中下层士子典型的生活遭遇和思想情绪。

借景抒情、情景相生,是这首词的一大艺术特色;而词中"登高临远"四字,则是打通上片写景、下片抒情的贯串线索。

上片以层层铺叙的手法,描写登高所见之景。词以一"对"字领起,先总写清秋江天

---

① 八声甘州:又名《甘州》,唐教坊大曲名,后用为词调。此调前后段共八韵,故名"八声",属慢词。

② "对潇潇"二句:写作者眼前的景象。潇潇暮雨在辽阔江天飘洒,经过一番雨洗的秋景分外清朗寒凉。潇潇,下雨声。一说雨势急骤的样子。清秋,清冷的秋景。

③ 渐:逐渐。霜风:指秋风。凄紧:凄凉迫近。

④ 残照:落日的余光。

⑤ 是处:到处。红衰翠减:指花叶凋零。红,代指花。翠,代指绿叶。

⑥ 苒苒(rǎn):同"荏苒",渐渐(过去)的意思。物华:美好的景物。休:这里是衰残的意思。

⑦ 渺邈(miǎo):渺茫遥远。

⑧ 归思:渴望回家团聚的心思。

⑨ 淹留:长期停留。

⑩ 佳人:美女。古诗文中常用于代指自己所怀念的对象。颙(yóng)望:抬头凝望。

⑪ "误几回"句:多少次错把远处驶来的船只当作心上人的归舟。天际,指目力所能达到的极远之处。

⑫ 争:怎。处:这里表示时间。"倚栏干处"即"倚栏干时"。

⑬ 恁(nèn):如此。凝愁:愁苦不已,愁恨深重。凝,表示一往情深,专注不已。

之寂寥;继以霜风、关河、残照之景,再作气氛渲染;"红衰翠减",更见一片萧飒;江水无语,又可谓言外有意,寄托了词人青春不再、人生如寄的感伤。写景中无不浸染了词人浓重的离愁。

下片以委婉曲折的笔法,抒写临远思归之情。"不忍登高临远"数句,直接抒发了羁旅之苦、思乡之切;"想佳人"以下,忽然转换角度,驰骋想象,由己之思彼转写彼之思己,从而把游子漂泊、归乡不得的凄苦情怀表达得淋漓尽致,俳恻动人。

此词状物传情,运用了本色而富有表现力的白描语言,也是特色之一。

思考与练习

一、这首词是如何做到借景抒情、情景相生的?

二、试析上片写景层层铺叙的特点。

三、"惟有长江水,无语东流"表达了什么样的感情?

四、词的下片转写佳人,对抒发作者的羁旅之情有什么好处?

五、背诵这首词。

六、真题再现。

填空题

【2021年】1. 柳永《八声甘州》:想佳人、妆楼颙望,误几回、_____。

【2022年】2. 柳永《八声甘州》:不忍登高临远,望故乡渺邈,_____。

【2023年】3. 柳永《八声甘州》:渐霜风凄紧,_____,残照当楼。

【2024年】4. 柳永《八声甘州》:叹年来踪迹,_____?

永 遇 乐

李清照

李清照(1084—约1151),号易安居士,济南(今属山东)人。她出生在一个有文化教养的仕宦家庭,父亲李格非是当时著名的学者,丈夫赵明诚历任州郡行政长官,是金石收藏家和考据家。李清照与丈夫志同道合,感情深厚,常在一起校勘金石、鉴赏书画、唱和诗词。靖康之变破坏了他们的美满生活,夫妇随宋室仓皇南渡,避乱江南。不久赵明诚去世,他们苦心搜集的金石书画也在流亡途中丧失殆尽。李清照只身漂泊临安、越州、金华一带,在凄凉孤苦的生活中度过了晚年。

李清照工诗能文,尤长于词,是我国古代文学史上难得的女作家、女词人。她的词以南渡为界,分为前后两期。前期词主要反映她少年、少妇时期的生活,内容比较狭窄,词风清丽婉转;后期词多写国破家亡后的凄惨心境和痛苦感情,流露出故国之思和昔盛今衰之感,具有一定的社会意义,词风沉哀凄苦。有《漱玉词》。

落日镕金①,暮云合璧,人在何处。染柳烟浓,吹梅笛怨②,春意知几许。元宵佳节,融和天气,次第岂无风雨③。来相召,香车宝马④,谢他酒朋诗侣⑤。 中州盛日⑥,闺门多暇⑦,记得偏重三五⑧。铺翠冠儿⑨,捻金雪柳⑩,簇带争济楚⑪。如今憔悴,风鬟霜鬓⑫,怕见夜间出去⑬。不如向、帘儿底下,听人笑语。

【提示】

《永遇乐》是李清照晚年流寓江南,寓居临安(今浙江杭州)时的伤今追昔之作。当作于宋高宗绍兴十七年(1147)前后。词作描写北宋京城汴京和南宋京城临安元宵节的情景,借以抒发词人的故国之思,并含蓄地表现了对南宋统治者苟且偷安的不满。

词的上片写元宵佳节寓居异乡的悲凉心情,着重对比客观现实的欢快和词人主观心情的凄凉。起始二句"落日镕金,暮云合璧"着力描绘元宵节绚丽的暮景,紧接着连用

---

① 落日镕金:落日的颜色好像熔化的黄金。镕,一作"熔"。
② 吹梅笛怨:梅,指乐曲《梅花落》,用笛子吹奏此曲,其声哀怨。
③ 次第:转眼。
④ 香车宝马:这里指贵族妇女所乘坐的、雕镂工致装饰华美的车驾。
⑤ 谢:辞谢,谢绝。
⑥ 中州:中土、中原。这里指北宋的都城汴京,今河南开封。
⑦ 闺门:内室之门,借指女子。
⑧ 三五:阴历每月十五日。此处指元宵。
⑨ 铺翠冠儿:以翠羽装饰的帽子。
⑩ 雪柳:以素绢和银纸做成的头饰。
⑪ 簇带:戴满插满之意,宋代俗语。簇,聚集之意。带,即戴,加在头上谓之戴。济楚:整齐、漂亮。宋代俗语。
⑫ 风鬟霜鬓:发鬓蓬乱。这里指无心修饰打扮。
⑬ 怕见:怕得,懒得。

三个反问：第一问"人在何处"是问自己身在何处，是明知故问，写出词人化解不开的漂泊异乡的凄凉。第二问是在"染柳烟浓，吹梅笛怨"的初春之时，"春意知几许"，突出词人伤春惜春、晚景凄凉的心情。第三问承上描写做一收束，佳节良辰应该畅快地游乐了，却又突然转折"次第岂无风雨"，反映出生活动荡、时世祸福莫测的忧危心态。因此，虽有"酒朋诗侣"用"香车宝马"邀约观灯赏月，也只好婉辞谢绝。

词的下片着重用词人南渡前在汴京过元宵佳节的欢乐心情与当前的凄凉景象作对比。前六句忆昔，追忆当年元宵佳节，女宾们心情愉悦、精心打扮的情形。一个"争"字写出了当时女宾满座、莺歌燕舞、互相比美的热闹欢乐场面。语调轻松欢快，多用当时俗语，宛然少女心声。转眼金兵入侵，风流云散，自己只落得漂流异地。词人首如飞蓬，无心梳洗，再逢元宵佳节，也无心夜出赏灯。最后"不如向、帘儿底下，听人笑语"的矛盾心理，更反衬出词人伤感孤凄的心境。

这首词最大的艺术特色有三：一是采用了以乐景写哀情的手法，借落日余晖等美丽的景色抒发词人国破家亡后物是人非、好景不长的主观感受，借景抒情，情景交融。二是采用了对比手法，用往昔佳节盛日与如今不同的心境相对比，既有力地书写出词人内心无限的孤寂悲凉，又抒发了深沉的盛衰之感及身世之悲。三是语言上有意识地将浅显平易而富有表现力的口语与锤炼工致的书面语交错融合，写出了词人浓厚的今昔盛衰之感和个人身世之悲。

思考与练习

一、本词三个问句的内涵是什么？

二、本词采用的表现手法有哪些？

三、这首词的主旨是什么？

四、背诵这首词。

五、真题再现。

（一）单项选择题

【2021 年】李清照的词集（　　）。

    A.《漱玉词》　　　　　　　　　B.《乐章集》

    C.《南唐二主词》　　　　　　　D.《东坡乐府》

（二）填空题

【2021 年】1. 李清照《永遇乐》：如今憔悴，风鬟霜鬓，_____。

【2022 年】2. 李清照《永遇乐》：染柳烟浓，吹梅笛怨，_____。

【2024 年】3. 李清照《永遇乐》：来相召，香车宝马，_____。

摸鱼儿①

辛弃疾

　　辛弃疾(1140—1207)，字幼安，号稼轩，南宋爱国词人。出生在金人统治下的历城(今山东济南)。二十二岁时曾组织过一支两千余人的起义队伍，抗击金统治者。后率领义军余部渡江归宋，想依靠南宋实现收复中原的壮志。但南宋朝廷对辛弃疾心存疑忌，不予信用。安排他做签判、通判之类的闲官、小官。当时朝廷热衷于与金人议和，辛弃疾不顾官职卑微，力排众议，先后奏《美芹十论》《九议》等，陈述收复大计，均未被采纳。其后曾历任转运副使、知府、安抚使等职，虽有政绩，但大志未遂，而且长期受到主和派的排斥打击；四十二岁起，除两次短期出仕外，一直落职闲居于江西农村。六十八岁时抑郁而死。

　　辛弃疾才兼文武，毕生以复国为己任，一直希望自己能置身于抗金斗争的最前线，但南宋执政者却将他投闲置散。于是他将自己的爱国抱负和满腔忧愤倾注于词中。他的词现存六百多首，题材广阔，内容丰富，多方面地反映了当时的社会现实，饱含爱国热情。词风以豪放悲壮为主，"慷慨纵横，有不可一世之概"(《四库全书总目提要》)；也有不少清丽明快、缠绵妩媚之作。因为两宋豪放词派由苏轼开创，而由辛弃疾继承、发展，故后人往往以"苏辛"并称。有《稼轩长短句》。

　　淳熙己亥②，自湖北漕移湖南③，同官王正之置酒小山亭④，为赋。
　　更能消、几番风雨⑤，匆匆春又归去。惜春长怕花开早⑥，何况落红无数⑦。春且住！见说道、天涯芳草无归路⑧。怨春不语⑨。算只有殷勤，画檐蛛网，尽日惹飞絮⑩。
　　长门事，准拟佳期又误。蛾眉曾有人妒。千金纵买相如赋，脉脉此情谁诉⑪？君莫舞⑫，

---

① 摸鱼儿：一名《摸鱼子》，本为唐教坊曲名，后用为词调。
② 淳熙己亥：宋孝宗淳熙六年(1179)。
③ "自湖北"句：由湖北转运副使调任湖南转运副使。漕(cáo)，宋称转运使为漕司。移，调任。
④ 同官：辛弃疾调离后由王正之接替他的职务，故称同官。王正之：名正已，字正之，是辛弃疾的旧交。
⑤ "更能消"句：还能经得住几番风雨呢？消，经受。
⑥ "惜春"句：花早开便会早落，作者为爱惜春光，总不愿花开得太早。长怕，总怕。
⑦ 落红：落花。
⑧ "见说道"句：听说天尽头也长满芳草，春将没有归路。这句表示作者希望春天找不到归路，长驻人间。见说，听说。
⑨ "怨春"句：埋怨春天不理解自己的挽留，悄悄地溜走了。
⑩ "算只有"三句：算起来只有画檐上蜘蛛殷勤结成的蛛网，成天粘住一些飞扬的柳絮(算是留住了一点点春意)。画檐，有彩画的屋檐。惹，粘惹，粘住。
⑪ "长门事"五句：司马相如《长门赋序》称：汉武帝时，陈皇后失宠，废居长门宫，愁闷悲思。陈皇后听说司马相如善写文章，就奉送黄金百斤，请相如作赋以解悲愁。司马相如的文章使汉武帝感悟，于是陈皇后重新得宠。这是借题发挥，说陈皇后本可重新得宠，因有人嫉妒进谗，使原来约好的佳期又耽误了。纵然她用千金买得相如赋，脉脉柔情又能向谁去诉说。这几句暗喻忠良之士遭到谗害，不被理解信用，虽有思君爱国之心，却无处倾诉。准，获准。拟，拟定、约定。蛾眉，借指美人。脉脉，含情的样子。谁诉，向谁诉说。
⑫ 君莫舞：你且不要手舞足蹈。此句警告谗害忠良者不要高兴得太早。

君不见、玉环飞燕皆尘土①！闲愁最苦。休去倚危栏②,斜阳正在,烟柳断肠处③。

【提示】

这是一首抒情词。作者借宫中美人的春愁闺怨,抒发了对国运危迫、抗金形势衰微的焦虑担忧和报国无门、有志难伸的郁闷悲愤。

词以比兴手法抒写情怀。上片借物起兴,以江南暮春的衰残景象象征南宋微弱的抗金势力,借美人之伤春、惜春、留春、怨春,表达对抗金复国的满怀热望和深沉惋惜。下片托古喻今,用汉武帝时陈皇后的宫闱旧事自喻,以美人之失宠、见妒、闲愁、苦思,暗示自己南渡以来,长期遭受朝廷冷落、排挤、猜忌的际遇,抒发华年虚掷,抱负成空的苦闷激愤。全词抒情委婉沉郁。

本篇比兴手法的运用不拘限于个别语句或局部的喻譬,而是通贯全篇,在总体上具有象征意义。如全词前后三次写及的残春景象,无疑是南宋局势风雨飘摇的象征;而词中美人之失宠见妒、伤春怀怨,则显然是作者遭际、心境的比况。整首词的外在形象与深层寓意若即若离,寄托深远。

思考与练习

一、这首词的主旨是什么?

二、结合作品实际,领会此词融贯全篇的比兴手法。

三、此词上片所写之"春"有何象征意义?

四、本词风格有何特点? 是否豪放?

五、背诵这首词。

六、真题再现。

(一) 单项选择题

【2022 年】自号"稼轩"的词人是( )。

      A. 陆游   B. 苏轼   C. 李清照   D. 辛弃疾

(二) 填空题

【2021 年】1. 辛弃疾《摸鱼儿》:＿＿＿＿＿＿＿,斜阳正在,烟柳断肠处。

【2022 年】2. 辛弃疾《摸鱼儿》:＿＿＿＿＿＿＿,何况落红无数。

【2023 年】3. 辛弃疾《摸鱼儿》:算只有殷勤,画檐蛛网,＿＿＿＿＿＿＿。

【2024 年】4. 辛弃疾《摸鱼儿》更能消、几番风雨,＿＿＿＿＿＿＿。

---

① 玉环:唐玄宗宠妃杨贵妃的小名,骄贵一时。安禄山陷长安,贵妃随玄宗赴四川避乱,途经马嵬坡时,被赐死。飞燕:汉成帝宠后赵飞燕,后废为庶人,自杀。这里以杨玉环、赵飞燕死于非命,警告当时的权贵们也不会有好下场。

② 危栏:高栏。危,高。

③ "斜阳"二句:夕阳正斜照在令人断肠的烟柳深处。这里以日落西山的暗淡景色喻南宋摇摇欲坠的衰微国势,表面上看是作者为春暮、日暮而肠断,实际上是在为国事而愁苦。

〔双调〕夜行船·秋思①

马致远

马致远(约 1251—1321 后),青年时期仕途坎坷,中年中进士,曾任江浙行省官吏,后在大都(今北京)任工部主事。马致远晚年不满时政,隐居田园,以衔杯击缶自娱,死后葬于祖茔。

从马致远的散曲作品中,约略可以知道,他年轻时热衷功名,有"佐国心,拿云手"的政治抱负,但一直没能实现,在经过了"二十年漂泊生涯"之后,他看透了人生的耻辱,遂有退隐林泉的念头,晚年过着"林间友""世外客"的闲适生活。马致远早年即参加了杂剧创作,是"贞元书会"的主要成员,与文士王伯成、李时中,艺人花李郎、红字李二都有交往,也是当时最著名的"四大家"之一。马致远从事杂剧创作的时间很长,名气很大,有"曲状元"之誉。其作品见于著录的有 15 种,今存《汉宫秋》《荐福碑》《岳阳楼》《青衫泪》《陈抟高卧》《任风子》6 种,另有他和几位艺人合作的《黄粱梦》。以《汉宫秋》最著名。散曲有《东篱乐府》。小令《天净沙·秋思》脍炙人口,匠心独运,自然天成,丝毫不见雕琢痕迹,被誉为"秋思之祖"。

百岁光阴如梦蝶②,重回首往事堪嗟。今日春来,明朝花谢。急罚盏夜阑灯灭 ③。

〔乔木查〕 想秦宫汉阙④,都做了衰草牛羊野。不恁么渔樵无话说。纵荒坟横断碑,不辨龙蛇⑤。

〔庆宣和〕 投至狐踪与兔穴⑥,多少豪杰。鼎足三分半腰折,魏耶?晋耶?⑦

〔落梅风〕 天教你富,莫太奢。无多时好天良夜⑧。看钱奴硬将心似铁⑨,空辜负锦堂风月⑩。

〔风入松〕 眼前红日又西斜,疾似下坡车。晓来清镜添白雪⑪,上床与鞋履相别。

---

① 双调:这套散曲的共同宫调名。夜行船:套曲中第一首的曲牌名。

② 梦蝶:《庄子·齐物论》:"昔者庄周梦为蝴蝶,栩栩然蝴蝶也。……俄然觉,则蘧蘧然周也。"这句话是说人生就像一场幻梦。

③ "急罚盏"句:赶快行令罚酒,直到夜深灯熄。夜阑,夜深,夜残。

④ 秦宫汉阙:秦代的宫殿和汉代的陵阙。

⑤ 不恁(nèn):不如此,不这般。龙蛇:这里指刻在碑上的文字。古人常以龙蛇喻笔势的飞动。李白《草书歌行》:"时时只见龙蛇走,左盘右蹙如惊电。"

⑥ 投至:及至,等到。

⑦ "鼎足"三句:言魏、蜀、吴三国鼎立,到中途就夭折了。最后的胜利者到底是魏呢?还是晋呢?

⑧ 好天良夜:好日子,好光景。

⑨ 看钱奴:元代杂剧家郑廷玉根据神怪小说《搜神记》中一个姓周的贫民在天帝的恩赐下,以极其悭吝、极其刻薄的手段变为百万富翁的故事,塑造了一个为富不仁,爱财如命的悭吝形象——看钱奴。

⑩ 锦堂风月:富贵人家的美好景色。本句嘲讽守财奴情趣卑下,无福消受荣华。

⑪ 添白雪:添白发。

休笑鸠巢计拙①，葫芦提一向装呆②。

〔拨不断〕　名利竭，是非绝。红尘不向门前惹，绿树偏宜屋角遮，青山正补墙头缺，更那堪竹篱茅舍。

〔离亭宴煞〕　蛩吟罢一觉才宁贴，鸡鸣时万事无休歇。争名利，何年是彻③？看密匝匝蚁排兵，乱纷纷蜂酿蜜，闹攘攘蝇争血。裴公绿野堂④，陶令白莲社⑤。爱秋来时那些：和露摘黄花，带霜烹紫蟹，煮酒烧红叶。想人生有限杯，浑几个重阳节？嘱咐俺顽童记者：便北海探吾来⑥，道东篱醉了也⑦。

【提示】

马致远有两篇同题作品，一为小令，有"秋思之祖"的美誉；一为套数（即本篇），有"万中无一"的评价。

这首散套由七支曲子组成，根据思想内容可分为四个层次。第一支曲子是引子，由秋来花谢想到人生的短暂虚幻，引起下文。〔乔木查〕等三支曲子为第二层，分别描述帝王、豪杰、富翁的功名富贵无常。〔风入松〕等两支曲子是第三层，写自己看破红尘、与世无争的人生态度。最后一曲则总括上文，把名利之徒与山林高士的生活进行对比，表达了不为物役、自适其适的心志。

在封建时代，知识分子无法掌握自己的命运，如不愿与统治者同流合污，往往只能追求超尘出俗、笑傲林泉的生活，虽不免流于消极颓废，但其重人格、讲操守的人生态度，还是很难得的。

这首散套的艺术魅力突出表现在语言、形象和情趣三个方面。

语言俗中透雅，既明快率直，又优美富于韵味；别致的设色字，精巧的鼎足对，显示了作者驾驭语言的功力。

作品意象生动而有代表性。用"衰草牛羊野""纵荒坟横断碑"来表现帝业成空，用"绿树偏宜屋角遮，青山正补墙头缺。更那堪竹篱茅舍"表达远离红尘、与世无争的心志，以"密匝匝蚁排兵，乱纷纷蜂酿蜜，闹攘攘蝇争血"比喻名利之徒的扰攘纷争，都使人印象深刻。

"休笑鸠巢计拙，葫芦提一向装呆"的自嘲调侃，"道东篱醉了也"的潇洒任性，表现了作者飘逸洒脱的情趣。

---

① 鸠巢计拙：指生性笨拙不善于经营生计，多为自谦。《诗·召南·鹊巢》："维鹊有巢，维鸠居之。"朱熹注："鸠性拙不能为巢，或有居鹊之成巢者。"

② 葫芦提：宋元俗语，糊糊涂涂。

③ 彻：了结，到头。

④ 裴公：唐代的裴度。他历事德宗、宪宗、穆宗、敬宗、文宗五朝，以一身系天下安危者二十年，眼见宦官当权，国事日非，便在洛阳修别墅名曰"绿野堂"，和白居易、刘禹锡在那里饮酒赋诗。

⑤ 陶令：陶潜。因为他曾经做过彭泽令，所以被称为陶令。相传他曾参加晋代的慧远法师在庐山虎溪东林寺组织的白莲社。

⑥ 北海：指东汉的孔融。他曾出任过北海相，所以后世称为孔北海，有惜才好客的名声。他曾说："座上客常满，樽中酒不空，吾无忧矣。"

⑦ 东篱：马致远号东篱。他仰慕陶潜的隐逸生活，因陶潜《饮酒》诗有"采菊东篱下，悠然见南山"之句，乃自号为"东篱"。

思考与练习

一、概括作品表达的思想感情。

二、分析作品的抒情层次。

三、说明作品的语言特点。

四、背诵曲词中的名句。

五、真题再现。

单项选择题

【2022 年】有"曲状元"之称的杂剧家是（　　　）。

      A. 马致远　　　　　B. 王实甫　　　C. 关汉卿　　　D. 白朴

长亭送别①

王实甫

　　王实甫,名德信,字实甫,大都(今北京)人,生卒年不详,主要创作活动约在元成宗元贞、大德年间。元代前期杰出的杂剧作家。他是一个失意文人,与演员、歌妓往来密切,剧本内容多写儿女风情,具有一定的反封建意义。风韵优美,曲词清丽。著有杂剧十四种,流传至今的仅《西厢记》《丽春堂》《破窑记》三种。另有《芙蓉亭》《贩茶船》各一折曲文,分别保存在《雍熙乐府》卷四和卷七中。《西厢记》是他的代表作。

　　《西厢记》全名为《崔莺莺待月西厢记》。故事原出自唐朝元稹的小说《会真记》,剧本脱胎于金代董解元的《西厢记诸宫调》。由于王实甫的精心创作,《西厢记》成为我国古典戏曲中的不朽著作。全剧共五本二十一折,写书生张珙与崔相国之女莺莺追求婚姻自由、反抗封建礼教的故事。

　　(夫人、长老上,云)②今日送张生赴京,十里长亭③,安排下筵席。我和长老先行,不见张生、小姐来到。(旦、末、红同上④,旦云)今日送张生上朝取应⑤,早是离人伤感⑥,况值那暮秋天气⑦,好烦恼人也呵! "悲欢聚散一杯酒,南北东西万里程。"(旦唱)

　　〔正宫〕【端正好】⑧碧云天,黄花地⑨,西风紧,北雁南飞。晓来谁染霜林醉⑩?总是离人泪。

　　【滚绣球】恨相见得迟,怨归去得疾⑪。柳丝长玉骢难系⑫,恨不得倩疏林挂住斜晖⑬。马儿迍迍的行⑭,车儿快快的随⑮,却告了相思回避,破题儿又早别离⑯。听得道一声去也,松了金钏⑰;遥望见十里长亭,减了玉肌。此恨谁知!

---

　　①　本篇选自《西厢记》第四本第三折。
　　②　长老:寺院住持僧的通称,这里指普救寺的法本。上:上场。云:道白。这里是夫人在说话。
　　③　长亭:古代设置在大路上供人休息和送别的亭子,大约每隔十里即设一亭,故称"十里长亭"。
　　④　旦:杂剧中女角的通称,这里指莺莺。末:杂剧中男角的通称,这里指张珙(即张生)。红:红娘。
　　⑤　上朝取应:到京城应试。
　　⑥　早是:本来已是。
　　⑦　况值:况且又遇上。
　　⑧　〔正宫〕:宫调名,类似现在乐调中的D调。元杂剧规定每折戏限用一个宫调,下面由若干曲牌组成套曲,一韵到底。【端正好】:曲牌名。与下面的【滚绣球】【叨叨令】等,属同一宫调的曲牌。
　　⑨　黄花地:意谓残菊满地。黄花,指菊花。
　　⑩　霜林醉:形容枫叶经霜变红,如同人醉后脸红一样。
　　⑪　归去:这里指张生进京赶考,有"离去"的意思。
　　⑫　"柳丝"句:意谓柳丝虽长,难以把马系住。玉骢(cōng),原指一种青白色的骏马,这里是马的代称。系(jì),打结。
　　⑬　"恨不得"句:意谓请稀疏的树林挂住斜阳,使它不要下落。倩,央求,请。晖,日光。
　　⑭　迍迍(tún):行动缓慢的样子。
　　⑮　随:追随。因张生骑马在前,莺莺坐车在后,故云。
　　⑯　"却告了"二句:才结束了相思苦,又开始了别离愁。却,刚刚。破题儿,原指诗赋的起首几句,这里喻事情的开始。
　　⑰　松了金钏:意谓人消瘦了,因而手镯也松落了。金钏(chuàn),金镯。

(红云)姐姐,今日怎么不打扮?(旦云)你那知我的心里呵!

(旦唱)

【叨叨令】见安排著车儿、马儿,不由人熬熬煎煎的气;有甚么心情花儿、靥儿①,打扮的娇娇滴滴的媚;准备著被儿、枕儿,则索昏昏沉沉的睡;从今后衫儿、袖儿,都揾做重重叠叠的泪②。兀的不闷杀人也么哥③?兀的不闷杀人也么哥?久已后书儿、信儿,索与我恓恓惶惶的寄④。

(做到科)⑤(见夫人科)(夫人云)张生和长老坐,小姐这壁坐⑥,红娘将酒来⑦。张生,你向前来,是自家亲眷,不要回避。俺今日将莺莺与你,到京师休辱末了俺孩儿⑧,挣揣一个状元回来者⑨。(末云)小生托夫人余荫⑩,凭著胸中之才,视官如拾芥耳⑪。(洁云⑫)夫人主见不差,张生不是落后的人。(把酒了⑬,坐)(旦长吁科)(旦唱)

【脱布衫】下西风黄叶纷飞,染寒烟衰草萋迷⑭。酒席上斜签著坐的,蹙愁眉死临侵地⑮。

【小梁州】我见他阁泪汪汪不敢垂⑯,恐怕人知。猛然见了把头低,长吁气,推整素罗衣⑰。

【幺篇】⑱虽然久后成佳配,奈时间怎不悲啼⑲。意似痴,心如醉,昨宵今日,清减了小腰围⑳。

(夫人云)小姐把盏者㉑!(红递酒,旦把盏长吁科云)请吃酒!(旦唱)

【上小楼】合欢未已,离愁相继㉒。想著俺前暮私情,昨夜成亲,今日别离。我谂知这几日相思滋味,却元来此别离情更增十倍㉓。

【幺篇】年少呵轻远别,情薄呵易弃掷。全不想腿儿相挨,脸儿相偎,手儿相携。你

---

① 靥(yè)儿:古代女子在额上或两鬓点贴的花饰。

② 揾(wèn):擦。

③ 兀(wù)的不:这岂不。兀的,发语词,表示惊异或加重语气,犹言"这";与"不"连用,表示反诘。也么哥:元曲中常用的句末衬字,无意义。

④ 索:须,该。恓恓惶惶:匆忙不安的样子,这里可解作急急忙忙。

⑤ 做到科:戏剧动作,做出到的模样。科,元杂剧中表示动作、表情及舞台效果的术语。

⑥ 这壁:这边。

⑦ 将:取,拿。

⑧ 辱末:辱没,玷污,使不光彩。

⑨ 挣揣(zhēng chuài):努力争取,夺取。者:句末语气词,表祈使。

⑩ 余荫:指受到长辈的庇护。

⑪ 拾芥:拾草,这里比喻得官的容易。芥,小草。

⑫ 洁:元杂剧把僧人称为"洁郎",简称"洁",这里指长老。

⑬ 把酒了(liǎo):倒完酒。了,完毕,了结。

⑭ "下西风"二句:枯黄的树叶在秋风中纷纷飘飞。衰败的秋草在寒烟笼罩下一片萋迷。萋迷,迷茫。

⑮ "酒席"二句:写张生在酒席上的愁苦模样。斜签著,斜着身子。签,插。死临侵,形容无精打采、死气沉沉的痴呆模样。

⑯ 阁泪:含泪。阁,通"搁",这里是含着、忍住的意思。

⑰ 推整:装作整理。推,推脱。这里引申为假装。罗:质地较轻的丝织品。

⑱ 幺(yāo)篇:元杂剧中凡重复前曲的叫"幺篇",与前曲的字数有时出入。

⑲ 奈时间:无奈眼前这个时候。时间,目前,现在。

⑳ 清减:消瘦。

㉑ 把盏:端酒杯。

㉒ "合欢"二句:成亲的欢乐还没完,分离的愁苦又接续而来。

㉓ "我谂知"二句:我这几天尝够了相思之苦,却原来这别离情比相思更苦十倍。谂知,深知。

与俺崔相国做女婿，妻荣夫贵①，但得一个并头莲，煞强如状元及第②。

（夫人云）红娘把盏者！（红把酒科）（旦唱）

【满庭芳】供食太急，须臾对面③，顷刻别离。若不是酒席间子母每当回避④，有心待与他举案齐眉⑤。虽然是厮守得一时半刻⑥，也合著俺夫妻每共桌而食⑦。眼底空留意⑧，寻思起就里⑨，险化做望夫石⑩。

（红云）姐姐不曾吃早饭，饮一口儿汤水。（旦云）红娘，甚么汤水咽得下！（唱）

【快活三】将来的酒共食，尝著似土和泥。假若便是土和泥，也有些土气息，泥滋味。

【朝天子】暖溶溶玉醅⑪，白泠泠似水⑫，多半是相思泪。眼面前茶饭怕不待要吃⑬，恨塞满愁肠胃。蜗角虚名，蝇头微利⑭，拆鸳鸯在两下里。一个这壁，一个那壁，一递一声长吁气⑮。

（夫人云）辆起车儿⑯。俺先回去，小姐随后和红娘来。（下）（末辞洁科）（洁云）此一行别无话儿，贫僧准备买登科录看⑰，做亲的茶饭少不得贫僧的⑱。先生在意⑲，鞍马上保重者！"从今经忏无心礼⑳，专听春雷第一声㉑。"（下）（旦唱）

【四边静】霎时间杯盘狼藉，车儿投东，马儿向西，两意徘徊，落日山横翠。知他今宵宿在那里？有梦也难寻觅。

（旦云）张生，此一行得官不得官，疾便回来。（末云）小生这一去，白夺一个状元，正是"青霄有路终须到㉒，金榜无名誓不归"。（旦云）君行别无所赠，口占一绝㉓，为君送

---

① "妻荣"句：封建社会以夫贵妻荣为常理，这里反用其意，认为张生做了崔相国家的女婿，可以因妻而贵，本来无须再进京应试。
② 煞强如：远胜似。煞，甚，很。
③ 须臾：极短的时间，片刻，与下句中"顷刻"同义。
④ 子母每：意谓母女间。每，们。
⑤ 待：打算，想要。举案齐眉：出自《后汉书·梁鸿传》。东汉梁鸿与妻子孟光相亲相敬，每次吃饭时，孟光总要把盛饭菜的盘子举得高高的，递给梁鸿，表示敬重。案，古时进食用的矮脚木盘。
⑥ 厮守：相聚相守。
⑦ 合：该。著：教，使。
⑧ 眼底空留意：白白地以目传情。
⑨ 就里：内情。这里指与张生婚姻中的波折。
⑩ 望夫石：据《太平御览》记载，武昌阳新县北山上有望夫石，状如人立。相传有贞妇因丈夫从役，在这里立望其夫而化为山石，因而得名。我国多处有这种传说的望夫石。
⑪ 玉醅（pēi）：美酒。
⑫ 白泠泠（líng）：清凉。这里喻美酒无味。
⑬ 怕不待：难道不，岂不。
⑭ "蜗角"二句：比喻为极空虚、极微小的功名利禄而奔走。《庄子·则阳》篇载，有两个建于蜗牛左右角上的国家，经常因争地而厮杀。班固《难庄论》载，小青蝇贪图肉汁而忘了被溺死的危险。
⑮ "一递"句：指张生和莺莺轮替着一声声连续不断地长叹。
⑯ 辆：这里是驾、套的意思，作动词用。
⑰ 登科录：科举考试后的录取名册。
⑱ 做亲的茶饭：指结婚喜酒。
⑲ 在意：注意，留神。
⑳ 经忏：经文忏词，这里泛指佛经。礼：这里指诵经念佛。
㉑ "专听"句：意谓专等着听你考中状元的好消息。
㉒ 青霄：即青云。这里比喻考中状元，飞黄腾达。终须：一定要。
㉓ "口占"句：随口吟出一首绝句。信口而出叫"占"。这首绝句出自元稹的《会真记》，是莺莺被张生遗弃后所作。

行："弃掷今何在,当时且自亲。还将旧来意,怜取眼前人①。"(末云)小姐之意差矣,张珙更敢怜谁? 谨赓一绝②,以剖寸心③:"人生长远别,孰与最关亲? 不遇知音者,谁怜长叹人?"(旦唱)

【耍孩儿】淋漓襟袖啼红泪④,比司马青衫更湿⑤。伯劳东去燕西飞⑥,未登程先问归期。虽然眼底人千里⑦,且尽生前酒一杯。未饮心先醉,眼中流血,心里成灰。

【五煞】到京师服水土,趁程途节饮食⑧,顺时自保揣身体⑨。荒村雨露宜眠早,野店风霜要起迟! 鞍马秋风里,最难调护,最要扶持⑩。

【四煞】这忧愁诉与谁? 相思只自知,老天不管人憔悴。泪添九曲黄河溢⑪,恨压三峰华岳低⑫。到晚来闷把西楼倚,见了些夕阳古道,衰柳长堤。

【三煞】笑吟吟一处来,哭啼啼独自归。归家若到罗帏里⑬,昨宵个绣衾香暖留春住,今夜个翠被生寒有梦知。留恋你别无意,见据鞍上马,阁不住泪眼愁眉。

(末云)有甚言语嘱付小生咱?(旦唱)

【二煞】你休忧文齐福不齐⑭,我则怕你停妻再娶妻。休要一春鱼雁无消息⑮! 我这里青鸾有信频须寄⑯,你却休"金榜无名誓不归"。此一节君须记,若见了那异乡花草⑰,再休似此处栖迟⑱。

(末云)再谁似小姐? 小生又生此念。(旦唱)

【一煞】青山隔送行,疏林不做美,淡烟暮霭相遮蔽。夕阳古道无人语,禾黍秋风听马嘶。我为甚么懒上车儿内,来时甚急,去后何迟?

(红云)夫人去好一会,姐姐,咱家去!(旦唱)

【收尾】四围山色中,一鞭残照里。遍人间烦恼填胸臆,量这些大小车儿如何载得起?

(旦、红下)(末云)仆童赶早行一程儿,早寻个宿处。泪随流水急,愁逐野云飞。(下)

---

① "弃掷"四句:意谓抛弃我的人何在? 当时对我何等亲近! 现在又将过去对待我的情意,去爱眼前的新人。怜,爱。
② 赓(gēng):续作。
③ 剖:表白。寸心:微小的心意。
④ 红泪:王嘉《拾遗记》载:魏文帝时,薛灵云被选入宫,泣别父母。她以玉壶承泪,壶即现红色,不久泪凝如血。后称女子的眼泪为红泪。
⑤ 司马青衫:语出白居易《琵琶行》:"坐中泣下谁最多? 江州司马青衫湿。"
⑥ 伯劳:鸟名。古乐府《东飞伯劳歌》有"东飞伯劳西飞燕"之句,后因以"劳燕分飞"借喻人的离散。
⑦ 眼底人千里:眼前的人将去千里之外。眼底,眼前。
⑧ "趁程途"句:路途中要节制饮食。趁程途,赶路程。
⑨ 顺时:顺应时令。保揣:保护,爱惜。
⑩ 扶持:扶助。
⑪ 九曲黄河:黄河河道曲折,相传从积石山到龙门一带有九弯。
⑫ 三峰:西岳华山有三个著名的高峰:莲花峰、毛女峰、松桧峰。
⑬ 帏(wéi):同"帷",帐子。
⑭ 文齐福不齐:指有文才而没有考中的福分。
⑮ 鱼雁无消息:即音讯不通。古人认为鱼雁能传信,故云。
⑯ 青鸾:神话传说中为西王母传信的神鸟。
⑰ 异乡花草:指异乡女子。
⑱ 栖迟:淹留不走。

【提示】

这折戏由旦角主唱,主角是崔莺莺。

根据剧情发展,全文可分为三段:从开始到【叨叨令】三支曲,写莺莺在赴长亭途中;从【脱布衫】到【朝天子】八支曲,写莺莺在饯别宴上;从【四边静】到【收尾】八支曲,写莺莺与张生长亭话别。莺莺的内心活动是递进发展的:第一个场面是为离别将临而伤感;第二个场面由自己转想张生,相思与别情交织;第三个场面则有留恋,有怜爱,有叮咛,有担忧,心理活动更趋复杂。通过莺莺的内心活动,表现了自由爱情与封建礼教的尖锐矛盾,控诉了封建礼教对人性的严重摧残。

《长亭送别》是《西厢记》中的精彩部分,有巨大的艺术魅力。这体现在:

一、鲜明生动的人物形象。通过大段的唱词,正面塑造了崔莺莺的形象。她敢于反抗封建礼教,大胆追求爱情自由,对爱情真挚专一,对功名利禄则表示鄙弃,视为"蜗角虚名,蝇头微利"。这是一个闪耀着叛逆性格光辉的人物。而张生的形象则主要从侧面加以表现。他与莺莺一样追求爱情和婚姻自由,同样为离别在即而满怀伤感,但他对封建礼教的反抗比较软弱。迫于老夫人压力赴京应试,而又热衷"青霄有路终须到,金榜无名誓不归"。

二、情景交融的表现手法。作者把这次伤心的离别,安排在一个暮秋黄昏,用凄清悲凉的秋景来表现和烘托离愁,有情景交融之妙。这里,有时是寓情于景,如【端正好】一曲;有时是情中设景,如【滚绣球】一曲;有时是以景托情,如【一煞】一曲。总之,此折曲词景中有情,情中有景,二者水乳交融,同为表现人物的内心世界服务。

三、修辞手法多样,语言雅俗相济。此折戏剧语言,既有浓厚的生活气息,符合人物的身份和性格;又有强烈的文学意味,具有诗情画意的美,做到了雅俗相济。典故和对偶的大量运用,使曲词显得秀美优雅,含蓄蕴藉;一连串的排比和大量的叠字,又使曲词显得浅俗本色,用于人物情感的抒发,声口惟妙惟肖。其他如比喻、夸张等修辞手法的运用,都增强了戏剧语言的表现力。

思考与练习

一、概括《长亭送别》一折的主题。

二、本折写了哪几个场面?莺莺的心理活动是怎样发展的?

三、本折有些曲词做到了情景交融,试作具体分析。

四、分析本折语言雅俗相济的特点。

五、背诵曲词中的名句。

六、真题再现。

(一)单项选择题

【2021 年】《长亭送别》一折中的主角(　　　)。

      A. 崔莺莺　　　　B. 红娘　　　　C. 老夫人　　　D. 张生

（二）填空题

【2023年】王实甫《长亭送别》：碧云天，黄花地，西风紧，_____。

（三）词语解释题

【2021年】1. 将来的酒共食，尝著似土和泥。 将来：

【2024年】2. 恨相见得迟，怨归去得疾。 疾：

（四）判断题

【2023年】王实甫《西厢记》的主题是歌颂青年男女反抗封建礼教、追求自由爱情。

（　　）

前赤壁赋①

苏 轼

壬戌之秋②,七月既望③,苏子与客泛舟④,游于赤壁之下。清风徐来⑤,水波不兴⑥。举酒属客⑦,诵明月之诗⑧,歌窈窕之章⑨。少焉⑩,月出于东山之上,徘徊于斗牛之间⑪。白露横江⑫,水光接天⑬。纵一苇之所如⑭,凌万顷之茫然⑮。浩浩乎如冯虚御风⑯,而不知其所止;飘飘乎如遗世独立⑰,羽化而登仙⑱。

于是饮酒乐甚,扣舷而歌之⑲。歌曰:"桂棹兮兰桨⑳,击空明兮溯流光㉑。渺渺兮予怀㉒,望美人兮天一方。"客有吹洞箫者,倚歌而和之㉓。其声呜呜然㉔,如怨如慕,如泣如诉;余音袅袅㉕,不绝如缕㉖。舞幽壑之潜蛟㉗,泣孤舟之嫠妇㉘。

苏子愀然㉙,正襟危坐而问客曰㉚:"何为其然也?"客曰:"'月明星稀,乌鹊南飞',此

---

① 赤壁:实为黄州赤鼻矶,并非三国时赤壁之战的旧址,当地人因音近而误称为"赤壁"。苏轼明知其误,在文中仍将错就错,借以抒写自己的怀抱。这篇文章写于宋神宗元丰五年(1082),当年苏轼曾于七月十六和十月十五两次泛游赤壁,写下了两篇以赤壁为题的赋,因称第一篇为《前赤壁赋》,第二篇为《后赤壁赋》。
② 壬戌:宋神宗元丰五年(1082)。
③ 既望:农历每月十五日为"望",十六日为"既望"。
④ 苏子:苏轼自称。泛舟:荡着小船。
⑤ 清风:清新凉爽的风。徐:慢慢地。
⑥ 兴:起。
⑦ 属(zhǔ)客:劝客人饮酒。属,倾注,引申为劝酒。
⑧ 明月之诗:指《诗经·陈风·月出》。
⑨ 窈窕(yǎo tiǎo)之章:指《月出》篇中"月出皎兮"一章。其中有"舒窈纠兮"的句子。窈纠同"窈窕"。
⑩ 少焉:不多时,过了一会儿。
⑪ 徘徊:此指停留不前。斗牛:星座名,即斗宿(南斗)、牛宿。
⑫ 白露:白茫茫的水汽。横江:笼罩江面。
⑬ 水光:闪耀着月光的水波。
⑭ 纵:放纵,听任。一苇:喻指苇叶似的小船。如:往。
⑮ 凌:越过。万顷:极言水面广大。茫然:旷远迷茫的样子。
⑯ 浩浩乎:广大的样子。冯(píng)虚御风:在天空中乘风遨游。冯,通"凭",靠,依托。虚,太虚,指天空。御,驾驭。
⑰ 遗世:脱离尘世。
⑱ 羽化:道教称成仙为羽化,认为成仙后可以飞升。登仙:登上仙境。
⑲ 扣舷(xián):敲击着船边。
⑳ 桂棹(zhào):桂树做的棹。划船用具,长的叫棹,短的叫楫。兰桨:木兰树做的桨。"桂棹"和"兰桨"都是划船用具的美称。
㉑ 空明:指映照着月色的清澈透明的江水。溯(sù):逆流而上。流光:指江面上随波浮动的月光。
㉒ 渺渺:形容悠远。怀:心思,思绪。
㉓ 倚歌:指按照歌曲的声调和节拍。和(hè):这里是伴奏的意思。
㉔ 呜呜:象声词,常指凄凉的音调。
㉕ 余音:指乐声的尾音。袅袅(niǎo):形容细弱的声音悠长不绝。
㉖ 缕(lǚ):线。
㉗ 舞:这里是使动用法,使……起舞。幽壑(hè):深渊。潜蛟:潜藏的蛟龙。
㉘ 泣:这里是使动用法,使……哭泣。嫠(lí)妇:寡妇。
㉙ 愀(qiǎo)然:形容神色变得严肃或忧愁。
㉚ 正襟:整理衣襟。危坐:端正地坐着。

非曹孟德之诗乎？西望夏口①，东望武昌②，山川相缪③，郁乎苍苍④，此非孟德之困于周郎者乎？方其破荆州、下江陵，顺流而东也，舳舻千里⑤，旌旗蔽空，酾酒临江⑥，横槊赋诗⑦，固一世之雄也⑧，而今安在哉？况吾与子渔樵于江渚之上，侣鱼虾而友麋鹿，驾一叶之扁舟，举匏樽以相属⑨。寄蜉蝣于天地⑩，渺沧海之一粟⑪。哀吾生之须臾⑫，羡长江之无穷。挟飞仙以遨游⑬，抱明月而长终。知不可乎骤得，托遗响于悲风⑭。"

苏子曰："客亦知夫水与月乎？逝者如斯，而未尝往也；盈虚者如彼，而卒莫消长也⑮。盖将自其变者而观之，则天地曾不能以一瞬⑯；自其不变者而观之，则物与我皆无尽也，而又何羡乎？且夫天地之间，物各有主，苟非吾之所有，虽一毫而莫取。惟江上之清风，与山间之明月，耳得之而为声，目遇之而成色，取之无禁，用之不竭，是造物者之无尽藏也⑰，而吾与子之所共适⑱。"

客喜而笑，洗盏更酌⑲。肴核既尽⑳，杯盘狼藉㉑。相与枕藉乎舟中㉒，不知东方之既白㉓。

【提示】

宋神宗元丰二年(1079)，苏轼因"乌台诗案"被捕入狱，经胞弟苏辙及一些大臣的营救，方才得免死罪。获释后被贬谪到黄州，名为团练副使，实则近于流放，生活艰难，行动也受监视。在如此重大的打击面前，苏轼一方面感到沉重的苦闷，一方面又想从山水之乐及佛老思想中寻求精神解脱。写于元丰五年的这篇《前赤壁赋》，就反映了作者的这种心理状态。文章通过泛游赤壁的所见所感，以及主客之间的相互辩驳，反映了作者由故作旷达到陷于苦闷，又由苦闷到解脱的思想过程，表现了他身处逆境仍热爱生活的积极乐观的

---

① 夏口：古城名，在今湖北武汉。
② 武昌：今湖北鄂州(非今之武昌)。
③ 缪(liáo)：通"缭"，盘绕。
④ 郁乎：繁茂的样子。苍苍：深青色。
⑤ 舳舻(zhú lú)：指战船。千里：形容船多，前后相连，千里不绝。
⑥ 酾(shī)酒：斟酒。
⑦ 横槊(shuò)：横持着长矛。
⑧ 固：本来，原本。
⑨ 匏(páo)樽：用匏做的酒器。匏，葫芦的一种。
⑩ 寄蜉蝣(fú yóu)句：像蜉蝣一样寄生于天地之间。蜉蝣，一种昆虫，夏秋之交生于水边，生命短促，只能活几个小时。
⑪ "渺沧海"句：像大海里的一粒米那样渺小。比喻人极其渺小。
⑫ 须臾：极短的时间、片刻。
⑬ 挟(xié)：持、带。这里意为偕同。
⑭ "托遗响"句：把洞箫的余音寄托给悲凉的秋风。遗响，余音，指箫声。悲风，秋风。
⑮ "逝者"四句：流逝的像这江水，而实际上并没有流走；时圆时缺的像那月亮，而终于没有消减、增长。斯，这，指水。彼，那，指月。
⑯ "盖将"二句：大凡从事物变化的一面来观察，那么天地万物竟不能一瞬间不发生变化。盖，发语词，表示推断语气。曾，表示强调，有"竟然"的意思。一瞬，一眨眼的工夫，极言短暂。
⑰ 造物者：指天地、大自然。无尽藏(zàng)：佛家语，意谓无穷无尽的宝藏。
⑱ 适：这里是享用的意思。
⑲ "洗盏"句：洗净酒杯，重新饮酒。
⑳ 肴(yáo)：菜肴。核：果品。
㉑ 狼藉：纵横杂乱的样子。
㉒ 相与：互相。枕藉(jiè)：交错地枕靠着躺在一起。
㉓ 既：已经。白：天色发白。

人生态度。一个封建社会的知识分子在极端失意时能忘怀得失，处之坦然，是很难得的。

本文以作者感情的变化为贯串全文的内在线索，先写因泛舟江上而生遗世独立之乐，再写听到箫声呜咽而兴人生无常之悲，最后经过相互辩驳，认识归于一致，终于"喜而笑"，精神得到了解脱。

首先，本文继承并发展了赋体的传统表现手法——主客对话，抑客伸主(贬抑客人的主张，伸张主人的见解)。文中的主客对话，实则代表了作者思想中两个不同侧面的矛盾斗争。作者把政治失意的苦闷通过客来宣泄，把乐观旷达的情怀通过主来表现，主终于说服客，反映了其思想中积极的一面战胜了消极的一面，从而肯定了积极乐观的人生观。其次，作者力求写景、抒情、说理三者的融会统一，借用自然界的江水、明月、清风等景物，来抒发遗世独立的旷达之情，阐明事物具有变与不变两重性的哲理。所以本文虽然颇具哲理意味，却并不枯寂抽象，富有理趣之美。此外，本文中关于箫声的描写，也颇见艺术功力。

作为一篇典型的文赋，本文将骈句和散句交错使用。用韵又时疏时密，极尽变化之能事，而终归于行云流水般的平易自然。

思考与练习

一、这篇赋是如何继承并发展赋体传统表现手法的？

二、本文第一段描写了哪些景物？景物描写在文章的抒情、议论方面有什么作用？

三、作品是如何描绘箫声的？

四、主客对话的实质是什么？

五、指出下列句子中的使动用法。

1. 故远人不服，则修文德以来之，既来之，则安之。(《季氏将伐颛臾》)

2. 今乃弃黔首以资敌国，却宾客以业诸侯。(《谏逐客书》)

3. 舞幽壑之潜蛟，泣孤舟之嫠妇。(《前赤壁赋》)

4. 忧劳可以兴国，逸豫可以亡身，自然之理也。(《五代史伶官传序》)

5. 庄公寤生，惊姜氏。(《郑伯克段于鄢》)

6. 有粮者亦食，无粮者亦食。(《赵威后问齐使》)

7. 广乃遂从百骑往驰三人。(《李将军列传》)

六、背诵本文。

七、真题再现。

(一) 单项选择题

【2023年】苏轼《前赤壁赋》主要用来说理的景物是(　　)。

　　　　A. 箫声　白露　　B. 蜉蝣　沧海　　C. 幽壑　潜蛟　　D. 江水　明月

(二) 词语解释题

【2023年】知不可乎骤得，托遗响于悲风。　　托：

(三) 判断题

【2021年】《前赤壁赋》是一篇律赋。　　　　　　　　　　　　　　　　(　　)

诗词曲赋的特点与欣赏

汉赋、唐诗、宋词、元曲是人类艺术宝库中的瑰丽遗产。熟悉和掌握这份遗产,对于继承民族文化传统、振奋民族自信心、繁荣和发展我们的文艺事业,有着重大的作用。

诗

我国是诗的国度,诗歌传统源远流长。诗之所以受到人们的喜爱,是因为它具有其他艺术形式所不具备的特点。

一、以丰富的情感反映生活

诗是一种"情动于中而形于言"的艺术形式。受篇幅的限制和形式的约束,诗歌不能像小说、戏剧那样通过塑造人物形象来反映生活,而是以情动人,以情感人。抒情诗自不待言,就是叙事诗也离不开情感。无情而叙事,往往会使人感到质木无文,缺乏艺术感染力。

诗中的情感是诗人自身具有的情趣受外界事物激发而产生的,虽然带有强烈的主观性,但与现实生活密切相关。诗是主观的情与客观事物的统一。优秀的诗人总是把个人的情感和社会联系在一起,"我"的情感实际上总是具有一定的社会意义的。如陶渊明笔下的田园风光既是诗人质朴、纯真的人格的具体体现,又是人们对污浊黑暗现实不满的普遍思想感情的反映;杜甫伤时念乱的诗篇无不渗透着诗人饱经忧患的血泪和切身感受,也反映了忧国忧民的知识分子和深受压迫剥削的广大人民的意愿,因而具有普遍的社会意义。

二、诗是对生活的高度集中与概括

小说、戏剧通过塑造人物形象反映生活;散文可以不受篇幅的严格限制,自由灵活地叙事、抒情、说理。诗,特别是古代近体诗,不仅篇幅短小,而且还要受韵律的限制,所以,诗人在反映生活时常常选取现实生活中那些最能激起人们(首先是诗人自己)感情的自然景物或者人、事,进行高度的集中与概括,形成饱含着思想感情的、极富感染力的具体境界(即诗境)。这种境界,往往是高度典型化了的。例如,杜甫《兵车行》,诗人选取的典型事件是咸阳桥头"征夫"与"耶娘妻子"之间的生离死别,同时,又把自己耳闻、目睹的大量事实通过艺术概括,借"征夫"之口加以宣泄,从而揭露了唐玄宗的穷兵黩武政策给人民和社会造成的巨大灾难。即便是一些纯粹抒发性灵的诗,同样具有高度集中与概括的特点。

三、语言凝练而富于形象性

诗是用语言向读者的想象力提供形象,因此,诗的语言必须凝练而生动。诗虽然因篇幅短小而不得不如此,但是,更重要的是为了在有限的篇幅中包蕴更深广的生活内容,从而收到以少胜多、以约总博、寓万里于尺幅的艺术效果。

诗歌语言的凝练主要体现在对篇、章、句、字的锤炼上。炼句、炼字的目的是炼意，是为了在有限的篇幅中表达更深广的思想感情。

四、富于节奏美与韵律美

诗的节奏美与韵律美构成了诗的音乐美。没有节奏与韵律，就不成其为诗。诗的节奏美是适应舞蹈和吟唱的需要而形成的。人的感情的起伏、波动和生活节奏的张弛决定了诗的节奏。因此，诗中轻松、欢快、沉滞、昂扬、舒缓的节奏，就是诗人情感变化的间接反映。诗的韵律美是和节奏美紧密相关的。它主要表现为用汉字的四种声调搭配成音步和韵位，从而形成声韵上的起伏跌宕。五言诗为三个音步，例如："明月／松间／照，清泉／石上／流。竹喧／归／浣女，莲动／下／渔舟。"七言诗为四个音步，例如："远上／寒山／石径／斜，白云／生处／有／人家。停车／坐爱／枫林／晚，霜叶／红于／二月／花。"

词

广义地说，词也属于诗，词是一种配合燕乐歌唱的新诗体，因此，词除了具有诗的上述特点外，还有其自身的特点。

在形式上，每首词都有词调，而且受词调的音乐节奏的限制。词的句式不像诗那样均齐，而是参差错落，有长有短。在押韵方面，为适应词调所限定的感情和抒情的需要，词的押韵比诗更显得灵活多变。

在内容上，词反映的生活面总的说来不如诗广阔。其内容多表现离怀别绪和花前月下的柔情蜜意。苏轼对词的题材有所拓展，并创立了豪放词派。南宋初期，民族矛盾激化，词人才在词中着重抒写半壁江山沦亡之恨和收复失地、统一国家的志向。受题材的制约，词在艺术流派方面也不如诗那样众多。人们习惯上把词划分为"婉约派"与"豪放派"两大流派，并以"婉约"为正宗。在艺术上，词长于比兴，注重寄托，因此，显得含蓄深婉，声情并茂。

曲

曲是兴盛于元代的一种新体裁，有散曲和剧曲的分别。散曲和词一样，也是一种新诗体，与音乐关系密切。其腔格是北方少数民族的"胡夷之曲"和燕赵民歌的"里巷歌谣"的糅合。

散曲分小令和套数两种形式。小令是独立的只曲，类似一首单调的词。套数是由两首以上同一宫调的曲子相连而成的组曲，一般都有尾曲。介于小令和套数之间的称带过曲。它是同一宫调里经常连唱的两支曲调。

和词相比，散曲有两个明显的特点：一是散曲通首同韵，句句押韵，不能换韵，平上去三声通押。二是在散曲的同一曲调中，可以用"衬字"来增添字句。这样一来，正字（按照本调该用的字）和衬字相配合，既可保持曲调的腔格，又可以增强语言的生动性，更自由地表达思想内容。

赋

赋是汉代形成的一种文体。班固《两都赋序》说："赋者，古诗之流也。"赋讲究文采、对仗、韵律和铺叙，兼具诗歌与散文的性质。

汉初的赋,继承骚体传统,并逐步向新体赋转化。直到东汉前期,汉赋在形式上一直以歌功颂德的大赋为主。东汉后期,出现了抒情小赋。魏晋南北朝时期,赋向骈文方向发展,被称为骈赋或律赋;接近散文的称文赋。骈赋以上四下六的句式为主,即"四六文"。

赋在形式上以铺张扬厉、夸饰、描述为主,呈现出雄奇博大的壮美感,并形成了一种定型的主客问答形式。抒情小赋则以幽美见长。骈赋以注重声韵、词采、骈偶而造成谐协、均齐、声情并茂的艺术效果。

诗歌欣赏作为一种艺术认识活动,是读者以形象思维的方式,凭借自己的感性经验和理性认识对作品进行分析、品味、评判。诗歌欣赏也是一种艺术的再创造。它要求鉴赏者有丰富的生活感受和敏锐的艺术感知能力,具备一定的文化素养和理论知识。这里简单谈一下诗歌欣赏过程中应注意的几个问题。

一、掌握诗歌的语言表达技巧

诗歌语言常常改变通常的语言习惯,具有较大的灵活性和不稳定性。有时出于修辞和平仄的需要,会出现一些不符合生活中实际语言习惯的句式,较常见的有侧重、倒装、互文互体等。词在句法上比诗显得更灵活、多变。特别在断句上,有时给人一种似断非断,前后不相连属的感觉。曲的语言更接近通俗化,显得活泼、浅俗,易于理解。需要注意的是曲中的"衬字"。有些"衬字",已融入意思中,这类衬字已成为表现作品内容的组成部分。

二、诗歌欣赏要用形象思维

不论抒情诗,还是叙事诗,诗人总是凭借诗歌中的形象来抒发感情。因此。诗歌欣赏也必须运用形象思维。诗人用具体事物的形象来表达抽象的思想感情;欣赏者就要根据诗人提供的具体形象去体味诗人的思想感情。只有这样,才能准确地把握作品的内涵。

在一般情况下,诗中的抒情主体是作者本人,像本书所选的陶渊明的《饮酒》(其五)、王维的《山居秋暝》、李白的《行路难》、辛弃疾的《摸鱼儿》(更能消、几番风雨)等。在这类诗词中,作者提供的形象本身都渗透着作者的主观感情。作者用具体的形象组成一个个能准确表达自己感情的艺术境界,从而达到抒情的目的。欣赏者就必须根据诗中的形象,依靠自己的生活积累和审美感知去体味其中的情感。

有时候,诗歌中的形象并不是诗人自己,而是现实生活中的其他人或物。这种情况主要出现在反映重大社会问题和咏物、咏史的诗歌中。例如,杜甫的《兵车行》,诗中的主要叙事者是"役夫",而诗中的"长者"只是作为一个"道旁过者"的形象出现。"役夫"的形象就代表了一种社会典型,诗人通过这类形象来反映自己对重大社会问题的立场、观点、好恶。欣赏者必须借助这类形象去观察社会、认识生活,从而发掘出诗人在这类形象中寄托的情怀。

不但叙事诗歌、抒情诗歌的欣赏需要形象思维,而且优秀的说理诗歌同样也要凭借形象思维进行欣赏。例如,苏轼《题西林壁》:"横看成岭侧成峰,远近高低各不同。不识庐山真面目,只缘身在此山中。"诗人从赞美庐山的千姿百态而归纳出一个带有普遍意义的道理:人们要想把握客观事物的全貌,不仅要"入乎其中",而且要"出乎其外",否则,只能是"当局者迷"。要验证这一道理的合理性,就必须循着诗人提供的具体形象去思考。诗人说他"不识庐山真面目",是因为自己"身在此山中",所以,"横"看、"侧"看、"远"看、"近"看、从"高"处俯瞰、从"低"处仰望。即便是没有到过庐山的人,也可以根据诗人提示的观察角度去品味庐山的神秘莫测。

三、全面把握,切忌片面、穿凿

所谓全面把握,包含两个方面:一是从字、词、句到篇章结构必须融会贯通;二是从思想内容到艺术特色必须全面理解。

字、词、句是构成篇章的基本要素。在弄懂字、词、句的基础上才能对全篇有比较切合实际的理解,因为诗人所要抒发的情感,要阐述的道理,是通过字、词、句表现出来的。有时一首诗歌的一句或两句,甚至一个字就对全篇起着画龙点睛的作用,被称为"诗眼"或"词眼"。如果轻易放过,就难以得其要领。诗人锤炼字、句的目的在于炼意。经过反复锤炼的字句往往包含着多重意象,所以,历来有"诗无达诂"的说法。"诗无达诂"并非指对一篇作品可以随心所欲地解释,而是说读者可以根据自己的感受、生活阅历、志趣,见仁见智。

诗歌欣赏的目的是陶冶情操,培养和提高审美能力,进而继承和发扬民族文化的优良传统,繁荣和发展我们现在的文学创作。古典诗歌虽然是过去时代的产物,必然要受到那个时代种种条件的制约,但其中蕴藏着具有普遍性的价值,例如人性美、品格美和艺术表现的规律等。只要我们能用历史唯物主义和辩证唯物主义的观点去对待文学遗产,就可以古为今用,发展今天的文学事业。

思考与练习

真题再现。

(一) 单项选择题

【2021 年】1. 两汉标志性的文体是(　　)。

          A. 诗　　　　　　　B. 词　　　　　C. 曲　　　　D. 赋

【2022 年】2. 唐代文学成就最高的是(　　)。

          A. 词　　　　　　　B. 诗　　　　　C. 曲　　　　D. 赋

【2022 年】3. 绝句在唐代一般归属于(　　)。

          A. 杂言诗　　　　　B. 近体诗　　　C. 乐府诗　　　D. 律诗

(二) 判断题

【2023 年】词是一种产生于唐、兴盛于宋的新诗体。　　　　　　　　　　　　(　　)

小　说

石崇与王恺争豪①

刘义庆

刘义庆(403—444),彭城(今江苏徐州)人。南朝宋武帝刘裕的侄儿,长沙景王刘道怜的次子,过继给临川王刘道规。武帝永初元年(420)袭封临川王,曾任南兖州(今江苏扬州)刺史等职。性简朴,爱好文学,门下招聚了不少文学名士。

《世说新语》是一本按内容分类的笔记小说集。今本作三卷,分德行、言语、政事、文学、品藻等三十六门(类),记载了东汉末年至东晋年间许多贵族、名人的言谈逸事,反映了魏晋士族阶层的精神面貌和生活情趣。书中崇尚清谈,宣扬魏晋名士风度,但也有一些揭露黑暗现实、抨击残暴奢淫、表彰美德善行的记述。文笔朴素、简练、生动,善于选用富有典型性的言行来刻画人物的精神面貌。对后代的笔记文学颇有影响。

石崇与王恺争豪②,并穷绮丽以饰舆服③。武帝,恺之甥也,每助恺④。尝以一珊瑚树高二尺许赐恺,枝柯扶疏⑤,世罕其比。恺以示崇,崇视讫⑥,以铁如意击之⑦,应手而碎。恺既惋惜,又以为疾己之宝⑧,声色甚厉。崇曰:"不足恨⑨,今还卿。"乃命左右悉取珊瑚树,有三尺四尺,条干绝世⑩,光彩溢目者六七枚⑪,如恺许比甚众⑫。恺惘然自失⑬。

【译文】

石崇和王恺斗富,都尽力用最鲜艳华丽的东西来装饰车马、衣冠。晋武帝是王恺的

---

① 本篇选自《世说新语·汰侈门》。汰侈,指过分奢侈、骄纵。
② 石崇:字季伦,历任刺史、卫尉等重要官职,是当时富豪,后为赵王伦所杀。王恺:字君夫。父名肃。姊嫁司马昭,生司马炎(即晋武帝)。官至龙骧将军、骁骑将军、散骑常侍。争豪:比赛富有。
③ "并穷"句:双方都尽力用最华丽的东西来装饰车辆、衣冠。穷,极、尽。舆服,车辆和衣冠。
④ 每:每每,常常。
⑤ 枝柯扶疏:枝叶茂盛分披的样子。柯,树枝。扶疏,繁茂分披的样子。
⑥ 视讫(qì):看过之后。讫,终了、完毕。
⑦ 如意:器物名,用玉、石、骨、竹、木或金属制成,供指画或玩赏用。
⑧ 疾:通"嫉",妒忌。
⑨ 不足恨:不值得懊恨。恨,懊恨、遗憾。
⑩ 条干绝世:枝条美好,世间绝无仅有。
⑪ 光彩:明亮而华丽。溢目:目不胜视。
⑫ "如恺"句:像王恺这样的珊瑚树很多。许,此,这样。比,同等。
⑬ 惘然自失:心中怅然,若有所失。

外甥,常常帮助王恺。他曾经把一棵高二尺左右的珊瑚树赐给王恺,这棵珊瑚树枝条繁茂分披,世上少有与它相当的。王恺把珊瑚树拿给石崇看,石崇看后,拿铁如意敲击它,随手就打碎了。王恺既惋惜,又认为石崇是妒忌自己的宝物,语气和脸色都非常恼怒。石崇说:"不值得懊恼,现在就赔给你。"于是叫手下的人把家里的珊瑚树全都拿出来,三尺、四尺高的,枝条举世无双,光彩夺目的有六七棵,像王恺此类的就更多了。王恺自感沮丧失落。

【提示】

这则笔记小说通过石崇与王恺两个巨富争豪斗富的故事,揭露了东晋门阀豪富穷奢极侈的生活态度和依仗财势、飞扬跋扈、骄横暴戾的品性。

作者通过王、石二人的对比,突出了石崇的自恃豪富及其不可一世的气焰。而石崇以铁如意击碎珊瑚树这一细节,无论对突出作品主旨还是刻画人物性格,都是不可或缺的点睛之笔。

思考与练习

一、本文为何花较多笔墨介绍王恺的身份及其珊瑚树的来历?

二、石崇以铁如意击碎珊瑚树对表现作品主题和刻画人物性格有何作用?

三、本文中王恺的心理活动前后有何变化?

四、真题再现。

(一) 单项选择题

【2023年】《石崇与王恺争豪》中主人公炫耀竞比的是( )。

　　　　A. 舆服　　　　B. 金钱　　　C. 珊瑚树　　D. 铁如意

(二) 词语解释题

【2022年】恺既惋惜,又以为疾己之宝。　　疾:

(三) 判断题

【2021年】《世说新语》记载了自汉至晋上层士族人物的轶事言谈,开后世笔记小说之先声。
　　　　　　　　　　　　　　　　　　　　　　　　　( )

婴　宁①

蒲松龄

蒲松龄(1640—1715)，字留仙，一字剑臣，别号柳泉居士，世称聊斋先生，淄川(今山东淄博)人，清代杰出文学家。出身于半农半商家庭，后来家道陷于贫困。自幼聪慧好学，却屡试不第，为生活所迫，以做幕宾、塾师为生。他一生怀才不遇，穷困潦倒。坎坷的遭遇和长期艰辛的生活，使他加深了对当时政治的黑暗、科举制度的腐朽和社会弊端的认识，造成了他"孤愤""痴狂"的人生态度，突出表现在他创作的《聊斋志异》中。

《聊斋志异》共8卷、491篇，40余万字，继承了六朝志怪小说、唐传奇和《史记》传记文学的传统，将花妖狐魅人格化、幽冥世界现实化，曲折地批判社会，表达爱憎感情和美好理想，是中国古代短篇文言小说的顶峰之作。鲁迅先生在《中国小说史略》中说此书是"专集之最有名者"；郭沫若先生为蒲氏故居题联，赞蒲氏著作"写鬼写妖高人一等，刺贪刺虐入骨三分"。

除《聊斋志异》外，蒲松龄还有大量诗文、戏剧、俚曲等作品，今汇编为《蒲松龄集》。

王子服，莒之罗店人②。早孤。绝惠，十四入泮③。母最爱之，寻常不令游郊野。聘萧氏，未嫁而夭，故求凰未就也。

会上元④，有舅氏子吴生，邀同眺瞩⑤。方至村外，舅家有仆来，招吴去。生见游女如云，乘兴独游。有女郎携婢，拈梅花一枝，容华绝代，笑容可掬⑥。生注目不移，竟忘顾忌。女过去数武⑦，顾婢曰："个儿郎目灼灼似贼！"遗花地上，笑语自去。生拾花怅然，神魂丧失，怏怏遂返。

至家，藏花枕底，垂头而睡，不语亦不食。母忧之。醮禳益剧⑧，肌革锐减。医师诊视，投剂发表⑨，忽忽若迷。母抚问所由，默然不答。适吴生来，嘱密诘之。吴至榻前，生见之泪下。吴就榻慰解，渐致研诘⑩。生具吐其实，且求谋画。吴笑曰："君意亦复痴！此愿有何难遂？当代访之。徒步于野，必非世家。如其未字⑪，事固谐矣；不然，拚

---

① 本篇选自蒲松龄的《聊斋志异》。婴宁：似出自《庄子·大宗师》，其中有所谓"撄宁"，指"撄而后宁"，即经困扰而后达成合乎天道、保持自然本色的人生。或以为这篇小说是对"撄而后宁"人生哲理的艺术演绎。
② 莒：古国名，后置为州县，今山东省莒县一带。
③ 入泮：古代学校有泮池，故称入学为入泮。
④ 上元：上元节，旧历正月十五元宵节。
⑤ 眺瞩：居高望远。此指观赏景物。
⑥ 笑容可掬：形容满脸笑容，好像可以用手捧着一样。掬，两手捧着。
⑦ 数武：几步。武，半步。
⑧ 醮禳(jiào ráng)：请僧道祈祷做法事。醮，祭神。禳，消除灾祸。
⑨ 发表：中医的一种治病方法，即让患者出汗使其体内邪毒发散出来。
⑩ 研诘：细细追问。
⑪ 字：女子订婚许嫁。

以重赂,计必允遂。但得痊瘳①,成事在我。"生闻之,不觉解颐②。吴出告母,物色女子居里③,而探访既穷,并无踪绪。母大忧,无所为计。然自吴去后,颜顿开,食亦略进。

数日,吴复来。生问所谋。吴绐之曰④:"已得之矣。我以为谁何人,乃我姑氏女,即君姨妹行,今尚待聘。虽内戚有婚姻之嫌,实告之,无不谐者。"生喜溢眉宇,问:"居何里?"吴诡曰⑤:"西南山中,去此可三十余里。"生又付嘱再四,吴锐身自任而去⑥。生由是饮食渐加,日就平复。探视枕底,花虽枯,未便雕落。凝思把玩,如见其人。怪吴不至,折柬招之⑦。吴支托不肯赴招。生恚怒,悒悒不欢。母虑其复病,急为议姻,略与商确,辄摇首不愿,惟日盼吴。

【译文】

王子服,莒县罗店人。早年丧父。他聪明绝顶,十四岁入学读书。母亲最钟爱他,平常不让他到郊野游玩。与姓萧的女子定亲,还没嫁过来就死了,所以王子服求偶未成。

恰逢正月十五上元节,舅舅的儿子吴生,邀王子服同去游玩。刚到村外,舅舅家有仆人来,把吴生叫走了。王生见游女多得像天上的云彩,于是乘着兴致独自游玩。有个女郎带着婢女,手拿一枝梅花,容貌绝美,笑容可掬。王生目不转睛地看着女郎,竟然忘记了顾忌。女郎走过去几步,看着婢女说:"这个年轻人目光闪亮像贼!"把花丢在地上,说说笑笑地离开了。王生拾起梅花来心情惆怅,像是神魂都丢掉了,于是怏怏不乐地回家。

到了家里,王生把梅花藏到枕头底下,倒头就睡,不说话也不吃东西。母亲为他担忧,请僧道施法以消灾祛邪,病情反而加剧,身体很快消瘦下去。医师来诊视,让他吃药发散体内的邪火,王生精神恍惚,像是被什么迷住了。母亲仔细问王生得病的缘由,他默默地不作回答。恰好吴生来,王母嘱咐他细细盘问王生。吴生到王生床前,王生见到他就流下泪来。吴生靠近床榻劝解安慰王生,渐渐开始细问。王生把实情全说出来,而且求吴生代为谋划。吴生笑着说:"你也太痴情了!这个愿望有什么难以实现的?我将代你寻访她。在郊野徒步行走,一定不是显贵家族。假如她尚未许配人家,事情就一定成功;不然的话,拼着拿出很多财物,估计一定会答应。只要你病愈,成事包在我身上。"王生听了这番话,不觉开颜而笑。吴生出去告诉王母,寻找那女子居住的地方,但探访穷尽,一点踪迹也没有。王母十分忧虑,拿不出什么主意。但是自从吴生离开后,王生的愁容顿开,吃饭也略有增进。

几天之后,吴生又来了。王生问谋划的事办得如何,吴生欺骗王生说:"已经找到

---

① 痊瘳(chōu):病愈。
② 解颐:露出笑容。颐,面颊。
③ 居里:住所。
④ 绐:撒谎,欺诳。
⑤ 诡曰:谎称。
⑥ 锐身自任:挺身承担责任。
⑦ 折柬:裁纸写信。

了。我以为是什么人，原来是我姑姑的女儿，就是你的姨表妹，现在还在等人聘定。虽然是内亲婚姻有些隔碍，但以实情告诉他们，一定会成功。"王生喜上眉梢，问吴生说："住在什么地方？"吴生哄骗说："住在西南山中，距这里大约三十余里。"王生又再三再四嘱托吴生，吴生自告奋勇地承担下来。王生从此之后饮食渐渐增加，身体一天天地恢复。看看枕头底下，梅花虽然干枯了，还没有凋落，对着梅花沉思，拿在手上赏玩，如同见到了那个人。王生心里责怪吴生不来，写信叫吴生来。吴生支吾推托不肯前来。王生恼怒生气，心情抑郁，很不高兴。王母担心他又生病，急着为他商议婚事，稍微和他一商量，他总是摇头不答应，只是每天盼着吴生。

　　吴迄无耗，益怨恨之。转思三十里非遥，何必仰息他人①？怀梅袖中，负气自往，而家人不知也。伶仃独步，无可问程，但望南山行去。约三十余里，乱山合沓②，空翠爽肌，寂无人行，止有鸟道③。遥望谷底，丛花乱树中，隐隐有小里落。下山入村，见舍宇无多，皆茅屋，而意甚修雅④。北向一家，门前皆丝柳，墙内桃杏尤繁，间以修竹，野鸟格磔其中⑤。意其园亭，不敢遽入。回顾对户，有巨石滑洁，因据坐少憩。

　　俄闻墙内有女子，长呼"小荣"，其声娇细。方伫听间，一女郎由东而西，执杏花一朵，俯首自簪。举头见生，遂不复簪，含笑拈花而入。审视之，即上元途中所遇也。心骤喜。但念无以阶进⑥，欲呼姨氏，顾从无还往，惧有讹误。门内无人可问。坐卧徘徊，自朝至于日昃⑦，盈盈望断⑧，并忘饥渴。时见女子露半面来窥，似讶其不去者。忽一老媪扶杖出，顾生曰："何处郎君，闻自辰刻便来，以至于今。意将何为？得勿饥也？"生急起揖之，答云："将以盼亲。"媪聋聩不闻。又大言之。乃问："贵戚何姓？"生不能答。媪笑曰："奇哉！姓名尚自不知，何亲可探？我视郎君，亦书痴耳。不如从我来，啖以粗粝⑨，家有短榻可卧。待明朝归，询知姓氏，再来探访，不晚也。"生方腹馁思啖，又从此渐近丽人，大喜。从媪入，见门内白石砌路，夹道红花，片片堕阶上；曲折而西，又启一关⑩，豆棚花架满庭中。肃客入舍⑪，粉壁光明如镜；窗外海棠枝朵，探入室中；裀藉几榻⑫，罔不洁泽。甫坐，即有人自窗外隐约相窥。媪唤："小荣！可速作黍。"外有婢子嗷声而应。坐次⑬，具展宗阀⑭。媪曰："郎君外祖，莫姓吴否？"曰：

---

① 仰息他人：仰人鼻息。指靠别人呼出的气息来温暖自己，喻依赖他人。
② 合沓(tà)：重叠。
③ 鸟道：喻山路险峻狭窄，只有飞鸟可过。
④ 修雅：整齐雅致。
⑤ 格磔(zhé)：鸟鸣声。
⑥ 无以阶进：找不到进去的理由。阶，台阶，这里比喻借口、理由。
⑦ 日昃(zè)：太阳偏西。
⑧ 盈盈望断：犹言望穿秋水，形容盼望殷切。盈盈，形容眼波流动，明澈如水。
⑨ 粗粝(lì)：糙米，喻粗茶淡饭。
⑩ 启一关：开一道门。
⑪ 肃客：请客人进入。肃，引迎。《礼记·曲礼》："主人肃客而入。"
⑫ 裀(yīn)藉：垫席。
⑬ 坐次：相对而坐的时候。次，指事件正在进行时。
⑭ 具展宗阀：各自陈述家世。宗阀，宗族门第。

"然。"媪惊曰："是吾甥也！尊堂，我妹子。年来以家窭贫①，又无三尺男，遂至音问梗塞。甥长成如许，尚不相识。"生曰："此来即为姨也，匆遽遂忘姓氏。"媪曰："老身秦姓，并无诞育；弱息仅存②，亦为庶产。渠母改醮③，遗我鞠养④。颇亦不钝，但少教训，嬉不知愁。少顷，使来拜识。"

　　未几，婢子具饭，雏尾盈握⑤。媪劝餐已，婢来敛具。媪曰："唤宁姑来。"婢应去。良久，闻户外隐有笑声。媪又唤曰："婴宁，汝姨兄在此。"户外嗤嗤笑不已。婢推之以入，犹掩其口，笑不可遏。媪嗔目曰："有客在，咤咤叱叱，是何景象？"女忍笑而立，生揖之。媪曰："此王郎，汝姨子。一家尚不相识，可笑人也。"生问："妹子年几何矣？"媪未能解。生又言之。女复笑，不可仰视。媪谓生曰："我言少教诲，此可见矣。年已十六，呆痴裁如婴儿。"生曰："小于甥一岁。"曰："阿甥已十七矣，得非庚午属马者耶？"生首应之。又问："甥妇阿谁？"答云："无之。"曰："如甥才貌，何十七岁犹未聘？婴宁亦无姑家，极相匹敌；惜有内亲之嫌。"生无语，目注婴宁，不遑他瞬⑥。婢向女小语云："目灼灼，贼腔未改！"女又大笑，顾婢曰："视碧桃开未？"遽起，以袖掩口，细碎连步而出。至门外，笑声始纵。媪亦起，唤婢襆被⑦，为生安置。曰："阿甥来不易，宜留三五日，迟迟送汝归⑧。如嫌幽闷，舍后有小园，可供消遣；有书可读。"

　　次日，至舍后，果有园半亩，细草铺毡，杨花糁径⑨；有草舍三楹，花木四合其所。穿花小步，闻树头苏苏有声，仰视，则婴宁在上。见生来，狂笑欲堕。生曰："勿尔，堕矣！"女且下且笑，不能自止。方将及地，失手而堕，笑乃止。生扶之，阴挼其腕⑩。女笑又作，倚树不能行，良久乃罢。生俟其笑歇，乃出袖中花示之。女接之，曰："枯矣。何留之？"曰："此上元妹子所遗，故存之。"问："存之何意？"曰："以示相爱不忘也。自上元相遇，凝思成病，自分化为异物⑪，不图得见颜色，幸垂怜悯。"女曰："此大细事。至戚何所靳惜⑫？待郎行时，园中花，当唤老奴来，折一巨捆负送之。"生曰："妹子痴耶？"女曰："何便是痴？"生曰："我非爱花，爱拈花之人耳。"女曰："葭莩之情⑬，爱何待言。"生曰："我所为爱，非瓜葛之爱⑭，乃夫妻之爱。"女曰："有以异乎？"曰："夜共枕席耳。"女俯思良久，曰："我不惯与生人睡。"语未已，婢潜至，生惶恐遁去。

　　少时，会母所。母问："何往？"女答以园中共话。媪曰："饭熟已久，有何长言，周遮

---

① 窭(jù)贫：贫穷。
② 弱息：本指幼弱的子女，后多指女儿。庶产：妾生。封建家族中侧室称庶，所生子女称"庶出"。
③ 渠：她的。改醮：改嫁。醮，古代婚礼的一种简单仪式，后多指女子嫁人。
④ 鞠养：抚养。
⑤ 雏尾盈握：摆上肥嫩的鸡鸭。《礼记·内则》："雏尾不盈握，弗食。"盈握，满一把。
⑥ 不遑他瞬：顾不上看其他地方。遑，闲暇。
⑦ 襆被：包着被子。
⑧ 迟迟：慢慢地，指过些时候。
⑨ 杨花糁(sǎn)径：杨花粉粒，点点散落在小路上。糁，碎米屑，泛指散乱的粒状细物；此谓撒落。
⑩ 阴挼(zùn)：暗地里捏。挼，捏。
⑪ 化为异物：指人死亡。异物，指人死为鬼。
⑫ 靳惜：吝惜。
⑬ 葭莩(jiā fú)之情：亲戚情谊。葭莩，芦苇内壁的薄膜，喻指疏远的亲戚，亦泛指亲戚。
⑭ 瓜葛：指亲戚。瓜和葛都是牵连很长的蔓生植物，因此喻互相牵连的亲戚。

乃尔①。"女曰:"大哥欲我共寝。"言未已,生大窘,急目瞪之。女微笑而止。幸媪不闻,犹絮絮究诘。生急以他词掩之,因小语责女。女曰:"适此语不应说耶?"生曰:"此背人语。"女曰:"背他人,岂得背老母。且寝处亦常事,何讳之?"生恨其痴,无术可以悟之。食方竟,家中人捉双卫来寻生②。先是,母待生久不归,始疑;村中搜觅几遍,竟无踪兆。因往询吴。吴忆曩言,因教于西南山村行觅。凡历数村,始至于此。生出门,适相值,便入告媪,且请偕女同归。媪喜曰:"我有志,匪伊朝夕③。但残躯不能远涉,得甥携妹子去,识认阿姨,大好!"呼婴宁。宁笑至。媪曰:"有何喜,笑辄不辍? 若不笑,当为全人。"因怒之以目。乃曰:"大哥欲同汝去,可便装束。"又饷家人酒食,始送之出曰:"姨家田产丰裕,能养冗人。到彼且勿归,小学诗礼,亦好事翁姑。即烦阿姨,为汝择一良匹。"二人遂发。至出坳,回顾,犹依稀见媪倚门北望也。

【译文】

吴生一直没有消息,王生更加怨恨他。转而又想,三十里地并不遥远,为什么一定要仰仗别人? 于是把梅花放在袖中,赌气自己去西南山中寻找,家中人却不知道。王生孤零零地一个人走,没有人可以问路,只是朝着南山走去。大约走了三十余里,群山重叠聚集,满山绿树,空气新鲜,觉得特别清爽,四周安静,一个行人也没有,只有险峻狭窄的山路。远远望见谷底,在丛花群树中,隐隐约约有小村落。走下山进入村子,见到房屋不多,都是茅屋,而感觉十分整齐雅致。向北的一家,门前都种着柳树,院墙内桃花杏花还开得很繁茂,夹杂着几株高大的竹子,野鸟在其中鸣叫。心想是人家园房,不敢贸然进去。回头看看,对着门有块石头平滑光洁,就坐在石头上稍事休息。

不久听见墙内有女子高声叫"小荣",声音娇细。正在静听的时候,有一女子由东向西,手拿一朵杏花,低着头自己想把花簪在头上;抬头看见王生,于是不再簪花,含笑拿着花走进门去。王生仔细一看,就是上元节时在途中遇见的女子。心中一阵狂喜,但是想到找不到理由进去;想喊姨,只是从来没有来往,害怕有讹误。门内又无人可问,坐立不安,来回徘徊,从早晨直到太阳偏西,眼光顾盼,望穿秋水,连饥渴都忘了。时而望见女子露出半个面孔来窥看他,似乎是惊讶他久不离去。忽然一位老妇拄着拐杖出来,看看王生说:"你是哪里的年轻人,听说你从早上就来了,直到现在,你想要干什么? 不会肚子饿吗?"王生赶忙起来行礼,回答说:"将到这儿看望亲戚。"老妇人耳聋没听见。王生又大声说了一遍。老妇人于是问:"你的亲戚姓什么?"王生回答不出来。老妇人笑着说:"奇怪啊! 姓名尚且不知道,怎么能探亲? 我看你这年轻人,只不过是书呆子罢了。不如跟我来,吃点粗米饭,家里有短床可以睡。到明天早上回去,问清楚姓名,再来探亲。"王生正肚子饿,想吃饭,又因为从这以后渐渐接近那美丽女子,非常高兴。跟老妇人进去,见到门内白石铺成的路,路两边树上开着红花,一片一片坠落台阶上。拐弯朝西边走,又打开一扇门,豆棚花

---

① 周遮:言语烦琐唠叨。
② 捉双卫:牵着两头驴子。捉,牵。卫,驴的别称,出自《尔雅·翼》。晋国卫玠喜欢骑驴,后以其姓为驴的代称。
③ 匪伊朝夕:不止一日。匪,通"非"。伊,语助词。

架布满院中。老妇人请客人进入房舍,墙壁粉白,光亮如镜;窗外海棠树的枝条花朵伸入屋里;垫褥坐席,茶几坐榻,无不洁净光亮。刚刚坐下,就有人从窗外隐约窥看。老妇人叫道:"小荣,赶快做饭。"外面有婢女高声答应。相对而坐,详细介绍家族门第。老妇人说:"你的外祖父,是不是姓吴?"王生说:"是的。"老妇人吃惊地说:"你是我的外甥!你母亲,是我妹妹。近年来因为家境贫寒,又没男孩子,于是致使相互之间消息阻隔。外甥长这么大,还不认识。"王生说:"我这次来就是为了找姨,匆忙当中忘了姓名。"老妇人说:"我姓秦,没有生育,只有一个女儿,也是妾生的。她的母亲改嫁了,留下来给我抚养,人也不算愚钝;只是缺少教训,爱嬉闹,不知道忧愁。过一会儿,叫她来拜见你。"

没有多久,婢女准备好了饭,鸡鸭肥大。老妇人劝王生多吃,吃完饭后,婢女来收拾餐具。老妇人说:"叫宁姑来。"婢女答应着离开。过了不久,听到门外隐隐约约有笑声。老妇人又唤道:"婴宁!你的姨表兄在这里。"门外嗤嗤的笑声不止。婢女推着婴宁进门,婴宁还掩住自己的口,笑声不能停止。老妇人瞪着眼睛说:"有客人在,嘻嘻哈哈,成什么样子!"婴宁忍住笑站着,王生向婴宁行礼。老妇人说:"这是王生,是你姨的儿子。一家人尚且互不相识,真是让人好笑。"王生问:"妹子有多大年纪?"老妇人没有听清,王生又说了一遍。婴宁又笑起来,笑得俯下身子,头都抬不起来。老妇人对王生说:"我说教育太少,由此可见了。年纪已经十六岁,呆呆傻傻像个婴儿。"王生说:"比我小一岁。"老妇人说:"外甥已经十七岁了,莫非是庚午年出生属马的?"王生点头说是。又问:"外甥媳妇是谁?"王生回答说:"还没有。"老妇人说:"像外甥这样的才貌,怎么十七岁还没有聘定妻室呢?婴宁也还没有婆家,你两人非常般配,可惜因为是内亲有隔碍。"王生没作声,眼睛注视着婴宁,一动也不动,根本无暇看别的地方。婢女向婴宁小声说:"眼光灼灼,贼腔没有改变。"婴宁又大笑,回过头对婢女说:"去看看碧桃花开了没有?"赶快站起来,用袖子掩住口,用细碎急促的步子走出门。到了门外,才纵声大笑。老妇人也起身,叫婢女铺设被褥,为王生安排住的地方,说:"外甥来这儿不容易,应当留住三五天,慢慢再送你回去。如果嫌幽闷,房屋后面有小园可供你消遣,也有书可供阅读。"

第二天,王生到房子后面,果然有半亩大的园子,细草如毡铺地,杨花朵朵散落在小径上。有草屋三间,花树四面环绕着房舍。王生穿过花丛,慢步行走,突然听到树上有沙沙的声音,仰头看,原来是婴宁在树上。看见王生来,狂笑起来,几乎要从树上掉下来。王生说:"不要这样!要掉下来了。"婴宁一边从树上下来一边笑,笑不能止,将要到地上的时候,一失手,掉下来了,笑声才止住。王生扶着婴宁,暗中捏她的手腕,婴宁的笑声又起,靠着树不能动,很久才停下来。王生等她笑声停下,才拿出袖中藏的梅花给她看。婴宁接过花来说:"花枯了,为什么留着它?"王生说:"这是上元节妹子丢下的,所以留着它。"婴宁说:"留着它是什么意思?"王生说:"用以表示爱你不相忘。从上元节和你相遇,相思成疾,自以为要死了,没想到能再见到你的面容,希望你怜悯我这一片痴情。"婴宁说:"这是很小的事情,既是亲戚还有什么吝啬,等兄长走的时候,将叫老奴来,在园中折一大捆花背着送你。"王生说:"妹子痴呆吗?"婴宁说:"什么是痴呆?"王生:"我不是爱花,是爱拿花的人。"婴宁说:"本来就有亲戚之情,有爱还用得着说吗?"王生说:"我所说的爱,不是那种亲戚间的爱,而是夫妻间的爱。"婴宁说:"有区别吗?王生说:"夜晚同床共枕啊。"婴宁低头想了很久,说:"我不习惯与生人一起睡觉。"话还没说完,婢女暗中来到,王生急急忙忙地走开。

不一会儿,在老妇人那儿会面,老妇人问:"去了哪里?"婴宁回答在园中说话。老妇人说:"饭熟已经很久了,有什么长话,啰啰唆唆到这个样子?"婴宁说:"大哥想要和我同睡。"话还没说完,王生十分窘迫,急忙用眼睛瞪着婴宁,婴宁微笑着停了下来。幸好老妇人没听见,还是絮絮叨叨地盘问着。王生赶快用别的话掩饰过去,就小声地责备婴宁。婴宁说:"刚才这话不应当说吗?"王生说:"这是背着人说的话。"婴宁说:"背着别人,难道还背着老母?况且睡觉原本是家常事,为什么要忌讳?"王生怨怪婴宁的傻,没有办法使她领悟。饭刚吃完,王生家中人牵了两头驴来找王生。这以前,王母等王生很久不回家,开始怀疑。在村子里快找遍了,竟然没有一点踪迹,就去询问吴生。吴生记起以前说的假话,就让王母到西南山中去寻找。一共经历几个村庄,才到这地方。王生出门,恰好遇见,于是就进去告知老妇人,并且请求带婴宁一同回去。老妇人高兴地说:"我有这个愿望,并不是一朝一夕的事,只是我老弱的身躯不能去远处,外甥能带妹子去,认识姨母,非常好!"就叫婴宁,婴宁笑着来了。老妇人说:"有什么喜事,笑起来就不停? 你假若不笑,将会成为一个完好的人。"用眼睛生气地瞪她。于是老妇人说道:"大哥想要同你一起离开,你可以就去整理行装。"又用酒食招待王生家中人,才送他们出门,说:"你姨家田产丰裕,能养很多人。到了他们那儿就不要回来了,稍微学些诗礼,也好将来侍奉公公婆婆。就劳烦姨母为你选择一个好配偶。"二人于是出发。走出山坳,回头看,还隐约看见老妇人靠着门朝北张望。

抵家,母睹姝丽,惊问为谁。生以姨女对。母曰:"前吴郎与儿言者,诈也。我未有姊,何以得甥?"问女,女曰:"我非母出。父为秦氏,没时,儿在襁中,不能记忆。"母曰:"我一姊适秦氏,良确;然姊谢已久,那得复存?"因审诘面庞、志赘①,一一符合。又疑曰:"是矣。然亡已多年,何得复存?"疑虑间,吴生至,女避入室。吴询得故,惘然久之。忽曰:"此女名婴宁耶?"生然之。吴亟称怪事。问所自知,吴曰:"秦家姑去世后,姑丈鳏居,祟于狐,病瘠死,狐生女名婴宁,绷卧床上,家人皆见之。姑丈没,狐犹时来;后求天师符粘壁上,狐遂携女去。将勿此耶?"彼此疑参②。但闻室中吃吃皆婴宁笑声。母曰:"此女亦太憨生。"吴请面之。母入室,女犹浓笑不顾。母促令出,始极力忍笑,又面壁移时,方出。才一展拜,翻然遽入,放声大笑,满室妇女,为之粲然③。

吴请往觇其异④,就便执柯⑤。寻至村所,庐舍全无,山花零落而已。吴忆姑葬处,仿佛不远,然坟垅湮没,莫可辨识,诧叹而返。母疑其为鬼。入告吴言,女略无骇意;又吊其无家,亦殊无悲意,孜孜憨笑而已。众莫之测。母令与少女同寝止。昧爽即来省

---

① 面庞:面部轮廓。志赘:指身体上的特征或标记。志,通"痣"。赘,赘疣。
② 疑参:疑惑参详。
③ 粲然:笑容灿烂的样子。
④ 觇(chān)其异:察看(有无)异常情况。觇,察看。
⑤ 执柯:做媒。语出《诗经·豳风·伐柯》,"伐柯如何? 匪斧不克。取妻如何? 匪媒不得。"

问①,操女红精巧绝伦。但善笑,禁之亦不可止;然笑处嫣然,狂而不损其媚,人皆乐之。邻女少妇,争承迎之。母择吉为之合卺②,而终恐为鬼物。窃于日中窥之,形影殊无少异。至日,使华妆行新妇礼;女笑极不能俯仰,遂罢。生以其憨痴,恐泄漏房中隐事;而女殊密秘,不肯道一语。每值母忧怒,女至,一笑即解。奴婢小过,恐遭鞭楚,辄求诣母共话;罪婢投见,恒得免。而爱花成癖,物色遍戚党;窃典金钗,购佳种,数月,阶砌藩溷③,无非花者。

庭后有木香一架,故邻西家。女每攀登其上,摘供簪玩。母时遇见,辄诃之。女卒不改。一日,西人子见之,凝注倾倒。女不避而笑。西人子谓女意己属,心益荡。女指墙底笑而下,西人子谓示约处,大悦。及昏而往,女果在焉。就而淫之,则阴如锥刺,痛彻于心,大号而踣。细视非女,则一枯木卧墙边,所接乃水淋窍也。邻父闻声,急奔研问,呻而不言。妻来,始以实告。蒸火烛窍④,见中有巨蝎,如小蟹然。翁碎木捉杀之。负子至家,半夜寻卒。邻人讼生,讦发婴宁妖异⑤。邑宰素仰生才,稔知生笃行士,谓邻翁讼诬,将杖责之。生为乞免,逐释而出。母谓女曰:"憨狂尔尔,早知过喜而伏忧也。邑令神明,幸不牵累;设鹘突官宰,必逮妇女质公堂,我儿何颜见戚里?"女正色,矢不复笑。母曰:"人罔不笑,但须有时。"而女由是竟不复笑,虽故逗,亦终不笑;然竟日未尝有戚容。

【译文】

回到家中,王母看见婴宁非常漂亮,惊奇地问是什么人。王生回答是姨表妹。王母说:"以前吴生和你说的,是哄骗你。我没有姐妹,从哪里得到外甥女?"于是问婴宁,婴宁回答说:"我不是这个母亲生的。父亲姓秦,死的时候,我还在襁褓中,记不起那时的事。"王母说:"我有一个姐姐嫁给姓秦的人,倒是确实的。但她死了很久,怎么能又活过来?"于是细问老妇人的面目特征和脸上的黑痣,都完全符合。王母又疑惑地说:"这倒是的,但是已死多年,怎么能还活着呢?"正在疑惑的时候,吴生来了,婴宁回避进入内室。吴生询问知道了情况,迷迷惑惑地想了很久。忽然说:"这个女子名叫婴宁吗?"王生称是。吴生急忙说是怪事。王生问他怎么知道婴宁的名字,吴生说:"嫁到秦家的姑姑去世后,姑父一个人独居,被狐妖所迷惑,害虚症而死。狐妖生下个女儿,名叫婴宁,还用襁褓包着躺在床上,家中人都见过她。姑父死后,狐妖还时常来。后来家中求得道士的符咒贴在壁上,狐妖才带着女儿离去。莫非这就是那个女儿吗?"大家正在疑惑参详的时候,只听到室内传出嗤嗤的声音,都是婴宁的笑声。王母说:"这女子也太憨了。"吴生请求和她见面。王母进入内室,婴宁笑声正浓不顾母命。王母催促她出去见吴生,她才极力忍住笑,又面对墙壁待了一会儿,才从内室出来。刚刚行完拜礼,又转身急忙进入内室,放声大笑。在屋子里的妇女,都被她逗得笑容灿烂。

吴生请求去婴宁家看看有什么奇异的地方，顺便为王生、婴宁做媒。找到那村庄所在的地方，全无房屋，只有零落的山花而已。吴生记起姑姑埋葬的地方，好像离这儿不远，但是坟墓已经被荒草埋没，无可辨认，于是诧异惊叹地返回去。王母怀疑婴宁是鬼，进去把吴生看到的情况告诉婴宁，婴宁一点儿也不害怕；王母又体恤婴宁没有家，婴宁也一点儿没有悲伤的意思，嗤嗤地憨笑而已。没有人能猜到她的心意。王母叫小女儿和婴宁同寝同住，清晨婴宁就来请安。婴宁会操持女红，手艺精巧，无人能比。只是喜欢笑，即使禁止她笑也不能止住。但她笑起来非常好看，虽然放纵但不损害她容貌的美好，人们都乐于见到她笑。邻家的女孩、年轻的妇人，争着和她来往。王母挑选吉日为她和王生举办婚礼，但终究害怕她是鬼。暗中在太阳底下察看，她的身影又和常人没什么两样。到行婚礼的这一天，人们让婴宁穿上华丽的服装行新妇的礼仪，婴宁笑得非常厉害，以致不能抬头弯腰，于是只好作罢。王生因为她憨傻，担心她泄漏房中隐秘的事情，但婴宁却深藏隐秘，不肯说一句。每次遇上王母忧愁或是发怒，婴宁来了，笑一笑就会解忧息怒。奴婢有小的过错，害怕遭到鞭打，往往求婴宁到王母处去和王母说话，有罪的奴婢这时来求见，常常得以免罚。而婴宁爱花成癖，在亲戚乡邻中到处寻找好花来栽种，并且私下典当金钗，重价购买上好的花种来种植，几个月后，台阶围墙厕所等地，到处都种了花。

王家院子后面有一架木香，与西边邻家相近。婴宁常常攀登架上，摘花赏玩，或是簪在头发上。王母有时遇见，就会呵斥她，婴宁最终还是没有改变。有一天，西邻的青年看见她，注视出神，心驰神往，婴宁不躲开，只是笑。西邻的青年人认为此女已有意于自己，心动更加厉害。婴宁指着墙底，笑着从架上下来。西邻的青年认为她是指示约会的地方，非常高兴。到晚上赶过去，婴宁果然在那儿。于是靠过去就行淫乱，而自己的下身像是受到锥子刺，痛彻心扉，大叫着倒下。仔细一看，并不是婴宁，原来是一段枯木倒卧在墙边，他交接的地方是枯木上水滴出来的一个缝隙。西邻老父听到叫声，急忙跑过来细问，西邻青年只是呻吟而不说话。妻子来，才把实情告诉她。点着火把照看那个缝隙，看到里面有个巨大的蝎子，像小螃蟹那么大。西邻老父砍碎枯木，捉住蝎子杀死了。把儿子背回家，半夜就死了。西邻老父就把王生告到官府，告发婴宁是妖异。县官一向仰慕王生的才气，熟知王生是笃行正道的士人，说西邻老父是诬告，将要杖责西邻老父。王生代他乞求才免于受罚，县官把他赶了出去。王母对婴宁说："憨狂到这样子，早知道过于高兴就隐伏着忧虑。县官神明，幸好不牵累我们；假如碰上糊涂官，一定传唤妇女到公堂对质，我儿子还有什么面目见家乡的人？"婴宁脸色严肃，发誓不再笑。王母说："没有人不笑，只是笑当有一定的时候。"但婴宁从此竟然不再笑，即使故意逗她，也终究不笑；但是整天未曾看到她有忧戚的神色。

一夕，对生零涕。异之。女哽咽曰："曩以相从日浅，言之恐致骇怪。今日察姑及郎，皆过爱无有异心，直告或无妨乎？妾本狐产。母临去，以妾托鬼母，相依十余年，始有今日。妾又无兄弟，所恃者惟君。老母岑寂山阿，无人怜而合厝之[1]，九泉辄为悼恨。

---

[1] 合厝（cuò）：合葬。厝，安葬。

君倘不惜烦费,使地下人消此怨恫,庶养女者不忍溺弃①。"生诺之,然虑坟冢迷于荒草。女但言无虑。刻日,夫妻舆槥而往②。女于荒烟错楚中③,指示墓处,果得媪尸,肤革犹存。女抚哭哀痛。舁归,寻秦氏墓合葬焉。是夜,生梦媪来称谢,寤而述之。女曰:"妾夜见之,嘱勿惊郎君耳。"生恨不邀留。女曰:"彼鬼也。生人多,阳气胜,何能久居?"生问小荣,曰:"是亦狐,最黠。狐母留以视妾,每摄饵相哺④,故德之常不去心⑤。昨问母,云已嫁之。"由是岁值寒食⑥,夫妻登秦墓,拜扫无缺。

女逾年,生一子。在怀抱中,不畏生人,见人辄笑,亦大有母风云。

【译文】

一天晚上,婴宁对着王生落泪。王生对此感到奇怪。婴宁哽咽着说:"以前因为跟从你的日子短,说出来怕你们害怕惊异。现在看婆母和你,都十分关爱我,没有异心,把实情告诉你恐怕无妨吧。我本来是狐生的。母亲临离开的时候,把我托付给鬼母,我和鬼母相依为命十余年,才有今天。我又没有兄弟,依靠的只有你。老母在山坳里孤寂独处,没有人同情她,让她和丈夫合葬,在九泉之下常常为此伤心怨恨。你假如不怕麻烦不惜资费给她改葬,使地下的人消除这怨痛,或许可以使生养女儿的人不忍心溺死或遗弃。"王生答应了她,但是担心坟墓被荒草遮掩。婴宁说不用担忧。夫妻二人选定日子,用车装着棺材去山中。婴宁在荒草杂木中,指示坟墓的位置,果然从中找到老妇人的尸身,皮肉还留存。婴宁抚摸着尸身哀痛地哭。装入棺材抬回来,找到秦氏姨父的墓合葬。这天夜晚,王生梦见老妇人来道谢,醒过来向婴宁陈述这事。婴宁说:"我夜晚见到了鬼母,她嘱咐我不要惊吓了你。"王生怪她不挽留鬼母,婴宁说:"她是鬼,活人多,阳气盛,她哪里能久留?"王生问小荣,婴宁说:"她也是狐,最狡黠。狐母把她留下来照看我。常常取来食物喂我,所以我非常感激她,对她的恩惠常常记挂在心中。昨天问鬼母,说她已经嫁了人。"从此,每年寒食节,夫妻二人到秦氏姨父墓地拜扫,从不间断。

过了一年,婴宁生了一个儿子,在襁褓中,不怕生人,见人就笑,也大有母亲的风范。

异史氏曰:"观其孜孜憨笑,似全无心肝者;而墙下恶作剧,其黠孰甚焉! 至凄恋鬼母,反笑为哭,我婴宁殆隐于笑者矣⑦。窃闻山中有草,名'笑矣乎'。嗅之,则笑不可止。房中植此一种,则合欢、忘忧⑧,并无颜色矣。若解语花⑨,正嫌其作态耳⑩。"

---

① 溺弃:淹死抛弃。古时恶俗,认为女儿不能接续香烟,不能办理后事,所以把女婴溺杀。这里的意思是,我安葬了母亲,或许可以改变人们轻视女儿的习俗。
② 舆槥(chèn):以车子运载棺材。槥,棺材。
③ 错楚:丛杂的树木。
④ 摄饵:摄取食物。
⑤ "德之"句:感激她,心中常常惦念。德,名词用作动词。
⑥ 寒食:农历清明节前一两天为寒食,旧俗每年寒食到清明间为扫墓之期。
⑦ 隐于笑:用笑来隐藏自己的真实情感。
⑧ 合欢:花名,俗称夜合花、马缨花。忘忧:忘忧草,萱草的别名。
⑨ 解语花:《开元天宝遗事·解语花》唐明皇与杨贵妃在太液池赏花,左右极赞池花之美,帝指贵妃示于左右曰:"争如我解语花?"后因以"解语花"比喻善于迎合人意的美女。
⑩ 作态:装模作样,指矫饰而有失自然。

【译文】

异史氏说："看她嗤嗤憨笑，好像没心没肺似的；但是那墙下的恶作剧，她的狡黠又有谁比得上！至于她凄怜眷恋鬼母，由笑改变为哭，我婴宁恐怕是用笑来隐藏真实情感的人啊。我听说山中有一种草，叫作'笑矣乎'，嗅嗅这种草，就会笑个不停。房中种上一株，那么合欢花、忘忧草就都相形逊色了；至于像杨贵妃那样的解语花，就要嫌她扭捏作态了。"

【提示】

《婴宁》叙述了书生王子服与狐女婴宁的神奇故事，塑造了婴宁这个天真烂漫的少女形象。

婴宁的个性有四个突出特点：一是爱花成癖的清丽脱俗；二是天真烂漫、无所顾忌的痴笑；三是不解人情，不谙世事的娇憨；四是透过墙下恶作剧表现出来的狡黠。

婴宁是一个性格发生了重大转变的女性形象。由"无时不笑"到"矢不复笑"，再到"笑须有时"，率性自然、憨态可掬的少女，最终转变成一位庄重勤劳、知礼孝敬、聪慧练达的少妇。显然，这种转化意味着婴宁自然天性的失落和对社会礼法的顺应；虽然这是不得已的，却是社会人生的必然。狐女要走出荒山深谷，投身人际社会，由自然人变为社会人，就必须经由这样一番洗礼。小说通过婴宁的形象，批判和揭露了封建礼教对妇女健康天性的压抑。同时，婴宁性格的转变，也表现了人的个体性与群体性、自然性与社会性相矛盾的困境。

小说情节以双线重叠、交错并行为整体建构特点。王子服遇婴宁、想婴宁、寻婴宁、娶婴宁是表层线索。其中，描写王子服对婴宁的迷恋、寻其不得的烦恼、向婴宁示爱的莽撞和尴尬是非常细腻而真实的。在情节叙述过程中展开对婴宁性格的描绘刻画，表现这位狐女的鲜明个性。小说的内层线索，是鬼母养狐女、教狐女、嫁狐女的过程。表面上的偶然与巧合，实际上是鬼母为完成托养义务所做的有意安排。特别是她教育婴宁"若不笑，当为全人""小学诗礼"，更是加速了婴宁自然天性的失落，从而鲜明地彰显了小说披露人类困境的主题。

从赞语看，作者表达了对婴宁自然天性的喜爱，寄托了对人性返璞归真的向往。

小说的环境描写与人物性格刻画，达到了妙合无痕的境地。婴宁生活在与世隔绝的乱山幽谷中，丝毫没有受到封建礼教、世俗的摧残和污染。这样的环境养成了她纯真、痴憨而又略带狡黠的天性。尤其是让争奇斗艳的百花始终陪衬在她的周围，对她的音容笑貌、独特个性是有力的烘托。花与笑的交相辉映，是这篇小说最亮丽的风景线。

思考与练习

一、简析婴宁的个性特点和性格转化轨迹,体会小说展示的社会人生内涵。

二、作者说婴宁是"隐于笑者",应如何理解?

三、分析小说的整体建构特点。

四、具体分析作品中描写花儿的表现作用。

五、真题再现。

(一)单项选择题

【2024年】清代小说家蒲松龄的号是(　　　)。

　　　　　1. 莲蓬居士　　　B. 柳泉居士　　　C. 易安居士　　　D. 六一居士

(二)词语解释题

【2021年】1. 婴宁亦无姑家。　　　　　　　　姑家:

【2024年】2. 昧爽即来省问。　　　　　　　　省:

(三)简析题

【2022年】阅读《婴宁》中的文字:

　　次日,至舍后,果有园半亩,细草铺毡,杨花糁径;有草舍三楹,花木四合其所。穿花小步,闻树头苏苏有声,仰视,则婴宁在上。见生来,狂笑欲堕。生曰:"勿尔,堕矣!"女且下且笑,不能自止。方将及地,失手而堕,笑乃止。生扶之,阴㩼其腕。女笑又作,倚树不能行,良久乃罢。生俟其笑歇,乃出袖中花示之。女接之,曰:"枯矣。何留之?"曰:"此上元妹子所遗,故存之。"问:"存之何意?"曰:"以示相爱不忘也。自上元相遇,凝思成病,自分化为异物;不图得见颜色,幸垂怜悯。"女曰:"此大细事。至戚何所靳惜?待郎行时,园中花,当唤老奴来,折一巨捆负送之。"生曰:"妹子痴耶?"女曰:"何便是痴?"生曰:"我非爱花,爱拈花之人耳。"

请回答:

(1)这段文字中"生"指的是谁?(1分)

(2)这段文字中塑造人物使用了哪些手法?(4分)

(3)这段文字中婴宁形象有哪些特征?(4分)

宝玉挨打①

曹雪芹

曹雪芹(约1715—约1764),名霑,字梦阮,号雪芹、芹圃、芹溪。我国清代伟大的现实主义作家。

曹雪芹祖居辽阳,很早就入了满籍。从他曾祖父起,三代任江宁织造。祖父曹寅,颇有文才,是有名的藏书家,曾主持刊印《全唐诗》,深得康熙帝宠信。曹雪芹少年时代,过着"锦衣纨绔""饫甘餍肥"的富贵奢华生活。雍正初年,因受朝廷内部政治斗争的牵连,其父免职,产业被抄,举家迁居北京。从此家道衰落。晚年移居北京西郊,过着"举家食粥酒常赊"的日子,贫病而卒,时年不到五十。

雪芹素性放达,嗜酒健谈,能诗善画,具有深厚的文化修养和卓越的艺术才能。家族的盛衰变迁,使他深深感受到封建贵族阶级的腐朽残酷和内部的倾轧离析,遂以毕生精力,创作《石头记》(即《红楼梦》),"披阅十载,增删五次",但终因贫病早卒,只留下前八十回的定稿,未能完成全书。

曹雪芹生平所处的"康乾盛世"实际上是中国封建社会行将崩溃的"末世"。那时,资本主义萌芽已经出现,初期的民主主义思想已经产生。《红楼梦》以贾、王、史、薛四大家族为背景,以贾宝玉、林黛玉的爱情悲剧为主要线索,着重描写了贾家荣、宁二府由盛到衰的过程,从多方面对腐败、黑暗的封建社会和封建礼教进行了深刻的揭露和无情的批判,歌颂了贵族阶级中具有叛逆精神的青年和某些奴隶的反抗行为,反映出争取男女平等、婚姻自由等民主思想,显示出中国封建社会行将灭亡的历史趋势。小说规模宏大,结构严谨,善于刻画人物,塑造了众多具有典型性格的艺术形象,语言优美生动。无论从思想内容还是艺术成就上看,《红楼梦》都达到了中国古代长篇小说的高峰。

《红楼梦》今流行本为一百二十回,后四十回一般认为是高鹗所续。

却说王夫人唤上金钏儿的母亲来,拿了几件簪环,当面赏了;又吩咐:"请几众僧人念经超度他。"金钏儿的母亲磕了头,谢了出去。

原来宝玉会过雨村回来②,听见金钏儿含羞自尽,心中早已五内摧伤,进来又被王夫人数说教训了一番,也无可回说。看见宝钗进来,方得便走出,茫然不知何往,背着手,低着头,一面感叹,一面慢慢的信步走至厅上。刚转过屏门,不想对面来了一人,正往里走,可巧撞了个满怀。只听那人喝一声:"站住!"宝玉唬了一跳,抬头看时,不是别人,却是他父亲。早不觉倒抽了一口凉气,只得垂手一旁站着。贾政道:"好端端的,你

---

① 本文选自《红楼梦》第三十三回《手足眈眈小动唇舌　不肖种种大承笞挞》和第三十四回《情中情因情感妹妹　错里错以错劝哥哥》。标题是编者加的。

② 雨村:贾雨村。一个与贾府有密切关系的封建官僚。本是潦倒文人,中进士后当了县官。不久因"贪酷"而被革职。后借助贾府势力,得到"起复"。升任应天府尹。

垂头丧气的嗐什么①? 方才雨村来了,要见你,那半天才出来! 既出来了,全无一点慷慨挥洒的谈吐,仍是委委琐琐的。我看你脸上一团私欲愁闷气色! 这会子又嗳声叹气,你那些还不足、还不自在? 无故这样,是什么原故?"宝玉素日虽然口角伶俐,此时一心却为金钏儿感伤,恨不得也身亡命殒,如今见他父亲说这些话,究竟不曾听明白了,只是怔怔的站着。

贾政见他惶悚,应对不似往日,原本无气的,这一来,倒生了三分气。方欲说话,忽有门上人来回:"忠顺亲王府里有人来,要见老爷。"贾政听了,心下疑惑,暗暗思忖道:"素日并不与忠顺府来往,为什么今日打发人来? ……"一面想,一面命:"快请厅上坐。"急忙进内更衣。出来接见时,却是忠顺府长府官,一面彼此见了礼,归坐献茶。未及叙谈,那长府官先就说道:"下官此来,并非擅造潭府②;皆因奉命而来,有一件事相求。看王爷面上,敢烦老先生做主。不但王爷知情,且连下官辈亦感谢不尽。"

贾政听了这话,摸不着头脑,忙陪笑起身问道:"大人既奉王命而来,不知有何见谕? 望大人宣明,学生好遵谕承办。"那长府官冷笑道:"也不必承办,只用老先生一句话就完了。我们府里有一个做小旦的琪官③。一向好好在府,如今竟三五日不见回去,各处去找,又摸不着他的道路,因此各处察访;这一城内,十停人倒有八停人都说④:他近日和衔玉的那位令郎相与甚厚。下官辈听了,尊府不比别家,可以擅来索取,因此启明王爷。王爷亦说:'若是别的戏子呢,一百个也罢了;只是这琪官,随机应答,谨慎老成,甚合我老人家的心境,断断少不得此人。'故此求老先生转致令郎,请将琪官放回:一则可慰王爷谆谆奉恳之意,二则下官辈也可免操劳求觅之苦。"说毕,忙打一躬。

贾政听了这话,又惊又气,即命唤宝玉出来。宝玉也不知是何原故,忙忙赶来。贾政便问:"该死的奴才! 你在家不读书也罢了,怎么又做出这些无法无天的事来! 那琪官现是忠顺王爷驾前承奉的人,你是何等草莽⑤,无故引逗他出来,如今祸及于我!"宝玉听了,唬了一跳,忙回道:"实在不知此事。究竟'琪官'两个字,不知为何物,况更加以'引逗'二字!"说着便哭。

贾政未及开口,只见那长府官冷笑道:"公子也不必隐饰:或藏在家,或知其下落,早说出来,我们也少受些辛苦。岂不念公子之德呢?"宝玉连说:"实在不知。恐是讹传,也未见得。"那长府官冷笑两声道:"现有证据,必定当着老大人说出来,公子岂不吃亏? ——既说不知,此人那红汗巾子怎得到了公子腰里?"

宝玉听了这话,不觉轰了魂魄,目瞪口呆,心下自思:"这话他如何知道? 他既连这样机密事都知道了,大约别的瞒不过他,不如打发他去了,免得再说出别的事来。"因说道:"大人既知他的底细,如何连他置买房舍这样大事倒不晓得了? 听得说:他如今在东郊离城二十里有个什么紫檀堡,他在那里置了几亩田地,几间房舍。想是在那里,也未

---

① 嗐(hài):叹息声,同"咳"。
② 造:到。潭府:旧时对别人住宅的尊称。
③ 琪官:即蒋玉菡,一位唱小旦的优伶,与贾宝玉交往甚厚,后娶花袭人为妻。
④ 十停人:把总数分成若干份,其中一份叫一停。
⑤ 草莽:低贱的意思。

可知。"那长府官听了，笑道："这样说，一定是在那里了！我且去找一回，若有了便罢；若没有，还要来请教。"说着，便忙忙的告辞走了。

贾政此时气得目瞪口歪，一面送那官员，一面回头命宝玉："不许动！回来有话问你！"一直送那官去了。才回身时，忽见贾环带着几个小厮一阵乱跑，贾政喝命小厮："给我快打！"贾环见了他父亲，吓得骨软筋酥，赶忙低头站住。贾政便问："你跑什么！带着你的那些人都不管你，不知往那里去，由你野马一般！"喝叫："跟上学的人呢？"

贾环见他父亲甚怒，便乘机说道："方才原不曾跑，只因从那井边一过，那井里淹死了一个丫头，我看脑袋这么大，身子这么粗，泡的实在可怕，所以才赶着跑过来了。"贾政听了，惊疑问道："好端端，谁去跳井？我家从无这样事情，自祖宗以来，皆是宽柔待下。——大约我近年于家务疏懒，自然执事人操克夺之权①，致使弄出这暴殄轻生的祸来！若外人知道，祖宗的颜面何在！"喝命："叫贾琏、赖大来！"

小厮们答应了一声，方欲去叫，贾环忙上前，拉住贾政袍襟，贴膝跪下，道："老爷不用生气。此事除太太屋里的人，别人一点也不知道，我听见我母亲说——"说到这句，便回头四顾一看；贾政知其意，将眼色一丢，小厮们明白，都往两边后面退去。贾环便悄悄说道："我母亲告诉我说：'宝玉哥哥，前日在太太屋里，拉着太太的丫头金钏儿，强奸不遂，打了一顿，金钏儿便赌气投井死了——'"

话未说完，把个贾政气得面如金纸，大叫："拿宝玉来！"一面说，一面便往书房去，喝命："今日再有人来劝我，我把这冠带家私一应就交与他和宝玉过去②，我免不得做个罪人，把这几根烦恼鬓毛剃去，寻个干净去处自了，也免得上辱先人、下生逆子之罪！"

众门客仆从见贾政这个形景，便知又是为宝玉了，一个个咬指吐舌，连忙退出。贾政喘吁吁直挺挺的坐在椅子上，满面泪痕，一叠连声："拿宝玉来！拿大棍拿绳来！把门都关上！有人传信到里头去，立刻打死！"众小厮们只得齐齐答应着，有几个来找宝玉。

那宝玉听见贾政吩咐他"不许动"，早知凶多吉少；那里知道贾环又添了许多的话？正在厅上旋转，怎得个人往里头捎信，偏偏的没个人来，连焙茗也不知在那里③。正盼望时，只见一个老妈妈出来，宝玉如得了珍宝，便赶上来拉他，说道："快进去告诉：老爷要打我呢！快去，快去！要紧，要紧！"宝玉一则急了，说话不明白；二则老婆子偏偏又耳聋，不曾听见是什么话，把"要紧"二字，只听做"跳井"二字，便笑道："跳井让他跳去，二爷怕什么？"宝玉见是个聋子，便着急道："你出去叫我的小厮来罢！"那婆子道："有什么不了的事？老早的完了，太太又赏了银子，怎么不了事呢？"

宝玉急的手脚正没抓寻处，只见贾政的小厮走来，逼着他出去了。贾政一见，眼都红了，也不暇问他在外流荡优伶，表赠私物，在家荒疏学业，逼淫母婢，只喝命："堵起嘴来，着实打死！"小厮们不敢违，只得将宝玉按在凳上，举起大板，打了十来下。宝玉自知不能讨饶，只是呜呜的哭。贾政还嫌打的轻，一脚踢开掌板的，自己夺过板子来，狠命的又打了十几下。

---

① 克夺之权：决定弃取的定夺之权。
② 冠带家私：指官爵、财产。
③ 焙茗：原名茗烟，宝玉的贴身男仆。

宝玉生来未经过这样苦楚，起先觉得打的疼不过，还乱嚷乱哭，后来渐渐气弱声嘶，哽咽不出。众门客见打的不祥了①，赶着上来，恳求夺劝。贾政那里肯听？说道："你们问问他干的勾当，可饶不可饶！素日皆是你们这些人把他酿坏了，到这步田地，还来劝解！明日酿到他弑父弑君，你们才不劝不成？"

众人听这话不好，知道气急了，忙乱着觅人进去给信。王夫人听了，不及去回贾母，便忙穿衣出来，也不顾有人没人，忙忙扶了一个丫头，赶往书房中来。慌得众门客小厮等避之不及。贾政正要再打，一见王夫人进来，更加火上浇油，那板子越下去的又狠又快。按宝玉的两个小厮，忙松手走开，宝玉早已动弹不得了。

贾政还欲打时，早被王夫人抱住板子。贾政道："罢了，罢了！今日必定要气死我才罢！"王夫人哭道："宝玉虽然该打，老爷也要保重。且炎暑天气，老太太身上又不大好，打死宝玉事小，倘或老太太一时不自在了，岂不事大？"贾政冷笑道："倒休提这话！我养了这不肖的孽障，我已不孝；平昔教训他一番，又有众人护持；不如趁今日结果了他的狗命，以绝将来之患！"说着，便要绳来勒死。王夫人连忙抱住哭道："老爷虽然应当管教儿子，也要看夫妻分上。我如今已五十岁的人，只有这个孽障，必定苦苦的以他为法，我也不敢深劝。今日越发要弄死他，岂不是有意绝我呢？既要勒死他，索性先勒死我，再勒死他！我们娘儿们不如一同死了，在阴司里也得个倚靠。"说毕，抱住宝玉，放声大哭起来。

贾政听了此话，不觉长叹一声，向椅上坐了，泪如雨下。王夫人抱着宝玉，只见他面白气弱，底下穿着一条绿纱小衣，一片皆是血渍。禁不住解下汗巾去，由腿看至臀胫，或青或紫，或整或破，竟无一点好处，不觉失声大哭起"苦命的儿"来。因哭出"苦命儿"来，又想起贾珠来，便叫着贾珠，哭道："若有你活着，便死一百个，我也不管了。"

此时里面的人闻得王夫人出来，李纨、凤姐及迎、探姊妹两个，也都出来了。王夫人哭着贾珠的名字，别人还可，惟有李纨禁不住也抽抽搭搭的哭起来了。贾政听了，那泪更似走珠一般滚了下来。正没开交处，忽听丫鬟来说："老太太来了——"一言未了，只听窗外颤巍巍的声气说道："先打死我，再打死他，就干净了！"

贾政见母亲来了，又急又痛，连忙迎出来。只见贾母扶着丫头，摇头喘气的走来。贾政上前躬身陪笑道："大暑热的天，老太太有什么吩咐，何必自己走来，只叫儿子进去吩咐便了。"贾母听了，便止步喘息，一面厉声道："你原来和我说话！我倒有话吩咐，只是我一生没养个好儿子，却叫我和谁说去！"

贾政听这话不像，忙跪下含泪说道："儿子管他，也为的是光宗耀祖。老太太这话，儿子如何当的起？"贾母听说，便啐了一口，说道："我说了一句话，你就禁不起！你那样下死手的板子，难道宝玉儿就禁的起？你说教训儿子是光宗耀祖，当日你父亲怎么教训你来着！"说着，也不觉泪往下流。贾政又陪笑道："老太太也不必伤感，都是儿子一时性急，从此以后，再不打他了。"贾母便冷笑两声道："你也不必和我赌气，你的儿子，自然你要打就打。想来你也厌烦我们娘儿们，不如我们早离了你，大家干净！"说着，便令人：

---

① 门客：指投靠士族官僚门庭的文人清客，以陪伴主人聊天玩乐为业。

"去看轿！——我和你太太、宝玉儿立刻回南京去！"家下人只得答应着。

贾母又叫王夫人道："你也不必哭了，如今宝玉儿年纪小，你疼他；他将来长大，为官作宦的，也未必想着你是他母亲了。你如今倒是不疼他，只怕将来还少生一口气呢！"贾政听说，忙叩头说道："母亲如此说，儿子无立足之地了！"贾母冷笑道："你分明使我无立足之地，你反说起你来！只是我们回去了，你心里干净，看有谁来不许你打！"一面说，一面只命："快打点行李车辆轿马回去！"贾政直挺挺跪着，叩头谢罪。

贾母一面说，一面来看宝玉，只见今日这顿打，不比往日，又是心疼，又是生气，也抱着哭个不了。王夫人与凤姐等解劝了一会，方渐渐的止住。

早有丫鬟媳妇等，上来要搀宝玉，凤姐便骂："糊涂东西！也不睁开眼瞧瞧，这个样儿，怎么搀着走的？还不快进去把那藤屉子春凳抬出来呢①！"众人听了连忙飞跑进去，果然抬出春凳来，将宝玉放上，随着贾母王夫人等进去，送至贾母屋里。

彼时贾政见贾母怒气未消，不敢自便，也跟着进来。看看宝玉果然打重了，再看看王夫人一声"肉"一声"儿"的哭道："你替珠儿早死了，留着珠儿，也免你父亲生气，我也不白操这半世的心了！这会子你倘或有个好歹，撂下我，叫我靠那一个？"数落一场，又哭"不争气的儿"。贾政听了，也就灰心自己不该下毒手打到如此地步。先劝贾母，贾母含泪说道："儿子不好，原是要管的，不该打到这个分儿！你不出去，还在这里做什么！难道于心不足，还要眼看着他死了才算吗？"贾政听说，方诺诺的退出去了。

此时薛姨妈、宝钗、香菱、袭人、湘云等也都在这里。袭人满心委屈，只不好十分使出来。见众人围着，灌水的灌水，打扇的打扇，自己插不下手去，便索性走出门，到二门前，命小厮们找了焙茗来细问："方才好端端的，为什么打起来？你也不早来透个信儿！"焙茗急的说："偏我没在跟前，打到半中间，我才听见了，忙打听原故，却是为琪官儿和金钏儿姐姐的事。"袭人道："老爷怎么知道了？"焙茗道："那琪官儿的事，多半是薛大爷素昔吃醋，没法儿出气，不知在外头挑唆了谁来，在老爷跟前下的蛆。那金钏儿姐姐的事，大约是三爷说的。——我也是听见跟老爷的人说。"

袭人听了这两件事都对景②，心中也就信了八九分，然后回来，只见众人都替宝玉疗治调停完备。贾母命："好生抬着他屋里去。"众人一声答应，七手八脚，忙把宝玉送入怡红院内自己床上卧好，又乱了半日，众人渐渐的散去了，袭人方才进前来，经心服侍细问。

……

话说袭人见贾母王夫人等去后，便走来宝玉身边坐下，含泪问他："怎么就打到这步田地？"宝玉叹气说道："不过为那些事。问他做什么！只是下半截疼的很，你瞧瞧，打坏了那里？"袭人听说，便轻轻的伸手进去，将中衣脱下③，略动一动，宝玉便咬着牙叫"嗳哟"，袭人连忙停住手：如此三四次，才褪下来了。袭人看时，只见腿上半段青紫，都有四指阔的僵痕高起来。袭人咬着牙说道："我的娘！怎么下这般的狠手！——你但凡听我一句话，也不到这个分儿。幸而没动筋骨；倘或打出个残疾来，可叫人怎么样呢？"

---

① 春凳：长条的比较宽大的凳子。
② 对景：由于情景恰相吻合，使人猜出其中的联系。
③ 中衣：内裤。

正说着,只听丫鬟们说:"宝姑娘来了。"袭人听见,知道穿不及中衣,便拿了一床夹纱被,替宝玉盖了。只见宝钗手里托着一丸药走进来,向袭人说道:"晚上把这药用酒研开,替他敷上,把那淤血的热毒散开,就好了。"说毕,递与袭人。又问:"这会子可好些?"宝玉一面道谢,说:"好些了。"又让坐。

宝钗见他睁开眼说话,不像先时,心中也宽慰了些,便点头叹道:"早听人一句话,也不至有今日! 别说老太太、太太心疼,就是我们看着,心里也——"刚说了半句,又忙咽住,不觉眼圈微红,双腮带赤,低头不语了。宝玉听得这话如此亲切,大有深意;忽见他又咽住,不往下说,红了脸,低下头,含着泪,只管弄衣带,那一种软怯娇羞、轻怜痛惜之情,竟难以言语形容,越觉心中感动,将疼痛早已丢在九霄云外去了。想道:"我不过挨了几下打,他们一个个就有这些怜惜之态,令人可亲可敬。假若我一时竟别有大故^①,他们还不知何等悲感呢! 既是他们这样,我便一时死了,得他们如此,一生事业,纵然尽付东流,也无足叹惜了。"正想着,只听宝钗问袭人道:"怎么好好的动了气,就打起来了?"袭人便把焙茗的话悄悄说了。宝玉原来还不知贾环的话,见袭人说出,方才知道;因又拉上薛蟠,惟恐宝钗沉心^②,忙又止住袭人道:"薛大哥从来不是这样,你们别混猜度。"

宝钗听说,便知宝玉是怕他多心,用话拦袭人。因心中暗暗想道:"打得这个形象,疼还顾不过来,还这样细心,怕得罪了人。你既这样用心,何不在外头大事上做工夫,老爷也欢喜了,也不能吃这样亏。你虽然怕我沉心,所以拦袭人的话,难道我就不知我哥哥素日恣心纵欲、毫无防范的那种心性吗? 当日为个秦钟,还闹的天翻地覆,自然如今比先又加利害了。"想毕,因笑道:"你们也不必怨这个,怨那个,据我想,到底宝兄弟素日肯和那些人来往,老爷才生气。就是我哥哥说话不防头,一时说出宝兄弟来,也不是有心挑唆:一则也是本来的实话;二则他原不理论这些防嫌小事。袭姑娘从小儿只见过宝兄弟这样细心的人,何曾见过我哥哥那天不怕、地不怕、心里有什么、口里说什么的人呢?"

袭人因说出薛蟠来,见宝玉拦他的话,早已明白自己说造次了^③,恐宝钗没意思;听宝钗如此说,更觉羞愧无言。宝玉又听宝钗这一番话,半是堂皇正大,半是体贴自己的私心,更觉比先心动神移。方欲说话时,只见宝钗起身道:"明日再来看你,好生养着罢。方才我拿了药来,交给袭人,晚上敷上,管就好了。"说着,便走出门去。袭人赶着送出院外,说:"姑娘倒费心了。改日宝二爷好了,亲自来谢。"宝钗回头笑道:"这有什么的? 只劝他好生养着,别胡思乱想,就好了。要想什么吃的玩的,悄悄的往我那里只管取去,不必惊动老太太、太太、众人。倘或吹到老爷耳朵里,虽然彼时不怎么样,将来对景,终是要吃亏的。"说着去了。

袭人抽身回来,心内着实感激宝钗。进来见宝玉沉思默默,似睡非睡的模样,因而退出房外栉沐^④。宝玉默默的躺在床上,无奈臀上作痛,如针挑刀挖一般,更热如火炙,

---

① 大故:指死亡。
② 沉心:指往心里去,造成不愉快。
③ 造次:鲁莽、轻率。
④ 栉沐:梳洗头发。

略展转时,禁不住"嗳哟"之声。那时天色将晚,因见袭人去了,却有两三个丫鬟伺候,此时并无呼唤之事,因说道:"你们且去梳洗,等我叫时再来。"众人听了,也都退出。

这里宝玉昏昏沉沉,只见蒋玉函走进来了,诉说忠顺府拿他之事;一时又见金钏儿进来,哭说为他投井之情。宝玉半梦半醒,刚要诉说前情,忽又觉有人推他,恍恍惚惚,听得悲切之声。宝玉从梦中惊醒,睁眼一看,不是别人,却是黛玉。——犹恐是梦,忙又将身子欠起来,向脸上细细一认,只见他两个眼睛肿得桃儿一般,满面泪光,不是黛玉,却是那个?宝玉还欲看时,怎奈下半截疼痛难禁,支持不住,便"嗳哟"一声,仍旧倒下,叹了口气,说道:"你又做什么来了?太阳才落,那地上还是怪热的,倘或又受了暑,怎么好呢?我虽然挨了打,却也不很觉疼痛。这个样儿是装出来哄他们,好在外头布散给老爷听。其实是假的。你别信真了。"

此时黛玉虽不是嚎啕大哭,然越是这等无声之泣,气噎喉堵,更觉利害。听了宝玉这些话,心中提起万句言词,要说时却不能说得半句。半天,方抽抽噎噎的道:"你可都改了罢!"宝玉听说,便长叹一声道:"你放心,别说这样话。我便为这些人死了,也是情愿的。"

一句话未了,只见院外人说:"二奶奶来了。"黛玉便知是凤姐来了,连忙立起身,说道:"我从后院子里去罢,回来再来。"宝玉一把拉住,道:"这又奇了。好好的,怎么怕起他来了?"黛玉急得跺脚,悄悄的说道:"你瞧瞧我的眼睛!又该他们拿咱们取笑儿了。"宝玉听说,赶忙的放了手。黛玉三步两步转过床后,刚出了后院,凤姐从前头已进来了。问宝玉:"可好些了?想什么吃?叫人往我那里取去。"接着薛姨妈又来了。一时贾母又打发了人来。

至掌灯时分,宝玉只喝了两口汤,便昏昏沉沉的睡去。接着周瑞媳妇、吴新登媳妇、郑好时媳妇,这几个有年纪长来往的,听见宝玉挨了打,也都进来。袭人忙迎出来,悄悄的笑道:"婶娘们略来迟了一步,二爷睡着了。"说着,一面陪他们到那边屋里坐着,倒茶给他们吃。那几个媳妇子都悄悄的坐了一回,向袭人说:"等二爷醒了,你替我们说罢。"

袭人答应了,送他们出去。

【提示】

本文大致可划分为三个部分:一是写宝玉挨打的起因,二是写挨打的经过,三是写挨打后众人探望宝玉的情景。

宝玉与戏剧演员平等交往,同情被逼跳井的丫头,贾环出于嫡庶间的嫉恨而挑拨是非,这是宝玉挨打的导火线。宝玉挨打的根本原因是他是一个鄙弃仕途经济、背离封建礼教的贵族叛逆者,与封建卫道士之间存在着不可调和的矛盾。宝玉挨打实质上是在贵族大家庭中封建正统势力对叛逆者的一次镇压,它反映了封建末世统治阶级内部矛盾斗争的尖锐。

作品将众多人物置于同一尖锐矛盾冲突之中,通过他们对宝玉挨打这一典型事件的各种不同态度的具体描绘,淋漓尽致地揭示了他们的性格特征,入木三分地披露了他们的内心世界。贾政是一个为了消除"弑父弑君"的后患,以至要打死自己亲生儿子的忠实的封建卫道士;贾宝玉是一个鄙弃封建礼教、虽惨遭毒打仍不思悔改的贵族叛逆者;薛宝钗是一个八面玲珑、深受封建礼教熏陶的贵族少女;林黛玉则是一个感情纯真、与贾宝玉有着相通的叛逆心性的贵族少女。

作者通过言语、动作、表情、心理的白描来刻画人物性格。而且不同的人物有各自不同的言语、动作、表情和心理活动,这就使人物形象有了鲜明生动的个性特点。此外,在叙事有条不紊、行文有张有弛、情节起伏跌宕、语言生动传神等方面,本文也都表现出很高的艺术造诣。

思考与练习

一、宝玉挨打的导火线是什么? 根本原因是什么?

二、概括贾政、贾宝玉、薛宝钗、林黛玉的性格特征。

三、王夫人在哭宝玉时想念贾珠,这说明了什么?

四、真题再现。

(一) 单项选择题

【2021 年】贾政这一人物形象出自(　　　)。

　　　　A.《石崇与王恺争豪》　　　　　　B.《婴宁》

　　　　C.《宝玉挨打》　　　　　　　　　D.《断魂枪》

(二) 词语解释题

【2022 年】下官此来,并非擅造潭府。　　　造:

(三) 判断题

【2024 年】《红楼梦》是明代的一部著名长篇小说。　　　　　　　(　　　)

(四) 简析题

【2023 年】阅读《宝玉挨打》中的文字:

宝玉从梦中惊醒,睁眼一看,不是别人,却是黛玉。——犹恐是梦,忙又将身子欠起来,向脸上细细一认,只见他两个眼睛肿得桃儿一般,满面泪光,不是黛玉,却是那个? 宝玉还欲看时,怎奈下半截疼痛难禁,支持不住,便"嗳哟"一声,仍旧倒下,叹了口气,说道:"你又做什么来了? 太阳才落,那地上还是怪热的,倘或又受了暑,怎么好呢? 我虽然挨了打,却也不很觉疼痛。这个样儿是装出来哄他们,好在外头布散给老爷听。其实是假的。你别信了。"此时黛玉虽不是嚎啕大哭,然越是这等无声之泣,气噎喉堵,更觉利害。听了宝玉这些话,心中提起万句言词,要说时却不能说得半句。半天,方抽抽噎噎的道:"你可都改了罢!"宝玉听说,便长叹一声道:"你放心,别说这样话。我便为这些人死了,也是情愿的。"

请回答:

(1) 这段文字中塑造人物使用了哪些方法? (3分)

(2) 贾宝玉被打得"疼痛难禁",为什么又对黛玉说"却也不很觉疼痛"? (3分)

(3) 林黛玉对贾宝玉被打的态度是什么? (3分)

风波①

鲁　迅

　　临河的土场上,太阳渐渐的收了他通黄的光线了②。场边靠河的乌桕树叶,干巴巴的才喘过气来,几个花脚蚊子在下面哼着飞舞。面河的农家的烟突里,逐渐减少了炊烟,女人孩子们都在自己门口的土场上泼些水,放下小桌子和矮凳;人知道,这已经是晚饭时候了。

　　老人男人坐在矮凳上,摇着大芭蕉扇闲谈,孩子飞也似的跑,或者蹲在乌桕树下赌玩石子。女人端出乌黑的蒸干菜和松花黄的米饭,热蓬蓬冒烟。河里驶过文人的酒船,文豪见了,大发诗兴,说,③"无思无虑,这真是田家乐呵!"

　　但文豪的话有些不合事实,就因为他们没有听到九斤老太的话。这时候,九斤老太正在大怒,拿破芭蕉扇敲着凳脚说:"我活到七十九岁了,活够了,不愿意眼见这些败家相,——还是死的好。立刻就要吃饭了,还吃炒豆子,吃穷了一家子!"

　　伊的曾孙女儿六斤捏着一把豆,正从对面跑来,见这情形,便直奔河边,藏在乌桕树后,伸出双丫角的小头,大声说,"这老不死的!"

　　九斤老太虽然高寿,耳朵却还不很聋,但也没有听到孩子的话,仍旧自己说,"这真是一代不如一代!"

　　这村庄的习惯有点特别,女人生下孩子,多喜欢用秤称了轻重,便用斤数当作小名。九斤老太自从庆祝了五十大寿以后,便渐渐的变了不平家,常说伊年青的时候,天气没有现在这般热,豆子也没有现在这般硬:总之现在的时世是不对了。何况六斤比伊的曾祖,少了三斤,比伊父亲七斤,又少了一斤,这真是一条颠扑不破的实例。所以伊又用劲说,"这真是一代不如一代!"

　　伊的儿媳七斤嫂子正捧着饭篮走到桌边④,便将饭篮在桌上一摔,愤愤的说,"你老人家又这么说了。六斤生下来的时候,不是六斤五两么? 你家的秤又是私秤,加重称,十八两秤;用了准十六,我们的六斤该有七斤多哩。我想便是太公和公公,也不见得正是九斤八斤十足,用的秤也许是十四两……"

　　"一代不如一代!"

　　七斤嫂还没有答话,忽然看见七斤从小巷口转出,便移了方向,对他嚷道,"你这死尸怎么这时候才回来,死到那里去了! 不管人家等着你开饭!"

　　七斤虽然住在农村,却早有些飞黄腾达的意思。从他的祖父到他,三代不捏锄头柄

---

①　本篇最初发表于1920年9月《新青年》月刊第八卷第一号,后收入《呐喊》。

②　的:"五四"开始的白话文,结构助词"的""地",在一些作品里已有所分工,但不严格。本文中,状语后面的结构助词,多数用"的",也有少数用"地"。

③　这里用的是逗号,现在一般用冒号。本文中类似情况很多,这是"五四"白话文运动开始使用新式标点符号的一种历史现象。

④　伊的儿媳:从上下文看,这里的"儿媳"应为孙媳。

了;他也照例的帮人撑着航船,每日一回,早晨从鲁镇进城,傍晚又回到鲁镇,因此很知道些时事:例如什么地方,雷公劈死了蜈蚣精;什么地方,闺女生了一个夜叉之类。他在村人里面,的确已经是一名出场人物了。但夏天吃饭不点灯,却还守着农家习惯,所以回家太迟,是该骂的。

七斤一手捏着象牙嘴白铜斗六尺多长的湘妃竹烟管,低着头,慢慢地走来,坐在矮凳上。六斤也趁势溜出,坐在他身边,叫他爹爹。七斤没有应。

"一代不如一代!"九斤老太说。

七斤慢慢地抬起头来,叹一口气说,"皇帝坐了龙庭了。"

七斤嫂呆了一刻,忽而恍然大悟的道,"这可好了,这不是又要皇恩大赦了么!"

七斤又叹一口气,说,"我没有辫子①。"

"皇帝要辫子么?"

"皇帝要辫子。"

"你怎么知道呢?"七斤嫂有些着急,赶忙的问。

"咸亨酒店里的人,都说要的。"

七斤嫂这时从直觉上觉得事情似乎有些不妙了,因为咸亨酒店是消息灵通的所在。伊一转眼瞥见七斤的光头,便忍不住动怒,怪他恨他怨他;忽然又绝望起来,装好一碗饭,搡在七斤的面前道,"还是赶快吃你的饭罢! 哭丧着脸,就会长出辫子来么?"

太阳收尽了他最末的光线了,水面暗暗地回复过凉气来;土场上一片碗筷声响,人人的脊梁上又都吐出汗粒。七斤嫂吃完三碗饭,偶然抬起头,心坎里便禁不住突突地发跳。伊透过乌柏叶,看见又矮又胖的赵七爷正从独木桥上走来,而且穿着宝蓝色竹布的长衫。

赵七爷是邻村茂源酒店的主人,又是这三十里方圆以内的唯一的出色人物兼学问家;因为有学问,所以又有些遗老的臭味。他有十多本金圣叹批评的《三国志》②,时常坐着一个字一个字的读;他不但能说出五虎将姓名,甚而至于还知道黄忠表字汉升和马超表字孟起。革命以后,他便将辫子盘在顶上,像道士一般;常常叹息说,倘若赵子龙在世,天下便不会乱到这地步了。七斤嫂眼睛好,早望见今天的赵七爷已经不是道士,却变成光滑头皮,乌黑发顶;伊便知道这一定是皇帝坐了龙庭,而且一定须有辫子,而且七斤一定是非常危险。因为赵七爷的这件竹布长衫,轻易是不常穿的,三年以来,只穿过两次:一次是和他呕气的麻子阿四病了的时候,一次是曾经砸烂他酒店的鲁大爷死了的时候;现在是第三次了,这一定又是于他有庆,于他的仇家有殃了。

七斤嫂记得,两年前七斤喝醉了酒,曾经骂过赵七爷是"贱胎",所以这时便立刻直

---

① 辫子:我国满族旧俗,男子剃发垂辫(剃去头顶前部头发,后部结辫垂于脑后)。1644 年清世祖进入北京以后,几次下令强迫各族人民遵从满族发式,屠杀不遵从剃发令的民众。

② 金圣叹批评的《三国志》:指小说《三国演义》。金圣叹(1608—1661),明末清初文人,曾批注《水浒传》《西厢记》等书,他把自己所加的序文、读法和评语等称为"圣叹外书"。《三国演义》是元末明初罗贯中所著,后经清代毛宗岗改编,卷首有假托金圣叹所作的序,并有"圣叹外书"字样,每回前均附加评语,人们通常把这些评语当成金圣叹所作。

觉到七斤的危险,心坎里突突地发起跳来。

赵七爷一路走来,坐着吃饭的人都站起身,拿筷子点着自己的饭碗说,"七爷,请在我们这里用饭!"七爷也一路点头,说道"请请",却一径走到七斤家的桌旁。七斤们连忙招呼,七爷也微笑着说"请请",一面细细的研究他们的饭菜。

"好香的干菜,——听到了风声了么?"赵七爷站在七斤的后面七斤嫂的对面说。

"皇帝坐了龙庭了。"七斤说。

七斤嫂看着七爷的脸,竭力陪笑道,"皇帝已经坐了龙庭,几时皇恩大赦呢?"

"皇恩大赦?——大赦是慢慢的总要大赦罢。"七爷说到这里,声色忽然严厉起来,"但是你家七斤的辫子呢,辫子? 这倒是要紧的事。你们知道:长毛时候①,留发不留头,留头不留发②,……"

七斤和他的女人没有读过书,不很懂得这古典的奥妙,但觉得有学问的七爷这么说,事情自然非常重大,无可挽回,便仿佛受了死刑宣告似的,耳朵里嗡的一声,再也说不出一句话。

"一代不如一代,——"九斤老太正在不平,趁这机会,便对赵七爷说,"现在的长毛,只是剪人家的辫子,僧不僧,道不道的。从前的长毛,这样的么? 我活到七十九岁了,活够了。从前的长毛是——整匹的红缎子裹头,拖下去,拖下去,一直拖到脚跟;王爷是黄缎子,拖下去,黄缎子;红缎子,黄缎子——我活够了,七十九岁了。"

七斤嫂站起身,自言自语的说,"这怎么好呢? 这样的一班老小,都靠他养活的人,……"

赵七爷摇头道,"那也没法。没有辫子,该当何罪,书上都一条一条明明白白写着的。不管他家里有些什么人。"

七斤嫂听到书上写着,可真是完全绝望了;自己急得没法,便忽然又恨到七斤。伊用筷子指着他的鼻尖说,"这死尸自作自受! 造反的时候,我本来说,不要撑船了,不要上城了。他偏要死进城去,滚进城去,进城便被人剪去了辫子。从前是绢光乌黑的辫子,现在弄得僧不僧道不道的。这囚徒自作自受,带累了我们又怎么说呢? 这活死尸的囚徒……"

村人看见赵七爷到村,都赶紧吃完饭,聚在七斤家饭桌的周围。七斤自己知道是出场人物,被女人当大众这样辱骂,很不雅观,便只得抬起头,慢慢地说道:

"你今天说现成话,那时你……"

"你这活死尸的囚徒……"

看客中间,八一嫂是心肠最好的人,抱着伊的两周岁的遗腹子,正在七斤嫂身边看热闹;这时过意不去,连忙解劝说,"七斤嫂,算了罢。人不是神仙,谁知道未来事呢? 便是七斤嫂,那时不也说,没有辫子倒也没有什么丑么? 况且衙门里的大老爷也还没有告示。……"

---

① 长毛:指太平天国起义军。他们不剃发不结辫,表示对清朝的反抗,被称为"长毛"。
② "留发不留头"二句:这里指清政府对太平天国起义军的残酷镇压。

七斤嫂没有听完,两个耳朵早通红了;便将筷子转过向来,指着八一嫂的鼻子,说,"阿呀,这是什么话呵!八一嫂,我自己看来倒还是一个人,会说出这样昏诞胡涂话么?那时我是,整整哭了三天,谁都看见,连六斤这小鬼也都哭,……"六斤刚吃完一大碗饭,拿了空碗,伸手去嚷着要添。七斤嫂正没好气,便用筷子在伊的双丫角中间,直扎下去,大喝道,"谁要你来多嘴!你这偷汉的小寡妇!"

扑的一声,六斤手里的空碗落在地上了,恰巧又碰着一块砖角,立刻破成一个很大的缺口。七斤直跳起来,捡起破碗,合上了检查一回,也喝道,"入娘的!"一巴掌打倒了六斤。六斤躺着哭。九斤老太拉了伊的手,连说着"一代不如一代",一同走了。

八一嫂也发怒,大声说,"七斤嫂,你'恨棒打人'。……"

赵七爷本来是笑着旁观的;但自从八一嫂说了"衙门里的大老爷没有告示"这话以后,却有些生气了。这时他已经绕出桌旁,接着说,"'恨棒打人',算什么呢。大兵是就要到的。你可知道,这回保驾的是张大帅①,张大帅就是燕人张翼德的后代,他一支丈八蛇矛,就有万夫不当之勇,谁能抵挡他,"他两手同时捏起空拳,仿佛握着无形的蛇矛模样,向八一嫂抢进几步道,"你能抵挡他么!"

八一嫂正气得抱着孩子发抖,忽然见赵七爷满脸油汗,瞪着眼,准对伊冲过来,便十分害怕,不敢说完话,回身走了。赵七爷也跟着走去,众人一面怪八一嫂多事,一面让开路,几个剪过辫子重新留起的便赶快躲在人丛后面,怕他看见。赵七爷也不细心察访,通过人丛,忽然转入乌桕树后,说道"你能抵挡他么!"跨上独木桥,扬长去了。

村人们呆呆站着,心里计算,都觉得自己确乎抵不住张翼德,因此也决定七斤便要没有性命。七斤既然犯了皇法,想起他往常对人谈论城中的新闻的时候,就不该含着长烟管显出那般骄傲模样,所以对于七斤的犯法,也觉得有些畅快。他们也仿佛想发些议论,却又觉得没有什么议论可发。嗡嗡的一阵乱嚷,蚊子都撞过赤膊身子,闯到乌桕树下去做市;他们也就慢慢地走散回家,关上门去睡觉。七斤嫂咕哝着,也收了家伙和桌子矮凳回家,关上门睡觉了。

七斤将破碗拿回家里,坐在门槛上吸烟;但非常忧愁,忘却了吸烟,象牙嘴六尺多长湘妃竹烟管的白铜斗里的火光,渐渐发黑了。他心里但觉得事情似乎十分危急,也想想些方法,想些计画,但总是非常模糊,贯穿不得:"辫子呢辫子?丈八蛇矛。一代不如一代!皇帝坐龙庭。破的碗须得上城去钉好。谁能抵挡他?书上一条一条写着:入娘的!……"

第二日清晨,七斤依旧从鲁镇撑航船进城,傍晚回到鲁镇,又拿着六尺多长的湘妃竹烟管和一个饭碗回村。他在晚饭席上,对九斤老太说,这碗是在城内钉合的,因为缺口大,所以要十六个铜钉,三文一个,一总用了四十八文小钱。

九斤老太很不高兴的说,"一代不如一代,我是活够了。三文钱一个钉;从前的钉,这样的么?从前的钉是……我活了七十九岁了,——"

---

① 张大帅:指张勋(1854—1923),江西奉新人,北洋军阀之一。原为清朝军官,辛亥革命后,他和所部官兵仍留着辫子,表示忠于清王朝,被称为辫子军。1917年7月1日他在北京扶持清废帝溥仪复辟,7月12日即告失败。

此后七斤虽然是照例日日进城,但家景总有些黯淡,村人大抵回避着,不再来听他从城内得来的新闻。七斤嫂也没有好声气,还时常叫他"囚徒"。

过了十多日,七斤从城内回家,看见他的女人非常高兴,问他说,"你在城里可听到些什么?"

"没有听到些什么。"

"皇帝坐了龙庭没有呢?"

"他们没有说。"

"咸亨酒店里也没有人说么?"

"也没人说。"

"我想皇帝一定是不坐龙庭了。我今天走过赵七爷的店前,看见他又坐着念书了,辫子又盘在顶上了,也没有穿长衫。"

"……"

"你想,不坐龙庭了罢?"

"我想,不坐了罢。"

现在的七斤,是七斤嫂和村人又都早给他相当的尊敬,相当的待遇了。到夏天,他们仍旧在自家门口的土场上吃饭;大家见了,都笑嘻嘻的招呼。九斤老太早已做过八十大寿,仍然不平而且康健。六斤的双丫角,已经变成一支大辫子了;伊虽然新近裹脚,却还能帮同七斤嫂做事,捧着十八个铜钉的饭碗①,在土场上一瘸一拐的往来。

一九二○年十月②。

【提示】

小说描写 1917 年张勋复辟事件在江南某水乡所引起的一场关于辫子的风波,以小见大,展示了当时农村的真实面貌:帝制余孽还在向农民肆虐,农民还处于封建势力和封建思想的统治和控制之下,愚昧落后,冷漠保守,缺乏民主主义觉悟。这说明,辛亥革命并没有给封建统治下的中国农村带来真正的变革,今后的社会革命,若不能唤醒民众,是难以成功的。

作品以辫子事件为中心线索,描述了事件的起因、发展和消解,刻画了七斤、赵七爷等人物形象。七斤是当地著名的见过世面的"出场人物",实际上却是个愚昧麻木、毫无民主主义觉悟的落后农民典型;赵七爷则是一个不学无术、善于韬晦、时刻梦想复辟的封建遗老;其他如七斤嫂、八一嫂等人物,也都生活在浑浑噩噩的不觉悟状态之中。

小说在总体上采用白描手法。首先,作者善于通过富有个性色彩和乡土气息的人物对话来刻画人物性格,展开矛盾冲突,推动情节发展;其次,作者能够精选生动贴切而富于表现力的细节来揭示人物的内在心理和暗示深刻的主题内蕴;再次,作品开头的环境描绘和场面描写,不仅是一幅充满地方色彩和生活气息的风景画和风俗画,而且以其

---

① 十八个铜钉:据上文应是"十六个"。作者在 1926 年 11 月 23 日致李霁野的信中曾说:"七斤家只有这一个钉过的碗,钉是十六或十八,我也记不清了。总之两数之一是错的,请改成一律。"

② 据《鲁迅日记》,本篇当作于 1920 年 8 月 5 日。

场景的恬静,与结尾相呼应,对辫子风波的波澜起伏起到了对比衬托作用。

小说结尾含蓄隽永,进一步深化了作品的主题思想。

思考与练习

一、小说描述了一场什么风波?

二、概括小说的主题思想。

三、概括七斤、赵七爷、七斤嫂、八一嫂的性格特征。

四、指出文中刻画赵七爷、七斤性格的细节描写,并说明其表现作用。

五、开头的场面描写有何作用?

六、为什么说小说的结尾深化了主题?

七、真题再现。

单项选择题

【2021 年】《风波》中抱怨"一代不如一代"的人物是(   )。

      A. 九斤老太   B. 七斤   C. 七斤嫂   D. 赵七爷

断魂枪[①]

老　舍

老舍（1899—1966），原名舒庆春，字舍予，满族人，生于北京一个贫苦家庭。1924年赴英国任伦敦大学东方学院中文教员，并从事文学创作。1930年回国，先后任济南齐鲁大学、青岛山东大学等校教授。抗战时期，任中华全国文艺界抗敌协会常务委员兼总务部主任，负责"文协"的实际工作，是会刊《抗战文艺》的主要负责人之一。1946年，应邀赴美国讲学。1949年12月回国。1951年北京市人民政府授予他"人民艺术家"称号。曾任全国文联副主席、全国作协副主席、北京市文联主席、中国民间文学研究会副理事长等职。

老舍是一位多产作家。中华人民共和国成立前，他以小说创作为主。作品题材广泛，以描写北京底层人民生活的作品成就最高，表现出对下层人民悲惨命运的深挚同情；并有反映抗战时期沦陷区人民生活和斗争的长篇巨著。中华人民共和国成立后，以戏剧创作为主，深刻揭露旧社会的黑暗，热情歌颂社会主义新中国，歌颂党和人民政府。作品具有鲜明的民族风格和浓郁的北京味，语言简洁传神，富有表现力。代表作有长篇小说《骆驼祥子》《四世同堂》《离婚》，中短篇小说《月牙儿》《断魂枪》，戏剧《龙须沟》《茶馆》等。

沙子龙的镖局已改成客栈。

东方的大梦没法子不醒了。炮声压下去马来与印度野林中的虎啸。半醒的人们，揉着眼，祷告着祖先与神灵；不大会儿，失去了国土、自由与主权。门外立着不同面色的人，枪口还热着。他们的长矛毒弩，花蛇斑彩的厚盾，都有什么用呢；连祖先与祖先所信的神明全不灵了啊！龙旗的中国也不再神秘，有了火车呀，穿坟过墓破坏着风水。枣红色多穗的镖旗，绿鲨皮鞘的钢刀，响着串铃的口马，江湖上的智慧与黑话，义气与声名，连沙子龙，他的武艺，事业，都梦似的变成昨夜的。今天是火车、快枪、通商与恐怖。听说，有人还要杀下皇帝的头呢！

这是走镖已没有饭吃，而国术还没被革命党与教育家提倡起来的时候。

谁不晓得沙子龙是短瘦、利落、硬棒，两眼明得像霜夜的大星？可是，现在他身上放了肉。镖局改了客栈，他自己在后小院占着三间北房，大枪立在墙角，院子里有几只楼鸽。只是在夜间，他把小院的门关好，熟习熟习他的"五虎断魂枪"。这条枪与这套枪，二十年的工夫，在西北一带，给他创出来"神枪沙子龙"五个字，没遇见过敌手。现在，这条枪与这套枪不会再替他增光显胜了；只是摸摸这凉、滑、硬而发颤的杆子，使他心中少难过一些而已。只有在夜间独自拿起枪来，才能相信自己还是"神枪沙"。在白天，他不

---

① 本篇最初发表于1935年9月天津《大公报》副刊《文艺》第13期。

大谈武艺与往事;他的世界已被狂风吹了走。

在他手下创练起来的少年们还时常来找他。他们大多数是没落子的,都有点武艺,可是没地方去用。有的在庙会上去卖艺:踢两趟腿,练套家伙,翻几个跟头,附带着卖点大力丸,混个三吊两吊的。有的实在闲不起了,去弄筐果子,或挑些毛豆角,赶早儿在街上论斤吆喝出去。那时候米贱肉贱,肯卖膀子力气本来可以混个肚儿圆;他们可是不成:肚量既大,而且得吃口管事儿的;干饽饽、辣饼子咽不下去。况且他们还时常去走会:五虎棍,开路,太狮少狮……虽然算不了什么——比起走镖来——可是到底有个机会活动活动,露露脸。是的,走会捧场是买脸的事,他们打扮的得像个样儿,至少得有条青洋绉裤子,新漂白细市布的小褂,和一双鱼鳞洒鞋——顶好是青缎子抓地虎靴子。他们是神枪沙子龙的徒弟——虽然沙子龙并不承认——得到处露脸,走会得赔上俩钱,说不定还得打场架。没钱,上沙老师那里去求。沙老师不含糊,多少不拘,不让他们空着手儿走。可是,为打架或献技去讨教一个招数,或是请给说个"对子"——什么空手夺刀,或虎头钩进枪——沙老师有时说句笑话,马虎过去:"教什么?拿开水浇吧!"有时直接把他们赶出去。他们不大明白沙老师是怎么了,心中也有点不乐意。

可是,他们到处为沙老师吹腾,一来是愿意使人知道他们的武艺有真传授,受过高人的指教;二来是为激动沙老师:万一有人不服气而找上老师来,老师难道还不露一两手真的么?所以:沙老师一拳就砸倒了个牛!沙老师一脚把人踢到房上去,并没使多大的劲!他们谁也没见过这种事,但是说着说着,他们相信这是真的了,有年月,有地方,千真万确,敢起誓!

王三胜——沙子龙的大伙计——在土地庙拉开了场子,摆好了家伙,抹了一鼻子茶叶末色的鼻烟,他抢了几下竹节钢鞭,把场子打大一些。放下鞭,没向四周作揖,又着腰念了两句:"脚踢天下好汉,拳打五路英雄!"向四周扫了一眼:"乡亲们,王三胜不是卖艺的;玩艺儿会几套,西北路上走过镖,会过绿林中的朋友。现在闲着没事,拉个场子陪诸位玩玩。有爱练的尽管下来,王三胜以武会友,有赏脸的,我陪着。神枪沙子龙是我的师傅;玩艺地道!诸位,有愿下来的没有?"他看着,准知道没人敢下来,他的话硬,可是那条钢鞭更硬,十八斤重。

王三胜,大个子,一脸横肉,弩着对大黑眼珠,看着四围。大家不出声。他脱了小褂,紧了紧深月白色的腰里硬,把肚子杀进去。给手心一口吐沫,抄起大刀来:

"诸位,王三胜先练趟瞧瞧。不白练,练完了,带着的扔几个;没钱,给喊个好,助助威。这儿没生意口。好,上眼!"

大刀靠了身,眼珠弩出多高,脸上绷紧,胸脯子鼓出,像两块老桦木根子。一跺脚,刀横起,大红缨子在肩前摆动。削砍劈拨,蹲越闪转,手起风生,忽忽直响。忽然刀在右手心上旋转,身弯下去,四围鸦雀无声,只有缨铃轻叫。刀顺过来,猛的一个"跺泥",身子直挺,比众人高着一头,黑塔似的。收了势:"诸位!"一手持刀,一手叉腰,看着四围。稀稀的扔下几个铜钱,他点点头。"诸位!"他等着,等着,地上依旧是那几个亮而削薄的铜钱,外层的人偷偷散去,他咽了口气:"没人懂!"他低声的说,可是大家全听见了。

"有功夫!"西北角上一个黄胡子老头儿答了话。

"啊?"王三胜好似没听明白。

"我说:你——有——功——夫!"老头子的语气很不得人心。

放下大刀,王三胜随着大家的头往西北看。谁也没看重这个老人:小干巴个儿,披着件粗蓝布大衫,脸上窝窝瘪瘪,眼陷进去很深,嘴上几根细黄胡,肩上扛着条小黄草辫子,有筷子那么细,而绝对不像筷子那么直顺。王三胜可是看出这老家伙有功夫,脑门亮,眼睛亮——睛眶虽深,眼珠可黑得像两口小井,深深地闪着黑光。王三胜不怕:他看得出别人有功夫没有,可更相信自己的本事,他是沙子龙手下的大将。

"下来玩玩,大叔!"王三胜说得很得体。

点点头,老头儿往里走。这一走,四外全笑了。他的胳臂不大动;左脚往前迈,右脚随着拉上来,一步步地往前拉扯,身子整着,像是患过瘫痪病。蹭到场中,把大衫扔在地上,一点没理会四围怎样笑他。

"神枪沙子龙的徒弟,你说? 好,让你使枪吧;我呢?"老头子非常的干脆,很像久想动手。

人们全回来了,邻场耍狗熊的无论怎么敲锣也不中用了。

"三截棍进枪吧?"王三胜要看老头子一手,三截棍不是随便就拿得起来的家伙。

老头子又点点头,拾起家伙来。

王三胜弩着眼,抖着枪,脸上十分难看。

老头子的黑眼珠更深更小了,像两个香火头,随着面前的枪尖儿转,王三胜忽然觉得不舒服,那俩黑眼珠似乎要把枪尖吸进去! 四外已围得风雨不透,大家都觉出老头子确是有威。为躲那对眼睛,王三胜耍了个枪花。老头子的黄胡子一动:"请!"王三胜一扣枪:向前躬步,枪尖奔了老头子的喉头去,枪缨打了一个红旋。老人的身子忽然活展了,将身微偏,让过枪尖,前把一挂,后把撩王三胜的手。拍,拍,两响,王三胜的枪撒了手。场外叫了好。王三胜连脸带胸口全紫了,抄起枪来;一个花子,连枪带人滚了过来,枪尖奔了老人的中部。老头子的眼亮得发着黑光;腿轻轻一屈,下把掩裆,上把打着刚要抽回的枪杆;拍,枪又落在地上。

场外又是一片彩声。王三胜流了汗,不再去拾枪,弩着眼,木在那里。老头子扔下家伙,拾起大衫,还是拉拉着腿,可是走得很快了。大衫搭在臂上,他过来拍了王三胜一下:"还得练哪,伙计!"

"别走!"王三胜擦着汗:"你不离,姓王的服了! 可有一样,你敢会会沙老师?"

"就是为会他才来的!"老头子的干巴脸上皱起点来,似乎是笑呢。"走;收了吧;晚饭我请!"

王三胜把兵器拢在一处,寄放在变戏法二麻子那里。陪着老头子往庙外走。后面跟着不少人,他把他们骂散了。

"你老贵姓?"他问。

"姓孙哪,"老头子的话与人一样,都那么干巴。"爱练;久想会会沙子龙。"

沙子龙不把你打扁了！王三胜心里说。他脚底下加了劲，可是没把孙老头落下。他看出来，老头子的腿是老走着查拳门中的连跳步；交起手来，必定很快。但是，无论他怎么快，沙子龙是没对手的。准知道孙老头要吃亏，他心中痛快了些，放慢了些脚步。

"孙大叔贵处？"

"河间的，小地方。"孙老者也和气了些，"月棍年刀一辈子枪，不容易见功夫！说真的，你那两手就不坏！"

王三胜头上的汗又回来了，没言语。

到了客栈，他心中直跳，唯恐沙老师不在家，他急于报仇。他知道老师不爱管这种事，师弟们已碰过不少回钉子，可是他相信这回必定行，他是大伙计，不比那些毛孩子；再说，人家在庙会上点名叫阵，沙老师还能丢这个脸么？

"三胜，"沙子龙正在床上看着本《封神榜》，"有事吗？"

三胜的脸又紫了，嘴唇动着，说不出话来。

沙子龙坐起来，"怎么了，三胜？"

"栽了跟头！"

只打了个不甚长的哈欠，沙老师没别的表示。

王三胜心中不平，但是不敢发作；他得激动老师："姓孙的一个老头儿，门外等着老师呢；把我的枪，枪，打掉了两次！"他知道"枪"字在老师心中有多大分量。没等吩咐，他慌忙跑出去。

客人进来，沙子龙在外间屋等着呢。彼此拱手坐下，他叫三胜去泡茶。三胜希望两个老人立刻交了手，可也不能不沏茶去。孙老者没话讲，用深藏着的眼睛打量沙子龙。沙很客气：

"要是三胜得罪了你，不用理他，年纪还轻。"

孙老者有些失望，可也看出沙子龙的精明。他不知怎样好了，不能拿一个人的精明断定他的武艺。"我来领教领教枪法！"他不由地说出来。

沙子龙没接碴儿。王三胜提着茶壶走进来——急于看二人动手，他没管水开了没有，就沏在壶中。

"三胜，"沙子龙拿起个茶碗来，"去找小顺们去，天汇见，陪孙老者吃饭。"

"什么？"王三胜的眼珠几乎掉出来。看了看沙老师的脸，他敢怒而不敢言地说了声"是啦！"走出去，撅着大嘴。

"教徒弟不易！"孙老者说。

"我没收过徒弟。走吧，这个水不开！茶馆去喝，喝饿了就吃。"沙子龙从桌子上拿起缎子褡裢，一头装着鼻烟壶，一头装着点钱，挂在腰带上。

"不，我还不饿！"孙老者很坚决，两个"不"字把小辫从肩上抢到后边去。

"说会子话儿。"

"我来为领教领教枪法。"

"功夫早搁下了，"沙子龙指着身上，"已经放了肉！"

"这么办也行，"孙老者深深地看了沙老师一眼："不比武，教给我那趟五虎断魂枪。"

"五虎断魂枪?"沙子龙笑了："早忘干净了！早忘干净了！告诉你，在我这儿住几天，咱们各处逛逛，临走，多少送点盘缠。"

"我不逛，也用不着钱，我来学艺!"孙老者立起来，"我练趟给你看看，看够得上学艺不够!"一屈腰已到了院中，把楼鸽都吓飞起去。拉开架子，他打了趟查拳：腿快，手飘洒，一个飞脚起去，小辫儿飘在空中，像从天上落下来一个风筝；快之中，每个架子都摆得稳、准、利落；来回六趟，把院子满都打到，走得圆，接得紧，身子在一处，而精神贯串到四面八方。抱拳收势，身儿缩紧，好似满院乱飞的燕子忽然归了巢。

"好！好!"沙子龙在台阶上点着头喊。

"教给我那趟枪!"孙老者抱了抱拳。

沙子龙下了台阶，也抱着拳："孙老者，说真的吧；那条枪和那套枪都跟我入棺材，一齐入棺材!"

"不传?"

"不传!"

孙老者的胡子嘴动了半天，没说出什么来。到屋里抄起蓝布大衫，拉拉着腿："打搅了，再会!"

"吃过饭走!"沙子龙说。

孙老者没言语。

沙子龙把客人送到小门，然后回到屋中，对着墙角立着的大枪点了点头。

他独自上了天汇，怕是王三胜们在那里等着。他们都没有去。

王三胜和小顺们都不敢再到土地庙去卖艺，大家谁也不再为沙子龙吹腾；反之，他们说沙子龙栽了跟头，不敢和个老头儿动手；那个老头子一脚能踢死个牛。不要说王三胜输给他，沙子龙也不是他的对手。不过呢，王三胜到底和老头子见了个高低，而沙子龙连句硬话也没敢说。"神枪沙子龙"慢慢似乎被人们忘了。

夜静人稀，沙子龙关好了小门，一气把六十四枪刺下来；而后，挂着枪，望着天上的群星，想起当年在野店荒林的威风。叹一口气，用手指慢慢摸着凉滑的枪身，又微微一笑，"不传！不传!"

【提示】

进入半殖民地半封建社会的近代中国，一方面，古老的传统文明正在被西方现代物质文明替代；另一方面，两种文明的冲突又是以民族压迫的方式进行的，被压迫民族的愚昧麻木和帝国主义的强大凶残形成了尖锐的矛盾与对比。《断魂枪》的故事情节和人物活动就是以这样的冲突为背景展开的。

小说以近代社会的急剧变化为背景，表现了沙子龙、王三胜、孙老者等三个习武人在时代变革中的不同心态和处世方式，反映了作者对传统文明在现代文明冲击下的现实命运与出路的思考和关注。

小说着重表现了老拳师沙子龙在近代社会急剧变化中的复杂心态。沙子龙有威震西北的"五虎断魂枪"绝技和由此获得的"神枪沙子龙"英名,并开创了走镖事业,然而这些作为古老文化的组成部分,都被时代的狂风吹走了。于是,沙子龙只得在表面上顺应潮流,镖局改了客栈,白天不谈武艺;然而,他内心深处仍然与现实隔绝,视武艺为至宝,以"不传"断魂枪绝技与时代抗衡。这样,作者令人信服地刻画出沙子龙既没落保守,在狭小天地里自我叹惜、自我欣赏,又孤傲执着,具有顽强抗衡力量的性格特征。

但作者在沙子龙身上着墨不多。小说善用对比手法,以王三胜的争强好胜、性格外露,孙老者的豪爽乐观、积极进取,从不同侧面烘托了主要人物沙子龙的性格。在具体的人物描写方法方面,运用白描手法,通过对人物肖像、语言、动作简练传神的描写,深入表现人物的内心世界。

小说语言洁净生动,富有表现力。间或采用一些武林行话,也使小说增添了特有的魅力。

思考与练习

一、联系课文有关段落,分析沙子龙的复杂心态,概括其性格特征。

二、作品是如何以王三胜、孙老者来烘托主要人物沙子龙的性格的?这是采用了什么手法?

三、具体分析小说在人物肖像、语言、动作描写方面运用的白描手法。

四、真题再现。

（一）单项选择题

【2022 年】沙子龙这一人物形象出自（　　　）。

　　　　　A.《宝玉挨打》　　　B.《断魂枪》　　　C.《百合花》　　　D.《萧萧》

（二）判断题

【2023 年】沙子龙是小说《苦恼》中的人物。　　　　　　　　　　　　　　（　　　）

萧　萧①

沈从文

沈从文(1902—1988),原名沈岳焕,湖南凤凰(今属湘西土家族苗族自治州)人,苗族,我国现代著名小说家、散文家、历史文物研究家。

14岁时投身行伍,浪迹湘川黔边境地区。1923年开始文学创作,抗战爆发后到西南联大任教,1946年到北京大学任教;1957年以后专门从事中国古代服饰及其他史学领域的专题研究。1988年病逝于北京。

主要著作有中篇小说《边城》,长篇小说《长河》,短篇小说集《山鬼》《八骏图》《老实人》《蜜柑》等约三十种,散文集《湘行散记》《湘西》,学术专著《中国古代服饰研究》等。他的文学作品细致生动地描绘了湘西地方的风土人情,具有鲜明的创作个性和艺术特点。

乡下人吹唢呐接媳妇,到了十二月是成天会有的事情。

唢呐后面一顶花轿,四个伕子平平稳稳的抬着。轿中人被铜锁锁在里面,虽穿了平时不上过身的体面红绿衣裳,也仍然得荷荷大哭。在这些小女人心中,做新娘子,从母亲身边离开,且准备作他人的母亲,从此将有许多新事情等待发生。像做梦一样,将同一个陌生男子汉在一个床上睡觉,做着承宗接祖的事情,这些事想起来,当然有些害怕,所以照例觉得要哭哭,于是就哭了。

也有做媳妇不哭的人。萧萧做媳妇就不哭。这小女子没有母亲,从小寄养到伯父种田的庄子上,出嫁只是从这家转到那家。因此到那一天这小女人还只是笑。她又不害羞,又不怕,她是什么事也不知道,就做了人家的媳妇了。

萧萧做媳妇时年纪十二岁,有一个小丈夫,年纪还不到三岁。丈夫比她年少九岁,断奶还不多久。地方规矩如此,过了门,她喊他做弟弟。她每天应作的事是抱弟弟到村前柳树下去玩,到溪边去玩,饿了,喂东西吃,哭了,就哄他,摘南瓜花或狗尾草戴到小丈夫头上,或者亲嘴,一面说:"弟弟,哪,再来。"在那肮脏的小脸上亲了又亲,孩子于是便笑了。孩子一欢喜兴奋,行动粗野起来,会用短短的小手乱抓萧萧的头发。那是平时不大能收拾蓬蓬松松在头上的黄发。有时候,垂到脑后那条小辫儿被拉得太久,把红绒线结也弄松了,生气了,就挞那弟弟,弟弟自然哇的哭出声来,萧萧便也装成要哭的样子,用手指着弟弟的哭脸,说,"哪,人不讲理,可不行!"

天晴落雨日子混下去,每日抱抱丈夫,也帮家中作点杂事,能动手的就动手。又时常到溪沟里去洗衣,搓尿片,一面还捡拾有花纹的田螺给坐到身边的丈夫玩。到了夜里睡觉,便常常做这种年龄人所做的梦,梦到后门角落或别的什么地方捡得大把大把铜

---

① 小说作于1929年,原载《小说月报》21卷1号,后收入《沈从文全集》第八卷。

钱,吃好东西,爬树,自己变成鱼到水中各处溜。或一时仿佛身子很小很轻,飞到天上众星中,没有一个人,只是一片白,一片金光,于是大喊"妈!"人就吓醒了。醒来心还只是跳。吵了隔壁的人,就不免骂着,"疯子,你想什么!白天疯玩,晚上就做梦!"萧萧听着却不作声,只是咕咕的笑。也有很好很爽快的梦,为丈夫哭醒的事。那丈夫本来晚上在自己母亲身边睡,吃奶方便,有时吃多了,或因另外情形,半夜大哭,起来放水拉稀是常有的事。丈夫哭到婆婆无可奈何,于是萧萧轻脚轻手爬起床来,睡眼朦胧走到床边,把人抱起,给他看月亮,看星光。或者互相觑着,孩子气的"嗨嗨,看猫呵,"那样喊着哄着,于是丈夫笑了,玩了一会,慢慢合上眼。人睡了,放上床,站在床边看着,听远处一递一声的鸡叫,知道天快到什么时候了,于是仍然蜷到小床上睡去。天亮了,虽不做梦,却可以无意中闭眼开眼,看一阵在面前空中变幻无端的黄边紫心葵花,那是一种真正的享受。

萧萧嫁过了门,做了拳头大丈夫的小媳妇,一切并不比先前受苦,这只看她半年来身体发育就可明白。风里雨里过日子,像一株长在园角落不为人注意的蓖麻,大叶大枝,日增茂盛。这小女人简直是全不为丈夫设想那么似的,一天比一天长大起来了。

夏夜光景说来如做梦。大家饭后坐到院中心歇凉,挥摇蒲扇,看天上的星同屋角的萤,听南瓜棚上纺织娘子咯咯咯拖长声音纺车,远近声音繁密如落雨,禾花风悠悠吹到脸上,正是让人在各种方便中说笑话的时候。

萧萧好高,一个人常常爬到草料堆上去,抱了已经熟睡的丈夫在怀里,轻轻的轻轻的随意唱着那自编的山歌,唱来唱去却把自己也催眠起来,快要睡去了。

在院坝中,公公婆婆,祖父祖母,另外还有帮工汉子两个,散乱的坐在小板凳上,摆龙门阵学古,轮流下去打发上半夜。

祖父身边有个烟包,在黑暗中放光。这用艾蒿作成的烟包,是驱逐长脚蚊的得力东西,蜷在祖父脚边,就如一条乌梢蛇。间或又拿起来晃那么几下。

想起白天场上的事,那祖父开口说话:

"听三金说,前天又有女学生过身。"

大家就哄然笑了。

这笑的意义何在?只因为大家印象中,都知道女学生没有辫子,留下个鹌鹑尾巴,像个尼姑,又不完全像。穿的衣服像洋人又不像洋人,吃的,用的……总而言之事事不同,一想起来就觉得怪可笑!

萧萧不大明白,她不笑。所以老祖父又说话了。他说:

"萧萧,你长大了,将来也会做女学生!"

大家于是更哄然大笑起来。

萧萧为人并不愚蠢,觉得这一定是不利于己的一件事情了,所以接口便说:

"爷爷,我不做女学生!"

"你像个女学生,不做可不行。"

"我不做。"

众人有意取笑,异口同声说:"萧萧,爷爷说得对,你非做女学生不行!"

萧萧急得无可如何，"做就做，我不怕。"其实做女学生有什么不好，萧萧全不知道。女学生这东西，在本乡的确永远是奇闻。每年一到六月天，据说放"水假"日子一到，照例便有三三五五女学生，由一个荒谬不经的热闹地方来，到另一个远地方去，取道从本地过身。从乡下人眼中看来，这些人都近于另一世界中活下的人，装扮奇奇怪怪，行为更不可思议。这种女学生过身时，使一村人都可以说一整天的笑话。

祖父是当地一个人物，因为想起所知道的女学生在大城中的生活情形，所以说笑话要萧萧也去作女学生。一面听到这话就感觉一种打哈哈趣味，一面还有那被说的萧萧感觉一种惶恐，说这话的不为无意义了。

女学生由祖父方面所知道的是这样一种人：她们穿衣服不管天气冷热，吃东西不问饥饱，晚上交到子时才睡觉，白天正经事全不作，只知唱歌打球，读洋书。她们都会花钱，一年用的钱可以买十六只水牛。她们在省里京里想往什么地方去时，不必走路，只要钻进一个大匣子中，那匣子就可以带她到地。她们在学校，男女一处上课，人熟了，就随意同那男子睡觉，也不要媒人，也不要财礼，名叫"自由"。她们也做州县官，带家眷上任，男子仍然喊作老爷，小孩子叫少爷。她们自己不喂牛，却吃牛奶羊奶，如小牛小羊；买那奶时是用铁罐子盛的。她们无事时到一个唱戏地方去，那地方完全象个大庙，从衣袋中取出一块洋钱来（那洋钱在乡下可买五只母鸡），买了一小方纸片儿，拿了那纸片到里面去，就可以坐下看洋人扮演影子戏。她们被冤了，不赌咒，不哭。她们年纪有老到二十四岁还不肯嫁人的，有老到三十四十还好意思嫁人的。她们不怕男子，男子不能使她们受委屈，一受委屈就上衙门打官司，要官罚男子的款，这笔钱她有时独占自己花用，有时同官平分。她们不洗衣煮饭，也不养猪喂鸡；有了小孩子也只花五块钱、十块钱一月，雇人专管小孩，自己仍然整天看戏打牌，读那些没有用处的闲书……

总而言之，说来事事都希奇古怪，和庄稼人不同，有的简直可以说岂有此理。这时经祖父一为说明，听过这话的萧萧，心中却忽然有了一种模模糊糊的愿望，以为倘若她也是个女学生，她是不是照祖父说的女学生一个样子去做那些事？不管好歹，做女学生并不可怕，因此一来却已为这乡下姑娘体念到了。

因为听祖父说起女学生是怎样的人物，到后萧萧独自笑得特别久。笑够了时，她说：

"祖爹，明天有女学生过路，你喊我，我要看看。"

"你看，她们捉你去作丫头。"

"我不怕她们。"

"她们读洋书念经你也不怕？"

"念观音菩萨消灾经，念紧箍咒，我都不怕。"

"她们咬人，和做官的一样，专吃乡下人，吃人骨头渣渣也不吐，你不怕？"

萧萧肯定的回答说："也不怕。"

可是这时节萧萧手上所抱的丈夫，不知为什么，在睡梦中哭了，媳妇于是用作母亲的声势，半哄半吓说：

"弟弟，弟弟，不许哭，不许哭，女学生咬人来了。"

丈夫还仍然哭着,得抱起各处走走。萧萧抱着丈夫离开了祖父,祖父同人说另外一样古话去了。

萧萧从此以后心中有个"女学生"。做梦也便常常梦到女学生,且梦到同这些人并排走路。仿佛也坐过那种自己会走路的匣子,她又觉得这匣子并不比自己跑路更快。在梦中那匣子的形体同谷仓差不多,里面有小小灰色老鼠,眼珠子红红的,各处乱跑,有时钻到门缝里去,把个小尾巴露在外边。

因为有这样一段经过,祖父从此喊萧萧不喊"小丫头",不喊"萧萧",却唤作"女学生"。在不经意中萧萧答应得很好。

乡下的日子也如世界上一般日子,时时不同。世界上人把日子糟蹋,和萧萧一类人家把日子吝惜是同样的,各有所得,各属分定。许多城市中文明人,把一个夏天全消磨到软绸衣服、精美饮料以及种种好事情上面。萧萧的一家,因为一个夏天的劳作,却得了十多斤细麻,二三十担瓜。

作小媳妇的萧萧,一个夏天中,一面照料丈夫,一面还绩了细麻四斤。到秋八月工人摘瓜,在瓜间玩,看硕大如盆上面满是灰粉的大南瓜,成排成堆摆到地上,很有趣味。时间到摘瓜,秋天真的已来了,院子中各处有从屋后林子里树上吹来的大红大黄木叶。萧萧在瓜旁站定,手拿木叶一束,为丈夫编小笠帽玩。

工人中有个名叫花狗,年纪二十三岁,抱了萧萧的丈夫到枣树下去打枣子。小小竹竿打在枣树上,落枣满地。

"花狗大,莫打了,太多了吃不完。"

虽听这样喊,还不停手。到后,仿佛完全因为丈夫要枣子,花狗才不听话。萧萧于是又喊他那小丈夫:"弟弟,弟弟,来,不许捡了。吃多了生东西肚子痛!"

丈夫听话,兜了一堆枣子向萧萧身边走来,请萧萧吃枣子。

"姐姐吃,这是大的。"

"我不吃。"

"要吃一颗!"

她两手哪里有空! 木叶帽正在制边,工夫要紧,还正要个人帮忙!

"弟弟,把枣子喂我口里。"

丈夫照她的命令作事,作完了觉得有趣,哈哈大笑。

她要他放下枣子帮忙捏紧帽边,便于添加新木叶。

丈夫照她吩咐作事,但老是顽皮的摇动,口中唱歌。这孩子原来像一只猫,欢喜时就得捣乱。

"弟弟,你唱的是什么?"

"我唱花狗大告我的山歌。"

"好好的唱一个给我听。"

丈夫于是就唱下去,照所记到的歌唱:

天上起云云起花,

包谷林里种豆荚,

豆荚缠坏包谷树，

娇妹缠坏后生家。

天上起云云重云，

地下埋坟坟重坟，

娇妹洗碗碗重碗，

娇妹床上人重人。

歌中意义丈夫全不明白，唱完了就问好不好。萧萧说好，并且问跟谁学来的。她知道是花狗教的，却故意盘问他。

"花狗大告我，他说还有好歌，长大了再教我唱。"

听说花狗会唱歌，萧萧说：

"花狗大，花狗大，您唱一个好听的歌我听听。"

那花狗，面如其心，生长得不很正气，知道萧萧要听歌，人也快到听歌的年龄了，就给她唱"十岁娘子一岁夫"。那故事说的是妻年大，可以随便到外面作一点不规矩事情，夫年小，只知道吃奶，让他吃奶。这歌丈夫完全不懂，懂到一点儿的是萧萧。把歌听过后，萧萧装成"我全明白"那种神气，她用生气的样子，对花狗说：

"花狗大，这个不行，这是骂人的歌！"

花狗分辩说："不是骂人的歌。"

"我明白，是骂人的歌。"

花狗难得说多话，歌已经唱过了，错了陪礼，只有不再唱。他看她已经有点懂事了，怕她回头告祖父，会挨一顿臭骂，就把话支开，扯到"女学生"上头去。他问萧萧，看没看过女学生习体操唱洋歌的事情。

若不是花狗提起，萧萧几乎已忘却了这事情。这时又提到女学生，她问花狗近来有没有女学生过路，她想看看。

花狗一面把南瓜从棚架边抱到墙角去，告她女学生唱歌的事，这些事的来源还是萧萧的那个祖父。他在萧萧面前说了点大话，说他曾经到官路上见到四个女学生，她们都拿得有旗子，走长路流汗喘气之中仍然唱歌，同军人所唱的一模一样。不消说，这自然完全是胡诌的笑话。可是那故事把萧萧可乐坏了。因为花狗说这个就叫做"自由"。

花狗是"起眼动眉毛，一打两头翘"会说会笑的一个人。

听萧萧带着歆羡口气说："花狗大，你膀子真大。"他就说："我不止膀子大。"

"你身个子也大。"

"我全身无处不大。"

到萧萧抱了她的丈夫走去以后，同花狗在一起摘瓜，取名字叫哑巴的，开了平时不常开的口，他说："花狗，你少坏点。人家是十三岁黄花女，还要等十年才圆房！"

花狗不做声，打了那伙计一掌，走到枣树下捡落地枣去了。

到摘瓜的秋天，日子计算起来，萧萧过丈夫家有一年了。几次降霜落雪，几次清明谷雨，一家人都说萧萧是大人了。天保佑，喝冷水，吃粗砺饭，四季无疾病，倒发育得这样快。婆婆虽生来像一把剪子,把凡是给萧萧暴长的机会都剪去了,但乡下的日头同空气都帮助人长大,却不是折磨可以阻拦得住。萧萧十五岁时高如成人,心却还是一颗糊糊涂涂的心。

人大了一点,家中做的事也多了一点。绩麻、纺车、洗衣、照料丈夫以外,打猪草推磨一些事情也要作,还有浆纱织布。凡事都学,学学就会了。乡下习惯,凡是行有余力的都可从劳作中攒点私房,两三年来仅仅萧萧个人分上所聚集的粗细麻和纺就的棉纱,已够萧萧坐到土机上抛三个月的梭子了。

丈夫早断了奶。婆婆有了新儿子,这五岁儿子就象归萧萧独有了。不论做什么,走到什么地方去,丈夫总跟到身边。

丈夫有些方面很怕她,当她如母亲,不敢多事。他们俩"感情不坏"。

地方稍稍进步,祖父的笑话转到"萧萧你也把辫子剪去好自由"那一类事上去了。听着这话的萧萧,某个夏天也看过一次女学生,虽不把祖父笑话认真,可是每一次在祖父说过这笑话以后,她到水边去,必用手捏着辫子梢梢,设想没有辫子的人那种神气,那点趣味。

因为打猪草,带丈夫上螺蛳山的山阴是常有的事。

小孩子不知事,听别人唱歌也唱歌。一唱歌,就把花狗引来了。

花狗对萧萧生了另外一种心,萧萧有点明白了,常常觉得惶恐不安。但花狗是男子,凡是男子的美德恶德都不缺少,劳动力强,手脚勤快,又会玩会说,所以一面使萧萧的丈夫非常欢喜同他玩,一面一有机会即缠在萧萧身边,且总是想方设法把萧萧那点惶恐减去。

山大人小,到处树木蒙茸,平时不知道萧萧所在,花狗就站在高处唱歌逗萧萧身边的丈夫;丈夫小口一开,花狗穿山越岭就来到萧萧面前了。

见了花狗,小孩子只有欢喜,不知其他。他原要花狗为他编草虫玩,做竹箫哨子玩,花狗想方法支使他到一个远处去找材料,便坐到萧萧身边来,要萧萧听他唱那使人开心红脸的歌。她有时觉得害怕,不许丈夫走开;有时又像有了花狗在身边,打发丈夫走去反倒好一点。终于有一天,萧萧就这样给花狗把心窍子唱开,变成个妇人了。

那时节,丈夫走到山下采刺莓去了,花狗唱了许多歌,到后却向萧萧唱:

娇家门前一重坡,

别人走少郎走多,

铁打草鞋穿烂了,

不是为你为哪个?

末了却向萧萧说:"我为你睡不着觉。"他又说他赌咒不把这事情告给人。听了这些话仍然不懂什么的萧萧,眼睛只注意到他那一对粗粗的手膀子,耳朵只注意到他最后一句话。末了花狗大便又唱歌给她听。她心里乱了。她要他当真对天赌咒,赌过了咒,一切好像有了保障,她就一切尽他了。到丈夫返身时,手被毛毛虫螫伤,肿了一片,走到萧萧身边。萧萧捏紧这一只小手,且用口去呵它,吮它,想起刚才的糊涂,才仿佛明白自己作了一点不大好的糊涂事。

花狗诱她做坏事情是麦黄四月,到六月,李子熟了,她欢喜吃生李子。她觉得身体有点特别,在山上碰到花狗,就将这事情告给他,问他怎么办。

讨论了多久,花狗全无主意。虽以前自己当天赌得有咒,也仍然无主意。这家伙个子大,胆量小。个子大容易做错事,胆量小做了错事就想不出办法。

到后,萧萧捏着自己那条乌梢蛇似的大辫子,想起城里了,她说:

"花狗大,我们到城里去自由,帮帮人过日子,不好么?"

"那怎么行? 到城里去做什么?"

"我肚子大了。"

"我们找药去。场上有郎中卖药。"

"你赶快找药来,我想……"

"你想逃到城里去自由,不成的。人生面不熟,讨饭也有规矩,不能随便!"

"你这没有良心的,你害了我,我想死!"

"我赌咒不辜负你。"

"负不负我有什么用? 帮我个忙,赶快拿去肚子里这块肉罢。我害怕!"

花狗不再做声,过了一会,便走开了。不久丈夫从他处回来,见萧萧一个人坐在草地上哭,眼睛红红的。丈夫心中纳罕,看了一会,问萧萧:"姐姐,为什么哭?"

"不为什么,灰尘落到眼睛里,痛。"

"我吹吹吧。"

"不要吹。"

"你瞧我,得这些这些。"

他把从溪中捡来的小蚌小石头陈列在萧萧面前,萧萧泪眼婆娑的看了一会,勉强笑着说,"弟弟,我们要好,我哭你莫告家中。告我可要生气。"到后这事情家中当真就无人知道。

过了半个月,花狗不辞而行,把自己所有的衣裤都拿去了。祖父问同住的哑巴知不知道他为什么走路,走哪儿去。哑巴只是摇头,说花狗还欠了他两百钱,临走时话都不留一句,为人少良心。哑巴说他自己的话,并没有把花狗走的理由说明。因此这一家希奇一整天,谈论一整天。不过这工人既不偷走物件,又不拐带别的,这事过后不久,自然也就把他忘掉了。

萧萧仍然是往日的萧萧。她能够忘记花狗就好了。但是肚子真有些不同了,肚中东西总在动,使她常常一个人干着急,尽做怪梦。

她脾气坏了一点,这坏处只有丈夫知道,因为她对丈夫似乎严厉苛刻了好些。

仍然每天同丈夫在一处,她的心,想到的事自己也不十分明白。她常想,我现在死了,什么都好了。可是为什么要死? 她还很高兴活下去,愿意活下去。

家中人不拘谁在无意中提起关于丈夫弟弟的话,提小孩子,提起花狗,都像使这话如拳头,在萧萧胸口上重重一击。

到八月,她担心人知道更多了,引丈夫庙里去玩,就私自许愿,吃了一大把香灰。吃香灰被她丈夫见到了,丈夫问这是做什么,萧萧就说肚子痛,应当吃这个。虽说求菩萨许愿,菩萨当然没有如她的希望,肚子中长大的东西仍在慢慢的长大。

她又常常往溪里去喝冷水,给丈夫见到了,丈夫问她她就说口渴。

　　一切她所想到的方法都没有能够使她与自己不欢喜的东西分开。大肚子只有丈夫一人知道,他却不敢告这件事给父母晓得。因为时间长久,年龄不同,丈夫有些时候对于萧萧的怕同爱,比对于父母还深切。

　　她还记得花狗赌咒那一天里的事情,如同记着其他事情一样。到秋天,屋前屋后毛毛虫都结茧,成了各种好看的蝶蛾,丈夫像故意折磨她一样,常常提起几个月前被毛毛虫所螫的旧话,使萧萧心里难过。她因此极恨毛毛虫,见了那小虫就想用脚去踹。

　　有一天,又听人说有好些女学生过路,听过这话的萧萧,睁了眼做过一阵梦,愣愣的对日头出处痴了半天。

　　萧萧步花狗后尘,也想逃走,收拾一点东西预备跟了女学生走的那条路上城。但没有动身,就被家里人发觉了。

　　家中追究这逃走的根源,才明白这个十年后预备给小丈夫生儿子继香火的萧萧肚子,已被别人抢先下了种。这真是了不得的一件大事。一家人的平静生活,为这一件事全弄乱了。生气的生气,流泪的流泪,骂人的骂人,各按本分乱下去。悬梁、投水、吃毒药,被禁困的萧萧,诸事漫无边际的全想到了,究竟年纪太小,舍不得死,却不曾做。于是祖父从现实出发,想出了个聪明主意,把萧萧关在房里,派人好好看守着,请萧萧本族的人来说话,看是"沉潭"还是"发卖"? 萧萧家中人要面子,就沉潭淹死她,舍不得就发卖。萧萧只有一个伯父,在近处庄子里为人种田,去请他时先还以为是吃酒,到了才知道是这样丢脸事情,弄得这老实忠厚家长手足无措。

　　大肚子作证,什么也没有可说。伯父不忍把萧萧沉潭,萧萧当然应当嫁人作"二路亲"了。

　　这处罚好像也极其自然,照习惯受损失的是丈夫家里,然而却可以在改嫁上收回一笔钱,当作赔偿损失的数目。那伯父把这事告给了萧萧,就要走路。萧萧拉着伯父衣角不放,只是幽幽的哭。伯父摇了一会头,一句话不说,仍然走了。

　　一时没有相当的人家来要萧萧,因此暂时就仍然在丈夫家中住下。这件事情既经说明白,照乡下规矩倒又像不什么要紧,只等待处分,大家反而释然了。先是小丈夫不能再同萧萧在一处,到后又仍然如月前情形,姊弟一般有说有笑的过日子了。

　　丈夫知道了萧萧肚子中有儿子的事情,又知道因为这样萧萧才应当嫁到远处去。但是丈夫并不愿意萧萧去,萧萧自己也不愿意去,大家全莫名其妙,只是照规矩象逼到要这样做,不得不做。

　　在等候主顾来看人,等到十二月,还没有人来,萧萧只好在这人家过年。

　　萧萧次年二月间,十月满足坐草生了一个儿子,团头大眼,声响洪壮,大家把母子二人照料得好好的,照规矩吃蒸鸡同江米酒补血、烧纸谢神。一家人都欢喜那儿子。

　　生下的既是儿子,萧萧不嫁别处了。

　　到萧萧正式同丈夫拜堂圆房时,儿子已经年纪十岁,能看牛割草,成为家中生产者一员了。平时喊萧萧丈夫做大叔,大叔也答应,从不生气。

这儿子名叫牛儿。牛儿十二岁时也接了亲,媳妇年长六岁。媳妇年纪大,才能诸事作帮手,对家中有帮助。唢呐吹到门前时,新娘在轿中呜呜的哭着,忙坏了那个祖父曾祖父。

这一天,萧萧抱了自己新生的月毛毛,却在屋前榆蜡树篱笆看热闹,同十年前抱丈夫一个样子。

【提示】

五四运动以后,中国进入了现代社会,但是封建宗法制度和传统陋习在广大农村特别是偏远地区仍十分严重。

小说以湘西社会"大媳妇小丈夫"的婚姻陋习为题材,展现了湘西底层人民封闭落后的"自在状态"与朴素坚韧的生命本能,揭示了童养媳制度的愚昧与野蛮,表达了作者对湘西民众世代相因的生命形式的探寻和深沉的忧患意识。

作为旧中国的一种婚姻陋俗,童养媳常常成为文学作品题材被作家关注。沈从文将其作为一种生命形式的原生态记录下来。正如作者所说,"我要表现的本是一种'人生的形式',一种'优美,健康,自然,而又不悖乎人性的人生形式'"(《习作选集代序》)。在小说中,作者着眼的不是人物性格的塑造,而是意在关注湘西乡民代代相承的生命形式。

主人公萧萧是个童养媳,十二岁就嫁给一个不到三岁的"拳头大"的小丈夫。她天真单纯、蒙昧无知,吃苦耐劳,"像一株长在园角落不为人注意的蓖麻"顽强地生长着。随着自然成长,又受到"女学生"传闻的影响,她有了对幸福与自由的向往,但最终还是受封建宗法制度和传统习俗的戕害而变得麻木不仁。小说结尾,萧萧看着牛儿的大媳妇重复自己的道路成为又一个"萧萧"而浑然不觉,无动于衷。

小说对女学生的叙述完全是虚写,乡民有着关于她们的种种荒诞不经的传闻。对萧萧来说,女学生只是一个模糊的概念,但是在她要逃走的时候,她却是要走"女学生走的那条路",尽管她不可能真正踏上这样的旅程。"女学生"的意义,不仅仅在于给小说一个时代背景,她们代表着一种对于旧传统的自觉反省与反抗的力量,是现代文明的标志。

描写的原生态、叙事的散文化,是小说的两大艺术特色。作品注重生活原生态的描述,湘西地区特有的自然环境和独特的生活状态被作者不加修饰地记录下来,具有高度的自然生动性,"始终保持那个物性天然的素朴"。作品不注重故事情节的曲折性与戏剧性,不刻意渲染人物的外部冲突,而是以从容的笔致,徐徐展开情节,在自然平和的描述中揭示人物的内心世界,具有叙事散文的风格特征。

沈从文的小说语言格调古朴,句式简峭、单纯而又厚实。质朴清新的叙述间夹以富有浓郁地方色彩和生活气息的乡村语言,具有独特风格。

思考与练习

一、简述小说的写作背景与创作意图。

二、小说的主题思想是什么?

三、简析小说所表现的"湘西世界"中人的生命状态。

四、简析小说主要人物的性格特点。

五、小说的表现手法有何特色?

六、真题再现。

(一) 单项选择题

【2022 年】1. 作品以"湘西世界"为主要描写对象的是(　　　)

        A. 朱光潜　　　　B. 沈从文　　C. 钱锺书　　　D. 艾青

【2024 年】2. 下列人物出自沈从文小说的是(　　　)。

        A. 七斤　　　　B. 王子服　　C. 萧萧　　　　D. 沙子龙

(二) 简析题

【2021 年】阅读《萧萧》中的文字:

    这时经祖父一为说明,听过这话的萧萧,心中却忽然有了一种模模糊糊的愿望,以为倘若她也是个女学生,她是不是照祖父说的女学生一个样子去做那些事?不管好歹,做女学生并不可怕,因此一来却已为这乡下姑娘体念到了。

    因为听祖父说起女学生是怎样的人物,到后萧萧独自笑得特别久。笑够了时,她说:

    "祖爹,明天有女学生过路,你喊我,我要看看。"

    "你看,她们捉你去作丫头。"

    "我不怕她们。"

    "她们读洋书念经你也不怕?"

    ……

    萧萧从此以后心中有个"女学生"。做梦也便常常梦到女学生,且梦到同这些人并排走路。仿佛也坐过那种自己会走路的匣子,她又觉得这匣子并不比自己跑路更快。在梦中那匣子的形体同谷仓差不多,里面有小小灰色老鼠,眼珠子红红的,各处乱跑,有时钻到门缝里去,把个小尾巴露在外边。

    因为有这样一段经过,祖父从此喊萧萧不喊"小丫头",不喊"萧萧",却唤作"女学生"。在不经意中萧萧答应得很好。

    请回答:

    (1) 这段文字中的"女学生"有何寓意?(2 分)

    (2) 这段文字塑造萧萧用了哪些描写手法?(3 分)

    (3) 这段文字主要刻画了萧萧什么样的性格?(4 分)

百合花

茹志鹃

茹志鹃(1925—1998),现代女作家,原籍杭州,生于上海。1943年参加新四军,在话剧团、文工团工作,演剧的同时勤于创作。1955年由原南京军区转业到上海作家协会,任《文艺月报》编辑。茹志鹃的创作以短篇小说著名。1958年发表的《百合花》,从一个新颖的角度歌颂人民战士的崇高品质和人民对子弟兵的真诚热爱,揭示了解放战争取得胜利的力量源泉。小说构思精巧,文笔饱含诗意,显出清新俊逸的艺术风格,受到广大读者和前辈作家的好评。

茹志鹃的短篇小说集有《百合花》《高高的白杨树》《静静的产院》《草原上的小路》等。

一九四六年的中秋。这天打海岸的部队决定晚上总攻。

我们文工团创作室的几个同志,就由主攻团的团长分派到各个战斗连去帮助工作。大概因为我是个女同志吧!团长对我抓了半天后脑勺,最后才叫一个通讯员送我到前沿包扎所去。

包扎所就包扎所吧!反正不叫我进保险箱就行。我背上背包,跟通讯员走了。早上下过一阵小雨,现在虽放了晴,路上还是滑得很,两边地里的秋庄稼,却给雨水冲洗得青翠水绿,珠烁晶莹。空气里也带有一股清鲜湿润的香味。要不是敌人的冷炮,在间歇地盲目地轰响着,我真以为我们是去赶集的呢!通讯员撒开大步,一直走在我前面。一开始他就把我落下几丈远。我的脚烂了,路又滑,怎么努力也赶不上他。我想喊他等等我,却又怕他笑我胆小害怕;不叫他,我又真怕一个人摸不到那个包扎所。我开始对这个通讯员生起气来。

嗳!说也怪,他背后好像长了眼睛似的,倒自动在路边站下了。但脸还是朝着前面,没看我一眼。等我紧走慢赶地快要走近他时,他又噔噔噔地自个儿向前走了,一下又把我甩下几丈远。我实在没力气赶了,索性一个人在后面慢慢晃。不过这一次还好,他没让我落得太远,但也不让我走近,总和我保持着丈把远的距离。我走快,他在前面大踏步向前;我走慢,他在前面就摇摇摆摆。奇怪的是,我从没见他回头看我一次,我不禁对这通讯员发生了兴趣。

刚才在团部我没注意看他,现在从背后看去,只看到他是高挑挑的个子,块头不大,但从他那副厚实实的肩膀看来,是个挺棒的小伙儿,他穿了一身洗淡了的黄军装,绑腿直打到膝盖上。肩上的步枪筒里,稀疏地插了几根树枝,这要说是伪装,倒不如算作装饰点缀。

没有赶上他,但双脚胀痛得像火烧似的。我向他提出了休息一会儿后,自己便在做田界的石头上坐了下来。他也在远远的一块石头上坐下,把枪横搁在腿上,背向着我,好像没我这个人似的。凭经验,我晓得这一定又因为我是个女同志的缘故。女同志下连队,就有这些困难。我着恼地带着一种反抗情绪走过去,面对着他坐下来。这时,我看见他那张十分年轻稚气的圆脸,顶多有十八岁。他见我挨他坐下,立即张皇起来,好像他身边埋下了一颗定时炸弹,局促不安,掉过脸去不好,不掉过去又不行,想站起来又不好意思。我拼命忍住笑,随便地问他是哪里人。他没回答,脸涨得像个关公,讷讷半晌,才说清自己是天目山人。原来他还是我的同乡呢!

"在家时你干什么?"

"帮人拖毛竹。"

我朝他宽宽的两肩望了一下,立即在我眼前出现了一片绿雾似的竹海,海中间,一条窄窄的石级山道,盘旋而上。一个肩膀宽宽的小伙儿,肩上垫了一块老蓝布,扛了几枝青竹,竹梢长长地拖在他后面,刮打得石级哗哗作响。……这是我多么熟悉的故乡生活啊!我立刻对这位同乡,越加亲热起来。我又问:

"你多大了?"

"十九。"

"参加革命几年了?"

"一年。"

"你怎么参加革命的?"我问到这里自己觉得这不像是谈话,倒有些像审讯。不过我还是禁不住地要问。

"大军北撤时我自己跟来的。"

"家里还有什么人呢?"

"娘,爹,弟弟妹妹,还有一个姑姑也住在我家里。"

"你还没娶媳妇吧?"

"……"他飞红了脸,更加忸怩起来,两只手不停地数摸着腰皮带上的扣眼。半晌他才低下了头,憨憨地笑了一下,摇了摇头。我还想问他有没有对象,但看到他这样子,只得把嘴里的话,又咽了下去。

两人闷坐了一会儿,他开始抬头看看天,又掉过来扫了我一眼,意思是在催我动身。当我站起来要走的时候,我看见他摘了帽子,偷偷地在用毛巾拭汗。这是我的不是,人家走路都没出一滴汗,为了我跟他说话,却害他出了这一头大汗,这都怪我了。

我们到包扎所,已是下午两点钟了。这里离前沿有三里路,包扎所设在一个小学里,大小六间房子组成品字形,中间一块空地长了许多野草,显然,小学已有多时不开课了。我们到时屋里已有几个卫生员在弄着纱布棉花,满地上都是用砖头垫起来的门板,算作病床。

我们刚到不久,来了一个乡干部,他眼睛熬得通红,用一片硬拍纸插在额前的破毡帽下,低低地遮在眼睛前面挡光。他一肩背枪,一肩挂了一杆秤;左手拎了一篮鸡蛋,右手提了一口大锅,呼哧呼哧地抱着走来。他一边放东西,一边对我们又抱歉又诉苦,一边还喘息地喝着水,同时还从怀里掏出一包饭团来嚼着。我只见他迅速地做着这一切。他说的什么我就没大听清。好像是说什么被子的事,要我们自己去借。我问清了卫生员,原来因为部队上的被子还没发下来,但伤员流了血,非常怕冷,所以就得向老百姓去借。哪怕有一二十条棉絮也好。我这时正愁工作插不上手,便自告奋勇讨了这件差事,怕来不及就顺便也请了我那位同乡，请他帮我动员几家再走。他踌躇了一下，便和我一起去了。

我们先到附近一个村子，进村后他向东，我往西，分头去动员。不一会儿，我已写了三张借条出去，借到两条棉絮，一条被子，手里抱得满满的，心里十分高兴，正准备送回去再来借时，看见通讯员从对面走来，两手还是空空的。

"怎么，没借到？"我觉得这里老百姓觉悟高，又很开通，怎么会没有借到呢？我有点惊奇地问。

"女同志，你去借吧！……老百姓死封建。……"

"哪一家？你带我去。"我估计一定是他说话不对，说崩了。借不到被子事小，得罪了老百姓影响可不好。我叫他带我去看看。但他执拗地低着头，像钉在地上似的，不肯挪步。我走近他，低声地把群众影响的话对他说了。他听了，果然就松松爽爽地带我走了。

我们走进老乡的院子里，只见堂屋里静静的，里面一间房门上，垂着一块蓝布红额的门帘，门框两边还贴着鲜红的对联。我们只得站在外面向里"大姐、大嫂"地喊，喊了几声，不见人应，但响动是有了。一会儿，门帘一挑，露出一个年轻媳妇来。这媳妇长得很好看，高高的鼻梁，弯弯的眉，额前一溜蓬松松的刘海。穿的虽是粗布，倒都是新的。我看她头上已硬翘翘地绾了髻，便大嫂长大嫂短地向她道歉，说刚才这个同志来，说话不好别见怪等等。她听着，脸扭向里面，尽咬着嘴唇笑。我说完了，她也不作声，还是低头咬着嘴唇，好像忍了一肚子的笑料没笑完。这一来，我倒有些尴尬了，下面的话怎么说呢！我看通讯员站在一边，眼睛一眨不眨地看着我，好像在看连长做示范动作似的。我只好硬了头皮，讪讪地向她开口借被子了，接着还对她说了一遍共产党的部队，打仗是为了老百姓的道理。这一次，她不笑了，一边听着，一边不断向房里瞅着。我说完了，她看看我，看看通讯员，好像在掂量我刚才那些话的斤两。半晌，她转身进去抱被子了。

通讯员乘这机会，颇不服气地对我说道："我刚才也是说的这几句话，她就是不借，你看怪吧！……"

我赶忙白了他一眼，不叫他再说。可是来不及了，那个媳妇抱了被子，已经在房门口了。被子一拿出来，我方才明白她刚才为什么不肯借的道理了。这原来是一条里外全新的新花被子，被面是假洋缎的，枣红底，上面撒满白色百合花。她好像是在故意气通讯员，把被子朝我面前一送，说："抱去吧。"

我手里已捧满了被子，就一努嘴，叫通讯员来拿。没想到他竟扬起脸，装作没看见。我只好开口叫他，他这才绷了脸，垂着眼皮，上去接过被子，慌慌张张地转身就走。不想他一步还没走出去，就听见"嘶"的一声，衣服挂住了门钩，在肩膀处，挂下一片布来，口子撕得不小。那媳妇一面笑着，一面赶忙找针拿线，要给他缝上。通讯员却高低不肯，夹了被子就走。

刚走出门不远，就有人告诉我们，刚才那位年轻媳妇，是刚过门三天的新娘子，这条被子就是她唯一的嫁妆。我听了，心里便有些过意不去，通讯员也皱起了眉，默默地看着手里的被子。我想他听了这样的话一定会有同感吧！果然，他一边走，一边跟我嘟哝起来了。"我们不了解情况，把人家结婚被子也借来了，多不合适呀！……"

我忍不住想给他开个玩笑，便故作严肃地说："是呀！也许她为了这条被子，在做姑娘时,不知起早熬夜,多干了多少零活,才积起了做被子的钱,或许她曾为了这条花被,睡不着觉呢。可是还有人骂她死封建。……"

他听到这里,突然站住脚,呆了一会儿,说:"那……那我们送回去吧!""已经借来了,再送回去,倒叫她多心。"我看他那副认真、为难的样子,又好笑,又觉得可爱。不知怎么的,我已从心底爱上了这个傻乎乎的小同乡。

他听我这么说,也似乎有理,考虑了一下,便下了决心似的说:"好,算了。用了给她好好洗洗。"他决定以后,就把我抱着的被子,统统抓过去,左一条、右一条地披挂在自己肩上,大踏步地走了。

回到包扎所以后,我就让他回团部去。他精神顿时活泼起来了,向我敬了礼就跑了。走不几步,他又想起了什么,在自己挎包里掏了一阵,摸出两个馒头,朝我扬了扬,顺手放在路边石头上,说:"给你开饭啦!"说完就脚不点地地走了。我走过去拿起那两个干硬的馒头,看见他背的枪筒里不知在什么时候又多了一枝野菊花,跟那些树枝一起,在他耳边抖抖地颤动着。

他已走远了,但还见他肩上撕挂下来的布片,在风里一飘一飘。我真后悔没给他缝上再走。现在,至少他要裸露一晚上的肩膀了。

包扎所的工作人员很少。乡干部动员了几个妇女,帮我们打水,烧锅,做些零碎活。那位新媳妇也来了,她还是那样,笑眯眯地抿着嘴,偶然从眼角上看我一眼,但她时不时地东张西望,好像在找什么。后来她到底问我说:"那位同志弟到哪里去了?"我告诉她同志弟不是这里的,他现在到前沿去了。她不好意思地笑了一下说:"刚才借被子,他可受我的气了!"说完又抿了嘴笑着,动手把借来的几十条被子、棉絮,整整齐齐地分铺在门板上、桌子上(两张课桌拼起来,就是一张床)。我看见她把自己那条白百合花的新被,铺在外面屋檐下的一块门板上。

天黑了,天边涌起一轮满月。我们的总攻还没发起。敌人照例是忌怕夜晚的,在地上烧起一堆堆的野火,又盲目地轰炸,照明弹也一个接一个地升起,好像在月亮下面点了无数盏的汽油灯,把地面的一切都赤裸裸地暴露出来了。在这样一个"白夜"里来攻击,有多困难,要付出多大的代价啊!我连那一轮皎洁的月亮,也憎恶起来了。

乡干部又来了,慰劳了我们几个家做的干菜月饼。原来今天是中秋节了。啊,中秋节,在我的故乡,现在一定又是家家门前放一张竹茶几,上面供一副香烛,几碟瓜果月饼。孩子们急切地盼那炷香快些焚尽,好早些分摊给月亮娘娘享用过的东西,他们在茶几旁边跳着唱着:"月亮堂堂,敲锣买糖……"或是唱着:"月亮嬷嬷,照你照我……"我想到这里,又想起我那个小同乡,那个拖毛竹的小伙儿,也许,几年以前,他还唱过这些歌吧!……我咬了一口美味的家做月饼,想起那个小同乡大概现在正趴在工事里,也许在团指挥所,或者是在那些弯弯曲曲的交通沟里走着哩!……

一会儿,我们的炮响了,天空划过几颗红色的信号弹,攻击开始了。不久,断断续续地有几个伤员下来,包扎所的空气立即紧张起来。

我拿着小本子,去登记他们的姓名、单位,轻伤的问问,重伤的就得拉开他们的符号,或是翻看他们的衣襟。我拉开一个重彩号的符号时,"通讯员"三个字使我突然打了个寒战,心跳起来。我定了下神才看到符号上写着×营的字样。啊!不是,我的同乡他是团部的通讯员。但我又莫名其妙地想问问谁,战地上会不会漏掉伤员。通讯员在战斗时,除了送信,还干什么——我不知道自己为什么要问这些没意思的问题。

战斗开始后的几十分钟里,一切顺利,伤员一次次带下来的消息,都是我们突击第一道鹿砦,第二道铁丝网,占领敌人前沿工事打进街了。但到这里,消息忽然停顿了,下来的伤员,只是简单地回答说"在打"或是"在街上巷战"。但从他们满身泥泞、极度疲乏的神色上,甚至从那些似乎刚从泥里掘出来的担架上,大家明白,前面在进行着一场什么样的战斗。

包扎所的担架不够了,好几个重彩号不能及时送后方医院,耽搁下来。我不能解除他们任何痛苦,只得带着那些妇女,给他们拭脸洗手,能吃的喂他们吃一点儿,带着背包的,就给他们换一件干净衣裳,有些还得解开他们的衣服,给他们拭洗身上的污泥血迹。

做这种工作,我当然没什么,可那些妇女又羞又怕,就是放不开手来,大家都要抢着去烧锅,特别是那新媳妇。我跟她说了半天,她才红了脸,同意了。不过只答应做我的下手。

前面的枪声,已响得稀落了。感觉上似乎天快亮了,其实还只是半夜。外边月亮很明,也比平日悬得高。前面又下来一个重伤员。屋里铺位都满了,我就把这位重伤员安排在屋檐下的那块门板上。担架员把伤员抬上门板,但还围在床边不肯走。一个上了年纪的担架员,大概把我当作医生了,一把抓住我的膀子说:"大夫,你可无论如何要想办法治好这位同志呀!你治好他,我……我们全体担架队员给你挂匾!……"他说话的时候,我发现其他的几个担架员也都睁大了眼盯着我,似乎我点一点头,这伤员就立即会好了似的。我心想给他们解释一下,只见新媳妇端着水站在床前,短促地"啊"了一声。我急拨开他们上前一看,我看见了一张十分年轻稚气的圆脸,原来棕红的脸色,现已变得灰黄。他安详地合着眼,军装的肩头上,露着那个大洞,一片布还挂在那里。

"这都是为了我们……"那个担架员负罪地说道,"我们十多副担架挤在一个小巷子里,准备往前运动,这位同志走在我们后面,可谁知道狗日的反动派不知从哪个屋顶上撂下颗手榴弹来,手榴弹就在我们人缝里冒着烟乱转,这时这位同志叫我们快趴下,他自己就一下扑在那个东西上了……"

新媳妇又短促地"啊"了一声。我强忍着眼泪,给那些担架员说了些话,打发他们走了。我回转身看见新媳妇已轻轻移过一盏油灯,解开他的衣服,她刚才那种忸怩羞涩已经完全消失,只是庄严而虔诚地给他拭着身子。这位高大而又年轻的小通讯员无声地躺在那里……我猛然醒悟地跳起身,磕磕绊绊地跑去找医生,等我和医生拿了针药赶来,新媳妇正侧着身子坐在他旁边。

她低着头,正一针一针地在缝他衣肩上那个破洞。医生听了听通讯员的心脏,默默地站起身说:"不用打针了。"我过去一摸,果然手都冰冷了。新媳妇却像什么也没看见,什么也没听到,依然拿着针,细细地、密密地缝着那个破洞。我实在看不下去了,低声地说:"不要缝了。"她却对我异样地瞟了一眼,低下头,还是一针一针地缝。我想拉开她,我想推开这沉重的氛围,我想看见我的小同乡坐起来,看见他羞涩地笑。但我无意中碰到了身边一个什么东西,伸手一摸,是他给我开的饭,两个干硬的馒头……

卫生员让人抬了一口棺材来,动手揭掉他身上的被子,要把他放进棺材去。新媳妇这时脸发白,劈手夺过被子,狠狠地瞪了他们一眼。自己动手把半条被子平展展地铺在棺材底,半条盖在他身上。卫生员为难地说:"被子……是借老百姓的。"

"是我的——"她气汹汹地嚷了半句,就扭过脸去。在月光下,我看见她眼里晶莹发亮,我也看见那条枣红底色上撒满白色百合花的被子,这象征纯洁与感情的花,盖上了这位平常的、拖毛竹的青年人的脸。

【提示】

本文最初发表于1958年的《延河》杂志。小说在人民战争的广阔背景下,从一个侧面热情讴歌了子弟兵对人民的忠诚和人民对子弟兵的热爱,表现了军民团结、生死与共的深刻主题。

小说在战争题材创作方面有所突破。作品把枪林弹雨、战火纷飞的战斗场面推为背景,选择了前沿包扎所这个特定环境来刻画人物,表现主题。

作者不注重描述惊心动魄的战斗进程,而是着意表现战争年代人与人之间的纯洁友谊和美好情感,揭示普通人物心灵中的高贵品质和人性美。

小说在表现军民关系方面也有所突破。新媳妇对小通讯员的感情,既包含了军民鱼水深情,也有类似姐弟的亲情,还有若隐若现的"儿女情",凝结成为最纯真最圣洁的情感。因此,小说被称作"没有爱情的爱情牧歌"。

全篇结构严密,层次清晰,前后呼应。围绕借被子事件,将先后出现的小通讯员和新媳妇这两个人物的性格作了生动刻画。作品巧妙地以"我"贯穿全篇,使情节的发展连贯自然。

作品用对比和衬托的方法,通过对百合花被子、野菊花、馒头、衣服上的破洞等细节的描绘,细腻地刻画了人物性格,展现了人物丰富的感情世界和纯朴优美的心灵。

作品语言清新自然,具有浓厚的抒情诗的意味。

思考与练习

一、概括这篇小说的主题。

二、简述小说的写作背景和作者的创作意图。

三、这篇小说运用了哪些细节描写?有何作用?

四、这篇小说是怎样运用对比和衬托的方法的?

五、真题再现。

(一)单项选择题

【2023年】下列作品属于茹志鹃的是(　　　)

　　　　A.《萧萧》　　B.《风波》　　C.《百合花》　　D.《断魂枪》

(二)判断题

【2024年】小说《百合花》赞美了纯洁美好的军民之情。　　　　　　　　　　(　　　)

米 龙 老 爹①

莫泊桑

莫泊桑(1850—1893),法国十九世纪著名小说家,生于法国的一个没落贵族家庭。1870年到巴黎攻读法学,适逢普法战争爆发,应征入伍。退伍后,先后在海军部和教育部任职,同时拜母亲的好友、著名作家福楼拜为师,刻苦学习写作。

1879年,以左拉为首的六个文人在巴黎市郊梅塘别墅聚会,商定以普法战争为题各写一篇小说,汇成小说集。次年,小说集问世,莫泊桑以《羊脂球》独占鳌头,一鸣惊人。此后十年内,莫泊桑共写作短篇小说三百多篇、长篇小说六部、游记三本以及许多文学评论和政论文章。莫泊桑一生备受病魔折磨,1893年终因精神病严重发作逝世。

莫泊桑是批判现实主义作家的杰出代表。他对资本主义制度的黑暗、弊端,以及资产阶级的虚伪、堕落,进行了不遗余力的暴露和针砭。他善于发现小人物身上的健康品质,并形诸笔端。他的短篇小说笔触细腻、章法多变、舒展自如、自成一体,他被称为"短篇小说之王"。

一个月以来,烈日在田地上展开了炙人的火焰。喜笑颜开的生活都在这种火雨下面出现了,地面上一望全是绿的,蔚蓝的天色一直和地平线相接。那些在平原上四处散布的诺曼底省的田庄,在远处看来像是一些围在细而长的山毛榉树的圈子里的小树林子。然而走到跟前,等到有人打开了天井边的那扇被虫蛀坏的栅栏门,却自信是看见了一个广阔无边的园子,因为所有那些像农夫身体一般骨干嶙峋的古老苹果树都正开着花。乌黑钩曲的老树干在天井里排列成行,在天空之下展开它们那些雪白而且粉红的光彩照人的圆顶。花的香气和敞开的马房里的浓厚气味以及正在发酵的兽肥的蒸气混在一块儿——兽肥的上面是被成群的鸡盖满了的。

已经是日中了。那一家人正在门前的梨树的阴影下面吃午饭:男女家长,四个孩子,两个女长工和三个男长工。他们几乎没有说话。他们吃着菜羹,随后他们揭开了那盘做荤菜的马铃薯煨咸肉。

一个女长工不时立起身来,走到储藏饮食物品的房里,去斟满那只盛苹果酒的大罐子。

男人,年约四十的强健汉子,端详他房屋边的一枝赤裸裸的没有结果实的葡萄藤,它曲折得像一条蛇,在屋檐下面沿着墙伸展。

末了他说:"老爹这枝葡萄藤,今年发芽的时候并不迟。也许可以结果子了。"

---

① 1870年7月,普法战争爆发,法国大部分领土处在普鲁士军队的铁蹄之下。面对普军的践踏,统治阶级官僚或通敌媚外、或望风而逃、或苟且偷生;而广大下层人民却站出来,与侵略者进行了殊死的斗争,表现出可歌可泣的爱国主义精神。莫泊桑满怀激情地写下了许多讴歌下层人民英勇杀敌和维护民族尊严的短篇小说,《米龙老爹》即是其中的一篇。小说于1883年5月22日发表于《高卢人报》。

妇人也回过头来端详，却一个字也不说。

那枝葡萄藤，正种在老爹从前被人枪决的地点。

那是一八七〇年打仗时候的事。普鲁士人占领了整个地方。法国的裴兑尔白将军正领着北军抵抗他们。

普军的参谋处正驻扎在这个田庄上。庄主是个年老的农人，名叫彼德的米龙老爹，竭力款待他们，安置他们。

一个月以来，普军的先头部队留在这个村落里做侦察工作。法军却在相距十法里以外一带地方静伏不动；然而每天夜晚，普军总有好些骑兵失踪。

凡是那些分途到附近各处去巡逻的人，若是他们只是两三个成为一组出发的，都从没有回来过。

到早上，有人在一块地里，一个天井旁边，一条壕沟里，寻着了他们的尸首。至于他们的马也伸着腿倒在大路上，项颈被人一刀割开了。

这类暗杀举动，仿佛是同一伙人干的，然而普军没有法子破案。

地方上感到恐怖了。许多乡下人，每每因为一个简单的告发就被普军枪决了，妇女们也被他们拘禁起来了，他们原来想用恐吓手段使儿童们有所透漏，结果却什么也没有发现。

但是某一天早上，他们瞧见了米龙老爹躺在自己的马房里，脸上有一道刀伤。

两个被刺穿了肚子的普国骑兵在一个和这庄子相距三公里远的地方被人寻着了。其中的一个，手里还握着他那件血迹模糊的马刀。可见这一个是曾经格斗过的，自卫过的。

一场军事审判立刻在这庄子前面的露天地里开庭了，那老头子被人带了过来。

他的年龄是六十八岁。身材矮瘦，脊梁是略带弯曲的，两只大手简直像一对蟹螯。一头稀疏得像是乳鸭羽绒样的乱发，使得他头颅上的肌肉随处都可以被人望见。项颈上的枯黄而起皱的皮显出好些粗的静脉管，这些静脉管延到腮骨边失踪却又在鬓角边出现。在本地，他是一个以难于妥协和吝啬出名的人。

他们教他站在一张由厨房搬到外面的小桌子跟前，前后左右有四个普兵看守。五个军官和团长坐在他的对面。

团长用法国话发言了：

"米龙老爹，自从到了这里以后，我们对于你，除了夸奖以外真没有一句闲话。在我们看来，你对我们始终是殷勤的，甚至可以说体贴周到。但是你今日却有一件很可怕的事被人告发了，自然非问个明白不成。你脸上带的那道伤是怎样来的呢？"

那个乡下人一个字也不回答。

团长接着又说：

"你现在不说话，这就定了你的罪，米龙老爹，但是我要你回答我，你听见没有？你知道今天早上在伽尔卫尔附近寻着的那两个骑兵是谁杀的吗？"

那老翁干脆地答道：

"是我。"

团长吃了一惊，缄默了一会儿，双眼盯着这个被逮捕的人。米龙老爹用他那种乡下人发呆的神气安闲自在地待着，双眼如同向他那个教区的神父说话似的低着没有抬起来。唯一可以显出他心里慌张的事，就是他如同喉管完全被人扼住了一般，所以用一阵看得明白的劲儿不断地吞咽自己的口水。

这老翁的一家人：儿子约翰、儿媳妇和两个孙子，都惊慌失措地立在他后面十步开外的地方。

团长接着又说：

"你也知道这一个月以来，每天早上，我们部队里那些被人在田里寻着的侦察兵是被谁杀了的吗？"

老翁用同样的乡愚式的安闲自在态度回答：

"是我。"

"全体都是你杀的吗？"

"全体，对呀，是我。"

"你一个人？"

"我一个人。"

"你从前怎样着手干的，告诉我吧。"

这一回，那汉子现出了心焦的样子，因为事情非得多说话不可，显然让他为难。他吭吭吱吱地说：

"我现在哪儿还知道？我从前做的正同发现了的事一样。"

团长接着说：

"我告诉你，你非全盘告诉我们不可。你最好立刻就打定主意。你从前是怎样开始的呢？"

那汉子向着他那些立在后面注意的家属不放心地瞧了一眼，又迟疑了一会儿，后来突然打定了主意：

"我记得那是某一天夜晚，你们到这里来的第二天夜晚，也许在十点钟光景。你和你的弟兄们，用过我二百五十多个金法郎的草料和一头牛、两只羊。我当时想到：他们就是接连再来拿我一百个，我一样会问他们讨回来。并且那时候我心上还有别样的盘算，等会儿我再对你说。我望见你们有一个骑兵坐在我的粮仓后面的壕沟边抽烟斗。我取下了我的镰刀，蹑着脚从后面掩过去，使他听不见一点声音。蓦地一下，只有一下，我就如同割下一把小麦似的割下了他的脑袋，他当时连说一下'喔'的工夫都没有得到。你只需到水荡里去寻，就会发现他和一块顶住栅栏门的石头一起装在一只装煤的口袋里。"

"我那时就有了我的盘算。我剥下了他全身的服装配备，从靴子剥到帽子，后来一起送到了马丁家那片树林子里的石灰窑的地道后面藏好。"

那老翁不作声了。那些感到惊惶的军官面面相觑。后来讯问又开始了，下文就是他们所得的口供：

那汉子干了这次谋杀敌兵的勾当，心里就存着这个观念："杀些普鲁士人吧！"原来他用热忱爱国的农人的智勇兼备的心计憎恨他们。正如他说的一样，他是有他的盘算的。他等了几天。

普军听凭他自由来去，随意出入，因为他对于战胜者的退让是用很多的服从和殷勤态度表示的，并且他由于和普军常有往来学会了几句必要的德国话。现在，他每天傍晚总看见有些传令兵出发，他听明白那些骑兵要去的村落名称以后，就在某一个夜晚出门了。

他由他的天井里走出来，溜到了树林里，进了石灰窑，再钻到窑里那条长地道的末端，最后在地上寻着了那个死兵的服装和配备，就把自己穿戴停当。

后来他在田里徘徊一阵，为了免得被人发觉，他沿着那些土坎子爬着走，他听见极小的声响，就像一个偷着打猎的人一样放心不下。

到他认为钟点已经到了的时候，于是向着大路前进，后来就躲在矮树丛里了。他依然等着。末了，在夜半光景，一阵马蹄的"大走"声音在路面的硬土上响起来了①。为了判断前面来的是否只有一个骑兵，这汉子先把耳朵贴在地上，随后他就准备起来。

骑兵带着一些紧要文件用"大走"步儿走过来了。那汉子睁眼张耳地走过去。等到相隔不过十来步，米龙老爹就横在大路上像受了伤似的爬着走，一面用德国话喊着"救人呀！救人呀！"骑兵勒住了马，认明白那是一个失了坐骑的德国兵，以为他是受了伤的，于是滚鞍下马，毫不疑虑地走近前来，他刚刚俯着身躯去看这个素不相识的人，肚皮当中却吃了米龙老爹的马刀的弯弯的长刃。他倒下来了，用最后的颤抖动作挣扎了几下就死了。

于是这个诺曼底人感到一种老农式的无声快乐因而心花怒放，自己站起来了，并且为了闹着玩儿又割断了那尸首的头颈。随后他把尸首拖到壕沟边就扔在那里面。

那匹安静的马等候他的主人。米龙老爹骑了上去，教它用"大颠"的步儿穿过平原走开了②。一小时以后，他又看见两个归营的骑兵并辔而来。他一直对准他们赶过去，又用德国话喊着"救人！救人！"那两个普兵认明了军服。让他走近前来，绝没有一点疑忌。于是他，老翁，像弹丸一般在他们两人之间溜过去，一马刀一手枪，同时干翻了他们两个人。

随后他又宰了那两匹马，那都是德国马！然后从容地回到了石灰窑，把自己骑过的那匹马藏在那阴暗的地道中间。他在那里卸了军服，重新披上了他自己那套破衣裳，末了回家爬到床上，一直睡到第二天早晨。

他有四天没有出门，等候那场业已开始的侦查的公案的结束，但是，第五天，他又出去了，并且又用相同的计策杀了两个普兵。从此他不再住手了，每天夜晚，他总逛到外面去找机会，骑着马在月光下面驰过荒废无人的田地，时而在这里，时而在那里，如同一个迷路的德国骑兵，一个专门猎取人头的猎人似的，杀一些普鲁士人。每次，工作完了以后，这个年老的骑士任凭那些尸首横在大路上，自己却回到了石灰窑，藏起了自己的坐骑和军服。

第二天日中光景，他安闲地带些清水和草料去喂那匹藏在地道中间的马。为了要

---

① 大走：马同时用前后各一腿前进，术语叫"速步"，又称"走"；再就"走"的快慢，分为"大走"和"小走"。
② 大颠：马同时抬起两条前腿向前纵步，叫"颠"，即快速向前纵步。

它担负一个重大的工作,他是不惜工本去喂它的。

但是,被审的前一天,那两个被他袭击的人,其中有一个有所戒备,在这乡下老翁的脸上割了一刀。

然而他把那两个家伙一起杀死了!他依然转回来藏好了那匹马,换好了他的破衣裳,但是回家的时候,他衰弱得精疲力竭了,只能勉强拖着脚步走到了马房跟前,再也不能回到房子里。

有人在马房里发现他浑身是血,躺在那些麦秸上面……

等到他供述完了之后,突然抬起头来自负地瞧着那些普鲁士军官。

那团长抚弄着自己的髭须,问他:

"你再没有旁的话要说吗?"

"没有。再也没有,账目是公正的:我一共杀了十六个,一个不多,一个不少。"

"你知道自己快要死了吗?"

"我没有向你要求赦免。"

"你当过兵吗?"

"当过,我从前打过仗。并且从前也就是你们杀了我的爹,他老人家是一世皇帝的部下①。我还应该算到上一个月,你们又在艾弗勒附近杀了我的小儿子弗朗索瓦。从前你们欠了我的账,现在我讨清楚了。我们现在是收付两讫。"

军官们面面相觑。

老翁接着又说:

"八个算是替我的爹讨还了账,八个算是替我儿子讨还的。我们是收付两讫了。我本不要找你们惹事,我!我不认识你们!我也不知道你们是从哪儿来的。现在你们已经在我家里,并且要这样,要那样,像在你们自己家里一般。我如今在旁的那些人身上复了仇。我一点也不后悔。"

老翁挺起了关节不良的脊梁,并且用一种谦逊的英雄的休息姿势在胸前叉起了两只胳膊。

那几个普鲁士人低声谈了好半天,其中有一个上尉,他也在上一个月有一个儿子阵亡,这时候,他替这个志气高尚的穷汉辩护。

于是团长站起来走到米龙老爹身边,并且低声向他说:

"你听明白,老头儿,也许有一个法子可以救你性命,就是要……"

但是那老翁绝不细听,向着这位战胜国的军官怒目而视,这时候,一阵微风搅动了他头颅上的那些稀少的头发,他那张伤痕明显的瘦脸儿突然紧绷起来,显出一副怕人的难看样子,他终于鼓起了他的胸膛,向那普鲁士人劈面唾了一些唾沫。

团长呆住了,扬起了一只手,而那汉子又向他的脸上唾了第二次。

所有的军官都站起了,并且同时喊出了好些道命令。

不到一分钟,那个始终安闲自在的老翁被人推到了墙边,那时候他才向着他的长子

---

① 一世皇帝:指拿破仑一世。

约翰、他的儿媳妇和他的两个孙子送了一阵微笑,他们都惶惑万分地望着他,他终于立刻被人枪决了。

【提示】

　　小说描述了普法战争中一个普通法国农民孤胆杀敌的故事,成功地塑造了一个机智勇敢、大义凛然的农民英雄形象,表现出法国人民抗击侵略者的英雄主义和爱国主义精神。

　　作品在叙述方法上有两大特点:一是采用倒叙方式。先描绘一幅丰收在望、充满喜悦之情的田园风光,然后抚今思昔,顺理成章地引出往日艰苦斗争的故事。这个开头,暗寓着幸存者和后代对壮烈牺牲的米龙老爹的怀念之情,在感情和意念上为后文的故事作了衬托性铺垫。二是第一人称和第三人称叙述方式交互为用。先用第三人称叙述,而让米龙老爹用第一人称回答普军团长的审问。通过个性化的语言表现他的性格;中间通过米龙老爹的口供来交代他击杀十六名普军的经过,当用第一人称,却改作第三人称,这不仅可避免叙述上的呆板、单调,而且这种全方位的叙述,较之第一人称更容易将事情说清楚。

　　小说的肖像描写和细节描写也很出色。肖像描写多着眼于米龙老爹貌不惊人的农民本色,与其"难于妥协"的坚毅性格和巧妙机警的杀敌行为相互映衬。米龙老爹两次向普军团长吐唾沫等细节描写,与老人那干脆、痛快的个性化语言相辅相成,淋漓尽致地刻画出他刚强勇武的性格和视死如归的凛然正气。

思考与练习

一、小说故事的时代背景是怎样的?

二、概括作品的主题思想。

三、概括米龙老爹的性格特征。

四、说明小说倒叙手法的作用。

五、简析小说叙事第一人称和第三人称交互为用的特点及其表达作用。

六、找出作品中的肖像描写,体会其表现作用。

七、举例说明作品的细节描写和个性化语言。

八、真题再现。

　　(一)单项选择题

　　【2024年】下列作家属于法国著名小说家的是(　　　)。

　　A. 托尔斯泰　　　　B. 欧·亨利　　　　C. 普希金　　　　D. 莫泊桑

　　(二)判断题

　　【2021年】1. 小说《米龙老爹》的作者是契诃夫。　　　　　　　　　　(　　　)

　　【2022年】2. 莫泊桑是英国十九世纪著名的小说家。　　　　　　　　(　　　)

　　【2024年】3.《米龙老爹》描写的故事发生在普法战争时期。　　　　(　　　)

苦　恼①

契诃夫

契诃夫(1860—1904),俄国小说家、戏剧家。出生于破产商人家庭,早年边做家庭教师,边求学。1884年毕业于莫斯科大学医学系。学生时代即开始以"契洪特"的笔名写作诙谐小品和幽默短篇小说。这些小说质量参差不齐,瑕瑜互见,有逗趣取乐、投合世俗的平庸之作,也有暴露黑暗、针砭社会的佳作,如《一个小官员之死》《变色龙》等。1886年后,他思想剧变,锐意反映人生,描摹世态,创作风格日趋成熟,写出了许多脍炙人口的短篇小说,如《万卡》《草原》《第六病室》《带阁楼的房子》《带小狗的女人》等。

契诃夫的小说言简意赅,冷峻客观,独树一帜。他与莫泊桑齐名,被认为是世界上最有影响的短篇小说家之一。

他的戏剧代表作有《三姊妹》和《樱桃园》等。

——我拿我的烦恼向谁去诉说②? ……

暮色晦暗。大片的湿雪绕着刚点亮的街灯懒洋洋地飘飞,落在房顶、马背、肩膀、帽子上,积成又软又薄的一层。车夫姚纳·波达波夫周身白色,像个幽灵。他坐在车座上一动也不动,身子向前伛着,伛到了活人的身子所能伛到的最大限度。哪怕有一大堆雪落在他身上,仿佛他也会觉得用不着抖掉似的……他的小母马也是一身白,也一动不动。它那呆呆不动的姿势,它那瘦骨棱棱的身架,它那棍子一样笔直的四条腿,使得它活像拿一个小钱就可以买到的马形蜜糖饼。它大概在想心事吧。不管是谁,只要被人从犁头上硬拉开,从熟悉的灰色景致里硬拉开,硬给丢到这个充满古怪的亮光、不断的喧哗、熙攘的行人的漩涡里,那他就不会不想心事……

姚纳和他的小马有好久没动了。还是在午饭以前,他们就走出了院子,至今还没拉到一趟生意。可是现在黄昏的暗影笼罩全城了。街灯的黯淡的光已经变得明亮生动,杂乱的街上也热闹多了。

"车夫,到维堡区去③!"姚纳听见有人喊车。"车夫!"

姚纳猛地哆嗦一下,从粘着雪的睫毛望出去,看见一个军人,穿一件军大衣,头戴一顶兜囊④。

"到维堡区去!"军人又说一遍,"你是睡着了还是怎么的? 拉到维堡区去!"

---

① 《苦恼》写于1886年,描写一个死了儿子的老马车夫想向别人倾诉心中的痛苦,无奈一个彼得堡却找不到一个能够听他说话的人,最后只能对自己的小母马诉说。小说以客观冷峻的笔触写出了老车夫有苦无处诉,只能对马说的苦恼。
② 语出《旧约全书》。
③ 维堡区:彼得堡的一个区。
④ 兜囊:与大衣连在一起、用作御寒的可以折叠的帽子。

为了表示同意，姚纳抖了抖缰绳；这样一来，一片片的雪就从马背上和他的肩膀上纷纷掉下来……军人坐上了雪橇。车夫嗫起嘴唇，对那匹马发出啧的一响①，跟天鹅那样伸出脖子，在车座上微微挺起身子，与其说是由于需要还不如说是出于习惯地扬起鞭子；那小母马也伸出脖子，弯一弯像棍子一样笔直的腿，迟迟疑疑地走动了……

　　"你往哪儿闯啊，鬼东西！"姚纳立刻听见黑暗里有人嚷起来，一团团黑影在他跟前游过来游过去，"你到底是往哪儿走哪？靠右！"

　　"你不会赶车！靠右走！"军人生气地说。

　　一个赶四轮轿车的车夫朝他咒骂；一个行人穿过马路，肩膀刚好擦着马鼻子，就狠狠地瞪他一眼，抖掉袖子上的雪。姚纳坐在车座上局促不安，仿佛坐在针尖上似的，向他两旁撑开胳膊肘儿，眼珠乱转，就跟有鬼附了体一样，仿佛他不知道自己在哪儿，也不知道为什么在那儿似的。

　　"这些家伙真是混蛋！"军人打趣地说，"他们简直是极力跑来撞你。或者扑到马蹄底下去。他们这是预先商量好的。"

　　姚纳回头瞧着他的乘客，张开嘴唇……他分明想要说话，可是喉咙里没吐出一个字来，只是哼了一声。

　　"什么？"军人问。

　　姚纳咧开苦笑的嘴，嗓子里用一下劲，这才干哑地说出来：

　　"老爷，我的……嗯……我的儿子在这个星期死了。"

　　"哦！……他害什么病死的？"

　　姚纳掉转整个身子朝着乘客说：

　　"谁说得清呢？多半是热病吧……他在医院里躺了三天就死了……上帝的意旨哟。"

　　"拐弯呀，鬼东西！"黑暗里有人喊，"瞎了眼还是怎么的，老狗？用眼睛瞧着！""赶车吧，赶车吧……"乘客说，"照这样走下去，明天也到不了啦。快点赶车吧！"

　　车夫又伸出脖子，微微挺起身子。笨重而优雅地挥动他的鞭子。他有好几回转过身去看军官，可是军官闭着眼睛，分明不愿意再听了。姚纳把车赶到维堡区，让乘客下车，再把车子赶到一个饭馆的左近停下来，坐在车座上伛下腰，又不动了……湿雪又把他和他的马涂得挺白。一个钟头过去了。又一个钟头过去了……

　　三个青年沿着人行道走过来，两个又高又瘦，一个挺矮，驼背；他们互相谩骂，他们的雨鞋踩出一片响声。

　　"车夫，上巡警桥去！"驼背用破锣似的声音喊道，"我们三个人……二十个戈比！"

　　姚纳抖动缰绳，把嘴唇嗫得啧啧地响。二十个戈比是不公道的，可是他顾不得讲价了。现在，一个卢布也好，五个戈比也好，在他全是一样，只要有人坐车就行……青年们互相推挤着，骂着下流话，拥上雪橇，三个人想一齐坐下来。这就有了需要解决的问题：

_____

　　①　啧的一响：唤马前进的声音。

该哪两个坐着？该哪一个站着呢？经过很久的吵骂、变卦、责难，他们总算得出了结论：该驼背站着，因为他最矮。

"好啦，赶车吧！"驼背站稳，用破锣般的声音说，他的呼吸吹着姚纳的后脑壳，"快走！你戴的这是什么帽子呀，老兄！走遍彼得堡，再也找不到比这更糟的了……"

"嘻嘻！……嘻嘻！……"姚纳笑着说，"这帽子本来不行啦！"

"得啦，本来不行了，你啊，赶车吧！你就打算一路上都照这样子赶车吗？啊？要我给你一个脖儿拐吗？……"

"我的脑袋要炸开了……"一个高个子说，"昨天在杜科玛索夫家里，华斯卡和我两个人一共喝了四瓶白兰地。"

"我真不懂你为什么要胡说！"另一个高个子生气地说，"你跟下流人似的胡说八道。"

"要是我胡说，让上帝惩罚我！我说的是实在的情形嘛！……"

"要是这实在，跳蚤咳嗽就也实在啰。"

"嘻嘻！"姚纳笑了，"好有兴致的几位老爷！"

"呸！滚你的！……"驼背愤愤地喊叫，"你到底肯不肯快点走啊，你这老不死的？难道就这样赶车？给它一鞭子！他妈的！快走！结结实实地抽它一鞭子！"

姚纳感到了背后那驼背的扭动的身子和抖动的声音。他听着骂他的话，看着这几个人，孤单的感觉就渐渐从他的胸中消散了。驼背一个劲儿地骂他，迸出一长串稀奇古怪的骂人话，直说得透不过气来，连连咳嗽。那两个高个子开始讲到一个名叫娜节日达·彼得罗芙娜的女人。姚纳不住地回头看他们。等到他们的谈话有了一个短短的停顿，他又回过头去，叽叽咕咕地说：

"这个星期我……嗯……我的儿子死了！"

"大家都要死的……"驼背咳了一阵。擦擦嘴唇，叹口气说，"算了，赶车吧！赶车吧！诸位先生啊，车子照这么爬，我简直受不了啦！什么时候他才会把我们拉到啊？"

"那么，你给他一点小小的鼓励也好……给他一个脖儿拐！"

"你听见没有，你这老不死的？我要给你一个脖儿拐啦！要是跟你们这班人讲客气，那还不如索性走路的好！……听见没有，你这条老龙①？莫非我们说的话你不在心上吗？"

于是姚纳，与其说是觉得，不如说是听见脖子后面啪的一响。

"嘻嘻！……"他笑道，"好有兴致的几位老爷……求上帝保佑你们！"

"赶车的，你结过婚没有？"一个高个子问。

"我？嘻嘻……好有兴致的老爷！现在我那老婆成了烂泥地啰……嘻嘻嘻！……那就是，在坟里头啦！这会儿，我儿子也死了。我却活着……真是怪事，死神认错了门啦……它没来找我，却去找了我的儿子……"

姚纳回转身去，想说一说他儿子是怎么死的，可是这当儿驼背轻松地吁一口气，说

---

① 老龙：原文是"高里尼奇龙"，神话传说中的一条怪龙，这里是骂人的话。

是谢天谢地，他们总算到了。姚纳收下二十个戈比，对着那几个玩乐的客人的后影瞧了好半天，他们走进一个漆黑的门口，不见了。他又孤单了，寂静又向他侵袭过来……苦恼刚淡忘了不久，现在又回来了，更为有力地撕扯他的胸膛。姚纳的眼睛焦灼而痛苦地打量大街两边川流不息的人群：难道在那成千上万的人当中，连一个愿意听他讲话的人都找不到吗？人群匆匆地来去，没有人理会他和他的苦恼……那苦恼是浩大的，无边无际。要是姚纳的胸裂开，苦恼滚滚地流出来的话，那苦恼仿佛会淹没全世界似的，可是话虽如此，那苦恼偏偏没人看见；那份苦恼竟包藏在这么渺小的躯壳里，哪怕在大白天举着火把去找也找不到……

姚纳看见一个看门人提着一个袋子，就下决心跟他攀谈一下。

"现在什么时候啦，朋友？"他问。

"快到十点了……你停在这儿做什么？把车子赶开！"

姚纳把雪橇赶到几步以外，伛下腰，任凭苦恼来折磨他……他觉得向别人诉说也没有用了。可是还没过上五分钟，他就挺起腰板，摇着头，仿佛感到一阵剧烈的疼痛似的；他拉了拉缰绳……他受不住了。

"回院子里去！"他想，"回院子里去！"

他那小母马仿佛领会了他的想头似的，踩着小快步跑起来。过了一个半钟头，姚纳已经坐在一个又大又脏的火炉旁边了。炉台上、地板上、凳子上，全睡得有人，正在打鼾。空气又臭又闷……姚纳看一看那些睡熟的人，搔一搔自己的身子，后悔回来得太早了……

"其实我连买燕麦的钱还没挣到呢，"他想，"这就是为什么我会这么苦恼的缘故了。一个人，要是会料理自己的事……让自己吃得饱饱的，自己的马也吃得饱饱的，那他就会永远心平气和……"

墙角上有一个年轻的车夫站起来，带着睡意嗽了嗽喉咙，往水桶那边走去。

"你是想喝水吧？"姚纳问。

"是啊，想喝水！"

"那就痛痛快快地喝吧。……我呢，老弟，我的儿子死了。……你听说了吗？这个星期在医院里死掉的。……竟有这样的事！"

姚纳看一下他的话产生了什么影响，可是一点影响也没看见。那个青年人已经盖好被子，连头蒙上，睡着了。老人就叹气，搔他的身子。……如同那个青年人渴望喝水一样，他渴望说话。他的儿子去世快满一个星期了，他却至今还没有跟任何人好好地谈一下这件事。……应当有条有理，详详细细地讲一讲才是。……应当讲一讲他的儿子怎样生病，怎样痛苦，临终说过些什么话，怎样死掉。……应当描摹一下怎样下葬，后来他怎样到医院里去取死人的衣服。他有个女儿阿尼霞住在乡下。……关于她也得讲一讲。……是啊，他现在可以讲的还会少吗？听的人应当惊叫，叹息，掉泪。

"出去看看马吧，"姚纳想，"有的是工夫睡觉……总归睡得够的，不用担心……"

他穿上大衣，走进马棚，他的马在那儿站着。他想到燕麦，想到干草，想到天气……他孤单单一个人的时候，不敢想儿子……对别人谈一谈儿子倒还可以，至于想他，描出他的模样,那是会可怕得叫人受不了的……

"你在嚼草吗?"姚纳问他的马,看见它亮晶晶的眼睛,"好的,嚼吧,嚼吧……我们挣的钱既然不够吃燕麦,那就吃干草吧……对了……我呢,岁数大了,赶车不行啦……应当由我儿子来赶车才对,不该由我来赶了……他可是个地道的马车夫……要是他活着才好……"

姚纳沉默一会儿,接着说:

"是这么回事,小母马……库司玛·姚尼奇下世了……他跟我说了再会……他一下子就无缘无故死了……哪,打个比方,你生了个小崽子,你就是那小崽子的亲妈了……突然间,比方说,那小崽子跟你告别,死了……你不是要伤心吗?……"

小母马嚼着干草,听着,闻闻主人的手……

姚纳讲得有了劲,就把心里的话统统讲给它听了……

【提示】

小说描述了一个情节十分简单的故事:一个刚死了儿子的老车夫,想向别人倾诉心中的痛苦,然而偌大个彼得堡竟然找不到一个能听他说话的人,最后他只好对着自己的小母马诉说。这是一件发生在社会底层的微不足道的小事,作者却匠心独运,借此揭示出社会下层小人物悲惨无援的处境和苦恼孤寂的心态,反映出当时社会的黑暗和人与人关系的冷漠。这体现了小说以小见大的总体特色。

作者将"人与人"的关系与"人与马"的关系相对比,没有人听姚纳的诉说而马却静静地听着,这强烈的对比,鲜明地反映了当时人与人之间的冷漠无情。同时,作者又运用了将人与马相对应、相类比的暗示手法,马的处境、神态和遭遇,使人联想到车夫姚纳的处境、神态和遭遇,暗示出社会下层人民如牛马一般的生活境况,充分暴露了当时社会的黑暗。

作品善于通过对话表现人物性格和心态。姚纳与军人、三个青年的对话,不仅简洁生动,而且符合特定环境和场合下人物的身份、地位和性格特征,能恰当地映射出人物此时此刻的内在心理活动,具有鲜明的个性特点和很强的表现力。

小说的人物静态肖像描写和细节描写也相当出色。

思考与练习

一、车夫姚纳的苦恼是什么?

二、概括小说的主题思想,体会小说以小见大的总体特色。

三、说明作品将"人与人"的关系和"人与马"的关系相对比的手法及其表现作用。

四、说明作品将人与马相对应的手法及其表现作用。

五、结合具体段落,说明人物对话对表现人物性格和心理的作用。

六、注意小说开头的景物描写和人与马的静态肖像画描绘,说明其表现手法和表现作用。

七、真题再现。

(一) 单项选择题

【2021年】《苦恼》中倾听姚纳诉说的是(　　)。

　　　　　A. 老爷　　　B. 军官　　　C. 小母马　　　D. 米龙老爹

(二) 简析题

【2024年】阅读《苦恼》中的文字:

　　墙角上有一个年轻的车夫站起来,带着睡意嗽了嗽喉咙,往水桶那边走去。

　　"你是想喝水吧?"姚纳问。

　　"是啊,想喝水!"

　　"那就痛痛快快地喝吧。……我呢,老弟,我的儿子死了。……你听说了吗?这个星期在医院里死掉的。……竟有这样的事!"

　　姚纳看一下他的话产生了什么影响,可是一点影响也没看见。那个青年人已经盖好被子,连头蒙上,睡着了。老人就叹气,搔他的身子。……如同那个青年人渴望喝水一样,他渴望说话。他的儿子去世快满一个星期了,他却至今还没有跟任何人好好地谈一下这件事。……应当有条有理,详详细细地讲一讲才是。……应当讲一讲他的儿子怎样生病,怎样痛苦,临终说过些什么话,怎样死掉。……应当描摹一下怎样下葬,后来他怎样到医院里去取死人的衣服。他有个女儿阿尼霞住在乡下。……关于她也得讲一讲。……是啊,他现在可以讲的还会少吗?听的人应当惊叫,叹息,掉泪。(汝龙译)

请回答:

(1) 这段文字中塑造人物使用了哪些手法?(3分)

(2) 年轻车夫对姚纳的倾诉无动于衷反映了怎样的人际关系?(3分)

(3) 结合全文,你认为姚纳真正的苦恼是什么?(3分)

小说的特点与欣赏

小说是一种散文体的叙事文学样式。人物、情节和环境三要素构成完整的小说世界，是小说样式的基本特点。

与其他文学样式相比，抒情诗、抒情散文无须人物、情节和环境；叙事诗、叙事散文和戏剧文学尽管具备这三要素，但不易构成完整的"世界"，也许小说才称得上一个"世界"，因为它容量大，能够比上述文学样式更多方面、更为细致地刻画人物的思想性格，展现人物关系和命运变化，能够更为完整地表现错综复杂的生活事件和矛盾冲突，能够更加广阔地反映社会生活。正如黑格尔所说，小说能够"充分表现出丰富多彩的旨趣、情况、人物性格、生活状况乃至整个世界的广大背景"。以下分而论之。

一、丰富而细致的人物刻画

小说偏重于客观生活的描述。生活是丰富多彩的。现实的人是丰富的统一体，七情六欲并具，感情复杂微妙，不仅有神态、语言和行为的外在表现，而且有思维、意识和心理的内在活动。另一方面，人是一切社会关系的总和，在实际生活中，人必定会与不同性格、不同命运和不同思想、不同地位的人形成各种关系。小说的特点之一，就是作家能对丰富而统一的人物作多方面的细致的描写。

小说不受时间和空间的限制。为了表现人物的性格和命运的变化，作家既可以写人物过去的经历，也可以写人物现在的处境；既可以写特定场所中的人物行为，也可以写不同环境中的人物活动。如《米龙老爹》，从时间上看，始于和平时期，倒叙战争年代的故事；由米龙老爹受伤被捕，而追叙他一个月来杀敌的经过；且在叙述第一次暗杀成功后，又回笔描写审判现场，然后再叙暗杀其余十五人的经历。几十年、一个月、白天、黑夜，时间跨度或长或短，时间顺序颠倒往还。从空间上看，开端由远景诺曼第省的田庄，转至近景米龙家门前的葡萄藤；然后从米龙家的马房，写到庄前临时的审判场。而在米龙老爹杀敌的经历中，仓后壕沟、石灰窟地道、庄前大道、路边矮树丛，场所迅速变动，频繁转换。如此时空迭次变换，描写人物的活动和关系，对剧本来说，通常是难以表现的。即便是荒诞剧，时空变换频率，也远远不及小说。

在文学作品中，唯独小说能够多角度、全方位地刻画人物。它可以凭借各种艺术手段，从各个角度对人物进行肖像描写、心理描写、对话描写和行为描写，既能展现人物的音容笑貌、言谈举止和衣着服饰等外在形态，也能呈现人物心理和思想感情等内在活动，还能完整展现人物与环境互为作用的关系。从物质生活到精神领域，从个人性情到社会关系，作家都可以按照需要而加以具体细致的刻画。如莫泊桑刻画米龙老爹，先用特写镜头凸显其肖像，接着通过与普军团长的对话，呈现米龙老爹志气高昂的气度和杀敌前后的心理，然后在环境的变换中描写他杀敌的机智行为。最后仍以肖像描写表现他敢作敢为、视死如归的气概。而这一切描写始终围绕着一个普通百姓和一群武装到牙齿的侵略军的关系进行。各个角度的细致描写，各种方法的交叉使用，使米龙老爹这一爱国英雄的形象跃然纸上。

二、完整而多变的情节铺叙

与其他叙事文学样式相较，小说的情节可以做到更为完整，更具复杂性，更有连贯性，尤其是长篇小说，往往头绪纷繁，线索众多，错综复杂，跌宕回旋。

不仅如此，小说自身的发展，使其情节特点更为鲜明。古代小说比较注重故事的完整。情节一般按照开端、发展、高潮和结局来编排。作品依据人物的经历展开情节，铺叙一个个事件，构成完整的故事，为了使故事生动，作者还可穿插一些有趣的奇闻。其间，故事便等于小说的情节。十九世纪以来的小说，已不同于古代小说的故事体而更注重情节的完整：故事与情节不同，故事既可以是全部情节，也可以是情节的基础。故事是按时间顺序排列的事件的叙述。情节虽然也是事件的叙述，且保持了时间顺序，但重点在因果关系上并常常为事件因果关系的描写而打破表面的时间顺序。近现代小说不同于其他叙事文学样式的情节特点，恰恰表现在此。如鲁迅的《风波》，以七斤剪了辫子而引起的风波为基本情节，但作品并不注重剪辫子故事的叙述，而且九斤老太反复唠叨"一代不如一代"的事件，很难纳入剪辫子的故事，读者显然觉得作品的故事性不强。然而，这是一篇情节相当完整的小说。作品围绕剪辫子产生的风波安排情节，始述七斤的烦恼，继写七斤夫妇如何恐慌，而后描写一切复归原状；同时又始终隐约贯穿九斤老太感叹的情节，说明她对风波未闻未见，无动于衷，毫不关心。作品情节的两个方面，天衣无缝地交融一体，展示了风波乍起复平与九斤老太感叹的因果关系，从而一方面反映张勋复辟只是一场闹剧，昙花一现；另一方面则揭示了辛亥革命后中国的腐败现状和农民的愚昧落后，依然如故。

近现代小说，情节不但完整，而且多变，突出表现为打破故事情节的顺序结构，摒弃作品叙述人完整描述故事的单一方法，而通过不同角度，运用各种技巧，体现情节的完整。如《米龙老爹》，整体结构时空颠倒，米龙老爹的杀敌经过，则又在他被捕后追叙。情节并非叙述人从头至尾的描述，而是由人物对话、口供和叙述人的补叙组成。尽管情节没有按照时间顺序编排，但各种技巧的运用使作品体现了时序的连贯和情节的完整。甚或当代一些借鉴"意识流"手法创作的小说，表面上时空颠倒，过去、现在、未来，交杂无序，时代氛围、人物场所、具体环境，穿插叠映，但根据小说人物的意识流向和事件的因果关系可以发现，情节在变化中仍然是完整一体的。

三、具体而独特的环境描绘

人在一定的环境中生存、活动，事件也总是在一定的环境里发生、发展。所以，小说通常通过典型环境的具体描写，展开情节，刻画人物。一般来说，典型环境包括了人物所处的时代氛围、人与人之间复杂关系形成的社会环境和活动场所、自然景物等生活环境。

任何一部小说都脱离不了时代氛围的描写，因为现实主义小说描写的人物事件，必须在某一时代的具体背景下展开。一定的时代，规定了活跃其间的人物和发生其间的事件的特定性质,绝不可远离或超越。如《水浒传》在北宋末年的背景中,绝不可能塑造出曹操、刘备、孙权之类的形象;而《儒林外史》里范进、周进之类的人物,则绝不可能在三国纷争的时代背景中产生。小说艺术世界的时代氛围,首先是由背景描写体现的。当然,光有时代背景描写是不够的,小说必然还会展现人物所处的社会环境,这是刻画人物不可或缺的要素。如曹雪芹笔下的贾宝玉、林黛玉、薛宝钗等人物的塑造,与大观园的具体环境和贾府上上下下人物的描写有着不可分割的联系,没有后者,前者则无从凸显。环境描写的另一方面,是人物生存、活动的特定背景的展现。生活中,一个人的气质、品质,不仅仅在语言和行为中体现,人物生活的具体环境也可以显示人物的身份、情致和品格,小说便常常通过展示人物的独特环境,表现人物的个性和精神面貌;然而一个人并非只在固定的环境中活动,在社会交往和一定的矛盾运动中,人总会走出固定的环境,因之,小说又很注重描写人物行动的特定环境,及时衬托、显现人物的思想感情,加深人物的性格特征。

时代氛围、社会环境和人物活动的特定环境,三者往往水乳交融,密不可分,构成小说的又一特点:具体而独特的环境描绘,再现真实的生活氛围。

小说这三个方面的基本特点,不是各自孤立的,而是密切联系的。丰富而细致地刻画人物,必须借助情节的充分展开;具体而独特的环境描写,则给人物活动、情节铺叙营造了特定的氛围,三者互为作用,构成了小说世界。正因为如此,欣赏小说也就应该根据小说的基本特点,去把握作品的思想内容和艺术特色。

首先,应该把握环境与人物的关系。阅读一部小说,无论长篇还是中短篇,必须首先把握作品故事发生的时代背景、具体环境和人物生存的社会环境,使自己进入小说世界的规定情境。这样在欣赏过程中,才能理解作品描写的生活、风俗和习惯,理解人物的行为、思想和事件的性质,并在读完作品后,能够判断作品描写的生活、人物是否真实可信,作品的思想内容在当时是否具有进步意义。假如欣赏者不能进入小说世界的规定情境,那就容易误解作品,作出不正确的判断。譬如《麦琪的礼物》,故事的背景是在二十世纪初美国垄断资本势力急速发展的时期,资本家对工人残酷压榨,造成了贫富差距日益悬殊。故事发生于这一背景下的圣诞节前夕,在一对贫穷的恩爱夫妻之间展开。欣赏者把握了这一点,才能理解人物拮据窘迫的境况,才能理解人物心地善良、感情纯洁、能够自我牺牲的品质,从而认识到作品的思想意义,否则,就只会感到小说人物的可笑,而不能体会到作品内在的悲和愤。

其次,应该把握情节与人物的关系。欣赏小说,读者很容易被故事情节牵引,以致忘了人物。其实,除了部分推理小说、科幻小说着重表现情节和事件外,近现代绝大多数小说都以塑造人物为主。因此,欣赏小说不能满足于对故事情节的一般了解。情节是展示人物性格的重要方面,欣赏小说也就不得不时常提醒自己注意人物在故事情节发展中的各种表现,各种人物在情节发展各个环节的主次地位和情节跌宕起伏与人物的关系。这样才能理解情节始自人物而发生发展的必然性和表现人物性格、人物关系的重要性。欣赏小说若不认识到这一点,那读情节性强的作品,或许尚有故事可得,而读情节淡化的作品,则会一无所获。

譬如老舍的《断魂枪》中王三胜与孙老者比武的情节,光读故事,容易停留在对比武经过的欣赏上,至多对两人的不同性格有所了解。如果能够思考作品全部情节的发生和归结与人物的关系,那便能深一层地认识到,这段情节还为刻画沙子龙的形象起了不可或缺的铺垫作用。又如契诃夫的《苦恼》,全部情节展开过程,几乎没有故事性,但若欣赏者注意情节与人物的关系,便能理解前三段马夫对人倾诉的情节与后段对马倾诉的情节相对照,对于刻画马夫的心态和反映社会的冷漠是何等重要。

再次,应该把握人物与人物的关系。小说是个世界,喻之于精湛的长篇小说尤为贴切。优秀的长篇小说总会展现出具有典型意义的社会关系的缩略图,三教九流,芸芸众生,活跃在其间,主要人物、次要人物,互为联系,互为牵制,互为作用,形成复杂的人物关系。因之,欣赏小说应该注意从重大事件里人物各种表现的描写中,发现人物与人物之间的微妙关系,进而认识各色人物的不同性格和思想特征,理解故事情节的深层含义。如在"宝玉挨打"的事件中,贾府上自贾母、贾政,下及焙茗、聋婆,主次人物先后登场:打的、挨打的,凶的、恶的、哭的、闹的、气的、急的、慌的、骂的、喊的、怕的、恨的、叹的、怜的,先硬后软的、先劝后怨的、先诬后悔的、先骂后哭的,各人各姿,声口毕肖。欣赏者能在各人迥异的话语、态度、举止表现的描写中,窥得不同人物的身份、地位和个性特点,发现不同人物与贾宝玉亲近疏远或形亲实疏、形疏实亲的关系,并从不同人物对宝玉挨打一事的反应,认识各人不同的思想感情立场,从而理解这一事件具有的思想意义和对刻画人物、推动情节、表现作品主题所起的重要作用。

此外,欣赏小说还可从各种角度品味小说刻画人物、铺叙情节和布局结构的各种艺术技巧,诸如肖像勾勒、心理摹绘、细节点睛、对话妙语、伏笔技巧和构思匠心等,都可以程度不同地收到审美的效果。

思考与练习

真题再现。

判断题

【2021年】1. 环境是小说人物活动的舞台和事件发生的场所。　　　　　　　　　　（　　　）

【2022年】2. 明代短篇小说的主要形式是拟话本。　　　　　　　　　　　　　（　　　）

附 录

中国文学史概述

中国文学历史悠久,源远流长。先秦诗骚、两汉大赋、六朝骈文,以及唐诗、宋词、元曲、明清小说,我们的祖先创造了一代又一代灿烂的文学景观。

一、先秦秦汉文学

(一) 先秦文学

先秦文学即秦始皇统一中国之前上溯至远古时期的文学,包括原始社会(从远古到传说中的尧、舜、禹时代)、奴隶社会(夏、商、西周、春秋时代)和封建社会确立的战国时代的文学。由于春秋以前书写文学留存不多,现存先秦文学作品多产生于春秋战国时期。

从文体来看,春秋战国时期的文学可分为两大类型,即韵文文学的《诗经》、楚辞,散文体制的历史散文和诸子散文。

《诗经》是我国第一部诗歌总集,收录了三百零五篇作品。《诗经》按乐曲的不同而分为风、雅、颂三类。《诗经》在艺术上采用赋、比、兴的表现手法,赋即铺陈直叙,比就是打比方,兴则是感物起兴。《诗经》的精华是《国风》和《小雅》中的民间诗。其中既有苦难的农奴之歌,也有或哀伤或慷慨的战争徭役诗。既有男女相思相恋的婚恋情诗,也有被弃女子无尽感伤的弃妇诗。这些诗是老百姓的口头歌唱,内容紧扣民众生活,基调健康,风格淳朴。《诗经》的写实主义传统和赋比兴的艺术手法对后世中国诗歌创作和理论构建都产生了广泛而深远的影响。

"楚辞"本义是楚人或楚地的歌辞,后来特指一种具有浓厚地方色彩的诗体。楚辞的篇制宏伟繁复,一般以六言、七言为主,长短参差,灵活多变,多用语气词"兮"字。楚辞的代表作家是屈原,他一生尽心国事,却遭谗被疏,流放边荒,最终蒙冤自沉汨罗江。忠怀见屈的无尽幽怨,理想失落的无奈感伤,坎坷不平的生命遭际,凝成了屈原笔下壮丽多姿的楚辞诗章。代表作《离骚》是我国古代文学史上最宏伟壮丽的长篇抒情诗。楚辞与《诗经》并称"风骚",成为中国古典诗歌艺术两大源头。

我国古代史官文化十分发达,商代已有了专司记事的史官,先秦时期的史家记事之文已有发展,其对后世文学的影响十分深远。先秦历史散文中,《尚书》是我国第一部历史文献,《春秋》开创了历史散文编年纪事的叙事模式,二者奠定了我国历史散文记言、记事的体例。《左传》是我国第一部叙事详赡的编年体史书,《国语》开创了国别体的叙事体例。二书标志着历史散文的成熟。《战国策》以记战国游士策谋为中心,是先秦历史散文中文学价值最高的一部。

先秦诸子散文，也表现出渐次演进的过程。春秋时期的《论语》《墨子》，均为语录体，语约义丰。战国时期的《孟子》《庄子》，不仅文辞繁复，而且说理畅达，已表现出专题论说文倾向。战国末期的《荀子》《韩非子》，说理透辟，论证严密，已是成熟的论说文。诸子散文中，《庄子》的文学性最强，富有浪漫色彩。

（二）秦汉文学

秦因暴政，至二世而亡，且秦始皇焚书坑儒，士阶层文化创造精神遭受摧残，故秦代文学几乎一片空白。值得一提的是李斯的《谏逐客书》，笔力恣肆，富于文采，但该文作于秦统一前，属于战国后期作品。

汉代疆域统一，国力强大，是我国历史上最强大的封建王朝之一。汉代统治者汲取秦亡教训，尊重儒学，优礼文人，采取了一系列有利于文学发展的措施，汉代文学因此而获得了蓬勃发展。

赋是汉代文学最具代表性的样式。战国后期荀子的《赋篇》当为这一文体之滥觞。其后在发展中，汲取楚辞、战国纵横之文主客问答的文学表达形式和铺张扬厉的文风、先秦史传文学的叙事手法，从而形成一种介于诗歌与散文之间、韵散兼行的新型文学体制。

汉初赋作，多是祖述楚辞体制的骚体赋；汉武帝时期，枚乘的《七发》，奠定了汉大赋的形式格局。司马相如《子虚赋》《上林赋》则代表了赋体文学的最高成就。西汉后期赋体文学的代表作家是扬雄，所作《甘泉赋》《羽猎赋》等因事而作，颇富讽谏意义。东汉班固是赋体文学由全盛走向没落的最后一个代表性的作家，所作《两都赋》运用征实与夸张相结合的笔法，叙写长安、洛阳的城市布局和风貌，甚富创新意义。汉末抒情小赋日渐兴起，代表性的作家作品有张衡《归田赋》、赵壹《刺世疾邪赋》等。

汉代散文成就最高的是历史散文。"史家之绝唱，无韵之离骚"的《史记》是我国第一部纪传体通史，作者司马迁开启了传记文学的新纪元，代表了两汉散文的最高成就。东汉班固的《汉书》记录西汉历史，是我国第一部纪传体断代史。《史记》《汉书》可说是汉代历史散文的两部巅峰之作。

汉代论说体散文承先秦诸子散文余绪，形式上并无大的突破。西汉初贾谊的《过秦论》和晁错的《论贵粟疏》，是汉代论说体散文中的两篇力作。

汉代文学中最有价值的是乐府诗。乐府是自秦朝就已设立的国家音乐机关。汉承秦制，汉武帝时扩大乐府规模，乐府除制作雅乐外，兼采各方乐歌。宋人郭茂倩总集汉至唐乐府诗而成《乐府诗集》。《陌上桑》与《孔雀东南飞》为乐府诗杰作。

汉代，兴起于民间的五言诗逐渐受到文人阶层的关注。《古诗十九首》或写游子仕途失意的苦闷与悲哀，或写离人相思之苦，代表了汉代文人五言诗的最高成就，被称为"五言之冠冕"。

二、魏晋南北朝文学

魏晋南北朝，文学已逐渐摆脱了对"经学"的依附，成为一个独立的门类。所以有人将这一时期称为文学自觉时代。具体表现在文学创作与理论方面，一是文人诗歌创作获得长足发展，二是辞赋创作骈文化和小说创作的虚构性倾向，三是文学理论和批评渐趋繁荣。

文人诗歌是魏晋南北朝文学的大宗，其发展大致经历了三个阶段。第一个阶段是建安、正始时期。文学史上的建安（汉献帝年号）文学包括建安年间和魏朝前期的文学。这一时期活跃于文坛的主要是三曹（曹操、曹丕、曹植）、七子（孔融、王粲、陈琳、刘桢、徐干、阮瑀、应玚）和女诗人蔡琰。他们的作品具有"慷慨以任气"的共同时代特征，这就是后人所说的"建安风骨"。"七子"中最有成就的作家是王粲。

正始是魏齐王曹芳的年号，文学史上多以"正始文学"泛指魏朝后期文学。这一时期正处魏晋易代之际，司马氏为排除异己而血腥屠杀，形成恐怖的政治气氛，带来这一时期明哲保身、逃避政治、归隐园林的玄学思潮，文学风尚也由建安风骨的慷慨悲歌，一变而为"竹林七贤"（嵇康、阮籍、王戎、阮咸、山涛、刘伶、向秀）高蹈世外的隐者追求。嵇康、阮籍是"七贤"中成就最高的作家。

第二个阶段是西晋、东晋时期。西晋武帝太康前后，文坛呈现繁荣局面。这一时期的代表作家有三张（张载、张协、张亢）、二陆（陆机、陆云）、两潘（潘岳、潘尼）、一左（左思），然而他们的作品形式华美，诗风柔靡。唯左思之作，多抒寒士阶层的磊落不平之气，颇能接续"建安风骨"，所以钟嵘《诗品》誉之为"左思风力"。东晋时期，"理过乎辞"的玄言诗渐成主流。晋宋易代之际的伟大作家陶渊明，其诗平淡自然，意境高妙，开创了"田园诗"这一崭新的诗歌园地，对唐代的山水田园诗派有直接影响。

第三个阶段是南朝宋齐梁陈时期。谢灵运、谢朓的山水诗创作，以山水自然为独立的审美对象，丰富了中国诗歌的题材内容，加强了诗歌的艺术表现力。鲍照的七言歌行体，为七言体诗的发展拓宽了道路。

与南朝政权对峙的北朝，文化上却甚为荒凉。梁朝末年庾信北渡，其诗劲健浑灏，对唐代诗歌发展具有开启作用。

除文人诗歌外，南北朝时期的乐府民歌也有新的发展。由于南北文化风尚、地域风俗的不同，民歌的题材风格迥异。南朝乐府清新婉媚，多写男女情思，代表性的作品如《西洲曲》《子夜歌》等；北朝乐府刚劲苍凉，多是马上征战之曲，代表性的作品有《敕勒歌》《木兰诗》等。

魏晋南北朝时期骈文盛行，尤其是齐梁时期，无论是抒情写景之作，还是书启铭诔一类的应用文字，几乎都用骈体。骈文的流行，也带来辞赋创作的骈文化，这种骈文化的辞赋被后人称为俳赋。代表作品有江淹《恨赋》《别赋》、庾信《哀江南赋》等。

魏晋南北朝时期是小说形成和发展的一个重要时期。志怪小说的代表性作品是干宝的《搜神记》，笔记小说（也称轶事小说）的代表性作品是刘义庆的《世说新语》。

文学的繁荣也带来文学批评的兴盛，魏晋南北朝时期出现多部杰出的文学理论著作，如（魏）曹丕《典论·论文》、（西晋）陆机《文赋》、（梁）刘勰《文心雕龙》、（梁）钟嵘《诗品》等，还有（梁）萧统（昭明太子）《文选》、（陈）徐陵《玉台新咏》等文学总集。刘勰《文心雕龙》是中国文学理论批评史上划时代的著作，为建立完备的中国文学理论体系奠定了坚实的基础。

三、隋唐五代文学

隋代存国三十余年,文学总体成就不高。

唐代是中国封建社会最为辉煌的时代。唐代文学获得了全面的繁荣和发展。

唐代文学的最高成就是诗,它被王国维称为"后世莫能继焉者也"的"一代之文学"(《宋元戏曲史》)。唐诗的发展,大致可分为初、盛、中、晚四个阶段。初唐约一百年,是唐诗繁荣到来的准备阶段。高宗时"初唐四杰"王勃、杨炯、卢照邻、骆宾王崛起,他们将诗歌从宫廷台阁移到市井社会、边关塞漠,扩大了诗歌的表现内容;将北朝文学的刚健之气与南朝文学的清柔之风相融合,荡涤了六朝以来弥漫诗坛的靡靡之音。其后沈佺期、宋之问在前人探索的基础上,创造出一种既有固定程式又有广阔创作空间的新体诗——律诗。与沈、宋同时的陈子昂,标举"汉魏风骨",提倡"风雅兴寄",为唐诗的进一步发展确立了方向。正是上述诸家的不懈努力,为盛唐诗歌的繁荣和发展奠定了基础。

唐玄宗开元、天宝年间,是唐代社会高度繁盛且极富于艺术气氛的时期。这一时期的诗坛名家辈出,佳作如林,形成了后世学界极度艳羡的"盛唐诗风"。大诗人李白和杜甫无疑是盛唐"众星"中最为璀璨的双子星座。李白之诗以雄肆奔放的气势、奇特瑰丽的想象、飘逸不群的风格、清新自然的语言,抒写其济世拯物、忧怀民艰的理想抱负和傲视权贵、高蹈世外的胸襟品格,集中表现了盛唐时期的精神风貌。这在其《将进酒》《行路难》等诗作中有突出表现。杜甫之诗号称"诗史",其"三吏""三别"之作,是"安史之乱"前后社会现实的真切记录。忧国忧民的沉痛情感,乱世漂泊的生命感叹,圆熟生新的语言锤炼,形成杜甫诗歌"沉郁顿挫"的风格。李、杜之诗,代表的不仅是盛唐,也是整个中国古典诗歌的最高成就,其流风余韵,泽被后世,影响深远。在盛唐诗坛上,还有两个著名的诗歌流派:一是以王维、孟浩然为代表的山水田园诗派;一是以高适、岑参、王昌龄为代表的边塞诗派。

"安史之乱"后的五十年,史称中唐,是继盛唐之后诗歌的又一繁荣时期。不仅诗人诗作数量超过前期,而且流派纷呈,风格各异,不亚盛唐。自大历至贞元中,"大历十才子"腾跃诗坛。另外还有元结、顾况等人的乐府古体。贞元后期至长庆年间,元稹、白居易发起的"新乐府"运动,明确提出"文章合为时而著,歌诗合为事而作"的创作主张,强调诗歌的"美刺"作用。不同于元、白之作的浅易适俗,韩愈、孟郊等人则力求古奥奇崛,形成奇险诗派。此外,李贺的奇诡绮艳、刘禹锡的沉着俊朗、柳宗元的峻洁清新,均各具风格,别开生面。

唐王朝灭亡之前的八十年,衰颓的国势为这一时期的诗歌蒙上一层浓重的感伤情绪。晚唐最有成就的诗人是李商隐和杜牧,并称"小李杜"。李商隐的诗感怀时事,思绪绵密,境界朦胧;杜牧的咏史诗作,借史写实,寄寓幽深,情境凄迷。

初盛唐时期,骈文统治文坛,虽遭到陈子昂等人的反对,却未能转变局面。中唐时期,韩愈、柳宗元等人以复兴儒学相号召,力倡古文,发起并领导了一场革新文体的古文运动。韩愈的"不平则鸣"说、柳宗元的"辅时及物"说,强调文章创作的社会干预意识和批判精神，丰富了古文创作的内容，而"陈言务去""气盛言宜""文从字顺"等主张，又从形式层面为古文创作确立了规范。韩文以雄横奇崛见长，其论说之作，析理严密，笔势横放；记人之文，仿史迁之笔而犀利透辟。柳文以精深峻洁见胜，其寓言之作，文字简洁传神，富蕴哲理；传记之文，或叙或议，或骈或散，均缘情而发，跌宕有致。山水游记是柳文之精品，写景状物，绘声绘色，形成柳氏山水游记"凄神寒骨"的独特品格。晚唐时期，还出现了散文化的赋。杜牧的《阿房宫赋》首开文赋风气。

诗文之外，小说在唐代也获得了长足发展。唐人传奇小说题材多取自现实生活，其中以爱情小说的成就最为突出，代表作品如陈玄祐《离魂记》、沈既济《任氏传》、白行简《李娃传》、元稹《莺莺传》、蒋防《霍小玉传》等。此外，梦幻题材作品如李公佐《南柯太守传》、沈既济《枕中记》，历史题材作品如陈鸿《长恨歌传》等，也是颇受时人推赏的名篇。

隋唐之际，西域及外国音乐大量传入中土，与中原音乐相结合形成"燕乐"。词是唐代随燕乐而兴起的新诗体。初盛唐时期，词主要流行于民间，敦煌曲子词是现存最早的民间词。中晚唐时期，清新活泼的民间词开始引起文人的关注，文人词作日渐繁多。如张志和、白居易、刘禹锡、温庭筠等均有词行世。五代时期，词体创作形成西蜀和南唐两个中心。西蜀词家多沿袭温庭筠香软词风，后蜀赵崇祚编有《花间集》，这是我国第一部文人词集，收作者 18 人，词 500 首。后人遂将这些西蜀词家统称为"花间词派"，其中成就最高的是韦庄。南唐词人主要有冯延巳、中主李璟、后主李煜。五代词人中成就最高的是李煜。其国亡后所作之词，于今昔对比、伤春悲秋感慨中寄寓亡国之恨、故国之思，扩大了词的题材，洗脱了花间词的脂粉之气，为五代词向宋词的发展转型奠定了基础。

四、宋辽金元文学

(一)宋代文学

诗歌至唐虽已达顶峰，但是宋人另辟诗道"蹊径"，恰如南宋诗歌理论家严羽《沧浪诗话》所指出的："以文字为诗，以才学为诗，以议论为诗。"唐人诗歌重情致，宋人诗歌重理趣；唐人诗歌多想象，宋人诗歌多议论；唐人诗歌注重意象，宋人诗歌强调才学。

宋初诗坛，作家多尊唐音，如效仿白居易的"白体"，追摹贾岛、姚合的"晚唐体"，模仿李商隐的"西昆体"等，成就不高。北宋中期，欧阳修以其横放才华和人格魅力成为文坛盟主，发起了一场旨在涤荡浮靡文风重构文学风尚的诗文革新运动。北宋诗文革新运动的领袖是欧阳修；北宋诗坛影响最大的两位诗人是苏轼和黄庭坚。苏轼的诗歌创作成就最高。他的诗题材广阔，几乎无所不包，各体兼备。北宋后期，以黄庭坚成就最高。黄庭坚的诗，宗尚杜甫，瘦硬生新，而追步其风范者众，如陈师道、韩驹等，因黄氏为江西(宋时的江南西路)人，后人遂将他们统称为江西诗派。南宋初期，主要是江西诗派诗人主持诗坛。

南宋中期，尤袤、杨万里、范成大、陆游被后人称为"中兴四大诗人"。其中陆游成就最高，是宋代最伟大的爱国诗人。陆游存诗 9300 余首，批判南宋小朝廷的妥协投降政策，抒写抗金复国的民族情怀，是其诗作的主旋律，其诗风格豪健俊朗。代表作如《关山月《书愤》等。杨万里的诗,师法自然,幽默活泼,人称"诚斋体"。范成大的诗,寄情田园,温润精工。南宋后期,中兴之梦的破灭,偏安承平的现实,使爱国题材诗作渐趋消歇,代之而起的是逃避现实、怡情山水的江湖诗派和"永嘉四灵"诗人。只是在宋代亡国之际,文天祥、汪元量等爱国诗人的出现,为宋代诗歌画上了一个刚劲的句号。

词至宋代走向鼎盛,成为宋代文学的标志。宋初词坛沿袭晚唐五代花间词风,所作仍是樽前月下,伤春怀旧,代表作家如晏殊、张先等,但也有例外,如范仲淹之词,其名作《渔家傲》写边关荒凉与戍卒之叹,开豪放词风之先河。宋初词坛于词体发展做出突出贡献的是柳永。其所作或描都市风光(《望海潮》),或叹羁旅行役(《雨霖铃》《八声甘州》),或写市井青楼(《定风波》),拓展了词体的题材空间。更重要的是所作多为慢词,一改词坛小令一统天下的创作格局,且用铺叙白描之法,写景抒情,不避俗语。这种富蕴平民色彩的词作,很快赢得了广大民众的喜爱,以至"凡有井水饮处,即能歌柳词"(叶梦得《避暑录话》)。北宋中期,欧阳修的词作,虽仍不过写伤春怀人,然清新亮丽,尽洗五代脂粉绮罗之气。苏轼之词,题材上"无意不可入,无事不可言"(刘熙载《艺概》),扩大了词的题材范围,突破了词必香软的樊篱,他以写诗的豪迈气势和劲拔笔力来写词,创立了与传统婉约词风迥不相侔的豪放词派。北宋后期,词坛上活跃的重要词人有秦观、晏几道、贺铸、周邦彦等。秦观之作凄婉哀怨,晏几道之作语淡情深,贺铸之作秾丽精致,周邦彦之作融合诸家之长,以格律谨严而著称。

南宋初期,李清照、张元干、朱敦儒等南渡词家,抒写国破家亡的生命沉痛。其中,女词人李清照以其女性敏感细腻的心理感受着时代风雨,使得她的词形成了鲜明的个人特色。前期的词多写对爱情尤其是离别相思之情的感受。南渡后,一变往昔词作的闺门闲愁而为家国沦亡之痛,《永遇乐》(落日熔金)、《声声慢》等,将乡关之思、身世之苦、丧失亲人的悲哀和理想破灭的失望等贯注笔端,感人心魄。南宋中期,以辛弃疾为代表,陈亮、刘过等人为羽翼的辛派词人,踵武苏轼,在天崩地坼的时代巨变影响下,紧密结合关系民族命运的斗争现实,发为英雄豪杰的慷慨悲歌,使词的创作进入了一个崭新的境界。南宋最伟大的爱国词人当推辛弃疾。在两宋词家中,辛弃疾作词最多,存世词作600多首。他的词不受音律限制,题材广泛,风格多样,而以豪放为主,与苏轼接近,世称"苏辛"。苏轼"以诗为词",辛弃疾则"以文为词",词作笔法有别。南宋后期,姜夔、吴文英、王沂孙等上承周邦彦词余绪,审音度律;刘克庄、刘辰翁、文天祥等人绍接辛派词风,刚劲凌厉。然所作已乏新鲜活力,宋词随着南宋小朝廷的覆灭而走向衰歇。

宋代散文较唐代更为繁荣,后人所谓"唐宋八大家"之说,宋代占有其中之六。宋初散文沿袭晚唐五代浮艳文风,成就不高。北宋中期以欧阳修为首的文人集团掀起诗文革新运动,既推崇唐代韩、柳言之有物朴素流畅的古文,但也反对道统文学观过于重道而轻文的偏激主张。欧阳修等人创作的大量优秀散文,为其时乃至后世文坛树立了光辉的典范。作为文坛盟主,欧阳修是宋代散文的奠基人;苏轼之文代表了宋文的最高成就。

话本小说是在宋元时期城市中"说话"技艺日渐兴盛的背景下产生的。代表性的作品有《三国志平话》《碾玉观音》《错斩崔宁》等。

宋代大都市的瓦肆、勾栏中，还有专供剧场演出的戏曲，当时称为"杂剧"。宋杂剧"大抵全以故事，务在滑稽，唱念应对通遍"（吴自牧《梦粱录·妓乐》），已经是比较成熟的戏曲艺术了。宋杂剧的民间流播，为后来元代杂剧的全面繁荣奠定了基础。

（二）辽金文学

辽、金文坛甚为寂寞。辽代能文之士多是皇室后妃，其中以辽道宗及其皇后萧观音较有成就。金代作家中，以元好问成就最高，其作于金元易代之际的诗词，苍凉激愤，雄爽峻拔，颇有老杜之风。此外，金代的说唱文学对南方文坛和后来的元代文学产生了深远影响。金代董解元的《西厢记诸宫调》（简称《董西厢》），铺演唐人元稹《莺莺传》传奇故事，改崔、张爱情悲剧为私奔结合的喜剧，歌颂了真纯爱情，批判了陈腐婚姻观念，为元人王实甫《西厢记》的成功创作奠定了基础。南方的宋杂剧流传到金朝，称为院本。院本的主流也是滑稽小戏，表演体制与宋杂剧没有太大的差别。但金院本的流播，也为后来元杂剧的繁荣提供了艺术营养。

（三）元代文学

元代在中国文学发展过程中是一个新的转折时期。杂剧、散曲、小说等俗文学在元代获得了长足的发展，而传统雅文学圈中的诗歌、散文等却甚为寥落。雅俗文学的这种调适自是元代都市经济繁荣带来的市民文化勃兴使然。

元杂剧是在宋金杂剧、院本、诸宫调等说唱艺术基础上形成的比较完善的综合性的表演艺术，因其主要用北方乐曲演唱，故又称"北杂剧"。它的出现标志着中国戏曲艺术走向成熟。

元代的杂剧创作和演出十分繁盛。钟嗣成《录鬼簿》记载，元代有姓名可考的杂剧作家 80 余人，杂剧 458 本。元杂剧的兴盛不仅表现为作家作品数量多，还表现为这些作品中不乏精品和绝唱，产生了许多大家与名作。关汉卿是元杂剧的奠基人和前期剧坛的领袖。他与马致远、白朴、郑光祖并称为"元曲四大家"。他的《窦娥冤》《单刀会》《救风尘》等剧作，直到今天仍活跃在戏曲舞台上。王实甫《西厢记》被认为是元杂剧的压卷之作。《王西厢》突破了《董西厢》及其他传统"西厢"故事"怜才爱色"式的才子佳人陈套，鲜明地提出一个进步的婚姻理想："愿普天下有情的都成了眷属。"这个口号是对封建婚姻制度的大胆挑战，代表了广大青年男女的愿望，表现出爱情至上的倾向，达到了此前此后的爱情剧所不可企及的思想水平。当代论者将它与关汉卿的《拜月亭》、白朴的《墙头马上》、郑光祖的《倩女离魂》并称为元曲"四大爱情剧"。

北曲杂剧在元末渐趋式微，这时一直活跃于南方民间的南曲戏文——南戏日渐兴盛起来。在传世的十多种南戏剧本中，元末明初流行的《荆钗记》《刘知远白兔记》《拜月亭》《杀狗记》四大南戏（简称为"荆刘拜杀"）和高明的《琵琶记》最为著名。

散曲是金元时期流行乐曲的曲词，"散"是相对于元杂剧整套剧曲而言的。散曲在形式上分为小令和套数两种。小令又叫"叶儿"，是单支小曲，只用一个曲牌，且一韵到底。小令还包括"带过曲"，它由同一宫调里习惯连唱的两支或三支曲调组成。套数又称散套、套曲,是由两支以上属于同一宫调的曲子联合而成的组曲。套数要求一韵到底,一般都有尾声。元散曲的发展以元成宗大德年间(1297—1307)为界分为前后两个时期。前期散曲作家以关汉卿、马致远最为著名。后期散曲代表作家是张可久、乔吉。

正统诗文在元代远逊唐宋。较有成就的作家有许衡、刘因和被称为"元诗四大家"的虞集、杨载、范梈、揭傒斯等。

五、明清文学

(一) 明代文学

明代前期百余年间,元明易代的战乱之痛尚未弥合,明成祖朱棣发动的"靖难之役"(1399—1402)又添新伤,尤其是前期统治者为剪除异己的血腥屠戮和对文士阶层的高压政策,导致这百余年的文坛了无生气。诗文创作上,由元入明的"明初三大家"宋濂、刘基、高启,因其丰厚的人生阅历,发笔为文,不乏佳制。永乐至成化年间,以"三杨"(杨士奇、杨荣、杨溥)为代表的"台阁体"流行文坛,所作歌功颂德,道学气浓厚。弘治、正德年间,以李梦阳、何景明为首的"前七子"标举"文必秦汉,诗必盛唐"的口号,将文学创作引向复古歧途。

成书于元末明初的罗贯中《三国志通俗演义》和施耐庵《忠义水浒传》,为这个沉闷的文学时代增添了光彩。《三国演义》开长篇章回体历史演义小说之先河。作者以宏大的结构,曲折的情节,"陈叙百年,该括万事"(明高儒《百川书志》),所叙故事起于184年黄巾起义,终于280年晋武帝灭吴,差不多描写了整整一个世纪的历史。而该书"七实三虚"的史料改编模式和"文不甚深,言不甚俗"的语言表述,为后世历史演义小说树立了典范。

施耐庵综合各类民间题材,加工整理而成一部杰出的长篇白话小说《水浒传》,奠定了长篇章回体英雄传奇小说的叙事风范。

明后期自嘉靖朝始,社会经济得到恢复并迅速发展,都市经济繁荣,市民阶层壮大,而这一时期哲学上王阳明"心学"思潮和王学左派李贽等对人性人情的张扬,为文学的全面繁荣提供了条件。

诗文创作上,嘉靖、隆庆时期,以李攀龙、王世贞为代表的"后七子",重揭李梦阳、何景明等人的文学复古"旗鼓"。针对前后七子的盲目复古,嘉靖年间,王慎中、唐顺之、茅坤、归有光等,提倡唐宋古文,文学史上称他们为唐宋派。唐宋派作家中成就最高的是归有光。万历年间,湖广公安(今属湖北)人袁宗道、袁宏道、袁中道三兄弟,主张"独抒性灵,不拘格套",提倡一种具有时代性、个人性、真实性,能够表现内在生活情感与欲望的文学,沉重打击了复古文风,史称"公安派"。公安派成就最高的作家是袁宏道。晚明时期,灵便鲜活、真情流露的"小品文"盛行于文坛,以张岱成就最高,其《西湖七月半》是后人广为传诵的名篇。

从正德、嘉靖年间开始,民间戏曲演出繁兴,形成海盐、余姚、弋阳、昆山四大声腔为代表的南曲诸腔竞相争唱的局面。嘉靖时期,江苏昆山人魏良辅又改革昆腔,戏曲创作出现繁荣局面。不过,此后文人们创作的与宋元南戏一脉相承的长篇戏曲,学界称为传奇,以有别于短篇的杂剧。问世于这一时期的李开先的《宝剑记》、传为王世贞所作的《鸣凤记》和梁辰鱼的《浣纱记》,标志着明代传奇的第一个高潮。从万历初到明末(1573—1644)的七十年间,传奇创作出现了全面繁荣局面,许多著名作家都出现在这个时期。汤显祖是明代最杰出的戏曲家,其所作《牡丹亭》通过描写花季少女杜丽娘由生入死、死而复生的爱情追求,对封建礼教"存天理,灭人欲"的扼杀人性的罪恶进行了尖锐的批判,代表了时代的历史的进步精神与呼声。细腻逼真的心理描写,纤丽缥缈的曲词表达,出入人间、梦幻和幽冥三种境界的奇幻色彩,更为该剧增添了无穷的艺术魅力。

明中后期出现的小说创作高潮,引发了历史演义和英雄传奇小说的创作热潮。而万历年间问世的吴承恩《西游记》和托名兰陵笑笑生的《金瓶梅》,又开辟出神魔小说和世情小说两大小说题材类型。

明代后期白话短篇小说的主要形式是拟话本。所谓拟话本,即文人模仿宋元话本体制而创作的主要供案头阅读的作品。代表作是冯梦龙改编创作的"三言"(《喻世明言》《警世通言》与《醒世恒言》三部小说集的总称)和凌濛初创作的"二拍"(《初刻拍案惊奇》与《二刻拍案惊奇》)这两部拟话本小说集。

(二)清代文学

清代前期顺治(1644—1661)、康熙(1662—1722)、雍正(1723—1735)三朝的近百年间,文学创作表现出繁盛局面。清初诗文中,以明朝遗民作家成就最高。明清鼎革之际,清兵在江南的血腥屠杀和之后清廷对文人的高压政策,对这一时代的文人产生了悲剧性的影响,这一时期的文学,几乎都深蕴着家国沦落之悲、侘傺失意之痛。如顾炎武、屈大均、魏禧等人的作品中,多具深沉的故国之思和兴亡之叹,即使是屈节降清的吴伟业、钱谦益等人,其作品中也不乏明清动荡现实的深刻反思之作。康熙时诗坛主将王士禛(后因避雍正皇帝讳而作"禛")标举"神韵说",创作力求"超脱",诗文创作渐次出现脱离现实的倾向。清初词坛也甚为繁荣,以陈维崧为代表的阳羡词派,宗法苏(轼)、辛(弃疾);以朱彝尊为代表的浙西词派,模仿姜(夔)、张(炎),成就均不甚高。唯满族词人纳兰性德,多直抒胸臆之作,卓有成就。散文方面,清初重要作家有魏禧、侯方域、汪琬,被称为"清初三大家"。

清代戏曲方面,洪昇的《长生殿》、孔尚任的《桃花扇》,代表了清代传奇的最高成就。戏曲理论上,李渔所作《闲情偶寄》,其中有关戏曲创作与表演的论述,是对一直处于零散状态的中国戏曲理论的一次系统总结。

清初小说中,文言短篇小说独放异彩,出现了蒲松龄的集古代志怪、传奇之大成的文言短篇小说集《聊斋志异》,该书"用传奇法,而以志怪"(鲁迅《中国小说史略》),赋予花妖狐魅以人性人情,令人不觉其可怖可憎,反觉其"和易可亲"。其中如《婴宁》《连城》等,是广为传诵的名篇。

文言短篇小说在清代中期以后多是模仿《聊斋志异》之作,纪昀《阅微草堂笔记》追摹汉魏六朝笔记小说质朴淡雅文风,别具风范。

长篇章回小说中,《儒林外史》"以功名富贵为一篇之骨"(闲斋老人《儒林外史序》),"戚而能谐,婉而多讽"(鲁迅《中国小说史略》),语言明净、精练,准确生动,且富于机趣,是中国古代讽刺小说的典范之作,对后来晚清遣责小说产生了深远影响。

《红楼梦》是中国古代小说史上成就最高的小说。这部旷世杰作以贾府的兴衰过程为背景,以贾宝玉、林黛玉、薛宝钗三人的爱情纠葛为中心,不仅写出了传统封建伦理信条扼杀人性人情导致的爱情悲剧,而且通过贾、王、史、薛四大家族的荣损与共,从更为深广的意义上批判了腐朽的封建制度,揭示了封建社会走向灭亡的必然趋势。《红楼梦》的艺术表现也是美轮美奂的,人物众多而人人有其神韵,结构布局浑然天成,语言表达具有"追魂摄魄"之魅力。

嘉庆、道光时期,小说创作逐渐衰落,所作或模仿《红楼梦》,或借小说以炫才学,唯李汝珍《镜花缘》借奇国异闻以针砭现实,颇有新意。

清中叶以后的诗歌领域,先是受王士禛"神韵说"影响,继之又有沈德潜"格调说"、翁方纲"肌理说"、袁枚"性灵说",众"说"纷纭。具体创作或宣扬封建礼教,或以考据为诗,唯郑燮、蒋士铨、黄景仁等不为种种主张所囿,写出过一些颇具个性的优秀诗篇。

散文方面,桐城派的散文理论和创作一直影响到清末。桐城派的代表人物是安徽桐城人方苞、刘大櫆、姚鼐,他们主张散文创作"义以为经,而法纬之",提出义理、考据、辞章三者交互为用的理论。由于他们过度强调文章的道德内涵,以宣扬程朱理学为己任,故所作散文内容上道学气浓厚,但一些叙事写景的散文,简洁雅驯,颇多佳制,如方苞《狱中杂记》、姚鼐《登泰山记》等。此外,骈文在清中叶后也走向复兴,代表作家是汪中,所作《哀盐船文》写仪征船难,凄楚动人,是骈文中的精品。

六、近现代文学

(一) 近代文学

自 1840 年鸦片战争至 1919 年五四运动近八十年的历史被学界称为近代。近代文学的发展,大致可以 1898 年维新变法和 1911 年辛亥革命为界而分为前、中、后三个时期。

自鸦片战争至戊戌变法前的四五十年间,诗文成就较高,尤其是龚自珍、魏源等封建开明人士的诗文创作,揭开了近代文学新的篇章。杰出的启蒙思想家龚自珍是首开近代文学新风气的人物。

自戊戌变法至辛亥革命的十余年间,是近代文学的中期,也是近代文学的繁荣时期。改良思潮的流行,域外文学作品的大量译进,尤其是梁启超在戊戌变法后倡导的"三界革命"(诗界革命、文界革命、小说界革命),对文学的影响极大。"三界革命"之目标,就是要借鉴西洋文学的话语规则,重新审视和改造乃至重建中国文学。"诗界革命"的结果是"新派诗"的出现,代表人物有黄遵宪、丘逢甲等,其中黄遵宪成就最高。"文界革命"的代表人物是梁启超,他标举的"新文体"突破桐城古文的束缚,感情充沛,议论纵横,在其时影响极大,代表性的作品如《少年中国说》等。"小说界革命"不仅带来了域外小说的大量译进,也引发了中国小说的创作高潮。其中李伯元《官场现形记》、吴趼人《二十年目睹之怪现状》、刘鹗《老残游记》、曾朴《孽海花》,以抨击官场黑暗为叙事目标,被称作"清末四大谴责小说"。

这一时期的戏曲创作,陈去病、汪笑侬等发起的"戏曲改良"运动,带来了地方戏的蓬勃发展,而梁启超借鉴西洋剧作模式创作的传奇《新罗马》《劫灰梦》等,则引发了人们对传统戏剧创作模式的重新思考。

自辛亥革命至五四运动前夜,文坛上一方面秉承前期文学余风,标举维新与革命;另一方面则由于辛亥革命的失败,国民政治热情逐渐衰退,复古思潮日渐盛行。诗文领域中,章炳麟、秋瑾及以柳亚子为代表的南社部分作家,鼓吹革命,其作品中颇有可观者。戏剧创作出现了话剧的雏形——文明戏,虽然比较粗糙,但毕竟为中国古典戏曲向现代话剧的转型搭建了桥梁。小说领域,先是立意消闲的鸳鸯蝴蝶派小说风靡一时,以骈文笔法,写痴男怨女,少有新意;继之是揭人隐私的黑幕小说,飞短流长的小道消息满天飞,已不足称小说了。倒是也有一些宣传革命的小说,如陈天华之《狮子吼》、黄小配之《洪秀全演义》等,但多是革命理论的直接宣讲,高度的政治热情淹没了小说之为小说的文体特性。

(二) 现代文学

1915 年 9 月,陈独秀主编的《新青年》在上海创刊,标志着新文化运动的开始。胡适的《文学改良刍议》、陈独秀的《文学革命论》先后发表,展现出了激烈的否定传统、推崇现代性的文学品格。"五四"文学革命反对封建蒙昧主义和专制主义,提倡科学和民主;反对文言文,提倡白话文;向封建旧文学展开了猛烈进攻,新文学从内容到形式都开始发生巨大变革,一个文学发展的新时代到来了。

中国新文学是以"白话"为媒介并且是以"国语的文学,文学的国语"为指归的。

白话文学最初实践领域是诗歌,胡适、刘半农、沈尹默等人在《新青年》上发表了第一批白话诗。五四时期第一部白话诗集是胡适的《尝试集》;代表新诗创始期最高成就的是创造社主将郭沫若的诗集《女神》。无论内容还是形式,它都是中国新诗真正的奠基之作。风格与之相近的诗人,还有成仿吾、蒋光慈、冯至等。20 世纪 20 年代后期,"新月派"崛起,试图使自由诗格律化,代表诗人是闻一多,所谓"戴着脚镣跳舞",就是现代诗歌的格律化主张。他是新格律诗理论的主要倡导者和实践者。诗集《红烛》《死水》中不少作品,喷发出火热的爱国激情,有震撼人心的艺术力量。徐志摩、朱湘也是"新月派"中很有成就的诗人。这一时期兴起的象征派,其代表人物李金发等,以法国象征主义诗歌为模式,追求诗歌音乐和形式的美,语言趋向欧化,其代表性诗集是《微雨》。同样受象征主义诗风影响的则有现代派诗人戴望舒,以早年诗作《雨巷》著名。新月派、象征派、现代派前后相续承传,基本构成了"纯诗化"诗学潮流的发展趋势。20 世纪 30 年代初"左联"成立后,新诗的现实主义精神得到发扬,殷夫、蒋光慈、胡也频等人以极大的热情写作革命诗歌。在"左联"领导下,还出现了中国新文学史上第一个革命诗歌社团——中国诗歌会。它承续普罗诗学,强调"捉住现实,歌唱新世纪的意识",同时还致力于诗歌大众化、通俗化的推进和民间艺术资源的发掘。当时著名的诗人有穆木天、艾青、田间和臧克家。其中艾青的《大堰河——我的保姆》、田间的《致战斗者》、臧克家的《罪恶的黑手》都是一时名作。20 世纪 40 年代,抗日根据地和解放区在毛泽东《在延安文艺座谈会上的讲话》指引下,诗歌创作特别活跃,优秀作品有李季的《王贵与李香香》、田间的《赶车传》(第一部)、张志民的《死不着》、阮章竞的《漳河水》。国统区"七月诗派"胡风等一批诗人以诗歌为战斗武器,揭露和抨击国民党反动统治下的种种腐朽没落的社会现象,歌唱人民美好的明天。

五四运动以后,小说创作颇丰。最初显示白话文学实绩的是鲁迅,鲁迅的《狂人日记》,是现代白话小说的发轫之作。以文学研究会作家为代表的"为人生"的文学,倾向于现实主义,有成就的小说作家有冰心、叶圣陶、王统照等。"创造社"作家则走另一条"为艺术"的创作道路,其中郁达夫成就最高,他的自传体小说《沉沦》,以热烈大胆的情怀,袒露和夸张的陈述,构成了作品的浪漫主义基调。"左联"的成立促进了小说创作的进一步发展,茅盾的长篇小说《子夜》,以宏大的艺术结构,全景观、多层次地反映出 20 世纪 30 年代初中国的社会现实。丁玲、张天翼、柔石、沙汀、艾芜、萧军等也在这一时期初露锋芒。"左联"以外的进步作家同样成绩斐然,巴金的《激流三部曲》、老舍的《骆驼祥子》、叶圣陶的《倪焕之》,都为中国现代长篇小说的成熟做出了贡献。抗战时期,沦陷区和国统区小说创作闪耀出光彩,张天翼的《华威先生》、沙汀的《淘金记》、艾芜的《山野》、茅盾的《腐蚀》、老舍的《四世同堂》、巴金的《寒夜》等,从各个不同的侧面揭露了反动统治的黑暗腐朽。在抗日根据地和解放区,作家努力深入生活,与人民群众逐步结合,他们创作的中长篇小说,反映了中国共产党领导下的广大农村天翻地覆的变革,着力刻画了工农兵新人的形象,著名的有丁玲的《太阳照在桑干河上》、周立波的《暴风骤雨》、赵树理的《小二黑结婚》《李有才板话》、孙犁的小说集《白洋淀纪事》等。

散文创作,是在继承中国古代散文的传统和吸收外来思潮的基础上发展起来的。在新文化运动中横空出世的现代散文,一方面是新思想、新道德的载体,另一方面担负着建立现代文章美学范式的使命。五四运动促使大量议论散文的诞生,李大钊、陈独秀、胡适等刊登在《新青年》杂志上的短文即属此类作品。鲁迅的杂文最具批判力量和艺术光彩。从在《新青年》上发表《随感录》开始,一直到与国民党反动派的文化"围剿"展开坚韧的战斗,鲁迅生前写了 17 部杂文集,回忆性散文集《朝花夕拾》和散文诗集《野草》,都是玲珑隽永的散文精品。鲁迅之外优秀的散文作家有朱自清、冰心、郁达夫等,他们擅写抒情性散文和游记、随笔等,艺术风格也比较多样。报告文学是在现代产生的一个散文新品种,早期作者有瞿秋白、阿英等,最有成绩的作品是夏衍的《包身工》和宋之的的《一九三六年春在太原》,这两篇作品,被视为年轻的中国报告文学趋向成熟的标志。此外,郭沫若、郁达夫、茅盾、巴金、老舍、叶圣陶、徐志摩、沈从文、刘白羽、周而复、丁玲、白朗、沙汀、吴伯箫、杨朔、卞之琳、草明等,都有精彩的散文篇章传世。他们或沉静或热烈的情感,或写实或象征的手法,或粗犷或细腻的笔致,或淡雅或绚丽的色调,形成 20 世纪散文的多品种、多风格,使散文园地呈现出姹紫嫣红的繁荣局面。

戏剧文学以话剧为主体。"五四"时期即有一批先驱者开始做西方话剧的介绍和引进工作。20 世纪 20 年代初,话剧团体纷纷成立,涌现出一批专门从事现代话剧创作的戏剧家如胡适、丁西林、欧阳予倩、田汉、洪深等。随着新文学创作实践的深入,戏剧家队伍日益扩大,出现了一批有影响的剧作,如曹禺的《雷雨》《日出》、夏衍的《上海屋檐下》、于伶的《夜上海》、陈白尘的《岁寒图》等。抗战时期历史剧大放异彩,郭沫若的历史剧便是其中的卓越代表。其中《屈原》标志着现代历史剧的最高成就,形成了独特鲜明的艺术风格。在革命根据地,由于文艺为工农兵服务方向的指引,新秧歌剧和新歌剧得以勃兴,贺敬之等人执笔的《白毛女》,是具有鲜明斗争精神和为群众喜闻乐见的民族化风格的新歌剧典范之作。